지중해의 전쟁과 갈등

지중해의 전쟁과 갈등

이 책은 2007년 정부(교육과학기술부)의 재원으로 한국연구재단의 지원(HK사업)을 받아 수행된 연구임(NRF-2007-362-A00021)

지중해의 전쟁과 갈등

최춘식 · 류정아 · 최자영 · 장니나 · 최재훈 지음

이담 Books

이 책은 2007년 11월 이후 교육과학기술부 산하 한국연구재단이 시행하고 있는 '인문한국(HK : Humanities Korea Project)' 사업의 '해외지역학 연구'의 일환으로 부산외국어대학교 지중해지역원에서 발간한 것이다.

HK사업은 10년간, 3단계별로 진행되는 장기 연구사업으로 기획되었다. 지중해지역원에서는 '지중해지역의 문명 간 교류 유형 연구'의 대 주제 하에, 현재 제2단계(2010.9~2013.8) 연구를 추진 중에 있다. 제1단계에서 마련한 연구소 체제 및 연구의 토대 사업을 바탕으로 제 2단계에서는 본격적으로 연구의 내실을 지향하고 있다. 현재 세부 주제별(어젠다)로 '전쟁과 정복 연구', '종교와 사회 연구', '지중해학 토대연구' 등 3개 연구집단(cluster)을 구성하여 운영하고 있는 것도 HK사업의 연구를 효과적으로 수행하고 전문성을 높이기 위한 전략으로 이루어졌다. 『지중해의 전쟁과 갈등』이란 제목을 가진 이 책은 그간 '전쟁과 정복 연구' 클러스터에서 구체적인 목적 하에 공동으로 추진한 연구의 한 결실이다.

이 책의 내용이 포괄하는 내용은 시기적, 지리적으로 사뭇 광범하다. 헬레니즘의 고대 그리스, 성경을 중심으로 한 헤브라이즘의 고대 근동, 남부 프랑스 골 지역의 언어에서 보이는 고대 그리스,

히브리, 로마, 게르만 인들 간의 문화적 교류와 전쟁의 영향, 중세 동지중해 비잔티움제국의 군사조직과 관료주의의 발달과정, 현대 지중해의 한 모서리에서 일어나는 아랍세계의 갈등 등을 한 자리에 모았기 때문이다.

구체적으로 CHAPTER 01에서는 이 책에서 거론된 각 장의 내용들이 우리에게 어떤 시사점을 줄 수 있는가 하는 점, 즉 전쟁과 갈등은 전사-군대가 용병화, 조직화되면서 더 확대 및 상습화되어 간다는 점을 먼저 서술하고, 또 전쟁의 사회적 역할에 대한 여러 관점을 함께 소개했다. 이것은 단순한 교양서적의 수준을 넘어서 지중해의 각 지역, 각 시대의 전쟁과 갈등에 대해 상당히 깊이 있게 천착한 이 책의 핵심을 독자들이 이해하는 데 다소간 도움을 주기 위한 것이다. CHAPTER 02에서는 고대 그리스와 근동의 문헌을 통해 나타난 전쟁에 대한 견해와 그 사회적 확대 과정, 비잔티움 제국 시대의 군사조직의 확대를 다루었고, CHAPTER 03에서는 골 지역을 중심으로 사회언어학적 관점에서 보이는 전쟁과 갈등의 의미를 다루었다. CHAPTER 04에서는 현대 아랍세계의 갈등과 전쟁의 양상, 특히 최근 리비아 내전을 중심으로 하여 그 역사적 의미를 다루었다.

『지중해의 전쟁과 갈등』은 사실 전쟁과 갈등만을 주제로 한 것은 아니다. 전쟁과 갈등은 평화·화해와 언제나 양면을 가진 동전과 같은 것으로 따로 존재하는 것이 아니기 때문이다. 실제로 우리 삶에서는 시간·공간적으로 전쟁보다는 평화가 더 많은 비중을 갖는다. '전쟁과 갈등'을 주제로 한 것은 그런 현상이 인간의 삶에 불가피한 진실이라는 뜻이 아니다. 오히려 그 '전쟁과 갈등'의 역사적 전개의 실체를 파악함으로써, 그것이 우리의 노력을 통해 피할 수 있는 사회적 현상이라는 점을 일깨우고 깊은 것이다.

이 책을 통해 현대에 만연한 '전쟁과 갈등'의 현상을 무의식적으로 수용하거나 생물학적 적자생존의 원리로 정당화하는 것이 아니라 반성의 기회를 가질 수 있다면 더 감사할 바가 없겠다. 이 귀중한 연구의 기회를 제공해 준 한국연구재단에도 함께 감사의 뜻을 드린다.

2012. 6.

최춘식

Contents

전쟁의 사회적 역할

길라잡이: 군대의 조직화 및 용병화와 전쟁의 상습화 간에 보이는 비례관계

최춘식

이 책은 지중해에서 고금을 통해 벌어진 전쟁과 갈등의 사례들, 전쟁을 통해 일어난 문화적 접변, 나아가 전쟁의 규모가 사회적으로 확대된 원인에 대한 분석을 도모하려는 것이다.

CHAPTER 01에서는 전쟁의 원인에 대해 일반적으로 알려진 여러 가지 견해를 소개한다. 전쟁의 원인과 관련하여, 한편으로 권력 추종자들 간의 게임, 부에 대한 유혹, 문화전파의 야욕 등으로 보는 견해가 있는가 하면, 다른 한편에 인간의 '맹목적인 자연충돌', 즉 먹이나 암놈을 차지하기 위해서 또는 남성호르몬 때문이라는 견해도 있다.

후자와 관련된 것으로 아인슈타인과 프로이트는 침략과 파괴의 본능이 사랑에 대한 본능이나 삶에 대한 욕구와 밀접하게 관련되어 있다고 한다. 이것은 전쟁에 대한 인간의 욕구를 동물적 계통발생의 유전적 본능, 즉 자연주의적 관점에서 보는 것으로 전쟁을 인간 천성설로 보는 경향이 있다. 그러나 여기서 유념해야 할 것은 '평화적' 사회와 '호전적' 사회가 극단적으로 구분되는 사례가 발견된다는 점이다. 북미의 고원에서는 전쟁을 싫어하는 종족이 있는가 하면, 두 세기에 걸쳐서 주변 이웃들을 무차별하게 학살한 이로쿼이족(Iroquois)도 있다. 이런 대조적인 사회의 존재는 전쟁을 생물학적 결정론으로만 해석할 수 없음을 증명하는 것이다. 그래서 전쟁을 인간의 본능, 천성설로 설명하는 후자의 견해는 논외로 하고, 여기서는 사회적인 측면에서 전쟁의 원인, 그 확대과정 등에 대해 논의하도록 한다.

생태인류학자인 마빈 해리스는 생태환경과 인간과의 관계에 초점을 맞추어서 전쟁을 논한다. 즉, 인구 대 자원 간의 바람직한 비율을 유지하기 위하여 규모를 키우지 말아야 하는 등, 생태환경과 인간이 상호 간 원활한 관계를 유지하기 위해서 전쟁이 기여하는 점을 논한다. 식인풍습[카니발리즘(cannibalisme)]과 전쟁의 상호 관련에 대해 해리스는 생태인류학적 관점에서 부락과 국가 수준의 사회를 서로 비교한다. 부족이나 부락사회에서 생산성이 낮아서 이웃 집단의 인구를 죽이거나 쫓아내 자원에 대한 인구의 압력을 낮추면서 생존이 가능하다. 즉 잉여를 생산하지 못하는 저생산성 사회에서 포로는 잉여노동 생산자가 아니라 음식으로서 가치가 더 높다는 것이다. 이와는 대조적으로 대부분의 국가사회에서는 포로를 죽여서 먹는 것은 세금과 공물원을 확대하려는 지배계급의 이해와 상충한다. 포로가 잉여를 생산할 수 있기 때문에 그들 몸뚱이 고기를 먹는 것보다는 그들의 노동의 산물을 먹는 것이 훨씬 더 유리하다는 것이다. 특히 그 잉여의 일부가 대개의 부족사회나 부락사회에는 얻을 수 없는 가축의 고기와 젖일 경우에는 가치가 더욱 높아진다. 이에 더하여 여아살해 관습도 인구억제 효과를 얻어 내는 한 방편으로서, 전쟁보다 더 효과적이라는 관점에서 설명된다.

이와 달리, 전쟁을 조직 형태나 사회의 가치를 지속시키는 데 사용되는 것으로는 보는 기능주의적 관점, 또는 의식적이건 아니건 전쟁은 이익의 극대화를 추구한다고 보는 공리주의적 관점이 있다. 전쟁을 단결의 대가로서 보는 견해가 여기에 속한다. 즉 전쟁은 집단의 단합을 키워 주는 대가로서 치르게 된다는 것이다. 외부의 적과 대결하는 것은 일정한 집단적 동일체 의식을 낳는다. 또 어떤 집단이 생산 강화, 효율의 저하, 낙태와 유아살해의 증가 등으로 긴장을 겪고 있다면 인접한 수렵채집민 소집단 또는 이웃 촌락을 침략함으로써 공동체 내부의 곪아 터지려는 문제를 무마시키는 효과를 낼 수도 있는 것이다. 전쟁을 정치의 한 형태로 보는 것도 여기에 속한다. 무력충돌은 한 집단이 다른 집단의 희생 위에 자기 집단의 정치적·사회적·경제적 복리를 보호하거나 증진시키려고 하는 데서 비롯된다는 것이다.

그런데 인간의 사회는 전쟁으로만 점철되는 것은 아니고, 평화가 공간, 시간적으로 더 많은 비중을 갖는다. 북미의 고원에서 전쟁을 싫어하는 종족의 '평화적' 사회와 두 세기에 걸쳐서 주변 이웃들을 무차별하게 학살한 이로퀘이족(Iroquois)의 '호전적' 사회가 극단적으로 구분되는 사례가 존재한 것은 전쟁이 다소간 사회적 맥락의 산물임을 보여 주는 것이다.

마샬 살린스(Marchall Sahlins)는 멜라네시아의 대인(大人, Big Man)과 폴리네시아의 추장을 비교한다. 전자는 자신의 노력으로 얻은 임시적인 권력을 가진 자이고, 후자는 상속받은 절대적 권력을 가진 자이다. 이 두 가지 권력 유형은 그 각각이 속해 있는 사회의 특성에 기반하고 있다. 즉 대인이 속한 사회는 친족과 지역 집단이 각각의 기능을 수행하는 곳으로 수평적 사회이다. 추장이 있는 사회는 위계적인 사회로 세습적 부족집단이 권력을 세습하고 있으며 종교적·군사적·경제적 특권계급이 있는 사회이다. 추장과 달리 빅맨(대인)의 권력은 불안정하다. 지지자들이 다른 빅맨(거인, 대인)에게로 가 버리기도 하며, 또 멜라네시아에서 보이는 일반적 형태의 권력과는 아주 다른 것으로 특별한 맥락에서만 출현하게 된다.

전쟁이 차지하는 부분이 절대적으로 우세한 사회를 '군사적' 사회라고 말할 수 있다. 이런 사회는 군사조직의 강화와 밀접하게 연관되는데, 군사적 직업을 가진 전문화된 집단의 증가는 흔히 전반적인 사회의 '비무장화'를 수반하게 된다. 군사적 집단의 분화 혹은 그 권력의 증가는 시민이 행사하는 민주적 권력과 반비례하는 관계에 있다.

유사한 맥락에서 20세기 초 홉슨(J. A. Hobson)이 자본주의적 제국주의 정책을 비판하면서, 자본의 집중, 기생적 경제, 과두지배, 군국주의 등을 그 특징으로 지적한 것도 세계전쟁이 사회적 구조의 산물임을 뜻하는 것이다. 홉슨은 제국주의 추구와 그로 인한 전쟁의 불가피성을 적나라하게 지적하고, 그것을 피할 수 있는 대안으로 복지국가에 기초한 평화적 세계정부로의 길을 제시했다. 그런 점에서 제국주의와 그로 인한 세계전쟁의 위험을 피하고자 한 홉슨의 이론은 단순한 투자제국주의론이 아니라 투자와 그 투기요인을 함께 분석한 '금융제국주의론'이다. 또 식민지 병합의 원인을 고찰한 단순한 제국주의 이론가가 아니라, 민주적 복지국가와 복지적 세계정부의 초석을 마련한 복지경제학자이자 사회개혁운동가였다.

복지에 기초한 민주정부에 대한 홉슨의 전망은 그로부터 약 3천 년 전 그리스 서사시 시대의 헤시오도스가 『노동과 나날』에서 피력한 견해와 놀랄 만큼 닮은 점이 있다. 헤시오도스는 인간 삶에서 땀과 노동이 갖는 중요성을 강조하고, 그리고 나쁜 에리스(불화의 신)로 인한 전쟁을 지양하고자 했다. 그는 전쟁이 노동하지 않고 남의 것을 취하려하는 탐욕에서 비롯되는 것이라고 생각했기 때문이다.

인간의 탐욕이 자연적 천성이라고 한다면, 그에 못지않게 인간의 노동에 의한 건강한 삶도 자연을 벗어난 것이 아니다. 우리가 갖는 다양한 천성 가운데서 어느 편을 더 조장하는가 하는 것은 결정론적인 것이 아니라 개인과 사회의 노력에 달린 것이므로, 전쟁을 조장하거나 피하는 것도 우리 자신의 의지에 달린 것이겠다. 그 어떤 근거를 통해서도 전쟁과 파괴를 정당화할 수 없음은 자명한 이치라고 하겠다.

CHAPTER 02에서는 고대 그리스의 서사시 및 역사 서술에서 전쟁의 발발과 그에 대한 사회적 반성이 어떻게 이루어져 왔는가, 그리고 중세 비잔티움 제국 시대를 거치면서 군사조직이 사회적으로 어떻게 확대되어 가는가 하는 점을 살핀다.

헤시오도스가 『노동과 나날』에서 서술한 5시대의 변화를 두고, 흔히들 이것이 인간 사회의 타락에 대한 그의 염세적 가치관을 표현한 것이라고들 한다. 그러나 헤시오도스는 사회를 염세적으로 본 것이라기보다, 부정적인 면을 시정하기 위한 적중한 방법을 제시하려고 했다. 이것은 『노동과 나날』 전편에 흐르는 논조가 목가적·낙관적이며, 부정적인 면에 대한 훈계가 계속되는 것에서 엿볼 수 있다. 노동이 없는 탐욕의 생활, (거짓된) 맹서와 (뇌물로 오염된) 왕의 재판, 나아가 타인에 대한 악의적 험담을 일삼는 것까지 경계한다. 다른 한편, 헤시오도스는 노동의 미덕을 중시하고,

긍정적인 질투의 신(Eris)을 따라, 남이 수확을 많이 거둘 때 자신도 뒤질세라 열심히 노력하도록 권고한다.

히브리인 성경에 보이는 가끔은 '무자비한' 전쟁의 신은 호메로스의 『일리아스』에 보이는 신들 및 인간들 서로 간의 전쟁과 무관하지 않다. 이들 신의 정의는 공동체 존립에 필요한 가치관을 투영하고 있으며, 그 투쟁의 대상은 삶의 터전이 되는 땅, 생계에 필요한 양, 사랑하는 여인 등 경우에 따라 다를 수 있다. 헤시오도스의 『노동과 나날』에 보이는 5종족 중 4번째, 전쟁을 벌이러 간 영웅들의 시대도 이와 관련시켜 볼 수 있다.

헤시오도스의 『노동과 나날』에 나오는 판도라는 유대인 성경의 실낙원의 주제와 상당히 유사성을 갖는다. 판도라 때문에 모든 질병, 고통, 재앙, 노고 등이 인간을 피곤하게 만들었다. 낙원에서 쫓겨난 인간도 산고와 노고의 짐을 지게 되었다. 그러나 그때까지만 해도 전쟁에 대한 언급은 없다.

참고로 부기할 것은, 기원전 8세기에 생존한 헤시오도스는 5종족의 시대적 상계에 관해 서술했으나, 그가 미처 생각하지 못했던 사회가 있었다는 점이다. 그것은 그냥 전쟁이 일어날 뿐 아니라 그것이 직업적인 전사들에 의해 조직화, 만성화되는 상황이었다. 헤시오도스의 영웅의 종족이나 구약성경의 전사―신 하나님의 종(백성)들은 필요에 따라 궐기하여 싸우나 직업적인 전사, 즉 용병들은 아니고, 밭을 갈고 목축을 생업으로 하는 사람들이었다.

그리스의 서사시와 유대인들의 성경에 보이는 사회는 훗날 지중해에 나타나는 알렉산드로스 제국, 나아가 전 지중해를 석권하게 되는 로마제국과도 다르다. 이들 제국은 직업 전사들인 용병의 조직적 군사력에 의지하여 군국주의와 전제적 권력을 지향한 위정자 집단을 중심으로 했다. 동시에 공동체 사회는 붕괴되고, 위정자 및 군인과 농민 등의 사회적 기능의 분화, 빈부 계층의 신분 분화가 진행되게 되었다.

결론적으로, 정의로운 삶은 노동에 의한 평화로운 삶과 밀접하게 연관된다는 점에서 헤시오도스의 『노동과 나날』과 『구약성경』은 공통점이 있음을 보게 된다. 다만 『구약성경』에서는 신의 정의가 개인뿐 아니라, 그리스의 서사시에 비해 볼 때, 공동체 집단을 대상으로 구체화되는 경우가 더 많다. 이것은 원심적인 권력 구조의 고대 그리스와 동방적·가부장적 권력구조의 히브리 인들의 사회구조적 차이에서 비롯된 것으로 이해가 가능하겠다. 그리스와 근동은 그 지리적 근접성으로 인해 상호 간 문화차용이 없지 않았겠으나, 그 구체적 적용에 있어서는 사회적 환경에 따라 차이가 있다고 하겠다.

페르시아 왕이 요구하는 '땅과 물'은 직접 지배에 의한 수탈의 강화를 초래할 수도 있겠으나 그것은 노골적 힘의 지배 원리에 바탕을 두는 것과는 다르다. 투키디데스에게서 인간의 오만은 헤로도토스나 아이스킬로스에 보이는 왕 개인의 것이 아니라 더 조직적·집단적 이기주의로 나타나며 군사적 제국주의에 의지하는 바가 더 크다. 투키디데스가 주목했던 것은 누가나 개인적으로 범할 수 있는 오만 그 자체라기보다 그것이 군국주의, 패권주의화하는 것이었으며, 이런 점에서 그는 헤로도토스와 뚜렷한 차이점을 갖는다고 할 수 있다.

투키디데스의 『역사』의 주제가 교훈을 주는 영원한 유산이라면 그 교훈은 투키디데스 전편에 걸쳐 일관성 있게 언급되는 권력 및 무력의 성장이 사회적으로 초래하는 부작용이다. 무력은 해적의 방어, 안전의 확보를 위해 필요한 것이었으나, 지나친 힘의 논리, 극단적 패권주의의 추구로 이어질 때 인간사회는 공멸의 길로 치닫는다. 투키디데스가 경계한 것은 바로 사려분별의 지경을 넘어서서 지나칠 정도로 힘에 대해 갖는 인간의 맹신과 방종, 극단적 군사적 패권주의의 추구라고 하겠다.

투키디데스가 인간성이 갖는 대조적인 두 가지 측면, 즉 한편에 힘의 지배, 다른 편에 도덕성이나 인간이 예측할 수 없는 우연의 요소를 언급하고 있다. 그러나 투키디데스가 인간 삶의 과정과 제국주의적 침략의 전쟁을 어쩔 수 없는 현상이라고 단념하지 않고, 그것을 극복할 수 있는 길을 모색하기 위한 것이라고 하겠다. 그것은 과도한 욕심은 물론 사회적으로 이루어지는 지나친 힘의 결집과 그로 인한 장기적 전쟁을 경계한 것이라고 필자는 생각한다. 전쟁은 공격을 받는 경우에 부득이한 방어전으로 이루어질 수 있다. 그러나 타성에 젖어 욕망과 이익을 추구하는 힘의 지배로 발전하는 것을 경계해야 한다.

다만, 현실적으로 방어전쟁의 한계가 어디인가 하는 점은 설정하기 쉬운 일은 아니며, 이때 현명한 중용의 판단이 필요하다고 하겠다. 그 판단의 한 기준은 대내적뿐 아니라 내외적으로도 권력이나 폭력에 의해 억압받는 사람이 없이 그 구성원이 얼마나 평등하고 자유로운 상태에 있는가 하는 것이 될 수 있다. 이런 상태를 민주정치라고 정의할 수 있다면, 그것은 투표권 등의 형식만이 아니라 그 실제 내용과도 연관되는 것이다. 이런 실제적인 민주화 여부는 대외적인 국제관계에도 그대로 영향을 미치게 된다.

군사조직의 사회적 확대는 훗날 중세 비잔티움 제국에서 찾아볼 수 있다. 초기 비잔티움 제국의 '테마'는 토착의 군인들을 중심으로 구성되었으며, 이들은 겨울이나 평화 시에는 집으로 돌아갔다가 필요에 따라 소환되었던 것으로 보인다. 테마의 발달과 함께 제국은 자유소농과 그 토지를 대상으로 한 군역의무를 확대했다. 이것은 소농에 대한 통제력과 함께 납세조직의 강화와 불가분의 관계에 있는데, 세금으로는 토지세뿐 아니라 인두세, 가구세 등이 첨가된다. 일반 농민들이 군역에 등록하면 일부 특별세가 면제되는 등 특권이 주어진다. 군역이 소농사회에 확산되는 과정은 정치권력의 강화와 함께 테마의 관료주의화를 동반하고 이것은 다시 테마의 세분화를 가져왔다. 동시에 농민에 대한 제국의 형법도 강화되었고 더 잔혹해졌다. 이와 같은 변화는 7세기에서 11, 12세기의 장구한 세월에 걸쳐 일어났다.

군역의 형태와 토지 제도의 변화는 제국의 군사조직뿐 아니라 제국 행정 조직 자체가 농민사회나 종교사회 저변으로까지 확대되게 되는 과정과 궤를 함께한다. 테마의 군사 및 행정 조직의 확대는, 단순히 비잔티움 군대체제의 변화에 그치는 것이 아니라, 제국 내 농민사회가 국가의 관료적인 행정－군사조직에 대해 더 강하게 종속되는 계기가 되었다.

CHAPTER 03에서는 고대 및 중세 초 골(Gaule) 지역 언어의 혼효 현상을 통하여 사회언어학적 관점에서 여러 민족 및 문화의 접변 과정을 유추한다. 언어 등 문화의 접변은 전쟁·정복뿐 아니라 상업 등 평화적인 교류를 통해서도 이루어진다. 또 육지뿐만 아니라 바다를 통해서도 그 영향을 미칠 수 있다. 지중해 바닷길을 통한 교류는 지중해의 조약돌로 불리는 시실리를 중심으로 유럽과 아프리카, 동지중해와 서지중해 전반에 걸쳐 광범하게 이루어졌음을 볼 수 있다. 바다는 험한 산을 넘고 강을 건너야만 하는 육지 길보다 더 쉽고 빠른 길이었다. 크게 든든한 배는 아니었으나 바람으로 풍랑이 이는 계절만 피하면 지중해는 거울같이 잔잔한 교류의 통로가 되었다.

언어 간 접촉은 침략과 정복을 통해서도 발생하지만 평화적인 교류에 의해서도 일어난다. 골 지역엔 켈트 족이 거주하기 이전에 이미 리구리아 족을 비롯한 여러 토착민족이 공존하고 있었으며, 이미 2~3개 언어를 병용했다. 거기다 그리스, 로마, 게르만 인들의 문화와 언어가 이 지역에서 접변했다. 나아가 히브리인의 언어까지 골 어에 영향을 주었음을 볼 수 있는데, 그 기원은 히브리 언어 및 문화와 무관하지 않은 페니키아 인들이 시실리, 사르디니아 이베리아 반도 등에서 식민활동을 하던 고대로 거슬러 올라갈 수 있다.

이와 같은 시각에서 CHAPTER 03의 제1장은 고대 프랑스 지역인 골에서 통용된 언어인 골 어를 통해 토착문화의 이문화 융합 현상을 다루고, 제2장에서는 고대 프랑스 지중해지역인 나르보네즈 골에서 발굴된 서판에 기록된 어휘와 표기에서 보이는 이(異) 언어 교류유형화이며, 제3장에서는 사회언어적 해석의 입장에서 골 어와 골 주변 언어 간 혼효 현상이 전쟁, 정복뿐 아니라 평화적 거래, 종교적 교류를 통한 결과라는 점을 밝힌다.

CHAPTER 04에서는 현대의 중동사태를 다루었다. 중동 지역은 아시아, 유럽, 아프리카를 잇는 중간지대에 위치하기에 역사적으로 동서 교류의 교량 역할을 해 왔다. 이 지역이 갖는 지리적이고 전략적인 중요성과 함께 20세기 들어서는 석유자원을 둘러싼 강대국들의 이해관계가 대립하면서 갈등은 더욱 첨예하게 증가되고 있다. 제국주의 열강들의 세력 경쟁뿐만 아니라 내재적인 종교

문제, 민족문제 등 다양한 갈등요인으로 인해 세력다툼이 치열하게 전개되기 때문이다. 특히 냉전체제의 종식과 이에 따른 국제질서의 변화에 있어 중동·이슬람 지역의 중요성이 더욱 부각되었다.

다른 문명과는 달리 중동·이슬람 문명은 현재 자본주의 및 기독교에 바탕을 둔 서구 문명과 대립의 양상이 나타나게 되었다. 두 문명 간 이러한 구별은 2001년 9·11테러 이후 발발한 아프간 사태와 팔레스타인·이스라엘 간의 분쟁, 그리고 2003년 미국의 이라크침공 이후 더욱 극명해지고 있다.

다른 한편, 이슬람 문명과 서구 문명 간의 접촉을 보다 심도 있게 고찰해 보면, 양 문명 간 관계를 단순히 대결구도로만 인식하기는 어렵다. 오히려 근대 이후 서구 문명의 영향 하에 근대식 서구 정치제도와 힘께 서구식 경제발전 모델을 채택했으며, 문화 분야에서도 이슬람 과격 세력의 비난에도 상당수 국민들이 서구문화를 수용하고 있는 과정에 있기 때문이다. 이런 움직임은 21세기 세계화와 정보화의 심화로 더 확산되고 있다.

현재 중동·이슬람 지역에서 발생되는 분쟁의 범주를 구체화한다면, 크게 국경분쟁, 종교분쟁, 민족분쟁, 자원분쟁(물분쟁, 석유분쟁), 중동 내 패권분쟁으로 나뉠 수 있다. 또한 대부분의 분쟁의 주체 및 행위자가 국가임을 감안할 때, 국제분쟁과 중동 지역 내 분쟁으로 구분할 수 있겠고 소수민족, 소수 종교 분쟁 등의 국가 내 분쟁으로 구분할 수 있다. 아울러 분쟁에 따른 난민 문제와 이의 해결 문제가 대두된다.

한편, 2010년 말부터 시작된 중동의 시위현상은 모두 같은 유형이 아니라 일련의 스펙트럼을 이룬다는 가정에서 출발하여야 할 것이다. 일련의 중동소요 사태는 장기 독재정권에 대한 염증이 주 원인이지만 그 이면에는 고물가와 실업난, 기회박탈 등의 민심이 반과 부족 간의 갈등, 외세의 개입 등이 자리 잡고 있는 것이다. 특히 리비아의 상황과 기타 국가들의 상황을 비교하여 각국의 상황의 차이, 해당국과 관련된 국제관계에 따라 봉기의 본질이 변화하고 글로벌화될 수 있음을 파악하고자 한다.

레바논 분쟁의 경우, 자원분쟁, 국경분쟁, 종교분쟁, 민족분쟁 등 분쟁의 주요 범주에 모두 해당하는 양상을 보였다. 주요 분쟁 사례 중의 하나인 레바논분쟁의 경우 여러 가지 범주가 결합된 복잡한 분쟁이었다. 일찍이 레바논은 중동 지역의 모자이크 사회로서 중동·이슬람사회의 축소판으로 중동·이슬람사회의 여러 요소들을 함축하고 있기 때문이다.

리비아는 2010년 12월 튀니지로부터 불어온 이른바 ‘아랍의 봄(Arab Spring)’의 와중에 내전으로 확대되었고 카다피의 사망과 더불어 종말을 맞이했다. 2011년 2월에 발생한 리비아의 반정부 시위는 정부의 강경진압으로 인해 정부군과 반군의 내전으로 변모하였고 이후 NATO의 군사적 개입으로 확전되면서 많은 인명피해와 극심한 사회 혼란을 초래하였다. 리비아 내의 부족 간 갈등과 지역감정은 리비아의 상황을 더욱 악화시키는 요소가 되었다. 리비아 사태가 여타 다른 국가들의 상황과 다른 점은 국제사회의 적극적인 개입이었다.

카다피 정권의 시위대에 대한 유혈진압을 피해 리비아를 탈출, 이집트와 튀니지 국경을 넘은 난민이 14만 명을 돌파하게 되자, 리비아 정부가 자국민을 보호하지 못하는 것을 이유로 유엔이 내전 상황에 군사적 개입을 승인한 것은 이례적인 일이었다. 한편,

정부와 반정부세력과의 교전 과정에서 국제사회의 간섭이 있을 경우, 이는 반군 측에 유리하게 작용할 수 있고 해당국에게는 내정간섭에 될 수 있는 논란이 제기된 바 있다.

전쟁과 정복에 대한
인류학적 해석

류정아

1. 들어가는 말

시대는 고도의 세련된 문명사회로 대단히 빠른 속도로 변해 가고 있지만, 사람의 목숨을 담보로 한 전쟁의 위협이나, 실질적인 전쟁과 전투는 지구 여기저기서 끊임없이 일어나고 있다. 세상의 어떤 이유가 사람의 목숨을 무참하게 살상하는 전쟁보다 더 우위에 있을 수 있다는 말인가? 비합리·비이성적 행동의 극점에 있는 전쟁이 인류발전사와 대단히 긴밀한 관계를 맺고 있다는 것에 대해서 어느 누구도 부정할 수 없다면 그러한 문제를 보다 근본적인 차원에서 살펴볼만한 필요는 충분하다.

류평[1]은(2009: 12~32) 전쟁 기원의 비밀을 세 가지로 나누어 제시하고 있다.

첫째, 권력 추종자들 간의 게임으로 본다. 즉 고대 제왕들은 권력을 쟁취하기 위해 수천 년간 끊임없이 유혈전쟁을 일으켰다. 알렉산더, 카이사르, 나폴레옹, 표트르 대제, 진시황, 유방, 조조,

---

[1] 류평 엮음, 김문주 옮김, 2009, 『인류의 운명을 바꾼 역사의 순간들: 전쟁편』, 시그마북스.

주원장 등 모두 권력을 얻기 위해 전쟁을 벌였다는 것이다. 이렇게 권력을 추종하는 사람들은 국가통일을 위한 전쟁으로 백성들의 신망을 얻기 위해 전쟁을 이용한다. 미국의 남북전쟁이 대표적인 예가 될 것이다. 또한 영토확장을 위해 전쟁을 벌인다. 알렉산더 대왕과 칭기즈 칸의 원정, 페르시아 전쟁, 영국과 프랑스의 백년전쟁, 제2차 세계대전 등이 이의 대표적인 사례이다.

둘째, 부에 대한 유혹으로 본다. 15세기 이후부터 유럽 각국은 식민지 확장에 혈안이 된다. 이것은 오랜 해상전쟁을 벌인 영국과 스페인의 전쟁에서 드러난다. 중요한 전략요충지를 점령함으로써 부가적으로 따르는 재화를 획득하고자 한 것이다. 또는 내부적인 경제위기를 타파하고자 외부적인 전쟁을 일으키기도 한다.

마지막으로, 류평은 문화전파의 야욕을 전쟁의 원인의 하나로 들고 있다. 즉 이란과 이라크 전쟁처럼 8년이나 지속된 전쟁은 그야말로 민족적 혈통을 지키기 위한 전쟁이었다. 종교전쟁 또한 이와 같은 맥락에서 이해할 수 있다. 이데올로기 전쟁도 마찬가지이다. 발칸반도에서 무수히 많이 일어났던 전쟁들이 여기에 속할 것이다. 이 지역의 전쟁은 차후 1차 세계대전이 일어나는 원인을 제공하기도 한다.

이와는 달리 자오신산[2]은 전쟁을 인간의 '맹목적인 자연충돌'로 보고 이 개념을 근거로 전쟁의 원인을 설명하고 있다. 즉 그에 의하면 동물조차도 먹이나 암놈을 차지하기 위해서만이 아니라 단지 남성호르몬 때문에 싸움을 한다는 것이다. 그는 아인슈타인과 프로이트의 견해를 예를 들면서 침략과 파괴의 본능이 사랑에 대한 본능이나 삶에 대한 욕구와 밀접하게 관련되어 있다고 본다

---

2) 자오신산 저, 김정자 역, 2011, 『전쟁 호르몬』, 시그마북스.

(자오신산, 2011: 28). 인간 본능은 먹고 마시고 싶은 욕구, 사랑과 성에 관한 욕구, 거절하거나 위험을 피하고자 하는 욕구, 반려자를 찾으려는 욕구, 신기한 사물에 대한 탐구심, 창조하고자 하는 욕구 등으로 구분하고 전쟁에 대한 욕구를 남성호르몬에 의한 인간의 일곱 번째 욕구로 제시할 정도로 전쟁의 본능적 경향을 강조하고 있다. 물론 사회적인 영향력이 지대한 전쟁을 생물학적 호르몬의 영향으로 설명하고자 하는 자오신산의 논리에 전적으로 동의하는 것은 아니지만, 남성적인 공격성이 전쟁의 원인의 하나가 될 수 있다는 가능성이 있다고 보고 본 연구에서 참고하고자 한다.

그러면 보다 단순한 사회를 주 연구대상으로 삼았던 인류학자들은 전쟁을 어떠한 맥락으로 설명하고 있는지 살펴보기로 하자. 이러한 관점에서 전쟁을 분석하는 것은 전쟁의 원인과 의미를 근본적인 차원에서 이해하기 위한 논리적 유용성을 설명하는 것이기도 하고, 보다 복잡한 문명사회에서 발생하는 다양한 전쟁의 원인과 결과에 흥미로운 사례들로서 활용될 수 있을 것으로 본다.

보편적 현상으로서의 전쟁은 대단히 다양한 형태로 표현되기 때문에 그것을 인류학적으로 분석하기 위해 적합한 범주로 축소시킬 수 있는가 하는 것은 의문이다. 이렇게 대상을 명확히 하기가 어려운 이유는 전쟁이 '왜' 일어나는가 하는 것을 설명하기 위해서 일반적으로 진행되는 가설의 궁극 목적론이 항상 일정하지 않기 때문이다. 그럼에도 불구하고 전쟁을 인류학적 관점에서 살펴보는 것은 전쟁에 관여하는 다양한 변수들을 실증적 자료에 근거해서 최소한으로 축소하여 그 인과관계를 살펴보는 데 유용한 방법론이 된다.

2. 전쟁의 원인에 대한 다양한 해석

1) 생태주의적 해석

전쟁과 관련된 인류학자들의 논의 중 가장 자주 회자되는 것이 생태인류학자인 마빈 해리스의 견해이다.[3] 그는 농업이 발달된 뒤부터 전쟁이 더 자주 일어나고 사망률도 높아졌으며, 전투의 규모 또한 커진 것이 확실하다고 본다. 영구적인 가옥, 식량가공시설 등이 세워지고 밭에 작물이 자라게 되면서 자기 영토에 대한 의식이 분명해졌기 때문이다. 브라질과 베네수엘라의 국경지대에서 원예농사를 지으며 촌락생활을 하는 야노마모인들의 경우 적에 대한 습격 또는 매복공격 때 당한 사상으로 인한 사망자가 전체 사망자의 33%에 이르렀다고 한다. 일반적으로 인구밀도가 낮은 수렵채집인들은 전쟁이 일어나지 않는 것으로 알려져 있지만, 사실은 수렵채집인간 또는 부락 간에도 전쟁이 일어난 기록들이 있으며, 이러한 전쟁의 배후에는 인간과 자원 사이의 균형의 문제가 실제로 내재되어 있었다고 본다. 해리스는 전쟁이라는 재앙은 산업화 이전의 사람들이 낮은 인구밀도와 낮은 인구증가율을 실현시킬 수 있는 값싸고도 은혜로운 방법을 찾아내지 못한 것에서 기인한다고 본다.

마빈 해리스는 생태환경과 인간과의 관계에 초점을 맞추어서 전쟁을 논한다. 즉 그에 의하면 비정주 수렵채집민의 소집단 또는

---

3) 마빈 해리스 저, 정도영 역, 1995, 『식인과 제왕: 문명인의 편견과 오만』(M. Harris, *Cannibals and Kings: The Origins of Cultures*), 한길사.

촌락사회에서는 정치적인 확장을 강하게 추구하지 않았기 때문에 그것을 가지고 전쟁을 설명할 수 없다. 그보다는 그들의 생존방식은 모든 면에서 인구 대 자원 간의 바람직한 비율을 유지하기 위하여 규모를 키우지 말아야 하는 압력을 강하게 받고 있다는 점을 강조해야 한다는 것이다. 그래서 비정주 수렵채집민 소집단 및 촌락 사회에서 왜 전쟁을 하는가를 이해하기 위해서는 생태환경과 인간이 상호 간 원활한 관계를 유지하기 위해서 전쟁이 어떤 기여를 하는지 알아봐야 한다고 보았다(해리스, 1995: 61).

2) 기능주의적 해석

전쟁이 조직 형태나 사회의 가치를 지속시키는 데 사용된다는 것으로 보는 것이 기능주의적 관점이고, 의식적이건 아니건 전쟁은 이익의 극대화를 추구하기 위한 것이라고 보는 것이 공리주의적 관점에서 전쟁을 바라보는 것이다.

전쟁을 단결의 대가로서 보는 견해가 여기에 속한다. 즉 전쟁은 집단의 단합을 키워 주는 대가로서 치르게 된다는 것이다. 외부의 적과 대결하는 것은 일정한 집단적 동일체 의식을 낳는다. 어떤 집단이 생산 강화, 효율의 저하, 낙태와 유아살해의 증가 등으로 긴장을 겪고 있다면 인접한 수렵채집민 소집단 또는 이웃 촌락을 침략함으로써 공동체 내부의 곪아 터지려는 문제를 무마시키는 효과를 낼 수도 있는 것이다. 그러나 이것이 꼭 인명을 살상해야 하는가 하는 점에 대해서는 충분한 설명이 되기 어렵다. 주로 기능주의적인 관점에서 설명할 때 이러한 견해가 강조되고 있으나,

이러한 관점을 보다 분명히 증명하기 위해서는 전쟁을 해서 얻는 것이 잃는 것보다 많다는 것을 증명해 보여야 한다.

전쟁을 정치의 한 형태로 보는 것도 여기에 속한다. 무력충돌은 한 집단이 다른 집단의 희생 위에 자기 집단의 정치적·사회적·경제적 복리를 보호하거나 증진시키려고 하는 시도가 낳는 논리적 귀결이라는 입장을 취한다. 전쟁은 영토와 자원의 약탈, 노예와 전리품의 노획, 그리고 공물과 세금의 징수 등의 길을 열어 주기 때문에 일어나는 것, '전리품은 승자에게로 돌아가는 법'이라는 것이다. 이러한 전쟁이 한 나라의 생활수준을 타국의 희생 위에서 향상시키려는 기도와 관련되어 있는 것은 당연하다.

3) 유희적 본성으로 해석

전쟁을 즐거운 유희가 따르는 단체 간의 스포츠 경기로 설명하기도 한다. 사람들이 전투에 목숨을 거는 일을 실제로 즐긴다면 전쟁은 물질적으로는 낭비지만 심리적으로는 가치가 있다고 보는 것이다. 많은 사회에서 남자는 전쟁을 재미있고 사람의 품성을 고상하게 만드는 일이라고 믿도록, 다른 사람 앞에 다가가서 그 사람을 죽이는 일을 즐겨야만 하는 것으로 배우면서 자란다. 대평원의 수족, 크로족, 샤이앤족 등 말을 타는 기마 인디언들은 전쟁에서 그들이 세운 용감한 전적을 챙기고 다닌다. 남자로서의 명성은 적에게 얼마나 멋있는 타격을 가했는가에 달렸다.

뉴기니 사람들은 전쟁의 잔혹함, 파괴, 목숨을 잃는 것, 부상을 당하는 것, 공포스러운 것들을 가능한 잊어버리기 위해서 전쟁을 게임으로 간주하기도 한다. 전투에서 죽음을 당한 사람들의 수가 경우에 따라서 상당한 정도에 달하기도 한다. 예를 들어서 메－엥 가족 남자들의 25%, 바크타만족(Baktaman) 인구의 33%가 죽었다는 기록이 있다. 카파우쿠족(Kapauku)은 엄마의 품 안에 있는 아기나, 아주 나이든 노인들을 제외하고는 적의 남자들을 모두 죽이기도 하였다(Lemonnier, 1990: 92).

4) 자연주의적 천성설

전쟁에 대한 인간의 욕구는 동물적 계통발생의 유전적 본능, 즉 자연주의적 관점에서 보는 것으로 전쟁을 인간 천성설로 설명하는 것이다. 전쟁은 사람, 특히 남자에게 '살인본능'이 있기 때문에 일어난다는 주장이다. 살인은 생존을 위한 투쟁의 하나이며 성공적인 자연도태라는 것이 판명된 까닭에 살인한다는 것이다. 그러나 살인이란 보편적으로 인정할 수 있는 것이 아니며 전쟁의 강도나 빈도가 일정하지 않다는 사실로 인해 이 가설 또한 설명하기가 어렵다.

예를 들어 미국 서남부의 프에블로 인디언들은 현대인들에게는 평화롭고 신앙심이 깊으며 비침략적이고 협조적인 사람들로 알려져 있다. 그러나 그 이전에 프로블로 인디언들은 백인정착민이라면 다 죽이려 했고, 뉴멕시코의 성직자들을 닥치는 대로 잡아다가 교회 안의 제단에 묶어 둔 채 남김없이 불살라 버린 인디언이라고 알려져 있기도 하였다. 즉 사람은 어떤 상황 아래서는 사람을 쉽게 죽이도록 길들여질 수 있지만, 그렇다고 싸움터에서 다른 사람을 만나면 죽이게 되는 어떤 본능을 가지고 있다고 단정할 수는 없기 때문에 이러한 관점의 주장을 펼칠 때는 상당히 신중을 기해야 할 것이다.

어쨌거나 앞에서도 잠시 언급한 바와 같은 자오신산 같은 연구자가 '전쟁호르몬'이라는 용어를 사용하면서 본능적 차원에서 설명하고자 하는 시도도 있음은 분명하다.

3. 전쟁과 사회구조

인류학적 민족지 기록들에서 자주 나타나는 바와 같이 종족의 협력과 공존, 전쟁, 싸움, 선물교환 등은 마치 같이 돌아가는 톱니바퀴처럼 서로 연결되어 있음을 발견할 수 있다.

특히 증여와 포틀래치 연구는 이러한 특성을 가장 적절히 드러내는 사례이다. 외면적으로 볼 때는 거대한 과시적 소비행위이지만, 속을 들여다보면 지역의 내부적인 결속력을 다지기 위한 행위이기도 한 포틀래치는 외부적으로는 전쟁과 갈등을 통해서 수집한 재화가 중요한 역할을 수행하기도 하는 것으로 갈등과 지역 내 조화라는 서로 모순적인 인자들이 만나서 하나의 문화체계를 형성하고 있는 것이라고 볼 수 있다.

폴리네시아인들에게 있어서 개인 간의 거래는 단순한 재화, 부, 그리고 생산물이 교환되는 것만이 아니다. 서로 의무가 지어진 교환을 하며, 계약을 체결하는 것은 개인이 아니라 집단이다. 계약에 입회하는 자는 도덕적 인격체다. 즉 집단적으로 서로 마주 대하거나, 우두머리를 매개로, 또는 이 두 가지 방법을 동시에 쓰면서 충돌하고 대립하는 씨족, 부족, 친족인 것이다. 그들은 재화와 부, 동산과 부동산처럼 경제적으로 유용한 것만을 교환하는 것이 아니라 예의, 향연, 의식, 군사적인 봉사, 여자, 어린이, 춤, 축제, 장터 등도 교환한다. 여기서 거래는 여러 순간 중의 하나일 뿐이며, 재화의 순환은 보다 일반적이고 훨씬 더 영속적인 계약 항목 중 하나에 불과하다. 급부와 반대급부는 선물이나 선사품으로 상당히 자발적으로 이루어지지만, 이것이 제대로 이루어지지 않았을 경우에는 사적이거나 공적인 싸움을 감수해야 할 정도로 실제로는 엄격한 의무를 수행하는 것으로 간주된다(모스, 2008: 24~25).

톨링깃족과 하이다족이 살고 있는 북서부 아메리카 지역의 부족들에서는 경쟁과 적대감이 모든 행위를 결정하는 원칙이라는 사실이 중요하다. 따라서 한편에서는 서로 마주치게 되는 추장과 귀족들이 싸우거나 죽이기까지 하며, 다른 한편으로는 협력자인 동시에 경쟁자인 추장을 압도하기 위해 쌓아 놓은 재화를 아낌없이 파괴해 버리기도 한다(모스, 2008: 26).

소규모 민족사회에서 전쟁은 다층적인 사회구조의 여러 층위들과 복잡한 관계를 가지고 엮여 있음을 알 수 있다. 물론 하나하나 떼어 내어서 설명하기에는 어려운 점이 많을 수 있지만, 여기서는 설명적 편의를 위해서 전쟁이 사회문화 구조 속에서 가지는 의미나 영향력을 몇 가지 항목으로 나누어 살펴보기로 하자.

1) 전쟁과 식인풍습[카니발리즘(cannibalisme)]

카니발리즘이라는 단어는 서인도 안티유(Antilles) 제도의 일부 인디언의 이름인 '카라이브(Caraïbes)'나 또는 '카리브(Caribs)'에서 온 것으로 보인다. 1890년부터, 프레이저(J. G. Frazer)는 식인 풍습을 죽음 미덕으로 귀속시켰다. 모스(Mauss)가 이러한 경험적 일반화에 이론적 지위를 부여하게 된다. 즉 족내 식인 풍습(endocannibalisme, 인척들의 주검을 먹는 것)은 '떠날 준비가 되어 있는 가족의 영혼을 보전하는 방식'이라는 것이다. 족외 식인 풍습(exocannibalisme)도 우회적 형태를 띠지만 같은 목적을 달성하기 위한 것이다. 즉 사회적 집단의 통합성을 회복하기 위한 것이다. 그러나 이러한 시각은 토테미즘이나 근친상간처럼 프로이드가 결부시키는 것과는 대조적이고 거의 연구되지 않은 희생 논리를 상기시키고 있기 때문에, 식인주의에 대한 분석을 보다 일반적 틀에서 시도하는 데 장애가 된다.

이와 관련된 연구 영역은 두 가지로 나뉘어 있는데, 그 중 하나가 문화적 특수성을 인정하면서 분석하는 것이다. 다른 하나는 보편적 입장을 견지하는 것으로, 심리학적인 것을 인용하거나 생물학적 필요성을 상기시키는 것이다.

식인주의와 유사한 것이 목격되기도 하였고, 환상적인 것으로 간주되기도 하였다. 어쨌거나 뉴기니의 포르족(Fore)이나 16세기 브라질의 투피남바족(Tupinambé)이 사람을 먹었다는 사실은 의심할 바가 없다(Bonte et Isard, 2004).[4] 그러나 클로드 레비스트로는

---

4) Bonte, P., et M. Isard, 2004(1991), *Dictionnaire de l'Ethnologie et de l'Anthoropologie*, Puf, p.124.

지금까지 식인풍습에 대한 질문은 잘못 제기되어 왔다고 본다. 왜냐하면 식인주의는 '비록 그것이 실제로 일어났다 해도 항상 상징적이었기' 때문이라는 것이다. 또한 장례 행위, 영양 섭취, 희생으로서의 식인주의는 망각 과정, 생산에 필요한 생명 살상, 고행, 장례의 경건함 등으로 해석될 수 있다. 따라서 레비스트로스가 강조하는 것은, 현재 '인류학자가 의문을 가져야 할 점은 식인주의가 (그것이 어떤 것이라는 차원에서) 그들에게 있느냐 아니면 우리에게 있느냐 하는 것이 아니라, 단지 그것을 행하는 이들에 대한 것뿐이다'라는 점이다(Lévi-Strauss, 1984).[5]

그러나 마빈 해리스는 식인풍습의 원인을 보다 실질적인 환경적인 요인으로 설명한다.

식인풍습의 수수께끼는 다른 식량을 구할 수 있는데도 인간의 고기를 먹는 것이 사회적으로 인정된다는 것이다(해리스, 1992: 237). 시체나 시체의 일부를 평화적으로 얻어서 먹는 것은 슬퍼하는 제례의 일부이고, 폭력적인 방법으로 시체를 획득하는 것은 전쟁의 일부이다. 인육을 생산하는 이 두 가지 방식은 비용과 이익에서 전혀 다르며 따라서 단일한 이론으로 설명할 수 없다. 해리스는 이 점을 전쟁 식인풍습의 비용과 이익의 관점에서 설명한다(해리스, 1992: 256).

전쟁식인풍습은 인간고기 사냥이 아니다. 그들은 집단 간의 전략의 표현으로 그들과 같은 인간을 추적하고 살해하고 고문하는 과정에 참여하는 전사들이다. 그러므로 식인의 희생자를 포획하여 죽이는 것에 드는 주요 비용이 사냥에 지워질 수는 없다. 그보다는

---

5) Lévi-Strauss, C., 1984, "cannibalisme et travestissement rituel(année 1974~1975)", in *Paroles Données*, Paris, Plon, pp.141~149.

전쟁에 지워져야 한다. 투피남바족이나 후론족, 이로코이족은 인간의 고기를 얻으려고 전쟁을 하는 것이 아니다. 그들은 인간의 고기를 전쟁의 부산물로서 얻는 것이다. 따라서 그들이 전쟁포로의 고기를 먹는 것은 비용·이익의 관점에서 보면 아주 합리적이다. 완전한 동물성식품의 공급원을 낭비하는 것은 영양상으로 조심스럽게 선택해야 할 사안이라는 것이다.

해리스는 이 점을 국가와 부락수준의 사회와의 비교를 통해서 부연 설명한다(해리스, 1992: 262~263). 즉 국가는 부족 혹은 부락수준의 사회와 세 가지 근본적인 차이가 있는데, 그것은 국가사회의 경제는 생산성이 높아서 잉여식량과 물자를 생산할 수 있다는 점, 정복지와 정복민을 복속시킬 수 있는 정치체제를 가지고 있다는 점, 공물과 세금수입에 의한 정치력과 군사력을 가진 지배계급이 있다는 점 등이 그것들이다. 그러나 부족이나 부락사회는 생산성이 낮아서 이웃 집단의 인구를 죽이거나 쫓아내 자원에 대한 인구의 압력을 낮추면서 생존이 가능하다. 생산성이 낮은 사회는 포로가 있어도 잉여를 생산하지 못하므로 사람을 노예로 부리는 것은 먹어야 할 입이 하나 더 느는 것일 뿐이다. 그 결과 포로를 죽여서 먹게 된다. 즉 잉여를 생산하지 못하는 저생산성 사회에서 포로는 잉여노동 생산자가 아니라 음식으로서 가치가 더 높다는 것이다.

이와는 대조적으로 대부분의 국가사회에서는 포로를 죽여서 먹는 것은 세금과 공물원을 확대하려는 지배계급의 이해와 상충한다. 포로가 잉여를 생산할 수 있기 때문에 그들 몸뚱이 고기를 먹는 것보다는 그들의 노동의 산물을 먹는 것이 훨씬 더 유리하다는 것이다. 특히 그 잉여의 일부가 대개의 부족사회나 부락사회에는 얻을 수 없는 가축의 고기와 젖일 경우에는 가치가 더욱 높아진다.

19세기 초의 보고서에서는 피지 부족사회의 바깥에서 붙잡힌 포로나 내부의 반란자들이, 사원의 봉헌이나 추장 집의 건축, 카누의 진수, 동맹 추장의 방문과 같은 중요한 행사에서 제사장들의 제의적인 감독 아래 희생되어 잡아먹혔다고 기록되어 있다. 즉 "전투에서 죽인 모든 적은 당연의 승리자들이 먹었다. 시체들은 먼저 영혼들에게 바쳐졌다."는 기록이 나온다는 것이다.

피지인들은 인간의 고기가 신의 음식이라고 믿었다. 그들은 인간을 희생시키고 먹는 것을 신과 인간이 식사를 같이 하는(베다인과 이스라엘 민족과 튜튼족이 소를 희생시켜 신과 쇠고기를 나누어 먹었듯이) 일종의 성찬식이라고 생각했다. 19세기 초에 일어난 전쟁 당시 피지인들의 "식인행위는 흔하게 행해졌으며 때로 주신제처럼 떠들썩했다." 한 선교사는 "1840년대의 5년 동안 500명 이상의 사람들이 그의 거주지에서 5마일 이내의 지역에서 잡아먹혔다."고 추정했다. 한 추장은 그의 식인식사를 기념하기 위해 희생자 한 명에 대해 돌 한 개를 놓았다. 그가 죽을 때 그가 놓은 돌이 872개에 달했다는 것이다(해리스, 1992: 266).

해리스가 여기서 분명히 강조하는 것은, 피지인들이 인간고기를 먹기 위해 전쟁에 나갔다고 볼 수는 없고, 그보다는 전쟁 식인풍습의 경우와 마찬가지로 일단 전쟁에 나간 피지인들이 적을 죽임으로써뿐 아니라 이를 먹음으로써 그들의 물질적 소득을 증가시켰다는 점이다.

국가 이전 단계의 전쟁 식인풍습에서처럼 아즈텍인들은 희생자들을 죽이고 그 고기를 분배하는 데에 상징적인 중요성을 부여한 고도로 제례화된 절차를 따랐다. 피지인들처럼 그들도 인간의 고기가 신의 음식이라고 믿었다(해리스, 1992: 269).

해리스는 스페인인과 아즈텍인 모두 식인축제를 벌였고, 특히 큰 규모로 전쟁 식인 풍습을 행했다는 사실을 지적한다. 아즈텍 국가와 아즈텍 종교가 이를 금지하기보다는 오히려 장려했다는 것은 부인할 수 없다는 것이다(해리스, 1992: 271~273).

해리스는, 전쟁 식인풍습이 생기는 이유로, 전쟁식인풍습이 전쟁의 부산물이며 거의 전적으로 전사들이 서로 먹든 안 먹든 일어났던 전쟁의 비용으로서 계산되어야 한다는 것을 강조하고 있다.

2) 전쟁과 유아살해

보통 전쟁의 원인을 인구수가 지나치게 증가하여 그것을 통제할 수 있는 방법이 없을 때라고 이야기한다. 그러나 실제로 싸움을 통해서 발생하는 죽음으로 인구억제 효과를 얻어 내는 것은 미미하거나 거의 효과가 없는 것으로 나타난다. 남자들의 전사는 여성들의 놀라운 생식능력에 의해 언제든지 빠르게 회복될 수 있는 것이기 때문이다. 마빈 해리스는 이 점을 "여아살해 관습"으로 설명한다(해리스, 1995: 70). 여아살해 관습이 있는 지역에서는 아들을 낳아 기르는 것을 장려하였고, 장성하여 전투에 참가하게 될 날을 생각하여 남자아이의 남성다움을 예찬하였으며, 그 반면 전쟁에 나가서 싸우지 못하는 딸아이는 쓸모없는 존재로 평가절하하였다. 결국 딸아이에 대하여 부모는 관심을 제대로 주지 않아 죽게 하고, 학대하여 죽게 하고, 또 아예 죽여 버리기도 하는 등 여자아이의 수를 제한하기에 이르게 된다는 것이다.

전쟁과 유아살해 관습의 공통점은 전쟁과 유아살해의 결합이 야만적이기는 하지만 인구증가를 억제하는 효과적인 기제였다는 것이다. 남자아이에 대한 특별선호는 자연의 힘에 대해 문화적 힘이 대항하는 것이다. 부모가 낳은 아이를 돌보지 않고 죽이는 데는 강력한 문화적 힘이 필요한 것이기 때문이다. 더욱이 남자아이보다 여자 아이를 더 많이 죽인다든가 홀대하는 데는 더 강력한 문화적 힘이 필요하다.

문제는 바로 전쟁이 그러한 힘을 공급하는 원천이 되었다는 것이다. 왜냐하면 집단의 생존은 전투능력을 갖춘 남자들의 양육에 달려 있기 때문이다. 전쟁을 위한 무장으로 창, 곤봉, 활과 화살 등 모두 손으로 다루는 무기를 사용했기 때문에 근력이 억센 것이 유리했고 그 결과 남자들을 훈련시키는 것이 효과적이었다. 그 결과 남자가 여자보다 더 중요한 존재로 간주되었고, 남자아이들을 최대한 길러 내기 위해서 여자아이를 제거하는 일에 남자와 여자가 모두 동참했던 것이다(해리스, 1995: 72).

기후가 온화한 지대나 열대 지역에서 고기의 생산량은 사냥꾼의 솜씨에 따라 좌우되기보다는 사냥감이 되는 동물의 번식력에 의해 제한된다. 여자 사냥꾼들도 남자 못지않게 고단백질 고기를 공급할 수 있다. 그리고 원예농어민들 사이에서 여자들이 큰 짐승 사냥을 하지 않고서도 식용식물 또는 작은 짐승의 형태로 더 많은 칼로리와 단백질을 공급하고 있는 것으로 알려져 있다. 뿐만 아니라 여자가 아이를 돌보아야 할 필요가 있기도 해서 여자가 맡아서 할 역할이 '당연히' 음식 만드는 일이나 집을 지키는 일로만 끝날 수는 없다. 사냥이란 지속적인 성과물을 주기보다는 드문드문 사냥물을 확보할 수 있는 것이기 때문이다.

거대동물 사냥에 여자들은 어느 지역 할 것 없이 거의 보편적으로 제외되었는데 이것은 거의 전적으로 전쟁, 이와 관련하여 생기는 남성 우월주의적인 성별 역할 분담, 여자아이를 없애는 유아살해의 관행 등과 관련되어 있다. 이 모든 것들은 그 근원을 따져 보면 결국 생식압력의 문제를 풀어 보려는 시도에서 나온 것들이기 때문이다.

남자들이 전쟁에서 잘 싸우는 것은 남녀를 성적으로 구별하여 남자들에게 사납고 공격적으로 행동하도록 가르친 훈련과 밀접히 관련되어 있다. 군사적으로 남자와 대등한 전사로서 훈련시키는 일에서 여성을 제외시킨 이유에는 남성의 특권의식이 내부적으로 잠재되어 있기 때문이라고 볼 수 있다. 즉 남자보다 힘이 센 여자가 전쟁에서 남자와 싸워 이길 경우 남존여비의 위계관계가 흐트러질 수 있으며, 이로 인해 남성의 특권이 무너질 수 있기 때문이다.

즉 해리스는 유아살해와 전쟁은 이 두 사회악과 더불어 존재하는 성의 상하 위계질서와 함께 인구를 분산시킬 필요와 인구증가를 억제해야 할 필요 때문에 일어나는 것이라고 본다(해리스, 1995: 74~75).

전쟁은 정치적으로 독립되어 있고 공간적으로 지역화된 단위를 서로 대립 관계에 놓고 있기에 갈등을 유혈적으로 해결하는 다른 집단적 형태(복수, 시민적 평화의 무장 통제)와는 구분되는 것이며, 이에 따라서 그것의 규모는 극단적으로 다양하게 나타날 수 있다(지역적 공동체, 출계적 분절적 총체, 씨족이나 연령 계층, 부족, 추장제, 왕국, 국가). 그러나 이것은 모두 최소한 한시적으로 외부의 적을 향해 폭력을 사용할 수 있는 능력을 가진 중심이 있다는 공통된 특성을 가진다.

전쟁은 남성지배체제와 폭력성과 관련해서 설명하지 않을 수 없다. 전쟁과 용맹을 뽐내고자 하는 남성들은 야노마모족에서 잘 드러난다. 야노마모족은 유별나게 야만스러운 남성지배적 관습을 가지고 있다. 야노마모족은 여아살해 관습도 가지고 있다. 그 결과 14세 이하의 아이들 사이에서의 성별 불균형 상태가 심하다. 아주 격렬하게 전쟁을 하는 부락에서는 남자아이 대 여자아이의 비율이 148 대 100 정도로 나타나기도 한다. 이렇게 여자의 수가 절대적으로 부족한 것으로 말미암아 더욱더 내적 분열이 가속화되고 싸움이 자주 발생한다는 것이다. 해리스는 이 점을 다음과 같이 직접적으로 기술한다.

> "남성다움을 찬미하는 태도가 빚어낸 간접적 결과인 여자의 부족은 필경 격심한 전쟁을 가져오고 더 많은 싸움과 공격을 초래함으로써 전체적인 와이테리 콤플렉스(waiteri complex), 즉 남성 포학 콤플렉스(male fierceness complex)를 한층 강화시켰다. 실제적으로 보면 내가 조사한 부락의 분열 사례의 거의 모두가 여자문제를 둘러싼 원한관계의 결과로 발생했으며, 많은 경우 분열되어 갈라선 집단들은 결국은 적대관계에 들어섰다(해리스, 1995: 82)."

즉 식량부족과 이를 해결하기 위한 전쟁을 효과적으로 치르기 위해 전쟁에서 큰 도움이 안 된다고 생각되어 진행된 여아살해 관습은 여자의 부족을 낳았고, 이것은 결국 여자를 쟁취하기 위한 남자의 폭력성을 야기할 수밖에 없었기 때문에 전쟁과 여아살해, 그리고 남성적 폭력성이 상호 긴밀한 관계를 가지는 것으로 해석할 수 있다는 것이다.

3) 전쟁과 정치체계: 대인체계(Big Man)와 추장제

전사적 행위는 사냥과 목농 사회에서의 가축을 지키는 것과 같이 남성적 행위이다. 모든 사회에서 남성 집단에 생기는 중요한 분파는 어떤 순간에라도 집단의 수호를 보장하기 위해서 변동 가능한 것이다. 전사들은 젊은 성인들이며 힘이 있는 연령에 속하는 이들로서, 그들에게 요구되는 자질은 육체적인 것뿐만 아니라 정신적인 것도 있다. 사회 체계가 제도적으로 전사 집단을 규정하는 것은 드물지 않다. 이 전사 집단은 사회 내에서 연령 계층으로 규정되기도 하고(예를 들어서 동아프리카의 경우에서처럼) 또는 초입자의 결사체와 유사한 몇 개의 '전사결사체'와 상응하기도 한다. 여기에 가치를 부여하는 것은 최초의 전투 경험이나 적을 최초로 죽인 경험 등인데, 이것으로 인해 성인 세계로 들어갈 수 있게 되는 것이다. 전사라고 하는 제도화된 집단 존재는 자주 구성원 간 경쟁적 행위를 수반하는데, 그것은 극단적으로 복잡한 전투 형태나 개인적 업적을 추구하는 데까지 이어진다(예를 들어 대평원의 인디언이 여기에 속할 것이다).

흔히 '평화적' 사회와 '호전적' 사회가 구분되는 사례가 발견되기도 한다. 즉 북미에서는 고원 사회에서 극단적 사례가 나타난다. 그들 중 전쟁을 싫어하는 종족이 있는가 하면, 이로쿼이족(Iroquois)은 두 세기에 걸쳐서 주변 이웃들을 무차별하게 학살하기도 하였다. 통상적으로 평화적인 것으로 간주되는 대부분 사회는 '보이지 않는' 이웃의 전사 집단과 대항해야 할 뿐만 아니라, 그들에게도 역시 열려진 전쟁과 같이 실질적이고 극적인 것이 존재하며, 그것의 행위는 주술―종교적 군대를 취급하는 전문가들

(샤먼, 주술사, 다양한 사제들)에게 의존하고 있는 경우가 많다.

마샬 살린스(Marchall Sahlins)는 『가난한 사람, 부자인 사람, 대인, 추장: 멜라네시아와 폴리네시아의 정치적 유형(*Poor Man, rich man, big man, chief: Political types in Melanesia and Polynesia*)』에서 두 가지 대조적인 권력 유형인 대인(Big man)과 추장을 비교하고 있다. 우선 멜라네시아의 대인은 획득된 권력을 가진 자로서 상대적이고, 임시적인 권력을 가진 자이고, 폴리네시아의 추장은 상속받은 권력으로 절대적이다. 이 두 가지 권력 유형은 그 각각이 속해 있는 사회의 특성에 기반하는 것이라고 보고 있다. 즉 대인이 속한 사회는 친족과 지역집단이 각각의 기능을 수행하는 곳으로 중요성이 동등한 사회이다. 추장이 있는 사회는 위계적인 사회로 세습적 부족집단이 권력을 세습하고 있으며 종교적·군사적·경제적 특권계급이 있는 사회이다.

특히 대인 사회의 경우에서 중요한 것은 자신이 가지고 있거나 모은 재화를 자신의 추종자들에게 너그럽게 재분배하는 것이다. 그러나 이 외에도 전쟁에서 많은 전과를 올렸다거나 병약한 자들을 치료해 줄 수 있는 샤만의 능력을 가지고 있는 것도 중요하다 (Lemonnier, 1990: 9~13).

'빅펠라 맨(Bigpela Man)'은 뉴기니의 몇몇 부족[멜파(Melpa), 엔가(Enga), 수아이(Suai)]에 존재하는 중심적 인물이다. 살린스는 대인이 멜라네시아에서 전형적 권력의 이미지를 표현하는 것으로 본다. 여기서 말하는 권력이란, 종교적-군사적-경제적으로 핵심적 기능을 수행하는 혈통과 인물에 집중되어 있으며, 부족적 귀족정치에서 나온 폴리네시아 추장이 가진 세습적 권력에 대응하는 것이다.

그 사회의 구성원은 부(돼지, 조개껍질, 극락조의 깃털 등)를 창출하고 모으는 능력에 따라서 빅맨(거인, 대인)이 될 수 있다. 빅맨(거인, 대인)은 자신이 소유한 재화를 개인과 집단이 서로 경쟁하면서 벌이는 의례적 교환에서 계산된 인심을 베풀며 분배하거나, 또는 초자연적 협동과 복잡한 중재를 필요로 하는 상황(전쟁, 평화, 의식)에서 자신의 씨족이나 부족에 사용한다. 이러한 기능은 높은 수준의 웅변술을 요구하며 자신의 사업에 수십 명의 남자와 여자들이 참여하도록 설득하는 능력을 가지고 있으면서 추종자의 작업과 재산의 축적에 가능한 한 많은 영향을 미친다.

그렇지만 빅맨(대인)의 권력은 불안정하다. 항상 더 많이 줘야 한다는 의무감을 가지고 있기 때문에 더 이상 권력을 유지하지 못하게 되는 순간에 다다르게 되는 것이다. 그래서 자신의 지지자들이 다른 대인에게로 가 버리기도 한다. 대인은 멜라네시아에서 보이는 일반적 형태의 권력과는 대단히 거리가 있는 것으로, 아주 특별한 맥락에서만 출현하게 된다. 특히 아내를 얻기 위해서 부를 교환해야 하는데, 여기서는 전쟁과 경쟁적 교환이 공존하게 된다. 여기서 왜 대인이 자주 식민지적이거나 탈식민지적 경제 상황에서 새로운 부자가 되는지를 이해할 수 있게 된다. **다시 말해 이곳에서 대인은 친족이 여자 형제를 직접 교환하거나 권력을 세습했거나(성인식의 주재자, 대주술사) 또는 그것을 성취한(대전사, 대사냥꾼) 위대한 사람만이 가질 수 있는 것이기 때문이다.**[6]

---

6) Bonte, P., et M. Isard, 2004(1991), *Dictionnaire de l'Ethnologie et de l'Anthoropologie*, Puf, p.113.

4. 전쟁과 사회 갈등

전쟁을 하는 적대자들의 공간적이고 문화적 인접성이 큰지 또는 작은지 하는 문제가 전쟁의 특성을 결정짓는다. 그것은 현재 적대자들이 쟁점으로 하는 개념과 그들이 연루되어 있는 갈등 양식을 공동으로 공유하고 있는가 아닌가에 따라서 '관습적인 것'인 것이기도 하고 규범을 넘어서는 것이기도 하다.

관습적 전쟁 행위는 다른 전쟁 행위와 크게 다르지 않는데, 특히 이것은 적들이 서로 완전히 다른 문화적 체계에 속해 있는 경우에 두드러지게 나타난다. 비국가적 구성체에 둘러싸여 있으면서 서로 인접한 국가적 영토로 결합해 있는 것이 이러한 예를 제공하게 된다. 그래서 친척 관계에 있는 인접한 왕국들 ─ 아프리카에서 많은 예를 발견할 수 있다 ─ 이 서로 간 귀족 정치적 전쟁을 벌이고 있는데, 이러한 모든 것은 그들의 영토 변방 지대에 위치해 있는 '야만인'이나 '미개인'에 대항해서 법도 없는 전쟁을 치르는 것이다.

이와는 반대로 한정된 규모의 독립된 집단은 그들 사이에서 '관습적인' 전쟁을 치르지만 이들은 아마존 산록 지대에 사는 부족이 잉카제국에 대항해서 서로 동맹하는 것처럼, 외부의 적에 대해서는 병합주의적 목적으로 서로 같이 대응할 줄도 안다. '내부적' 전쟁이 자주 적대자 사이에서 무기의 선택에 대해서 합의를 보고 있는 반면에, '외부적인' 전쟁은 이러한 전제를 무시하고 있다.

첫 번째 형태에서 두 번째 형태의 전쟁으로 이전하는 것은 갈등 단계 변화와 상응하고 군사기술과 전투행위의 변화를 수반한다. 적수 간 기술적이고 전략적으로 차이가 나는 상황은 항상 잠정적인 것이고, 전쟁 그 자체는 초기 힘(권력)의 역학 관계를 전도시킬 수 있는 가능성을 많이 가지고 있는 것이다.

뉴기니 섬에서는 식민지 지배를 받기 전까지는 전쟁이 끊임없이 일어나는 것처럼 보였다. 이것은 기호화된 행동이었고, 여기서 분명한 것은 정복과 파괴가 결코 유일한 최종 목적은 아니었다는 것이다. 비록 인구수가 급증한 상황에서 자신의 영토에 침입해 들어오는 적들을 막아 내는 방법으로 전쟁이 일어나기는 했지만, 전쟁을 단지 인구압박에 의한 것과 직접적으로 연결시키는 것은 무리가 있다. 토지가 부족해서 인구압박이 있는 경우에도 무기를 써서 전쟁을 하기보다는 혼인결합을 통해서 토지를 재분배하는 경우가 나타난다. 즉 인구과잉으로 전쟁이 일어나는 경우뿐만 아니라, 토지가 충분한 경우에도 전쟁이 일어난다는 것이다. 따라서 르모니에는 생태학적인 모델로 전쟁을 설명하는 것도 인구밀도가 낮은 곳에서 전쟁이 지속적으로 일어나는 현상을 설명하지는 못하기 때문에 합당하지 않다고 본다(Lemonnier, 1990: 91~92).

무장한 채 전쟁을 한다고 해서 항상 점령과 전멸이 따르는 것이 아니고, 이것이 또한 전적으로 놀이와 같이 행해지는 것도 아니다. 게다가 전투는 경쟁적인 행위이기도 하고, 삶과 죽음의 계산서와 같은 것으로 두 집단 간의 교환에서 가장 중심적인 자리를 차지한다. 즉 전쟁과 거대한 의례적인 교환 행위 속에서 일어나는 거대한 경쟁들이 서로 상호 간에 어떤 관계를 가지고 있는지는 살펴볼 만한 가치는 충분하다(Lemonnier, 1990: 93).

전쟁과 의례적인 교환이 동시에 일어난다는 사실로 마치 그것이 동일한 것으로 판단되어서는 안된다. 즉 이 두 가지는 동일한 것이 아니라 동시에 발견될 수 있는 것이며, 치열한 전쟁을 치르는 것이 재화의 의례적인 교환으로 바뀐 것이 사회변화 과정과 어떤 상관관계를 가지는지를 살피는 것도 중요하다.

전쟁을 치르면서 사람이 죽거나 다치는 경우, 이에 상응하는 재화를 보내는데(돼지나 조개껍데기 등), 이렇게 재화의 교환을 통해서 평화는 다시 찾아오게 된다. 이러한 의례는 상호 간의 결혼 교환으로 완성되기도 한다. 카마노족의 경우에는 이러한 교환을 하면서 전쟁은 상징적으로나마 잠시 멈추게 되고, 축제를 벌인 다음 신부의 교환이 일어난다. 승리자에게는 자신들의 종족이 멸종당하지 않도록 돼지를 바친다. 마링(Maring)족에게는 신부를 교환하는 것도 평화를 약속하는 것이 된다. 돼지를 교환하는 것이나 여자를 교환하는 행위 모두 평화를 바라는 행위에 속하는 것이다(Lemonnier, 1990: 99~100).

인류학적으로 볼 때 평화를 기원하는 이러한 재화의 교환 의례는 부의 규칙적인 교환을 유도하는 것으로 해석될 수 있다.

5. 전쟁과 평화

전통 사회의 관습적 전쟁은 주로 두 가지 유형으로 나타나는데, 그것은 각각 서로 배타적인 것이 아니다. 위기를 해결하고자 하는 방식으로서 전쟁은 평화적 거래, 즉 대체물로서 개입하게 된다. 또한 전쟁은 사회적 실체와 우주적인 것의 상징적 재생산 방식으로서 간주될 수 있다. 공간의 통제 양식이나, 자원에의 접근, 또는 여성이나 상품 상징적 재화의 순환 등에 있어서 인접한 집단 간 평형이 의도적으로 깨어졌을 때 생겨나는 것이 첫 번째 유형의 갈등이다. 따라서 전쟁은 서로 구분되는 형태로 나타나면서 특히 상업이나 결혼 교환을 통해서 평화적 시기에 발전하는 정치적 관계를 설명하기도 한다.

두 번째 유형의 갈등은 전쟁을 대단히 분명하게 규정한 적에게 있어서는 집단의 정체성을 확립시키거나(아마존 지역의 머리 사냥이나 식인주의), 전체적 세계에 합당한 질서를 세우는데[아스텍 지역의 ‘꽃 전쟁(guerre fleurie)’] 필요한 원리나 실체를 획득하는 수단이 되기도 한다. 이 두 번째 유형의 전쟁은 인접한 집단 간 전쟁과 평화가 순환적 상호작용을 하면서 교대로 나타나는 첫 번째 유형의 것과는 다른 것으로 여기에는 평화가 존재할 수 없다. 왜냐하면 지속적으로 사회와 세계의 상징적 재생산을 확신하기 위해서 적이라는 존재가 요구되기 때문이다.

상습적 또는 인접한 이들 사이의 전쟁은 일반적으로 엄격한 방법으로 기호화되었다. 즉 전쟁이 그것에 연루된 집단의 경제적이고 사회적인 삶을 지나치게 혼동시키지 않도록 그것이 일어나는 장소가 잘 정돈된다. 예를 들어서 1년을 자원의 개발 시기와 전쟁에 할당하는 시기, 그리고 종교적 표현을 하는 시기 또는 전쟁을 하는 집단 간 상업적 관계를 유지하는 시기 등으로 나누게 된다는 것이다. 전쟁의 효율적 수행 형태는 ‘대대로 내려오는 적’ 사이의 억제할 수 없는 갈등의 주기적 반응에서부터 거의 유희적 대면 양식에 이르는 것까지 다양한데, 이것은 미국의 남동부 인디언의 ‘작은 전쟁’이나 아프리카의 마을 간 전쟁 경쟁 등에서 연장되어서 나타나기도 한다.

전쟁과 평화가 규칙적으로 번갈아 나타나는 것은 자주 적대자 간 사회조직에 내재한 긴장의 결과이기도 하다. 따라서 동아프리카의 몇몇 목농적 사회에서는 가축을 훔치는 것이 집단 간 전쟁의 주요 원인이 되기도 한다. 왜냐하면 젊은 남자에게는 여자를 얻기 위한 유일한 방법이 많은 마리 수의 가축을 확보하는 것이기 때문이다. 이와 동시에 가축을 훔치는 것에 참여함으로써 젊은 남자는 전사의 지위를 획득할 수 있고, 자신의 연령집단의 상징적 존재가 되기도 한다. 전쟁 진행을 기호화함으로서 실질적이거나 잠재적인 적 사이에 합의 대상을 설정하게 된다. 즉 대면하게 되는 장소와 같이 그것이 지속되는 기간(때로는 단 하루 동안만 일어나기도 한다)이 관습에 의해서 결정되곤 한다. 대면하게 되는 각 집단에서 동의하는 사망자 수도 미리 결정되며, 전쟁은 그 수가 다 차게 되면 자동적으로 끝나게 된다. 엄격한 규칙을 세우는 이유는 거주민과 수확물, 가축, 여자 그리고 싸우지 않는 다른 사람을 확실하게 보호하기 위함이다. 따라서 부상자나 포로가 되는 사람도 양쪽이 동일하게 될 것이다(Bonte et Isard, 2004: 314~316).

즉 전쟁과 평화는 마치 동전의 양면과 같은 모양을 띠며 소규모 원시사회 내의 다양한 사회적 시스템과 긴밀한 관계를 가지고 있음을 알 수 있다.

6. 나오는 말: 그러면, 인간에게 전쟁은 피할 수 없는 것인가?

안토니 파그넨은 『전쟁하는 세상』(2009)에서 동서양의 타협할 수 없는 투쟁의 역사를 설명한다. 왜 문명은 끊임없이 충돌하는가 라는 질문은 계속된다. 정말 인간에게 전쟁을 피할 수 없는 것이었고, 앞으로도 인간은 그런 운명을 끌어안고 살게 될 것인가?

전쟁은 집단적 폭력이 우회적으로 나타난 것이고 특출난 개인적 인물－죽은 사람이건 살아 있는 사람이건－을 만들어 내는 것이기 때문에 사회의 역사적 변화에 있어서 가장 중요한 매개 중 하나가 된다. 인류학에서는 이러한 사례들이 특히나 흑아프리카에서 국가 형성에 대한 분석에서 아주 잘 나타나고 있다. 수많은 아프리카 왕국은 그들의 발전 근원에는 비국가적 사회에서 나온 인물을 보유하고 있는데, 전쟁 수행으로 이러한 인물이 자리를 잡을 수 있었던 것이다. 평화로운 종족 간 전쟁이 농부로 구성된 전사를 만들었고, 이것이 더 나아가서 전사들, 그리고 침략자를 만들어 국가를 건설하게 했던 것이다.

그러나 이러한 사례를 통한 설명이 자칫 전쟁을 합리화 또는 정당화시킬 수도 있다는 위험이 상존하다는 것은 분명하다. 그럼에도 이 연구에서 전쟁이 사회의 다양한 구조와 시스템 속에서 복잡한 연결고리를 형성하면서 존재하고 있다는 점을 강조한 것은, 전쟁이 의도적인 것이든 불가항력적인 것이든 그것을 둘러싸고 있는 다양한 사회관계 속에서 살펴봐야만 전쟁의 의미를 정확히 이해할 수 있다는 점을 말하고자 하였기 때문이다.

이러한 연구는 현대 문명사회에서도 끊임없는 위협요인으로 상존하고 있는 전쟁의 위험성을 사전에 감지하여 보다 안전한 사회에서 인간의 선이 실현될 수 있는 길을 모색해 보자는 것에 그 궁극적인 목적이 있음을 다시 한 번 강조하면서 글을 맺고자 한다.

참고문헌

Bonte, P., et M. Isard, 2004(1991), *Dictionnaire de l'Ethnologie et de l'Anthoropologie*, Puf.
Lemonnier, P., 1990, *Guerres et Festins: Paix, échanges et compétition dans les Highlands de Nouvelle-Guinée*, Ed. de la Maison des Sciences de l'Homme.

마르셀 모스 저, 류정아 역, 2008, 『증여론』, 지만지.
마빈 해리스 저, 서진영 역, 1992, 『음식문화의 수수께끼』, 한길사.
마빈 해리스 저, 정도영 역, 1995, 『식인과 제왕』, 한길사.
류평 엮음, 김문주 옮김, 2009, 『인류의 운명을 바꾼 역사의 순간들: 전쟁편』, 시그마북스.
안토니 파그넨 저, 추미란 역, 2009, 『전쟁하는 세상』, 살림.
자오신산 저, 김정자 역, 2011, 『전쟁 호르몬』, 시그마북스.

CHAPTER 02

고대 및 중세 지중해의 전쟁과 군사조직의 확대

고대 그리스 서사시와 유대인 성경에 보이는 정의·노동· 전쟁의 사회적 역할1): 헤시오도스의 『노동과 나날』을 중심으로

최자영

1. 그리스와 근동의 문화적 연관성

기원전 8세기 말(700년)경에 살았던 것으로 추정되는 헤시오도
스는 『노동과 나날』에서 세계의 변화를 5종족이 서로 이전해 가
는 것으로 묘사했다. 이런 그의 인간관, 세계관은 염세적이고 과
거지향적인 성격을 갖는 것으로 평가되곤 한다. 그리고 이것은
헤시오도스의 독창적인 견해라기보다 동방, 즉 페르시아의 4시
대설2) 혹은 인도의 4시대설3)에 영향을 받은 것으로 간주되기도

---

1) Cf. 『서양고대사연구』 31 (2012.6.30), pp.37~73 게재.

2) 페르시아의 4시대설은 조로아스터교에서 나온 것으로, 아후라마즈다가 자라투스트라의
   꿈에 나타나 금, 은, 좋은 철, 순도가 낮은 철의 4가지 금속이 달린 나무를 각각 보여주
   면서 4개 시대가 다가올 것이라고 현시한 데서 비롯되었다. 금의 시대는 왕의 지배 하
   에서 마귀가 쫓기고 진실한 종교가 만연한 반면, 마지막 네 번째 철의 시대는 마귀와 악
   이 퍼지고, 기만과 부자형제지간의 반목이 횡행하며, 의롭고 덕 있는 자는 가난해지고
   단명해진다고 한다. Cf. R. Reitzenstein, *Studien zum Antiken Synkretismus aus Iran
   und Griechenland* (Leipzig, 1926), p.45ff.

3) 인도의 4시대설은 색깔에 따른 것으로, 백, 적, 황, 흑색의 시대이다. 백색 시대는 풍요
   로운 가운데 노동, 빈곤, 질병, 노쇠, 반목 등이 없었다. 그런 다음 시대마다 1/4씩 덕과

한다.[4]

일반적으로 고대 근동이 고대 그리스와 로마에 미친 영향이 어느 정도였을까 하는 문제는 고대 그리스 고전을 연구하는 사람들에게 큰 관심의 대상이 되어왔다. 차제에 그리스 문화의 뿌리가 아프리카에 있다는 견해를 피력한 마틴 버낼의 『블랙 아테나』[5]는 그리스 문화의 동방 기원설의 최고봉이라 할 만하다. 이런 견해는 버낼이 처음으로 제시한 것은 아니고 그 전에도 있었으나, 구체적 증거가 부족했고 대부분 추측에 근거한 것이어서 큰 주목을 받지 못했다.[6] 그런데 『블랙 아테나』는 광범위한 자료들을 체계적이고 구체적으로 제시함으로써 큰 반응을 불러왔다. 그는 그리스의 아테나 여신도 이집트의 '네이트(Neit)'에게서 기원한다고 하고 또 리비아와 이집트인들이 흑인이었다는 전제 하에 책 이름도 '블랙 아테나'로 명명했다.

그러나 이런 버낼의 견해는 그리스 문학 혹은 문화의 독창성만을 강조하는 사람들만큼 지나치다는 비판을 받아 왔다.[7] 문화현상은 다층적인 것이므로 어떤 것은 그리스 인들이 독창적으로, 또

지혜 등이 감소되어 마지막 흑색 시대에 이르면 사기, 증오, 기만, 욕심이 난무하고, 덕 있는 사람은 가난하고 단명한 반면, 사악한 자는 오래 살며 번영한다. 또 자식은 부모를 죽이고 그 재산을 뺏으며, 아내는 남편과 자식을 죽인다. Cf. R. Roth, *Der Mythus von den Fünf Menschengeschlechtern bei Hesiod* (Tübingen, 1860), pp.21~33.

4) Cf. J. Kerschensteiner, "Zu Aufbau und Gedankenführung von Hesiods Erga", *Hermes* 79 (1944), pp.149~191.

5) M. Bernal, Black Athena: The Afroasiatic Roots of Classical Civilization (New Brunswick, 1987), 오흥식 역, 『블랙 아테나』, 2 vols. (소나무, 2006/2012).

6) Cf. 유윤종, "마틴 버낼/ 오흥식 역, 『블랙 아테나』", 서양사론 90 (2006), p.205ff.

7) M. L. West, "Near Eastern Material in Hellenistic and Roman Literature", *Harvard Studies in Classical Philology* 73 (1969), pp.113, 134; 김봉철, "서양 고대 사학의 새로운 역사해석?: 마틴 버낼(M. Bernal)의 그리스식민지론에 대한 비판적 고찰", 『서양고전학연구』 13 (1999), pp.363~390. Cf. 우병훈, "헤시오도스의 『일과 나날』에 나타난 디케(dike)의 개념," 서울대학교 대학원 석사학위논문 (2005), 92f.

어떤 것은 다른 문화에서 차용 발전시켰던 것으로 보는 것이 타당하다고 하겠다. 그리스 서사시, 특히 헤시오도스의 경우에는 근동의 요소들이 많다고 보는 것이 일반적이다.[8) 또 거꾸로 호메로스와 헤시오도스가 소아시아 및 근동에 영향을 주었을 것이라는 점도 배제할 수가 없다.

한편, 두 작품 간에 비슷한 내용이 있는 경우에도 반드시 서로 간에 영향을 주고받았던 것을 증명하는 것은 아니다. 서로 유사한 내용의 모티브가 전혀 관계없이 독립적으로 발생할 수 있기 때문이다. 웨스트는 고대 문학작품들의 상관관계는 내용적 유사성으로만 설정할 수가 없고 내용과 형식을 동시에 고려해야 한다고 한다.[9) 그리고 시적 전통이 다른 지역으로 전달되는 것은 서로 언어가 달라도 두 지역의 언어를 동시에 사용하는 사람에 의한 것으로 가정한다.

이 글에서는 헤시오도스의 『노동과 나날』에 나타나는 정의(dike)와 노동의 개념이 어떻게 연관되는지, 그리고 그것이 폭력 혹은 전쟁의 개념과 어떻게 대립 항으로 성립될 수 있는지를 살펴본다. 그런 다음 이것이 근동의 대표적인 문학·역사·종교서인 『구약성경』과 어떤 점에서 비교될 수 있는지를 일견한다. 유사한 언어 혹은 형식을 갖춘 것이라 하더라도 생활환경과 사회구조의 차이에 따라 지향하는 본질이 다른 맥락에 놓일 수 있음을 엿볼 수 있다. 그래서 버널이 궁구한 그리스 문화의 아프리카 기원설에서 그칠 것이 아니라, 약 반세기 전에 웨스트가 지적한 바와

---

8) Cf. 이런 견해를 지지하는 학자들에 관해서는 cf. 우병훈, "헤시오도스의 『일과 나날』에 나타난 디케(dike)의 개념", p.93f.

9) M.L. West, *Works and Days Edited with Prolegomena and Commentary* (Oxford, 1978), p.27; 우병훈, "헤시오도스의 『일과 나날』에 나타난 디케(dike)의 개념", p.94.

같이, 동방(오리엔트)적 기원의 문화가 어떻게 그리스적으로 변용되는지에 대한 연구도 광범위하고도 체계적으로 이루어질 필요가 있음을 보이게 될 것이다.

2. 헤시오도스의 『노동과 나날』에 나오는 정의 (dike)의 개념에 대한 제 견해

헤시오도스의 『노동과 나날』에 나오는 정의(dike)의 개념은 호메로스나 그 외 서사시의 정의 개념과 함께 상당히 많은 논란의 대상이 되어왔다. 이 문제는 무엇보다 '정의'의 개념에 도덕성이 개재되는가 아닌가 하는 점을 중심으로 전개되었다.[10] 라테(K. Latte)와 로저스(V.A. Rodgers) 등은 호메로스와 헤시오도스의 '디케 (dike, 정의)'의 개념은 도덕적인 것과 무관하다는 입장이다. 라테는 도덕적인 신념보다는 남들의 눈을 의식하는 수치심이 '디케' 개념의 핵심을 이룬다고 보았다.[11] 로저스도 '디케'가 양심이나 옳고 그름에 대한 도덕을 의미하는 것이 아니라는 입장이다. '디케'는 분쟁에 연루되지 않는 것이며, 그와 대조적인 '히브리스

---

10) 호메로스, 헤시오도스의 서사시에 나오는 정의(dike)의 개념 및 그에 관련된 연구사의 소개는 Cf. 우병훈, "헤시오도스의 『일과 나날』에 나타난 디케(dike)의 개념", 30ff. 이때의 도덕성이란 일상적인 의미에서의 '옳고 그름이 무엇인지를 안다.'라는 뜻으로 사용하는 것으로 한다(cf. ibid. p.31, 주 78).

11) K. Latte, "Der Rechtsgedanke im archaischen Griechemtum", *Antike und Abendland* 2 (1946), p.63ff. 이런 라테의 견해는 고대 헬라스 사회를 '수치문화'로 규정한 E. Dodds[*The Greeks and the Irrational* (Berkely, 1951), p.28ff.] 등의 인류학자, 고전학자들의 영향을 받은 것이라고 한다. Cf. 우병훈, "헤시오도스의 『일과 나날』에 나타난 디케(dike)의 개념", p.34.

(hypbris, 오만)'는 분쟁에 연루되고 또 무례하고 어리석은 것이라고 한다.[12]

그런데 여기서 로저스는 'dike'를 현실주의적 힘의 논리를 인정하는 쪽으로 나아간다. 그래서 헤시오도스의『노동과 나날』에 나오는 매와 밤꾀꼬리의 대화[13]에서 매의 입장은 삶의 진솔한 모습으로, 약자가 강자에게 대드는 것이 '히브리스'를 범하는 것이라고 한다. 그리고 폭력과 재앙을 피하도록 강자에게 대항하지 않음으로써 평화와 질서를 구하는 것이 '디케'인 것이라고 한다. 이런 디케의 개념은 도덕적인 정의와는 무관한 것으로 분쟁을 피함으로써 공동체의 질서와 평화를 가능하게 하는 기능을 가진다는 것이다. 이런 로저스의 입장은 디케가 옳고 그름에 대한 판단은 배제되고 결과만 중시된다는 입장이다.

그러나 가가린(M. Gagarin)도 지적하고 있듯이 헤시오도스의 '디케'는 폭력(bia)이나 오만(hybris)과는 정반대가 되는 것으로 나타난다.[14] 이것은 매와 밤꾀꼬리 이야기 바로 다음에 이어지는 것으로 헤시오도스가 자신의 동생 페르세스에게 하는 다음의 충고에서 나타난다.

페르세스여, 그대는 정의에 귀 기울이고 폭력을 늘리지 마시라.

---

12) V.A. Rodgers, "Some Thought on $\Delta I K H$", *Classical Quarterly*, n.s.21 (1971), 291ff.

13) 헤시오도스,『노동과 나날』, 205~212. 밤꾀꼬리는 매의 꾸부정한 발톱에 찔려 애처로이 울었으나 매는 밤꾀꼬리를 엄하게 꾸짖었소. "별난 친구야, 왜 비명을 지르느냐? 훨씬 강한 자가 지금 너를 움켜잡고 있다. 네가 비록 노래를 잘한다만, 내가 가는 대로 네가 가게 될 것이다. 내가 원한다면, 나는 너를 저녁거리로 삼을 수도 있고 너를 놓아줄 수도 있다. 더 강하나 자와 겨루는 것은 어리석도다! 그런 자는 승리도 놓치고 치욕에다 고통까지 받게 될 테니까."

14) M. Gagarin, "Dike in the Works and Days", *Classical Philology* 68 (1973), p.85ff.

폭력은 지위가 낮은 사람에게 해로운 것이지만,

지위가 높은 사람도 쉬 견디지 못하고
그 때문에 파멸할 것이오.

그런데 여기서 가가린은 헤시오도스의 디케가 도덕적인 것이 아니라 소송과정(legal process)이나 분쟁의 평화로운 해결과 관련이 있다고 주장한다.[15]

디키(Dickie)는 '디케'의 사회적 기능이 분쟁해결에 있음을 강조한 가가린의 견해를 반박하고, '정의', '옳음'의 개념을 가진 것으로 파악한다.[16] 그는 가가린이 너무 지엽적이 문제에만 치중하다 보니 전체적인 맥락을 놓쳤다고 하고, 또 '디케'는 물론 '히브리스(hybris)', '폭력(bia)' 등의 주요 개념을 잘 이해하지 못하고 개념들 간의 대조적 관계를 잘 규명해 내지 못한 것으로 규정한다. 디키에 따르면, 가가린은 히브리스를 폭력으로 이해했으나, 사실은 그런 것이 아니라 히브리스는 '오만'에 더 가깝다고 한다. 다시 말하면, 가가린이 히브리스와 디케를 평화와 폭력의 대조로 생각했다면, 디키는 오만과 올바른 행동 간의 대조로 파악하는 것이다.

---

15) Cf. 가가린은 디케의 개념이 폭력, 오만에 반대되는 것, 맹세의 준수, 법적 절차의 감독, 분쟁을 조정 등을 담당하는 왕권, 강자를 겸손하게 하고 약자와 부정을 보호 감독하는 제우스의 정의 등과 관련이 있는 것이라고 한다["Dike in the Works and Days", *Classical Philology* (1973), p.85ff.]. 또 가가린은 헤시오도스에 나오는 'dike'가 도덕, 윤리적인 개념과 무관하다는 입장에 서서, 플라톤, 아리스토텔레스 이전의 시대에는 법적 절차, 분쟁의 해결 등 사회적 맥락에서 사용되었다는 견해를 피력한다(ibid., "Dike in Archaic Greek Thought", *Classical Philology* 69 [1974b], p.187ff.). 나아가 플라톤 및 그 이후의 철학자들 차도 도덕성을 자기 이익과 관련된 것으로 생각했다고 한다(ibid., "Morality in Homer", *Classical Philology* 82 [1987], p.289).

16) M.W. Dickie, "Dike as a Moral Term in Honer and Hesiod", *Classical Philology* 73 (1978), p.96ff. 그 외 디케를 수치심으로 정의한 라테의 견해 등 제견해의 소개와 그에 대한 디키의 반론은 cf. 우병훈, "헤시오도스의 『일과 나날』에 나타난 디케(dike)의 개념", p.34ff.

여기서 필자는 가가린과 디키가 서로 다른 것을 말하는 것이 아니라고 보면서, 디키가 말하는 오만과 올바른 행동 간의 대조가 현실생활에 구체화하게 되면 각각 폭력과 평화로 연결될 수 있다고 생각한다. 나아가 폭력과 평화의 대립 항은 바로 전쟁과 노동의 대립 항으로 연결될 수 있다는 점을 제시하려 하는 것이다. 즉 노동을 바탕으로 모든 사회적 악과 질곡이 제거될 수 있고, 그 반대로 노동이 없이 약탈과 착취에 의존하는 삶은 필히 폭력과 전쟁을 수반하게 된다는 점이다. 이런 관점은 이미 20세기 중반 웨이드-제리(H.T. Wade-Gery)에 의해서 일면 제시되었던 것이다.

웨이드제에 따르면, 호메로스의 귀족적 '아레테'는 전투의 미덕이었으나, 헤시오도스에게는 그런 것은 별로 중요한 것이 아니었다.[17] 헤시오도스의 『노동과 나날』에서 용감한 전사를 근면한 농부로 대체하고 정직한 노동의 정의를 중시했다는 것이다. 그리고 판도라의 상자에서는 과로, 질병, 과로, 거짓맹서 등이 판을 쳤으나 전쟁은 아직 언급되지 않고 있다는 점을 웨이드-제리는 중시한다.

3. 헤시오도스의 『노동과 나날』에 보이는 5종족

헤시오도스의 생애에 관해서는 그 자신의 기록에서 단편적으로 유추할 수밖에 없다. 오르페우스의 후손인 헤시오도스의 아버지는 소아시아 출신으로 해상무역을 하다 실패하여 그리스 중부 보이오티아 지방의 아스크라에 정착했고, 헤시오도스는 보이오티아 지방

---

17) H.T. Wade-Gery, "Hesiod", *Phoenix* 3(1949), p.92.

에서 태어났다고 한다. 신통기(테오고니아)의 첫 구절에 따르면 그
는 목동으로 헬리콘이라는 언덕에서 음악의 여신으로 부터 이른바
부름을 받아 시인이 되었다고 한다.[18] 그의 생애에 대해서는 방랑
음유시인으로 활동했으며, 노년에는 그저 농업으로 삶을 유지했다
는 것 외에 알려진 것이 거의 없다. 헤로도토스는 호메로스와 헤시
오도스가 그리스인들에게 신을 만들어 주었다고 한다.[19]

헤시오도스의 『노동과 나날』에는 에덴의 동산 같은 황금시대가 소개
된다.

……과거에 인간들은 지상에서
재앙과는 거리가 멀고 과로도 없었으며, 인간들에게
죽음의 운명을 가져오는 병도 없이 살았으나,
지금의 인간들은 재앙 속에서 갑자기 늙기 때문이요,
그것은 여자가 두 손으로 항아리의 큰 뚜껑을 들어 올려 그런 것들을
모두 밖으로 내보내므로, 인간들에게 큰 근심을 안겨 주게 되었던 것이
지요. (90~95)[20]

올림포스의 집들에 사는 불사신들이 맨 처음에 만든 것으로
죽을 운명의 인간은 황금의 종족이었소.
그들은 크로노스가 하늘에서 왕이었을 때 살았소.
그들은 신들처럼 살았소. 마음에는 아무 걱정이 없고,
과로와 궁핍에서 멀리 벗어났으며, 비참한 노령도 그들을
짓누르지 않았고, 언제나 팔팔한 손발로
온갖 재앙에서 벗어나, 축제를 하며 즐겁게 살았소.
그리 마치 자는 듯 죽었소. 좋은 것은 모두
그들의 몫이었고, 곡식을 가져다주는 땅은 그들에게

---

18) Hesiodos, 『신통기』(*Theogonia*), 25~35.

19) Herodotos, 2.53.2.

20) 이후 『노동과 나날』의 한국어 번역은 천병희의 『신통기』(한길사, 2004) 안에 함께 실려 있
    는 부분(pp.85~128)을 기본으로 하여 필요에 따라 약간씩 변화를 주었다.

그 과실을 자진하여 아낌없이 듬뿍 날라다 주었소. 그리고 그들은
즐겁게 한가로이 노동을 배분했지요(erg' enemonto). 풍성한 가운데,
많은 가축의 무리를 거느리고, 축복받은 신들에게는 친구가 되었지요.
(109~120)

과로나 질병이 없는 시대로서 초기 농업사회의 이상을 그린 것
으로 간주된다.[21] 그런데 이런 낙원은 아름답고 교활하고 바보 같
고 위험한 한 여성 판도라의 출현으로 종식된다.[22] 황금시대로부
터의 이탈은 과로와 질병의 출현으로 인한 것이다. 그런데 하블록
은 이 황금시대에 관한 기술에서 과로와 질병과는 또 다른 종류
의 타락을 예고하는 단서가 깔려 있다는 점을 지적한다. 특히 하
블록은 위 119 구절의 내용, "즐겁게 한가로이 노동을 배분(erg'
enemonto)했다"는 것은 다음에 나타날 경제적 경쟁과 전쟁에 대해
암시하는 것이라 한다.[23] 황금시대의 낙원에서는 노동의 협동적
관계가 자발적이다.

올림포스의 신들이 만든 두 번째 은의 종족의 특징은 다음과
같다.

이들은 몸과 마음이 다 황금 종족 같지 않았소.
아이로 어머니 옆에서 백 년을 보내면서
집에서 어리광을 피우다가, 완전한 성년의 한창때가 되면
잠시 밖에 살지 못하오. 이들은 자신의 어리석음으로 인해

---

21) E.A. Havelock, *The Liberal Temper in Greek Politics* (New Haven/ London,
    1957/1964), p.37.
22) 프로메테우스와 판도라에 관한 이야기는 cf. Hesiodos, 『노동과 나날』(*Erga kai
    Hemerai*), 47~89; ibid. 『신통기』, 570~613.
23) E.A. Havelock, *The Liberal Teemper in Greek Politics*, p.37.

고통을 받는다오.
죄를 범하고 서로를 해치는 것을
삼가지 못하기 때문이요. …… (129~134)
그래서 제우스가 화가 나서 이들을 없애 버렸다오. (138)

세 번째 동의 종족은 물푸레나무로 만든 종족으로 이들은 제우스에 의
해 만들어진 것으로 묘사된다.[24]

물푸레나무로 만든 무섭고 사나운 이 종족은 한탄스런
아레스의 일(전쟁)과 폭력에 몰두하고, 곡식을 먹지 않았으며,
불굴의 강인한 마음을 갖고 있었소.
이들은 가공할 거인들로서 무지막지한 힘과 무적의 팔들이
강건한 사지 위 어깨에서 뻗어 나와 있었다오.
청동의 무기, 청동의 집에,
청동의 연장들을 가지고 있었으나, 아직 철은 없었소.
이들은 스스로의 손(폭력)에 의해 멸망하여 으스스한 하데스의
곰팡내 나는 곳으로 내려갔소. (145~153)

하블록은 이 세 번째 종족이 청동기 문명의 미케네 시대에 대
한 기억일 것이라고 하고, 두 번째 은의 종족 이래로 반복되는 사
회에 대한 비판과 연관이 있다고 한다. 적나라한 폭력의 행사는
이미 은의 시대 사람들에게도 해로웠던 것으로, 이 동의 시대 사
람들은 자신들의 가공할 힘으로 자멸을 초래하게 된다.

크로노스의 아들인 제우스가 많은 것을 부양하는 땅 위에서
또다시 네 번째 종족을 만들었으니, 이들은 더 의롭고 선량했소.
반(半)신들이라 불리는 이들 신 같은 영웅의 종족들은
가없는 대지에서 우리 바로 앞 세대에 살았는데,
나쁜 전쟁과 가공할 전투가 그들을 멸했소

---

24) Hesiodos, 『노동과 나날』, 143~145.

일부는 오이디푸스의 양 떼 때문에 싸울 때
카드모스의 나라에서 일곱 성문의 테바이에서 멸했고,
일부는 머릿결이 아름다운 헬레네 때문에 배를 타고
깊은 바다를 지나 트로이아로 가서 멸했소.
그곳에서 그들 중의 일부는 죽음의 종말을 맞았으나,
다른 일부는 크로노스의 아들인 그들의 아버지 제우스가
생명과 거처를 주어 저 먼 땅 끝에서 살게 했소.
그래서 이들은 깊이 소용돌이치는 오케아노스(바다) 곁에 있는
축복의 섬에서 아무 근심 없이 살고 있소.
곡식을 생산하는 땅은 복 받은 영웅들을 위하여
일 년에 세 번씩 꿀처럼 단 결실을 가져다주지요.
이들은 불사의 신들로부터도 멀리 떨어져서, 크로노스 치하에 있소.
인간과 신들의 아버지(제우스)가 크로노스를 속박에서 풀어 주었기 때문
이지요. (156~173b)

여기서 네 번째 종족은 첫 번째 종족은 아니지만 그 바로 전 세
대보다는 더 우수하고 정의롭다. 또 이들 종족은 테베와 트로이에
서 싸웠던 사람들의 것으로 묘사되며, 그들 중 일부는 살아남아서
에덴과도 같은 축복의 섬으로 가서 안식을 얻는다.

마지막으로 다섯 번째 철의 종족(176ff)은 다음과 같다.

이들은 낮에는 과로와 슬픔에서, 밤에는 파멸에서 에서 벗어나지 못하니,
신들이 이들에게 가혹한 운명에 처하게 할 것이오.
나쁜 것에도 좋은 면이 섞여있게 마련이나,
제우스는 죽을 운명의 이들 종족도 멸할 것이오.
관자놀이의 머리털이 쇤 채로 태어나게 될 때쯤 되면 말이오.
그때는 아버지가 자식에게, 자식은 아버지에게 낯설고,
손은 주인에게, 친구는 친구에게 반갑지 않으며,
형제도 더 이상 전과 같이 친하지 않게 되오.

곧 이들은 늙어 가는 부모를 멸시하고,
폭언으로 꾸짖고 나무랄 것이오.
인정도, 신들에 대한 외경심도 없고 또
늙어 가는 부모에게 길러 준 은혜도 갚지 않소.
힘이 정의가 되고, 서로의 도시를 약탈하게 되오.
맹서나 정의나 선은 무시되고,
오직 악한과 그가 저지르는 폭력을
숭상하게 되오. 힘이 정의가 되고
겸양(aidos)은 사라지며, 비열한 자가
교활한 거짓말과 거짓 맹세로 선한 자를 모함하게 되오.
남의 불행을 기뻐하는 시기는 심술궂은 얼굴로
궁지에 처한 사람들을 언제나 따라다닐 것이오. (177~196)

겸양(Aidos)과 징벌(Nemesis)의 신들은 고운 얼굴을 하얀 천으로 가리고
사람들의 곁을 떠나 불사신들의 세계로 가 버리고,
인간들에게는 참담한 고통뿐, 악을 치료할 방법이 사라져 버리게 되오.
(198~201)

웨이드 제리는 헤시오도스가 전쟁을 다루지 않고 있음을 지적
하면서, 전쟁을 무시하는 그의 이런 입지가 전쟁이 상습화되어 있
던 그리스에서 아주 독특한 것으로 평가하고,[25] 또 고대 스파르
타인들은 호메로스를 전사들을 다룬 시인, 헤시오도스는 촌부들
을 다룬 시인으로 평가했다는 점을 지적한다. 그에 따르면, 헤시
오도스의 『노동과 나날』(100ff)에는 판도라로 인해 고통, 노동, 질
병, 죽음 등 온갖 것이 다 인간을 괴롭히나 전쟁은 아직 적시되지
않았다.[26] 다섯 번째 종족(174~200)까지도 근심, 질병, 노동, 위증,

---

25) H.T. Wade-Gery, *Essays in Greek History* (Oxford, 1958), p.13. 그는 고대 그리스
    에서의 전쟁의 주제를 근대 영국과 미국에서 만연한 사랑의 주제와 같은 것으로 비유
    한다.
26) H.T. Wade-Gery, *Essays in Greek History*, p.14.

이방인에 대한 무시, 친족 간 유대의 결여 등으로 결함이 있으나 전쟁에 관한 언급은 없다. 헤시오도스는 군사적 용기나 지도력 같은 것은 없다. 황금의 종족은 싸우지 않고, 은의 종족은 싸우나 철없는 아이들 같다.

4. 크로노스 치하의 노동과 제우스 지배하의 폭력과 전쟁

하블록은 이상적인 사회에서는 농경의 수고 없이 땅이 저절로 먹을 것을 풍요롭게 가져다준다고 본 점에서 플라톤과 헤시오도스는 같은 맥락에 있다고 보았다.[27] 그런데, 헤시오도스는 노동이 없는 낙원은 생각한 적이 없다. 란트[28]는 금의 시대에도 노동 없이는 살 수 없었다는 점에 유의하고, 그리고 금의 종족이 사라지고 두 번째 은의 종족이 나타나면서 악이 대두하고 정의의 개념이 출현했다는 점을 지적한다. 헤시오도스의 『노동과 나날』에는 금의 시대는 크로노스의 치세이나, 정의의 개념은 그보다 후기의 것으로 제우스와 연관된 것이다.

제우스는 법, 정의 등의 실현과 연관된 것으로 나타난다. 헤시오도스의 신통기에 따르면, 제우스는 괴물 티폰과 싸워 그를 제거한 후 테미스(법, 관습)와 혼인하여 디케(정의), 에우노미아(질서),

---

27) E.A. Havelock, *The Liberal Temper in Greek Politics*, p.43.

28) E.K. Rand, "Horatian Urbanity in Hesiod's Works and Days", *American Journal of Philology* 32. 2 (n.126), 138f.

에이레네(평화) 등의 딸들을 낳았다.[29] 로이드 존스(H. Lloyd-Jones)에 따르면, 제우스가 테미스와 혼인하는 것은 헤시오도스 자신의 창작이 분명하다고 한다.[30] 그런 점에서, 제우스의 정의와 관련하여 로이드 존스는 헤시오도스가 『일리아스』의 작가 및 『오디세이아』의 작가와 같은 맥락에 있는 것으로 간주한다.[31] 다른 한편, 일리아스에 보이는 아킬레우스와 아가멤논의 대립, 트로이 전쟁과 헬레네의 존재 등을 통해 볼 때, 정의 개념이 공동체의 존립에 필요한 가치관이 순수한 도덕의 개념보다 우선됨을 볼 수 있다는 점도 지적되고 있다.

우병훈은 헤시오도스의 사고 속에는 노동과 정의가 굳게 결합되어 있다고 전제하고, '헤시오도스의 인간사회에서 고된 노동은 필연적이며, 이것은 제우스의 정의에 의해 규정된 것'이라고 주장

---

29) Herodotos, 『신통기』, 901f.

30) H. Lloyd-Jones, *The Justice of Jeus* (California, 1971), 眞方忠道 & 眞方陽子 역(東京 岩波書店, 1983), p.59. Cf. 그로부터 약 3세기 후의 이이스킬로스도 이와 유사한 맥락에 있다. 잔존한 그 단편(F.282, Loeb ed.)에 따르면, 우라노스가 자신의 아들 크로노스에 의해 제거되고, 또 크로노스가 자신의 아들 제우스에 의해 제거된 다음, 제우스는 정의의 여신을 맞이하여 옆에 자리하고 앉도록 했고, 이 여신이 인간의 악한 행위를 보고했다. 제우스는 불사의 3만 정령(다이몬)을 파견하고, 제우스의 딸 디케는 인간의 불평을 듣고 정의로운 자에게 영광을, 부정한 자에게 벌을 내린다.

31) 그러나 호메로스의 서사시 『일리아스』와 『오디세이아』의 정의 개념과 관련하여, 양자가 근본적으로 다르다고 보기도 한다[cf. W. Jaeger, "Solon's Eunomia", *Sitz. Ber. Akad. Berl.* (1926), p.73f; K. Rüter, "Odysseeinterpretationen", *Hypomnemata* 19 (1969), pp.64~82]. 즉 『일리아스』에서 신은 선뿐 아니라 악한 행위도 저지르도록 인간을 조종하고, 인간의 운명은 신의 뜻대로 이루어진다. 즉, 인간을 파멸시키려 할 때 신은 '미망(Ate)'의 신을 보내어 인간의 분별력을 제거해 버린다. 그러나 『오디세이아』에서 제우스는 인간의 나쁜 행위에 대해 벌한다는 것이다. 예를 들면, 『오디세이아』 도입부에 아이기스토스가 아가멤논을 죽이고 그 아내와 동거함으로써 파멸을 자초한 것(1. 29ff), 또 이타케의 예언자 할리테르세스가 페넬로페에게 구혼하려 하는 자들에게 부당하게 재산을 탐하고 남의 부인을 업신여기지 말도록 말렸으나, 말을 듣지 않은 사람들이 화를 자초한 것, 또 그렇게 죽은 아들들을 위해 복수하겠다고 달려간 아버지들을 말렸으나 이 또한 무시하고 달려갔다가 죽은 것 등이 그러하다(2. 157ff; 24. 477ff).

한다.[32] 제우스의 뜻을 어겼다가 더욱 고된 노동에 처하게 된 인간에게 살 길은 다시 열심히 일하는 것뿐이라는 것이다. 그러나 근본적으로 헤시오도스는 열심히 하는 고된 노동이 아니라 적당하고 쾌적한 노동을 통한 축복이 땅을, 또 궁극적으로 제우스가 아니라 크로노스의 치세를 이상으로 했다.

이런 점은 동의 시대 다음 네 번째 영웅들의 종족 시대가 다시 한 번 크로노스의 치세와 연관되는 것에서 엿볼 수 있다. 이때 테베나 트로이에서 전쟁이 있었는데, 헤시오도스는 이 시대의 종족들을 부정적인 맥락이 아니라 더 정의로웠던 종족으로 묘사된다. 그런 점에서 무질서한 경쟁이 만연한 다섯 번째의 종족과 다르다. 더구나 이 전쟁에서 살아남은 일부의 사람들은 저 먼 땅 끝 축복의 땅으로 가서 크로노스의 치세 하에서 풍요로운 삶을 누리게 되는 것이다. 그리고 이곳에서는 제우스가 아니라 헤시오도스가 가장 이상적인 상태로 규정하는 황금의 종족과 같이 크로노스가 지배한다. 이것은 헤시오도스가 제우스의 정의보다 더 가치 있는 것이 있다고 생각했음을 보여 주는 것이라고 하겠다. 전쟁 자체는 좋은 것이 못 되지만,[33] 트로이 전쟁에 참가한 사람들은, 오이디푸스의 양 떼를 지키기 위해 테베에서 싸웠던 사람들처럼, 빼앗긴 여인 헬레네를 찾기 위해 싸웠으므로, 일면 정당성을 가지며 제우스의 정의와도 무관한 것은 아니라고 하겠다.

한편, 헤시오도스는 근본적으로 죄에 대한 응보, 응징이나 전쟁 자체에 반대하는 입장에 있다. 그것은 불화와 기만, 거짓말과 미

---

32) 우병훈, "헤시오도스의 디케($\Delta I K H$) 개념과 고대 근동의 정의 개념 비교 연구", 『서양고전학연구』 24 (2005), p.8.

33) Cf. Hesiodos, 『노동과 나날』, 161.

망, 거짓맹서는 물론 응보나 죄에 대한 응징 등과 함께 인간을 질곡으로 몰아넣는 것이다. 이것은 『신통기』에 보이는 다음의 묘사에서 엿볼 수 있다.

> 밤은 가증스런 운명과 검은 죽음의 여신과
> 죽음을 낳았다……. (『신통기』, 211~2)
>
> 밤은 또 운명의 여신들과 무자비하게 응징하는 죽음의 여신들을…….
> (『신통기』, 217)
> …… 낳으니
> 이 여신들은 인간과 신들의 범법을 추적하되
> 죄지은 자들을 응징하기 전에는
> 결코 무서운 노여움을 풀지 않는다.
> 파멸을 가져다주는 밤은 또 죽게 마련인 인간들이 고통을 겪도록,
> 응보를 낳고, 그다음에 기만과 욕망과
> 저주스런 늙음을 가져오고, 또 모진 마음의 불화를 낳았다.
> 가증스런 불화는 고통스런 노고와
> 망각과 기아와 눈물의 고통과
> 전투와 전쟁과 살인과
> 남자들의 살육행위와 언쟁과 거짓말과
> 핑계와 반론과 무질서와 미망과,
> 이들과 서로 이웃한 것으로, 맹서를 낳으니, 누가 알고도
> 거짓 맹세를 하게 되면, 이것은 지상의 인간들에게 가장 큰 헤를 끼친
> 다. (『신통기』, 219~232)

또 전쟁이 없는 보다 더 이상적인 삶이 크로노스가 지배하는 축복의 땅에서 이루어지는 것이다. 크로노스가 지배하던 황금의 시대에도 노동은 있었으며, 다만 그것이 잘 배분되어 있었을 뿐이다. 나아가 노동으로 풍요와 평화를 누리는 곳에서는 제우스도 감히 전쟁을 일으키지 못함은 아래의 구절에서 나타난다.

······ 평화로운 가운데 젊은이들이 자라고, 이들에게는
멀리 내다보는 제우스도 비참한 전쟁을 절대 일으키지 못하오.
곧은 판결을 내리는 자들에게는 기근도 미망도 결코 따라다니지
않으며, 스스로 기르는 곡식으로 잔치를 벌이게 된다오. (『노동과 나날』
228~232)

같은 맥락에서 폰텐로즈[34]는 헤시오도스의 5종족 신화에서는 노동의 중요성이 강조된다고 한다. 그 예로 오디세우스, 라에르테스, 안키세스 등 서사시의 영웅들도 밭을 갈고 목축에 종사한다는 점을 든다.

반면, 동의 시대(145~146)에는 군신 아레스의 전쟁과 폭력이 등장한다. 이들은 빵을 먹지 않고 무쇠같이 강인한 심장을 가진 가공할 사람들이었다. 먹을 것은 노동에 의해 산출되어야 하나 동의 종족은 일하지 않고 전쟁을 일삼음으로서 질곡에 처하게 된다고 한다.

5. 개인전의 사회적 함의

기원전 700년경의 헤시오도스가 알고 있었던 전쟁은 훗날 기원전 5세기와 같은 페르시아 전쟁이나 펠로폰네소스 전쟁이 아니고, 헤시오도스 이전 시대에 있었던 것으로 전해지는 것으로 '오이디푸스의 양 떼를 지키기 위해 테베에서 싸웠던' 영웅들, 또 '머릿결 고운 헬레네를 찾기 위해 싸웠던 트로이아 전쟁이다.[35] 그런데

---

34) J. Fontenrose, "Works, Justice and Hesiod's 5 Ages", *Classical Philology* 69.1 (1974), pp.8~9.

호메로스의 일리아스와 같이 아직 도시국가의 체제가 완성되기 전 시대 전투가 어떤 모습으로 이루어지게 되었는가 하는 점이 논의의 대상이 되어 왔다.

훗날 고전기 그리스 도시국가에서는 중무장보병이 있었다. 이들은 밀집대형(phalanx)으로 전투에 임했는데, 창과 방패를 들고 밀집한 이 편대 자체가 적의 화살이 날아올 때는 서로 방패를 연결하는 방어막을 구축했으므로 대장을 비롯한 모든 사람들이 편대 안에 함께 위치했다. 그래서 민주적인 성격을 가진 것으로 평가된다. 일리아스에는 '먼저 싸우는 전사들(promachoi)'에 대한 언급이 있다.

여기서 중무장보병의 밀집대형과 '먼저 싸우는 전사들'과의 관계에 대해, 밀집대형에는 '먼저 싸우는 전사들'을 위한 여지가 없다[36]고 보는 견해와 있다고 보는 견해[37]가 갈라진다.

호메로스의 『일리아스』에 밀집대형(phalanx)이 언급되는 사례가 있다.[38] Hanson은 일리아스에서 후기 중무장보병전의 선례를 볼 수 있다고 믿는다.[39] 다른 한편, 보던(H. Bowden)은 왕과 민중을 구분하고 왕은 영웅에 버금가는 것이라 한다. 왕은 밀집대형에서 싸우지 않고 혼자 싸우며 적을 향해 갈 때 전차를 타고 가는 것으

---

35) Hesiodos, 『노동과 나날』, 161~5.

36) V.D. Hanson, *The Western Way of War: Infantry Battle in Classical Greece* (London, 1989), p.157.

37) Cawkwell 1989.

38) V.D. Hanson, *The Western Way of War: Infantry Battle in Classical Greece*, p.157. Cf. Homeros, 『일리아스』, 4.427f. 다나오스 인의 밀집부대(phalanx)는 계속 나아갔다. Cf. 그로부터 약 1세기 혹은 그보다 더 훗날 Tyrtaios의 단편(F. 12.23~8)에서도 밀집대형이 언급된다.

39) Cf. J. Latacz, *Kampfparänese, Kampfdarstellung und Kamfwirklichkeit in der Ilias, bei Kallinos und Tyrtaios* (Munich, 1977).

로 나타난다.[40] 보던은 이런 왕과 같이 영웅들도 그러하다고 한다. 죽은 헤라클레스가 아테나 여신이 모는 전차를 타고 올림포스를 향해 가는 것, 또 페이시스트라토스가 아테네로 귀환할 때 '피에'라는 여인을 아테나 여신으로 속여서 전차를 타고 아테네로 들어온 것[41]들이 그러하다.[42] 또 그는 일리아스에서 신들과 왕의 행위는 평범한 전사들보다 더 많은 비중을 갖다고 한다.

프리체트(W.K. Pritchett)는 역사적 사실과 신화에서 보이는 왕의 개인적 싸움을 중무장보병과 연관된 맥락에서 파악하려 한다.[43] 그러나 보던은 왕은 분명히 중무장보병전과 무관하게 그들 앞에서 싸우는 것이 아니라 개인적으로 다른 사람들과 싸우는 일화들을 많이 들 수 있다고 주장한다. 나아가 보던은 왕들의 개인적 무용을 올림포스의 신들의 싸움과 연관 지운다. 신들은 영웅들을 상대로 개인적으로 싸우거나[44] 혹은 신들끼리 싸우는데, 이런 신들의 싸움은 아래 편 지상 세계에 직접 영향을 미치는 바가 적다.[45]

보던에 따르면, 일리아스는 중무장보병을 중심으로 하는 폴리스의 특성을 보여 주고 있으나, 왕과 휘하의 군사들을 중심으로 있다고 한다. 첫째, 폴리스 적인 특성으로는 이미 일정한 영역을 가진 국가 단위가 형성되고 있었던 사실을 지적한다. 이것은 일리아스의

---

40) H. Bowden, "Hoplites and Homer", in *War and Society in the Greek World*, ed. J. Rich & G. Shipley (London/N.Y., 1993/1995), 57.

41) Herodotos, I.60.

42) H. Bowden, "Hoplites and Homer", p.59.

43) W.K. Pritchett, *The Greek State at War* (Berkely, 1985), pp.15~21.

44) 아프로디테(Homeros, *Ilias*, 5.318~54), 아폴론(ibid. 5.431~46), 아레스(ibid. 5.846 ~63) 등이 그러하다. Cf. H. Bowden, "Hoplites and Homer", p.60.

45) Cf. Homeros, *Ilias*, 21.385~513; H. Bowden, "Hoplites and Homer", p.60.

트로이아 전쟁에 군선과 병사들을 제공한 국가들의 이름들을 통해 볼 수 있다는 것이다. 둘째, 왕과 그 휘하 병사들의 긴밀한 관계는 일리아스에서 왕들은 언제나 휘하의 병사들과 함께 행동하는 점을 통해 알 수 있다고 한다. 평범한 전사들을 무시하고는 일리아스는 읽힐 수가 없다는 것이다.

결론적으로 보던은 일리아스가 귀족사회가 아니라 폴리스 사회를, 그리고 과거 암흑기의 부족장 중심의 사회가 아니라 시민의 세계를 보여 주고 있다고 한다. 즉 이것은 폴리스 이전 혹은 중무장보병이 나타나기 전의 사회가 아니라는 것이다. 덧붙여 그는 암흑기가 '귀족사회였던가?'라는 점을 다시 한 번 검토할 필요가 있다고 한다.

이와 같은 보던의 시각은, 필자가 보기에, 폴리스의 개념을 너무 정형화하는 데서 오류를 품고 있다. 나아가 폴리스의 존재를 중무장보병과 직결하는 점에서도 그러하다. 필자는 폴리스의 개념이 포함하는 정치, 사회 체제는 그 함의가 너무 다양해서 일정한 정치체제 혹은 군사조직과 연관 지을 수 없다는 입장에서 출발한다. 또 귀족(aristos) 혹은 귀족정치(aristokratia)의 개념도 고대 그리스에서는 일정한 사회적 특권층이나 정치체제를 가리키는 말이 아니라 다양하게 응용된다. 귀족이란 덕성과 연관된 것으로, 말하자면 민주정도 귀족정적인 성격을 가질 수가 있는 것이다. 이것은 군사적인 면에서 고대사회가 그 이후의 사회와 구조적으로 다른 점을 가지고 있었기 때문이 아닌가 생각하기 때문이다. 개인전은 일종의 대리전으로, 집단전으로 인한 대량살상을 가능한 한 피할 수 있는 한 방편이다. 적의 요구를 죽어도 용납할 수 없다든가 쌍방의 군세나 기세가 판단하기 어려울 정도로 유사하다고 판단이 될 때는 불가피하게 집단전으로 들어갈 수 있으나, 그렇지 않은 경우에는 개인전 형태의 대리전으로 한편이 물러설 수가 있다.

군사적 작전보다 개인의 무용에 초점이 모이는 것은『일리아스』의 중심 주제인 아킬레스와 헥토르 간의 싸움에서도 보이는 것이다. 필자는 개인전이 관심의 대상이 되고 비중을 많이 차지할수록 군사적 작전이 차지하는 비중이 줄어드는 것이 당연한 현상이라 생각한다. 작전은 개인적 무용과 무관하게 집단전일 때에 펼 수 있기 때문이다.

호메로스 시대에 중무장보병이 전혀 없었던 것은 물론 아니겠으나 6세기 이후의 그리스 사회와 비교해 볼 때는 아주 미흡했음에 틀림없다. 경우마다 차이가 있었겠으나, 헤시오도스 생존시대 그리스에는 집단의 군사조직이 아직 크게 발달하지 않았던 것으로 볼 수 있으므로, 호메로스의 세계에 보이는 기병, 전차, 개인전과 후대의 집단적 중무장보병전의 과도기에 있었던 것으로 간주해도 큰 무리가 없을 듯하다.

6. 그리스의 서사시와 히브리 성경의 비교

1) 제우스 및 야훼의 정의와 노동

캐롤(R. Carroll)은 호메로스『일리아스』의 도입부의 분위기가 유대인 성경에 나오는 전쟁의 주제와 유사성이 있다는 견해를 제시했다.

캐롤은 전쟁에 대한 호메로스의 이와 같은 묘사가 전쟁과 전투에 대한 성경의 묘사와 유사하다고 한다. 시체가 쌓이고 신의 뜻이 그대로 이루어진다는 점에서 그러하다. 그 한 예로 캐롤은 아합왕의 살해(열왕기상, 21~22)에 관한 구약성경의 이야기를 든다. 신들의 이름과 형용의 언사들만 바꾸면 거의 다를 바가 없다는 것이다. 그 한 예를 들자면 다음과 같다.

열왕기상 21:24 아합에게 속한 자로서 성읍에서 죽은 자는 개들이 먹고 들에서 죽은 자는 공중의 새가 먹으리라고 [여호와께서 말씀]하셨느니라 하니…….

그 외에도, 캐롤에 따르면, 전쟁의 준비, 예언의 역할, 신의 뜻에 따라 예정된 왕의 죽음[46] 등이 그러하다. 나아가 캐롤은 유대성경과 그리스 서사시인들 간에는 전쟁과 그 원인의 묘사 등에서 개념상의 공분모도 상당하다고 한다.[47]

물론 헤로도토스와 투키디데스 등은 물론 다른 많은 그리스 및 로마의 역사가들은 인간 역사에서 신의 역할을 축소하고, 완벽하

---

46) Cf. 『일리아스』의 아킬레스는 적장 헥토르를 죽이면 자신도 죽을 운명이라는 것을 알고 있으면서도, 절친 파트로클레스의 죽음을 애도하여 그 복수를 위해 헥토르와 결전하여 그를 살해한다.

47) R. Carroll, "War in the Hebrew Bible", in *War and Society in the Greek World*, p.26.

지는 않으나 신화 및 전설과 진지한 탐구에 의한 사실을 구별했
다. 반면 성경은 콜링우드가 규정한 범주에 따르면, '신학적 역사'
에 속한다.[48] 유대인의 신 야훼는 '전사',[49] 자신의 부족사람들을
위해 적과 싸우는 존재[50]로 찬양을 받는다. 사실 '전사-신'의 개
념은 유대인에게만 특별하게 존재하는 것은 아니고, 고대 근동의
언어와 사상에서 공통적인 것이다. 민족의 적은 신의 적이 된다.

그런데 여기서 중요한 것은 이 신이 가끔은 자신의 민족과도
싸운다는 점이다.[51] 이것은 크게 두 가지 종류로 구분해서 생각해
볼 수 있다. 하나는 공공의 대의를 무시하고 불의를 저질렀을 때
야훼의 진노로 인해 벌과 재앙이 내리는 것이다. 예를 들면, 엘리
제사장의 경우이다. 그는 자신의 아들이 야훼에게 바칠 제물을 가
로챘을 때 저지하지 않았으므로, 야훼의 진노를 사서 그 이후 멸
족의 화를 당했다. 또 이스르엘 사람 나봇의 포도원을 갖고 싶어
했던 이스라엘 왕 아합은 아내 이세벨이 나봇을 죽여 없애는 간
계에 동조하여 그 포도원을 차지했다가 같이 야훼의 화를 사서
죽음의 운명에 처하게 된다.

다른 하나는 야훼가 내린 명을 거역했을 때 내리는 벌이다. 헤
브류의 왕 사울은 적인 아말렉인을 무자비하게 몰살하라는 야훼
의 명을 어기고 동정을 베풀었다가 야훼의 은총을 잃었고, 그것은
그다음 왕이 되는 다비드에게로 옮겨 갔다.[52] 사사기(2:14ff)에는

---

48) R.G. Collingwood, *The Idea of History* (Oxford, 1961), pp.14~17.

49) 『구약성경』, 출애굽기, 15:3.

50) 『구약성경』, 역대하, 20:1~30. '여호와께서 그들이 그 적군을 이김으로써 즐거워하
게 하셨음이라……(ibid. 27)'

51) J.B. Pritchard, *The Ancient Near East in Pictures Relating to the Old Testment*
(Princeton, 1969).

52) 『구약성경』 신명기 25:17~19.

이스라엘 인이 다른 종족의 지배를 받게 될 때마다, 그런 재앙은 이스라엘인들이 야훼에게 악을 행하므로 야훼가 이들을 다른 종족에게 팔았기 때문인 것으로 묘사된다.

성경의 야훼는 외적에 대항하여 자신의 백성을 지키기도 하고 또 그 백성이 자신의 뜻을 그르칠 때는 그들에게 재앙과 시련을 내린다. 반면 그리스의 신들은 단일신이 아니라 복수로서 서로 편을 나누어 각기 원하는 대로 적대하는 인간들 가운데 한편을 드는 것이다.

신학적 역사는 당시의 문화적 준거를 표현한다. 성경의 야훼의 정의는 당시 히브리인 공동체의 요구와 규범을 표현한 것이며, 그런 점에서 그리스 서사시에 나오는 제우스의 정의와 같은 맥락에 있다고 하겠다.[53] 다만, 제우스가 내리는 벌이 흔히 개인을 대상으로 하는 것이라면, 야훼의 정의는 개인뿐 아니라 집단적으로 실천되는 경우가 적지 않다. 그것도 외적이 아니라 자신을 따르는 백성이 잘못을 범할 때에[54] 전체에 재앙을 내리거나 이민족의 지배를 받도록 한다.

그런데 이런 진노의 하나님이 궁극적으로 지향한 것은 전쟁을 지양하고 노동을 통해 평화로운 삶을 누리는 것이었음을 보여 주는 대목이 구약성경에 있다. 그것은 칼 대신 보습, 창 대신 낫을 만들며, 칼과 활, 즉 무기를 없애라는 다음의 대목에서 보인다.

---

53) Cf. 헤시오도스의 『노동과 나날』과 근동의 정의 개념의 비교에 대해서는 cf. 우병훈, "헤시오도스의 디케(ΔIKH) 개념과 고대 근동의 정의 개념 비교 연구", 『서양고전학연구』, pp.1~29.

54) Cf. 『구약성경』에 나오는 인간의 타락상의 예는 헤시오도스의 『노동과 나날』의 그것과 유사하다. 즉 뇌물을 받고 부정한 재판관의 이야기(『구약성경』 미가 7); 부모와 자식 간에 원수가 된 이야기(『구약성경』 미가 7); 살인과 강도, 간음과 강간 등(호세아 4:2); 악법의 제정, 백성을 천대하고 과부의 재산을 빼앗음(이사야 10:1~2) 등이 그것이다.

이사야 2:4 (야훼께서) 많은 백성들을 판단하시리니 무리가 칼을 쳐서 보습을 만들고 그들의 창을 쳐서 낫을 만들 것이며, 이나라와 저 나라가 다시는 칼을 들고 서로 치지 아니하며 다시는 전쟁을 훈련하지 아니하리라.

호세아 2:18 (여호와께서 이르시되) …… 내가 그들을 위하여 들짐승과 공중의 새와 땅의 곤충과 더불어 언약을 맺으며, 또 이 땅에서 칼과 활을 꺾어 전쟁을 없이 하고 그들로 평안히 눕게 하리라.

전쟁의 반대 개념은 물론 평화이나 그것은 다름 아닌 농사일, 즉 노동으로부터 나오는 것이라고 하겠다.

2) 『구약성경』의 개인전

『구약성경』의 다비드가 팔레스틴의 거인 골리아드를 죽이는 것[55]은 개인전에 의한 것이었다. 구약성경에는 개인전이 묘사되며, 고대 그리스나 로마에 비해 볼 때 그리 잦은 것은 아니다.[56] 오클리는 이런 개인전의 무용(武勇)에 대한 묘사가 얼마나 사실성이 있는가에 대해 의문을 표하면서, 별 주목을 받지 못한 자가 이미 명성을 가진 자를 대적하여 예상을 뒤엎고 승리하는 것은 민화에 공통적으로 등장하는 주제라는 견해를 피력했다.[57] 또 그런 사실이 기술된 연대가 언제인가 하는 것은 차치하고, 『구약성경』

---

55) 『구약성경』 사무엘상 17. '골리앗이 서서 이스라엘 군대를 향하여 이르되 …… 너희는 한 사람을 택하여 내게로 보내라 ……'. Cf. 그런데 사무엘하(21:19)에는 골리앗을 죽인 것이 엘하난인 것으로 나온다.

56) Cf. 『구약성경』 사무엘하 21:18~21; 23:20~1; 역대상 11:21~5; 20:4~8.

57) S.P. Oakley, 'Single Combat in the Roman Reoublic,' *CQ* 79 (ns.35) (1985), p.408.

의 개인전 묘사가 그리스의 관행에 영향을 받은 것인가 하는 점도 논의의 대상이 될 수 있다.[58]

한편, 캐롤은 사울이 많은 적[59]을 물리쳤으나 군사적 작전이라고 할 만한 것이 보이지 않는다는 점을 지적한다.[60] 예를 들면, 사울이 아말렉 사람들을 쳐서 이길 때(사무엘상 15:7), 군사적 작전이란 것이 없고, 다만 의식의 준수 등을 둘러싸고 사울과 사무엘의 관계사 악화되어 가는 상황이 묘사될 뿐이라는 것이다. 사무엘상 마지막 부분에서 사울이 길로바 산에서 팔레스틴 인과 싸우다가 죽을 때도 사울의 군사적 작전에 관한 것은 없고, 오히려 다비드의 공격술에 관한 것이 더 많이 언급된다는 것이다.

여기서 필자가 의미를 두려하는 것은, 다비드와 골리앗 간 개인전 묘사사 얼마나 역사성이 있는가 하는 점보다는, 이스라엘을 포함한 고대 근동은 물론 그리스 로마에도 개인전이 있었으며, 그것도 전자보다 후자의 사회에 더 많았다는 점이다.

오클리가 지적하고 있듯이 그리스 로마 세계가 구약성경보다 더 개인전이 많은 것이라면, 그것은 사회에서 집단의 군사력이 갖는 의미가 구약성경의 세계보다 더 적었기 때문인 것으로 간주할 수 있겠다. 그리스의 대표적인 집단전은 중무장보병의 밀집대형(팔랑크스)인데, 이것은 호메로스의 서사시 시대 혹은 호메로스 생존 시대가 아니라 더 후대에 발달되었다.

---

58) Cf. R. Carroll, "War in the Hebrew Bible", in *War and Society in the Greek World*, p.35.

59) 모압, 암몬 인, 에돔, 조바 왕, 팔래스틴 인, 아말렉 인 등.

60) Cf. R. Carroll, "War in the Hebrew Bible", in *War and Society in the Greek World*, p.35f.

3) 판도라와 이브

과로나 질병이 없는 시대로서 낙원 같은 초기 농업사회는 아름답고 교활하고 바보 같고 위험한 한 여성 판도라의 출현으로 종식된다.[61] 여성으로 인한 낙원의 상실은 더 근원적으로 또 다른 사실, 프로메테우스가 인간에게 불을 가져다준 사실과 연관된다. 프로메테우스와 판도라는 교활한 지능을 통해 인간을 위험의 지경으로 몰아넣게 되는 사실은 지식의 나무열매를 먹고 낙원의 에덴동산에서 쫓겨난 이브에 비유된다.

그런데 헤들람(W. Headlam)은 판도라와 이브의 행위는 죄를 지었으므로 벌을 받게 되었다는 윤리적 관점에서만 볼 것이 아니라는 입장이다.[62] 즉 이 신회는 긍정적인 면, 즉 인간이 이성으로 환경을 지배해 가고 문명이 발달하는 과정에서 장애물의 극복과 함께 노동의 필요성을 표현하고 있다고 한다. 란트도 판도라와 이브 이야기와 관련하여, 복종하지 않음으로써 인간이 질곡에 처하게 되었다는 것은 노동의 필요성을 적시하려는 것이라고 한다.[63]

여기서 필자는 판도라와 이브의 이야기가 공통점과 차이점을 동시에 갖는다고 생각한다. 공통점은 이 이야기 모두 인간이 처하게 되는 질곡 중에 각종 질병, 빈곤, 증오, 사기 등이 있으나 아직 전쟁에 대한 언급이 없다는 점이다. 차이점으로는, 이브의 경우

---

61) Hesiodos, 『노동과 나날』, 56~89; ibid. 『신통기』, 570~613. Cf. 여성은 불가피한 '악,' 즉 '사랑스런 악'을 표현할 수 있다[Hesiodos, 『노동과 나날』, 602~612; 박봉선, "여성의 이미지를 통해 본 고대 그리스 여성상", 경상대학교 박사학위논문 (2005), p.30f].

62) W. Headlam, "Prometheus and the Garden of Eden", *Classical Quarterly* 28 (1934), p.65f.

63) E.K. Rand, "Horatian Urbanity in Hesiod's Works and Days", p.136.

신의 명을 거역하고 선악과를 따 먹은 원죄 때문에 낙원에서 추방되어 끝 모를 산고와 노동에 시달려야 된다. 그러나 헤시오도스의 『노동과 나날』에서는 그 전편에 목가적이고 낙관적인 농경생활이 제시되고 있다는 점이다. 그것은 사라져 버린 과거라기보다 동생 페르세스에 대한 훈계를 통해서 현실 가능한 것으로 만들려고 하는 헤시오도스의 강한 의지를 담고 있다. 그리고 이상적 상태는 모든 이의 노동, 즉 노동의 분배를 통해서만이 가능하다.

7. 노동의 사회와 조직적·직업적 군대사회 간의 상반성

헤시오도스가 『노동과 나날』에서 서술한 5시대의 변화를 두고, 흔히들 이것이 인간 사회의 타락에 대한 그의 염세적 가치관을 표현한 것이라고들 한다. 그러나 헤시오도스는 사회를 염세적으로 본 것이라기보다 부정적인 면을 시정하기 위한 적중한 방법을 제시하려고 했다. 이것은 『노동과 나날』 전편에 흐르는 논조가 목가적, 낙관적이며, 부정적인 면에 대한 훈계가 계속되는 것에서 엿볼 수 있다. 노동이 없는 탐욕의 생활, (거짓된) 맹서와 (뇌물로 오염된) 왕의 재판, 나아가 타인에 대한 악의적 험담을 일삼는 것까지 경계한다. 다른 한편, 헤시오도스는 노동의 미덕을 중시하고, 긍정적인 질투의 신(Eris)을 따라, 남이 수확을 많이 거둘 때 자신도 뒤질세라 열심히 노력하도록 권고한다.

하블록은 이상적인 사회에서는 농경의 수고 없이 땅이 저절로 먹을 것을 풍요롭게 가져다준다고 본 점에서 플라톤과 헤시오도스는 같은 맥락에 있다고 보았다. 그러나 헤시오도스는 노동이 없는 낙원은 생각한 적이 없다. 크로노스가 지배하던 황금의 시대에도 노동은 있었으며, 다만 그것이 잘 배분되어 있었을 뿐이다.

또 헤시오도스의 5종족은 타락으로만 점철하여 이어지는 것이 아니다. 4번째에 오는 영웅시대의 종족은 그 전보다 더 우수하고 정의롭다. 이들은 전쟁터에서 죽게 되는데, 전쟁의 원인도 일면 정의, 질서 등과 무관한 것이 아니다. 테베에서 싸웠던 영웅들은 오이디푸스의 양 떼를 지키기 위해 싸웠고, 또 트로이아에서 싸웠던 이들은 '머릿결 고운' 헬레네를 찾기 위해 싸웠다. 거기서 살아남은 일부 사람들은 저 먼 땅 끝 축복의 나라로 가서 대지가 주는 결실로 풍요로운 삶을 누린다. 이렇듯 헤시오도스는 이 네 번째 종족을 사뭇 긍정적으로 그리고 있는데, 이런 그의 입장을 증명하는 것이 바로 축복의 땅에서 사는 사람들은 크로노스의 치하에서 살고 있다는 점인데, 이것은 첫 번째 황금의 종족과 같다. 헤시오도스에게 크로노스의 치세는 이상적인 사회를 뜻한다.

히브리인 성경에 보이는 가끔은 '무자비한' 전쟁의 신은 호메로스의 『일리아스』에 보이는 신들 및 인간들 서로 간의 전쟁과 무관하지 않다. 이들 신의 정의는 공동체 존립에 필요한 가치관을 투영하고 있으며, 그 투쟁의 대상은 삶의 터전이 되는 땅, 생계에 필요한 양, 사랑하는 여인 등 경우에 따라 다를 수 있다. 헤시오도스의 『노동과 나날』에 보이는 5종족 중 4번째, 전쟁을 벌이러 간 영웅들의 시대도 이와 관련시켜 볼 수 있다.

그리스 서사시와 성경의 연관성은 개인전의 형태에서도 찾아볼 수 있다. 호메로스 『일리아스』의 전쟁이 중무장보병(호플리테스) 중심이었는지, 아닌지, 또 중무장보병 중심이라고 할 경우 본격적으로 접전하기 전 개인전 형태의 접전이 있었던가 하는 문제가 있을 수 있다. 호메로스 시대에 중무장보병이 전혀 없었던 것은 물론 아니겠으나 6세기 이후의 그리스 사회와 비교해 볼 때는 아주 미흡했음에 틀림없다. 경우마다 차이가 있었겠으나, 헤시오도스 생존시대 그리스에는 집단의 군사조직이 아직 크게 발달하지 않았던 것으로 볼 수 있으므로, 호메로스의 세계에 보이는 기병, 전차, 개인전과 후대의 집단적 중무장보병전의 과도기에 있었던 것으로 간주해도 큰 무리가 없을 듯하다.

헤시오도스의 5종족의 변천에서 볼 수 있듯이, 개인의 탐욕은 2, 3의 종족에서도 다소간 존재했으나, 전쟁이 본격적으로 언급되는 것은 4번째 종족인 영웅의 시대이다. 이 영웅의 시대와 연관된 『일리아스』나 성경에 보이는 개인전은 단체전이 아직 완전히 발달되기 전 집단의 희생을 최소화하기 위한 한 장치였던 것으로 생각해 볼 수 있겠다.

헤시오도스의 『노동과 나날』에 나오는 판도라는 유대인 성경의 실낙원의 주제와 상당히 유사성을 갖는다. 판도라 때문에 모든 질병, 고통, 재앙, 노고 등이 인간을 피곤하게 만들었다. 낙원에서 쫓겨난 인간도 산고와 노고의 짐을 지게 되었다. 그러나 그때까지만 해도 전쟁에 대한 언급은 없다.

참고로 부기할 것은, 기원전 8세기에 생존한 헤시오도스는 5종족의 시대적 상계에 관해 서술했으나, 그가 미처 생각하지 못했던 사회가 있었다는 점이다. 그것은 그냥 전쟁이 일어날 뿐 아니라 그것이 직업적인 전사들에 의해 조직화, 만성화되는 상황이었다. 헤시오도스의 영웅의 종족이나 구약성경의 전사-신 하나님의 종(백성)들은 필요에 따라 궐기하여 싸우나 직업적인 전사 즉 용병들은 아니고, 밭을 갈고 목축을 생업으로 하는 사람들이었다.

그리스의 서사시와 유대인들의 성경에 보이는 사회는 훗날 지중해에 나타나는 알렉산드로스 제국, 나아가 전 지중해를 석권하게 되는 로마제국과도 다르다. 이들 제국은 직업 전사들인 용병의 조직적 군사력에 의지하여 군국주의와 전제적 권력을 지향한 위정자 집단을 중심으로 했다. 동시에 공동체 사회는 붕괴되고, 위정자 및 군인과 농민 등의 사회적 기능의 분화, 빈부 계층의 신분 분화가 진행되게 되었다.

결론적으로, 정의로운 삶은 노동에 의한 평화로운 삶과 밀접하게 연관된다는 점에서 헤시오도스의 『노동과 나날』과 『구약성경』은 공통점이 있음을 보게 된다. 다만 『구약성경』에서는 신의 정의가 개인뿐 아니라, 그리스의 서사시에 비해 볼 때, 공동체 집단을 대상으로 구체화되는 경우가 더 많다. 이것은 원심적인 권력 구조의 고대 그리스와 동방적, 가부장적 권력구조의 히브리 인들의 사회구조적 차이에서 비롯된 것으로 이해가 가능하겠다. 그리스와 근동은 그 지리적 근접성으로 인해 상호 간 문화차용이 없지 않았겠으나, 그 구체적 적용에 있어서는 사회적 환경에 따라 차이가 있다고 하겠다.

참고문헌

1차 사료

Aischylos, F.282, Loeb ed.

Herodotos.

Hesiodos, 『노동과 나날』(*Erga kai Hemerai*).

______, 『신통기』(*Theogonia*).

Homeros, 『일리아스』(*Ilias*).

______, 『오디세이아』(Odysseia).

Tyrtaios.

『구약성경』.

2차 사료

Bernal, M., 『블랙 아테나』, 2 vols. 오흥식 역, 소나무, 2006/2012 [*Black Athena: The Afroasiatic Roots of Classical Civilization*. New Brunswick, 1987].

H. Bowden, "Hoplites and Homer", in *War and Society in the Greek World*, J. Rich & G. Shipley ed. London/N.Y., 1993/1995.

R. Carroll, "War in the Hebrew Bible", in *War and Society in the Greek World*, J. Rich & G. Shipley ed. London/N.Y., 1993/1995, pp.25～44.

Collingwood, R. G., *The Idea of History*. Oxford, 1961.

Dickie, M.W., "Dike as a Moral Term in Honer and Hesiod", *Classical Philology* 73(1978), pp.91～101.

Dodds, E. *The Greeks and the Irrational*. Berkely, 1951.

Fontenrose, J., "Works, Justice and Hesiod's 5 Ages", *Classical Philology* 69.1 (1974), pp.1～16.

Gagarin, M., "Dike in Archaic Greek Thought", *Classical Philology* 69 [1974b], pp.186

~197.

__________, "Dike in the Works and Days", *Classical Philology* 68 (1973), pp.81~94.

__________, "Morality in Homer", *Classical Philology* 82 (1987), pp.285~306.

Hanson, V.D., *The Western Way of War: Infantry Battle in Classical Greece.* London, 1989.

Havelock, E.A., *Essays in Greek History.* Oxford, 1958.

__________, *The Liberal Temper in Greek Politics.* New Haven/ London, 1957/1964.

Headlam, W., "Prometheus and the Garden of Eden", *Classical Quarterly* 28 (1934), pp.63~71.

Jaeger, W., "Solon's Eunomia", *Sitz. Ber. Akad. Berl.* (1926), p.73ff.

Kerschensteiner, J., "Zu Aufbau und Gedankenführung von Hesiods Erga", *Hermes* 79 (1944), pp.149~191.

Latacz, J., *Kampfparänese, Kampfdarstellung und Kamfwirklichkeit in der Ilias, bei Kallinos und Tyrtaios.* Munich, 1977.

Latte, K., "Der Rechtsgedanke im archaischen Griechemtum", Antike und Abendland 2 (1946), p.63ff.

Lloyd–Jones, H., *The Justice of Jeus.* California, 1971. 眞方忠道 & 眞方陽子 역. 東京 岩波書店, 1983.

Oakley, S.P., 'Single Combat in the Roman Reoublic,' *CQ* 79 (ns.35) (1985), pp.392~410.

Pritchard, J.B., *The Ancient Near East in Pictures Relating to the Old Testment.* Princeton, 1969.

Pritchett, W.K., *The Greek State at War.* Berkely, 1985.

Rand, E.K., "Horatian Urbanity in Hesiod's Works and Days", *American Journal of Philology* 32. 2 (n.126), pp.131~165.

Reitzenstein, R., *Studien zum Antiken Synkretismus aus Iran und Griechenland.* Leipzig, 1926.

Rich J. & G. Shipley ed., *War and Society in the Greek World,* London/N.Y., 1993/1995.

Rodgers, V.A., "Some Thought on ΔΙΚΗ", *Classical Quarterly,* n.s.21 (1971), pp.289~301.

Roth, R., *Der Mythus von den Fünf Menschengeschlechtern bei Hesiod.* Tübingen, 1860.

Rüter, K., "Odysseeinterpretationen", *Hypomnemata* 19 (1969), pp.64~82.

Shipley, G. ed. → Rich J.

Wade–Gery, H.T., "Hesiod", *Phoenix* 3(1949), pp.81~93.

West, M.L., "Near Eastern Material in Hellenistic and Roman Literature", *Harvard Studies in Classical Philology* 73 (1969), pp.113~134.

__________, *Works and Days Edited with Prolegomena and Commentary*. Oxford, 1978.

김봉철, "서양 고대 사학의 새로운 역사해석?: 마틴 버낼(M. Bernal)의 그리스식민지론에 대한 비판적 고찰", 『서양고전학연구』 13 (1999), pp.363~390.

박봉선, "여성의 이미지를 통해 본 고대 그리스 여성상", 경상대학교 박사학위논문, 2005.

오흥식 역, 『블랙 아테나』 → Bernal, M.

우병훈, "헤시오도스의 디케(ΔIKH) 개념과 고대 근동의 정의 개념 비교 연구", 『서양고전학연구』 24 (2005), pp.1~29.

_____, "헤시오도스의 『일과 나날』에 나타난 디케(dike)의 개념", 서울대학교 대학원 석사학위논문. 2005.

유윤종, "마틴 버낼/ 오흥식 역, 『블랙 아테나』", 서양사론 90 (2006), pp.203~208.

헤로도토스와 투키디데스에 보이는 오만의 개념 차이를 중심으로64) : 페르시아 왕의 개인적 오만(hybris)과 아테네의 패권주의

최자영

1. 헤로도토스와 투키디데스 『역사』의 공통점과 차이점

   헤로도토스의 『역사』(페르시아 전쟁사)와 투키디데스의 『역사』 (펠로폰네소스 전쟁사)의 기술은 서로 차이점이 있는 것으로 회자된다. 양자의 차이점으로 가장 많이 회자되는 것은 헤로도토스가 신화를 대거 포함하여 설화적으로 기술65)하는 반면, 투키디데스는 전쟁사, 정치사를 중심으로 하고 또 더 분석적,66) 비판적67)

---

64) Cf. 『서양고대사연구』 30 (2012.3.31), pp.33~66 게재.

65) 예로부터 지금까지 헤로도토스의 이야기에는 사실 아닌 것이 적지 않게 개재해 있다는 관점에 대해서는 cf. Ctesias, *Persica*; Cicero, *De Legibus*, !.4; A. Momigliano, *Studies in Historiography* (N.Y., 1966), pp.132~133. 한편, 헤로도토스에서는 신화를 비롯한 다양한 이야기들이 시공을 초월하여 혼재해 있으며, 특히 제우스 등 그리스 신의 이름을 다른 이방의 신들과 동일시하여 사용하고 있는 점에 대해서는 cf. 김봉철, "헤로도토스와 그리스 신화서술 –제우스 서술을 중심으로", 『서양고대사연구』 27(2010), p.290f.

66) John H. Finley, *Thucydides* (Michigan, 1967), p.52f.

혹은 객관적이고 과학적 시각에서 기술한다는 것이다.[68] 이런 관점은 투키디데스가 자신이 기술한 『역사』가 과장을 일삼는 시인이나 진실보다 흥미를 위주로 하는 산문작가들(logographoi)과 달리 가능한 한 확증이 있는 것을 기록하게 될 것이라 말한 데서 더 강화되었다.[69]

그런데 이런 획일적 논의는 두 가지 측면에서 비판의 대상이 된다. 하나는 헤로도토스도 투키디데스와 같이 전쟁사를 중심으로 했고 비판적, 객관적 시각을 갖추고 있었다는 점, 다른 하나는 투키디데스 자신도 반드시 과학적·객관적 진실만을 적은 것이 아니라 신화적, 비극적 구성,[70] 혹은 우연(tyche)[71]의 작용 등을 작품 속에 반영하고 있다는 점이다.

헤로도토스도 나름의 진실성·비판성·객관성을 갖추고 있었던 것이 그 자신이 밝힌 역사서술의 원칙이나 구체적 서술과정에서도 드러난다. 그런데 투키디데스가 헤로도토스와 다른 점으로 언급되는 전쟁사, 정치사, 객관적 역사라는 점이 사실은 헤로도토스도 자신의 『역사』에도 나타나며, 그 자신도 그런 점을 그 서문에 표방하고 있다. 즉 그는 페르시아와 그리스 간에 벌어진 전쟁사를 기록한다는 것, 또 객관적으로 정확하게 기술하도록 노력할 것이라는 점 등을 명시하고 있는 것이다. 이런 점과 관련하여,

---

67) John H. Finley, *Thucydides* (Michigan, 1967), p.68.

68) Cf. B. Bury, *The Ancient Greek Historians* (London, 1908), p.129; M.I. Finley, *Greek Historians* (N.Y., 1959), p.8; H. Herter, "Thucydides und Demokrit über Tyche", *Wiener Studien* 89(1976), p.114f.

69) Thucydides, II.21.1.

70) F.M. Cornford, *Thucydides Mythistoricus* (London, 1907/1965).

71) Cf. 오흥식, 「투키디데스의 티케(tyche)관」, 성균관대학교 박사논문(1995); ibid. 「투키디데스의 티케(tyche)관」, 『서양사론』 46(1995), pp.125-179; ibid. 「투키디데스의 『펠로폰네소스 전쟁사』」, 『서양사론』 107(2010), pp.255~277.

근자에 김경현의 「헤로도토스를 위한 변명」,[72] 김봉철의 「헤로도토스 『역사』의 사료비판 사례」[73] 등의 연구가 나왔다.

다른 한편, 20세기 초반 콩포드(F. M. Cornford)가 투키디데스를 신화작가(Mythistoricus)로 규정한 이래, 투키디데스의 작품이 비극적 구도를 가진 역사－문학서라는 점에 관심이 기울어졌다.[74] 존 핀리에 따르면, 헤로도토스나 다른 산문작가와는 달리 투키디데스는 의식적이건 무의식적이건 비극 작가의 방식을 따랐던 것으로 평가한다.[75] 우리 학계에서도 이두희는 헤로도토스, 할리카르나소스의 디오니시오스 등도 투키디데스와 같이 '비극적 역사'를 서술했음을 논하고 있고,[76] 오흥식은 투키디데스의 작품을 우연(tyche)에 따른 사건의 진전을 통해 인간의 오만에 대해 궁극적 신의 징벌이 내리는 그런 구도를 가진 것으로 규정하고 있다. 또 김진경은 헤로도토스의 작품도 인간의 오만에 대한 신의 징벌이라는 주제에서 아이스킬로스의 비극 「페르사이」와 비교할 수 있음을 논했다. 이렇게 두 역사가 사이에는 다소간에 차이가 없지는 않으나 근본적으로 지향하는 점에서 유사성을 찾아볼 수 있다.

또 헤로도토스와 투키디데스는 각기 페르시아 전쟁과 펠로폰네소스 전쟁을 주제로 역사를 기록하면서 당면한 전쟁의 규모가 큰 데 놀란 점에서도 유사성이 있다.[77] 그런데 이 글에서는 대규모

---

72) 김경현, 「헤로도토스를 위한 변명」, 『서양고전학연구』 24(2005), pp.265~302.

73) 김봉철, 「헤로도토스 『역사』의 사료비판 사례」, 『서양고전학연구』 9(1995), pp.1~53.

74) F.M. Cornford, *Thucydides Mythistoricus*.

75) John H. Finley, *Thucydides* (Michigan, 1967), p.322.

76) 이두희, "역사가들의 전쟁기술에 나타난 '비극적 역사(Tragic History)' 문체: 헤로도토스, 투키디데스, 할리카르나소스의 디오니시오스를 중심으로", 『서양고전학연구』 37(2009), pp.47~69.

77) Cf. Herodotos, VII.19ff; Thucydides, I.1; 아래 본문 pp.IV 참조.

전쟁을 조장하는 인간의 오만에 대한 이해가 양자 간에 차이점이 있음을 살펴보려 한다. 헤로도토스의 『역사』의 주제는 흔히 페르시아 왕 크세르크세스의 오만에 대한 신의 징벌이며, 이것은 아이스킬로스의 비극 「페르사이」의 주제와도 공통된 것으로 이해되고 있다. 반면 투키디데스는 전쟁의 숨은 원인이 아테네의 세력 성장에 대한 스파르타 인의 두려움 때문이라고 적고 있다. 바로 이런 점을 중심으로 양자 간에는 여러 가지 면에서 유사성이 있음에도 불구하고 인간의 오만에 대한 개념에서 큰 괴리가 있음을 살펴보려 하는 것이다.

그 차이점은 양자가 살았던 시대상의 차이를 반영하는 것이기도 하다. 즉 헤로도토스가 주제로 한 페르시아 전쟁 당시에는 없던 군사적 패권주의가 투키디데스에서 나타나게 되는데, 그 배경은 페르시아 전쟁 이후 델로스 해상동맹의 결성으로 그리스 세계에는 전에 없던 군사력의 조직화가 대규모로 이루어지게 되고 이런 것이 결국은 아테네의 군국적 패권주의를 조장하는 데 기여하게 되었다는 점과 연관 지을 수가 있겠다.

2. 헤로도토스와 투키디데스의 『역사』의 객관성

흔히 헤로도토스는 잡다한 신화와 전설 등을 광범하게 기록하나 투키디데스는 전쟁사, 정치사에 국한하여 객관적으로 기술한 것으로 평가되며, 이런 점에서 투키디데스는 헤로도토스보다 더 비판적인 것으로 알려져 있다. 이런 평가는 다음과 같은 투키디데스 자신의 언급에 의해 더 강화되어 왔다.

> Thucydides, I.21.1 이와 같은 증거를 근거로, 누구라도 내가 말한 것들을 긍정하는 입장에서, 사건들을 더 과장 수식하는 시인들이 노래한 것, 또 사실이기보다는 근거도 없이 많은 세월이 흐르면서 허황한 신화로 변해 버린 것들을 이야기작가(로고그라포이)들이 청중에게 듣기 좋게 늘어놓는 것들을 믿지 않고, 내가 가능한 범위 내에서 과거사에 대해 증거를 바탕으로 서술했다고 생각한다면 크게 그릇됨이 없을 것이다.

> Thucydides, I.22.4 내 글은 신화적인 것이 없으므로 재미가 없어 보일 수도 있다. 그러나 실제 있었던 사건은 물론, 인간의 본성 때문에 언젠가 다시 일어날 것 같은 일, 혹은 그와 유사한 일에 관해 정확한 지식을 얻고자 하는 사람들이 내 이 작품을 아주 유용한 것으로 평가하게 된다면, 나는 그것으로 족하다. 이 글은 한순간의 박수갈채를 위한 것이 아니라 영원한 유산으로 씌어졌다.

그런데 존 핀리(John F. Finley)는 이런 투키디데스의 비판적 시각은 헤로도토스에게도 같이 적용이 되는 것이라고 하고, 헤로도토스에 나오는 두 가지 이야기가 비판의 소재가 되고 있다고 한다.[78] 여기서 존 핀리는 두 가지 면에서 투키디데스에게 비판적이다. 투키디데스가 공언하는 객관성이 그 자신의 독창적인 것인가 하는 점, 그리고 투키디데스가 표방하는 객관성이 말 그대로 정확성을 바탕으로 하는 점에 대해 존 핀리는 재고하는 입장에 선다. 즉 한편으로, 투키디데스가 지향하는 객관성은 그 생존 당시 시대적 조류의 영향을 받은 것이라는 점, 그리고 다른 한편으로는 투키디데스가 표방하는 객관성도 자신의 판단과 사료의 재구성을 배제하지 않는다는 점이다. 그에 관련된 투키디데스의 서

---

78) John H. Finley, *Thucydides*, p.93f.

술은 다음과 같다.

<blockquote>

Thucydides, I.22.1~4 전쟁을 시작하기 위해 한 것이나 전쟁이 시작된 다음 한 것이거나 간에 여러 사람들이 행한 연설들은 내가 직접 들었던 것이든 혹은 어디선가 다른 사람들이 내게 전해준 것이든, 연설의 내용을 그대로 내가 기억하기란 어려운 일이었다. 그러나 언제나 각자가 해당상황에서 그렇게 말했으리라 생각되는 것의 요지가 가장 충실하게 전달될 수 있도록 연설문을 썼다. (2) 그러나 이번 전쟁 중에 실제로 발생했던 사건들에 관해서는, 내가 직접 체험한 것이거나 다른 사람에게서 들은 것이거나 간에, 내가 임의로 적지 않고 가능한 한 하나하나 정확하게 검증하였다. (3) 검증의 작업은 아주 힘든 것이었는데, 같은 사건에 대한 목격자의 증언이, 각자가 어느 편을 드는가, 그리고 무엇을 기억하고 있는가에 따라 달랐기 때문이다.

</blockquote>

존 핀리에 따르면 투키디데스는 정확한 사실을 전달하려는 뜻을 가졌으나, 그 자체가 불가능한 것이었음을 스스로 밝히고 있음을 지적한다.[79] 연설문의 경우 투키디데스가 원래의 말과 구성을 놓치고 있을 가능성도 배제할 수 없으며, 또 원래는 두 세 개였을 연설문을 그가 하나로 축약했을 가능성까지 제기되고 있다.[80] 이런 관점에서 투키디데스의 진실성, 객관성은 자신의 판단에 따른 주관성을 구현하고 있다고 할 수 있다.

자신의 『역사』에는 신화적인 것이 없어서 재미가 없을 것이라고 한 투키디데스와 달리 헤로도토스는 각종의 전실 및 신화를 다루었다. 그러나 헤로도토스의 탐구(historiai)의 목적은 전쟁의 원인을 밝히는 동시에 진실을 규명하겠다는 집념이 자리 잡고 있다.[81] 헤로도토스도 비판의식이 결여된 것이 아니라 나름의 객관

---

79) John H. Finley, *Thucydides*, p.95.

80) Cf. John H. Finley, *Thucydides*, p.95.

성을 가진 것으로 자처했는데, 그의 『역사』 도처에 신화나 전설의 가치에 관한 자신의 견해를 적고 있기 때문이다. 그 한 예는 다음과 같다.

Herodotos, II.21ff. 21. 두 번째 견해는 더 그럴듯해 보이지만 앞의 첫 번째 견해보다 더 근거가 약하다. 세상을 두르고 있는 대양(오케아노스)으로부터 강이 흐르므로 그와 같은 특성을 갖는다는 것이다. 세 번째 견해는 가장 그럴듯하지만 오류도 가장 많으며, 다른 견해보다 더 참된 것이 아니다. 이 견해에 따르면, 네일로스는 눈이 녹는 곳에서 시작한다. 그러나 리비아에서 아이티오피아를 관통하여 아이깁토스로 흘러내리면서 가장 더운 곳에서부터 대부분 더 냉한 곳으로 흐르는데, 어떻게 눈에서 녹아서 흐를 수가 있나? 이런 것을 논리적으로 생각하는 사람은 강물이 눈에서 흘러내릴 리가 없다는 사실을 다음의 증거에서 알 수 있게 된다. …… 대양(오케아노스)에 관한 의견은 불확실한 것이라 논박할 필요가 없다. 나는 대양(오케아노스)의 강을 아는 것이 없다. 호메로스나 다른 옛 시인이 그 이름을 지어내고 그 시에 적었을 것으로 생각한다. 이런 견해들을 폐기하면서 나는 이 불확실한 문제에 대한 내 의견을 밝혀야 한다면, 나는 여름에 네일로스가 범람하는 원인으로 보는 것을 소개하도록 하겠다.

II.44.5 내가 탐구한 바에 따르면, 헤라클레스는 오래된 신임이 분명하다. …… 두 종류의 헤라클레스 신전이 있어, 하나는 올림포스의 불사신인 헤라클레스에게 제물을 바치고, 다른 하나는 영웅 헤라클레스에게 제사를 지내는 것으로 보는 것이 옳다.

Herodotos, II.55f. 내가 테베 사제들로부터 들은 이야기는 이상과 같고, 다음 이야기는 도도나의 여사제에게서 들은 이야기이다. …… 도도나 신전에 있는 다른 사람들도 이런 이야기를 사실로 인정한다……. 이에 대한 내 생각은 다음과 같다.

---

81) 김봉철, 「헤로도토스 『역사』의 사료비판 사례」, p.49f.

> Herodotos, II.120 아이깁토스 사제들의 말은 이와 같았다. 내(헤로도토스) 자신은 헬레네에 관한 그들의 이야기를 믿는다. …… 이것이 내 믿음이고 내가 하는 말이다.

헤로도토스는 한 사항에 대해 복수의 정보를 열거하는 경향이 있는데, 이런 경향은 자신의 뚜렷한 견해를 가진 경우에도 해당된다. 김경현의 비유에 따르면, 투키디데스는 자신이 도달한 결론만 기술할 뿐이므로, 각주가 달린 근대적 전형의 역사서나 부단히 본문에서 일탈하는 헤로도토스의 『역사』와는 다른 서사기법을 구사한다. 이렇게 투키디데스는 일정한 가치관에 따른 확실한 주관을 가지고 사료를 평가하고 가공해서 만든 내용을 우리에게 전한 비판적 역사가였으므로, 그가 무엇을 폐기했는지 우리는 전혀 알 수가 없으나, 헤로도토스는 그런 주관적 관점을 최소화했으므로 훨씬 더 많은 정보를 우리에게 전하고 있음이 사실이다.

헤로도토스가 투키디데스와 다른 점은 잡다한 사실을 가능한 한 들은 그대로 독자에게 전하려 노력했고, 또 들은 것이라고 하더라도 너무나 터무니없다고 생각되는 것은 전하지 않고 폐기하지만, 그 폐기한 사실이 있음을 여러 곳에서 밝히고 있다.[82] 이런 점은 헤로도토스가 비판 의식 자체가 결여되었다고 하기보

---

82) Cf. 김봉철, 「헤로도토스 『역사』의 사료비판 사례」, pp.22~27. 김봉철은 헤로도토스가 사료를 인용한 대목들을 모아 5가지 유형별로 분류했다. 총 256개 사료 중 ① 사료비판 없이 내용을 전달(127개), ② 사료검증을 통해 진위를 밝히려 한 경우(52개), ③ 내용이 일치하는 둘 이상의 사료 취급(14개), ④ 내용이 보완적인 둘 이상의 사료 취급(6개), ⑤ 서로 내용이 모순되는 둘 이상의 사료 취급(57개) 등이다. 이 중 사료비판 없이 전달만 한 경우 171개, 진위에 대한 검증을 시도한 예는 85개로 통계를 냈다. 참고로, 총 256개 사료 중 순수한 구전 236개, 문헌자료 1개, 구전과 헤로도토스 자신의 목격 15개, 구전과 문헌자료, 직접목격에 의거한 것 3개, 문헌 자료 1개[특별한 언급이 없는 것은 모두 구전으로 분류]로 순수 구전자료가 약 92%에 달한다고 계산했다.

다[83] 들은 것을 그대로 전하는 것이 정직하고 객관적인 행위라는 신념을 기본으로 하여 그 사실들에 대한 허실을 가능한 한 평가했던 것이라고 할 수가 있다.

비판의 정도와 질에 있어서 차이가 있으나 두 사람이 모두 나름대로 비판성과 객관성을 구비하고 있었던 것이라 하겠다. 이런 유사성은 양자 간에 서로 한 세대의 차이가 있으나 기원전 5세기 아테네의 지적 분위기의 영향을 같이 받았다는 점에서 볼 때도 별로 새삼스러울 것이 없겠다.[84]

3. 반복, 교훈으로서의 역사와 오만(hybris) – 징벌(nemesis)의 개념

초자연적, 혹은 신의(神意)의 역사적 동인과 관련하여, 투키디데스는 헤로도토스와 달리 인간의 행동을 설명하는 데 종교적, 초자연적 요소를 개입시키지 않았고, 또 호메로스와 같은 허구의 문학이 아나라 과학적인 역사를 썼던 것으로 평가되었다.[85] 최근

---

83) Cf. 김경현(「헤로도토스를 위한 변명」, pp.288, 292)은 헤로도토스가 획득한 정보를 불신하거나 비판하기보다 그냥 소개하고 있다고 한다. 다른 한편, 투키디데스의 역사에서는 그가 이른바 '가장 엄밀하고 상게한 검증'을 통해 내린 결론만 우리에게 전할 뿐 그가 이용한 상충하고 신뢰하기 어려운 증거들에 대해서는 아무런 정보도 전해지지 않는다고 평가한다. 즉 투키디데스는 자신이 도달한 결론만 기술하라 뿐이므로, 각주가 달린 근대적 전형의 역사서나 부단히 본문에서 일탈하는 헤로도토스의 『역사』와는 다른 서사기법을 구사한다는 것이다.

84) 투키디데스뿐 아니라 헤로도토스, 소포클레스, 아리스토파네스 등도 소피스트의 영향을 받았을 것이라는 관점에 대해 cf. John H. Finley, *Thucydides*, p.44.

85) C.N. Cochrane, *Thucydides and the Science of History* (N.Y., 1965), pp.3, 14, 25, 33.

까지도 구스타프슨은 투키디데스를 호메로스나 헤로도토스 등
그 선대 작가들과 구분하는 것은 신화의 영역이 없거나 있다 해
도 희박한 점이라고 평가한다.[86]

그러나 헤로도토스의 『역사』 서두에는 '과거의 일을 잊지 않고
또 굉장한 일이 무의미한 것으로 화하지 않도록' 하기 위해 역사
를 서술한다고 목적을 밝히고 있다. 이것은 아래에 나오는 투키디
데스가 천명한 교훈의 역사와 다르지 않음을 보여 준다.

> Herodotos, I.1 투리오스(할리카르나소스) 인 헤로도토스가 역사를 기록
> 한 것은 과거의 일을 잊지 않고, 헬라스나 바르바로이 인을 가리지 않고
> 굉장한 일, 놀라운 일이 무의미한 것으로 화하지 않도록 하고, 특히 왜
> 이들 양측이 서로 싸웠는지를 보이기 위한 것이다.

또 헤로도토스가 인생과 역사를 흥망성쇠가 반복, 순환되는 것
으로 보았다는 것은 반론의 여지가 없는 주지의 사실이라고 하겠
다. 베걸린(E. Voegelin)은 에 따르면, 헤로도토스의 역사관은 인간
지사는 바퀴가 구르듯이 같은 사람이 언제나 번영하도록 내버려
두지 않는 것이라고 정의한다.[87]

헤로도토스는 인간이 번영이 신의 질투를 산다고 생각했다. 크
세르크세스 왕의 원정을 만류하면서 그 숙부 아르타바노스는 다
음과 같이 말한다.

> Herodotos, I.5 크고 작은 도시들에 대한 것들로서 내 이야기를 계속해
> 갈 것이다. 언젠가는 컸으나 작아지고 또 언젠가는 작았으나 요즈음 커

---

86) L.S. Gustafson, *Thucydides Theory of International Relations*, L.S. Gustafson ed.
(Luisiana, 2000), p.2.

87) Eric Voegelin, *The World of the Polis* (Louisiana, 1957), p.337.

진 도시들이 있기 때문이다. 인간의 번영은 언제나 한 곳에 오래 머무는 것이 아니므로, 작고 큰 도시들 모두에 대해 다루려 한다.

Herodotos, VII.10 …… 살아 있는 생물 가운데서 신이 번개로 징벌하는 것은 가장 큰 것이고, 아무도 자만하도록 허용하지 않다는 것을 폐하는 알고 계시지요. 신은 작은 것에는 구애하지 않습니다. 번개에 맞는 것은 언제나 큰 건물이고 큰 나무입니다. 고귀한 것을 낮추는 것이 신이 하는 일입니다. 신이 시기하여 사람들의 마음에 공포를 심거나 폭풍을 보내면 가끔 대군이 소수에 의해 패하기도 하고 예기치 않게 무산되기도 합니다. 신은 자신을 제외한 누구에게도 자만을 허용하기 않기 때문입니다. 서두르는 것은 실패의 어머니이며, 그 실패에 대해 우리는 언제나 비싼 값을 치르게 됩니다. 천천히 하는 것은 득을 가져옵니다. 당장에는 보이지 않을 수도 있으나 시간이 흐를수록 그것은 확실하게 드러납니다.

김진경은 헤로도토스의 『역사』가 아이스킬로스의 비극 「페르사이」와 같이 오만에 대한 신의 징벌이라는 구도를 가진 것으로 보고, 침략을 감행한 크세르크세스의 오만에 대해 그리스 인이 승리함으로써 징벌당한 것으로 설명했다.[88]

한편, 앞에서 소개했듯이, 투키디데스도 자신의 역사 기술의 방법과 목적과 관련하여 '정확성'과 '영원한 가치를 지닌 것'이라는 점을 다음과 같이 표현하고 있다.

Thucydides, I.22.4 내 글은 신화적인 것이 없으므로 재미가 없어 보일 수도 있다. 그러나 실제 있었던 사건은 물론, 인간의 본성 때문에 언젠가 다시 일어날 같은 일, 혹은 그와 유사한 일에 관해 정확한 지식을 얻고자 하는 사람들이 내 이 작품을 아주 유용한 것으로 평가하게 된다

---

88) 김진경, 「아이스킬로스와 헤로도토스」, 『서양사론』 13(1972), p.4.

면, 나는 그것으로 족하다. 이 글은 한순간의 박수갈채를 위한 것이 아니라 영원한 유산으로 씌어졌다.

인간의 본성이 같기 때문에 유사한 일이 반복될 수 있다는 투키디데스의 생각은 교훈으로서의 영원한 가치를 지닌 역사의 기능과 연결되어 있다.

그러나 이미 20세기 초에 콩포드(F.M. Cornford)는 투키디데스의 역사가 합리적이기보다 신화와 비극의 영향을 깊이 받았음을 지적하고, 또 스스로의 추측에 의해 연설문을 작성한 투키디데스가 어떻게 과학적일수가 있는가하고 의문을 표했다.[89] 투키디데스가 자신의 추측을 곁들이고 또 내용이 서로 모순되는 사료를 자신이 취사선택했음을 보여주는 대목은 위에서 소개한 투키디데스(I.22.1~3)의 기술로, '같은 사건에 대한 목격자이 증언이 각기 어느 편을 드는가, 무엇을 기억하는가에 따라 달랐으므로' 검증 작업이 매우 힘들었음을 토로하고 있는 것이다.

Thucydides, I.22.1~3 전쟁을 시작하기 위해 한 것이나 전쟁이 시작된 다음 한 것이거나 간에 여러 사람들이 행한 연설들은 내가 직접 들었던 것이든 혹은 어디선가 다른 사람들이 내게 전해 준 것이든, 연설의 내용을 그대로 내가 기억하기란 어려운 일이었다. 그러나 언제나 각자가 해당상황에서 그렇게 말했으리라 생각되는 것의 요지가 가장 충실하게 전달될 수 있도록 연설문을 썼다. 그러나 이번 전쟁 중에 실제로 발생했던 사건들에 관해서는, 내가 직접 체험한 것이거나 다른 사람에게서 들은 것이거나 간에, 내가 임의로 적지 않고 가능한 한 하나하나 정확하게 검증하였다. 검증의 작업은 아주 힘든 것이었는데, 같은 사건에 대한 목격자의 증언이, 각자가 어느 편을 드는가, 그리고 무엇을 기억하고 있는가

---

89) F.M. Cornford, *Thucydides Mythistoricus*, 75f. 97; cf. L.S. Gustafson, *Thucydides Theory of International Relations*, p.6.

에 따라 달랐기 때문이다.

키토(H.D.F. Kitto)도 투키디데스에 대해, 정확성을 기한 과학적 역사를 서술하는 것처럼 천명하나 사실은 비극시인같이 글을 썼다고 평했다.[90] 또 최근 탈현대적 경향의 학자(post-modernists)들은 투키디데스를 신화나 이성보다는 감정을 다루고 있는 것으로 평가하고 있다.[91]

투키디데스『역사』의 비극성과 관련하여 회자되는 사실은 필로스-스팍테리아 전투에서 아테네인들이 저지른 만행과 시실리 원정에서 자신이 처하게 된 질곡을 오만-징벌의 구도로 설명하는 것이다.[92] 기원전 425년 펠로폰네소스 서남쪽 해안의 필로스-스팍테리아 전투에서 아테네가 승리를 거두고 스파르타 인에게 가한 가혹한 행위를 자행한 적이 있다. 그 후 기원전 415~413년 시실리 원정에서 스파르타 군에 의해 포위되어 '완전한 파멸'[93]의 위기에 처하게 되었던 것이 그것이다.

이런 오만의 행위에 대한 징벌이 초자연적 힘이든, 신의(神意)이든, 단순한 우연이든 간에, 또 투키디데스 자신이 어떻게 생각했는가 하는 문제와는 별도로, 투키디데스의 서술에 따르면, 아테네인들이나 스파르타 인들이 각기 스스로 불행한 지경에 처하면 그 이유가 그 전에 잘못을 저지른 데 대한 벌이라고 생각하곤 했음이 나타난다. 시실리 원정에서 스파르타 군에 의해 포위되어

---

90) H.D.F. Kitto, *Poiesis: Structure and Thought* (California, 1966), pp.279~280.

91) Cf. L.S. Gustafson, *Thucydides Theory of International Relations*, p.6; G. Crane, *Thucydides and the Ancient Simpicity: the Limits of Political Realism* (California, 1998), pp.318~20.

92) Cf. 오흥식, 「투키디데스의 티케(tyche)관」(성균관대학교 박사논문), p.51ff.

93) Thucydides, VII.87.6.

'완전한 파멸'[94]의 위기에 처했을 때, 아테네인들은 과거 필로스
-스팍테리아 전투에서 자신들이 스파르타 인들을 다 죽여 없앴
던 사실을 생각해 냈다.

> Thucydides, VI.71 …… 당장에 전에 없던 공포가 엄습해 왔다. 저
> 필로스에서 남에게 한 짓거리와 비슷한 상황에 아테네인들 자신이 처하
> 게 된 것이다. 그때 배를 잃은 뒤 섬으로 건너갔던 라케다이몬 사람들은
> 아테네인들의 손에 다 죽었다. 그때와 같이 바로 지금 아테네인들은 기
> 적이 일어나지 않는 한 육로로 도망을 친다 해도 살아날 가망이 없었다.

반면 다음의 예문에서는 스파르타 인들이 필로스에서 아테네
인들에게 당한 불행이 그 전에 자신들이 플라타이아[95]에서 범한
잘못 때문에 당하는 벌이라고 생각했음이 나타난다.

> Thucydides, VI.18 라케다이몬인은 또 아티카를 공격해 들어갈 준비를
> 하였다. …… 무엇보다 라케다이몬인들은 자못 자신감을 갖게 되었다.
> 그것은, 아테네가 본토와 시켈리아 두 군데로 전쟁을 벌이고 있기 때문
> 에, 더 다루기가 쉬울 것이라는 계산 때문이었다. 또 아테네가 먼저 휴
> 전조약을 파기했다는 구실도 있었다. 전번 전쟁(펠로폰네소스 전쟁 전반
> 기 10년간의 전쟁)에서는 거꾸로 자신들이 잘못을 범했지만 말이다. 그
> 러니까, 그때는 테베가 조약을 무시하고 플라타이아로 쳐들어 간 적이
> 있었으며, 또 그 전에 맺은 조약(기원전 445년에 체결된 30년 평화조
> 약)에서는 상대가 중재를 수용하는 경우 무력으로 공격하면 안 된다고
> 규정되어 있는데도, 그들 자신이 아테네와의 입장 차이를 중재로 해결하
> 자는 아테네 측의 요청을 거부했던 것이다. 이 때문에 자신들이 겪은 재
> 난을 당연한 천벌로 여겼다. 즉 필로스에서 겪은 불운이나 그 밖의 불상
> 사들이 그 때문이라 생각했다.

---

94) Thucydides, VII.87.6.

95) Cf. 오흥식, 「투키디데스의 티케(tyche)관」(성균관대학교 박사논문), p.51ff.

『역사』가 인간성에 비추어 다시 반복될 수 있는 것을 경계하며 '후세에 귀감이 될 영원한 유산'으로 쓰였음을 분명히 밝힌 투키디데스와 달리 헤로도토스는 그런 말을 명시하지는 않았다. 그러나 헤로도토스가 그 거대한 작품을 쓰면서 단순히 흥미위주로 서술하려는 뜻이 아니었고, 분명히 투키디데스의 뜻과 유사성이 있는 것이라 할 수 있겠다.

흐레조(Margaret Hrezo)는 투키디데스가 신중(사려분별)의 가치관을 중시했음을 강조한다.[96] 그녀에 따르면, 투키디데스는 두 개의 세계 사이에 존재했다. 한편에는 지난날의 아테네로, 안정, 질서, 우의에 기반한 정치, 쾌적한 기풍의 니키아스와 케팔로스의 아테네, 다른 한편에는 클레온, 알키비아데스 등 젊은 세대의 아테네로 이것은 과거의 온갖 가치관으로부터 단절된 상태에 있는 것이다. 흐레조에 따르면, 투키디데스의 입장은 과거로부터 단절된 상태에서 당시의 것을 혐오했으므로 대책 없는 질곡에 처해 있었다는 것이다. 여기서 투키디데스는 흥망성쇠가 언제나 교차한다는 헤로도토스의 역사관을 배격하기보다 강화한다고 흐레조는 보았다. 그런 점에서 어느 것이 더 좋고 나쁜 체제인지를 분간하는 기준도 없는 가운데, 투키디데스는 어쩔 수 없는 상황에서 다만, 니키아스와 같이. 젊은 세대들이 더 신중해지기를 희망했을 뿐이었다고 흐레조는 말한다. 그리고 펠로폰네소스 전쟁의 발발은 그런 신중함이 그리스 세계에서 사라져 버렸음을 보여 주는 것이라고 한다.

헤로도토스와 투키디데스는 물론 아이스킬로스에 있어서까지

---

96) Margaret Hrezo, "Thucydies, Plato, and the Kinesis of Cities and Souls", in *Thucydides Theory of International Relations*, p.54f.

인간 역사의 비극성은 힘의 맹신과 오만에서 비롯된다고 본 점에서 유사성이 있다고 하겠다.

4. 헤로도토스에 보이는 크세르크세스의 오만과 투키디데스에 보이는 극단적 패권주의의 차이점

객관성에 대한 긍지는 물론 힘에 대한 인간의 오만과 맹신에 인간의 비극적 요소가 있다는 시각에서까지 헤로도토스와 투키디데스가 다소간 유사성이 있다면 양자 간 차이점은 어디에 있는 것일까? 필자는 이것이 힘에 관련한 오만의 성격이 다르다고 생각한다. 그리고 이것은 전쟁을 통해 노정된다.

흔히 투키디데스는 신화를 배제하고 전쟁과 정치사를 주로 기술했으나 헤로도토스는 신화, 설화를 광범하게 수용한 설화작가로 알려져 있다. 그러나 헤로도토스의 주된 관심은 페르시아 전쟁이었고, 그『역사』의 구도로 회자되는 인간의 오만—신의 징벌의 구도도 크세르크세스의 전쟁 도발과 관련이 있다. 전쟁의 원인에 관한 그의 주된 관심이 전쟁에 있었음을 보여 주는 것이다.

> Herodotos, I.1 투리오스(할리카르나소스) 인 헤로도토스가 역사를 기록한 것은 과거의 일을 잊지 않고, 헬라스나 바르바로이 인을 가리지 않고 굉장한 일, 놀라운 일이 무의미한 것으로 화하지 않도록 하고, 특히 왜 이들 양측이 서로 싸웠는지를 보이기 위한 것이다.

이어서 헤로도토스는 아시아와 유럽 간에 전쟁이 일어나게 된 원인이 여인의 약탈에서 시작되었음을 논하면서 다음과 같이 자신의 의견을 피력한다.

> Herodotos, I.4 그 즈음까지는 양측 모두에게 있어 여인들의 납치보다 더 심각한 사건은 없었다. 그러나 그 후 헬라스 인이 아주 큰일을 저지르게 되었다. 상대가 에우로페(유럽)로 원정오기 전에 헬라스 인이 먼저 아시아로 쳐들어갔기 때문이다. 여인을 납치하는 것도 사람으로서 할 일이 아니지만, 그런 다음에 그에 대한 복수를 하느라 소동을 부리는 것은 어리석은 일이다. 조용하게 지나가는 것이 신중한 처사이다. 왜냐하면 어떤 여인도 자신이 원하지 않는다면 납치당하고 있지 않을 것이기 때문이다. 페르시아 사람들의 말에 따르면, 아시아의 사람들은 여인의 납치 사건을 대수롭지 않게 생각했으나, 헬라스 인은 한 라케다이모니아 여인 때문에 대규모 함대를 만들어 아시아로 와서 프리아모스의 세력을 무너뜨렸다.

한편, 헤로도토스는 페르시아 전쟁에서 크세르크세스의 원정의 규모가 그 어느 것보다 크다는 점을 다음과 같이 지적하고 있는데, 이런 점에서도 그는 아래 언급하게 되는 투키디데스와 닮은 점이 있다.

> Herodotos, VII.19ff. 크세르크세스는 대륙의 곳곳을 약탈하여 군대를 모았다. 아이깁토스 원정에 따르는 4년 동안 군대소집과 순수품 및 병기 조달이 계속되었고, 5년째 해가 다갈 무렵 크세르크세스는 대군을 이끌고 진격했다. 군대의 규모는 실로 우리가 알고 있는 다른 어떤 경우보다 더 컸다. 다레이오스가 스키티아에 원정했을 때나, 스키티아 인의 거대한 무리가 킴메리아 인을 쫓아 메디아로 쳐들어와 거의 모든 상부 아시아를 장악했을 때, 즉 다리우스가 후에 이들을 벌하려 한 것도 이 때문이었던 그때의 군대도 이번에 비하면 왜소한 것이었다. 또 이번 원정은 아트레우스의 아들들(즉 아가멤논과 메넬라오스)이 트로이아로 이끌고 갔던 군대, 혹은 트로이아 전쟁 이전에 보스포로스를 건너 에우로

페로 가서 트라케를 유린하고 이오니오스 바다를 거쳐 남쪽으로 페네이오스 강까지 내려왔던 미시아 인(미소이)과 테우크리아(테우크로이) 인과는 비교가 안 될 만큼 컸다. 다른 것은 물론 이 모든 경우를 다 합쳐도 크세르크세스의 군대와는 비교가 되지 않았을 것이다. 헬라스 원정에서 그에게 협조하지 않은 나라가 하나라도 아시아에 있었겠으며, 큰 강을 빼놓고 그의 군대가 마셔서 마르지 않은 강이 하나라도 있었을까? 어떤 나라는 배, 다른 나라는 보병, 또 다른 곳은 기병을 차출했다. 또 일부는 군대를 따라갈 말을 실은 수송선, 일부는 부교(浮橋)로 놓을 재료, 식량, 갖가지 배들을 내놓았다.

이런 대규모의 군대를 동원하는 것에 따르는 가장 큰 문제는 그 자체로서 효과적이지 못한 점이다. 이것은 조언을 구하는 크세르크세스에게 그 숙부 아르타바노스가 한 말에서 볼 수 있다.

Herodotos, VII.49 상식을 가지고 있다면 아무도 폐하의 군대 규모나 배의 숫자에 문제가 있다고 생각하지 않을 것입니다. 폐하가 병력의 숫자를 늘린다면, 두 개의 힘은 지금보다 더 폐하에게 더 적대적이 될 것으로 나는 생각합니다. 그 힘이 무엇이냐 하면, 땅과 바다입니다. 내가 알기로, 우리 함대를 받아들여 폭풍이 일 때 보호해 줄 만큼 큰 항구가 아무 데도 없습니다. 폐하가 항해해 갈 연안에 그런 항구가 하나가 아니라 여러 개가 있어야 할 것인데도 하나도 없습니다. 그러니, 폐하, 사람은 그런 형편들 앞에서 주인이 아니라 그 영향을 받게 된다는 점을 폐하가 아셨으면 합니다. 폐하에게 또 다른 적은 땅입니다. 만일 폐하가 아무런 역경에 처하지 않는다면, 폐하가 더 멀리 가면 갈수록 땅 자체가 폐하에 대해 더욱더 적대적이 됩니다. 사람은 이른 것에 절대로 만족하지 못하므로 자꾸만 끌려가게 되지요. 내가 말씀드리는 것은, 아무도 폐하의 진군을 막는 자가 없다 해도, 날이 가고 거리가 늘어나면 날수록 마침내 땅 자체가 폐하를 굶주리게 하리라는 것입니다. 최선의 사람은 가능한 모든 재앙을 염두에 두고 세심하게 계획을 짜되, 기회가 오면 과감하게 행동하는 사람이라고 저는 믿습니다.

이렇게 크세르크세스의 오만에 대한 헤로도토스의 염려는 단순한 침략행위 자체가 아니라 그 정도의 과도함에 대한 것이었다. 문제는 키로스가 사르데이스(I.80)나 바빌론(I.178)을 공격하거나 다레이오스가 이집트를 공격하는 것은 크게 문제가 되는 것이 아니고, 헬라스까지 쳐들어와서 태양이 비치는 모든 곳을 손에 넣으려고 한 점이었다. 이것은 크세르크세스의 원정을 부추기는 마르도니오스의 다음과 같은 말에서 드러난다.

> Herodotos, VII.8c (마르도니오스가 헬라스로 쳐들어가도록 크세르크세스를 부추기며 하는 말) 우리가 아테네인과 그 이웃 펠롭스 땅에 살고 있는 프리기아 인을 무찌른다면 우리 페르시아의 지배 영역은 신이 거하는 하늘까지로 늘어나서 태양은 우리 땅 경계 너머로 비치는 일이 없을 것입니다. 여러분의 도움으로 나는 에우로페를 지나 끝에서 끝까지 모든 땅을 한 나라로 만들 것입니다. 내가 얻은 정보가 사실이라면, 내가 언급한 이들만 제거된다면, 그곳에는 우리에게 맞설 도시나 종족이 없습니다. 그래서 죄인이나 무고한 사람이나 다 같이 예속의 멍에를 지게 될 것입니다.

또 헤로도토스는 크세르크세스의 개인적인 허영심, 신중하지 못한 오만방자한 행위 등을 다음과 같이 고발한다.

> Herodotos, VII.24 이런 점들을 생각해 보면 나는 크세르크세스가 운하를 파게 된 것은 그저 허영심이었던 것 같다. 그는 힘을 과시하고 무언가 기념될 만한 것을 남기고 싶었던 것이다. 지협 위로 배를 끌어 이동시키는 것이 아무런 어려운 일이 아니었을 텐데도, 그는 두 개 삼단노선이 나란히 서서도 충분하게 지나갈 수 있는 넓이의 운하를 건설하도록 했기 때문이다.

> Herodotos, VII.34ff. 그런 다음 그(크세르크세스)는 아비도스로 갔다.

그곳에는 이미 아시아에서 에우로페로 건너가는 다리가 놓여져 있었다. …… 이 갑은 크세르크세스의 기술자들이 아비도스에서 다리 두 개를 7스타디온(약 1.3km) 거리로 옮겨 온 곳이다. 하나는 아마포 밧줄을 이용하여 포이니케 사람들이 만든 것이고, 다른 하나는 아이깁토스 인이 파리로스를 이용하여 만들었다. 공사는 성공적으로 완성되었으나, 강한 폭풍이 몰아닥쳐 모든 것을 날려 버렸다. 크세르크세스는 이런 재난을 보고받자 매우 화가 나서 헬레스폰토스를 채찍으로 300번을 치도록 하고, 한 쌍의 족쇄를 그곳에 빠뜨렸다. 이전에 내가 들은 이야기로는, 그는 사람들을 보내어 뜨거운 쇠로 헬레스폰토스를 낙인찍었다고도 한다. 실제로 그는 채찍을 가하는 사람들에게 지시하여, 칠 때마다 다음과 같이 말하도록 했다고 한다. "그대 소금으로 짠 바다여, 그대를 한 번도 해친 적이 없는 그대 주인을 그대가 해친 죄로 그가 그대에게 이러 벌을 내리는도다. 그러나 크세르크세스 왕은 그대의 허락이 있으나 없으나 그대를 건널 것이다. 그대를 위한 어떤 인간의 희생도 없을 것이다. 그대의 시고 진흙탕 같은 물 때문에 그대는 홀대를 받는 것이다." 헬레스폰토스를 벌하는 것 이외에도 크세르크세스는 다리를 놓았던 책임자들을 참수하도록 명했다.

크세르크세스가 7일 밤낮을 쉬지 않고 헬레스폰토스 해협을 건널 때 한 원주민이 다음과 같이 탄식을 했다고 헤로도토스는 전한다.

Herodotos, VII.56 제우스 신이여, 당신은 왜 한 페르시아 인으로 나타나 당신 이름을 크세르크세스라고 바꾸고는, 온 세상 사람들을 다 끌고 와서 헬라스를 정복하고 파멸시키려 하나요? 이런 난리를 치지 않고도 당신은 헬라스를 파멸시킬 수 있을 텐데요.

크세르크세스가 살라미스 해전에서 패배하고 달아날 때 분기탱천한 아테네인들이 그를 추격하려 할 때 테미스토클레스가 아테네인들을 만류하며 다음과 같이 말했다.

Herodotos, VIII.109 …… 내가 여러분에게 말씀드리는 것은, 우리 자신과 헬라스를 구하고 구름떼 같은 적군의 강력한 힘을 막아 낸 것은 행운의 소치이니, 달아나는 적을 추격하지 않도록 합시다. 승리는 우리가 이룬 것이 아니고 신들과 영웅들이 아시아와 에우로페의 왕이 되려는 그런 사람은 사악하고 건방지다고 생각하기 때문입니다. 또 신전을 자기 집 같이 여기고 신상들을 태워 없애며, 바다를 채찍으로 치고 족쇄로 묶는 사람에 대해서도도 마찬가지입니다.

여기서도 신들이 벌한 크세르크세스의 오만은 지나치게 넓은 지역을 장악하려 한 욕심, 그리고 무용한 개인적 오기와 만용에 대한 것이었다. 그러나 투키디데스가 경계하는 전쟁 원인으로서의 오만은 헤로도토스와는 질적으로 다른 점이 있다. 그것은 단순한 지배자 개인의 도를 넘은 엽기적 방자한 행위나 지배영역을 확대하고자 하는 욕심이 아니라, 현실적인 군사력의 증강과 무력 패권주의의 극단적 추구에 있기 때문이다.

헤로도토스와 같이 투키디데스도 자신이 기록하는 펠로폰네소스 전쟁사가 그 전의 어떤 전쟁보다 규모가 큰 것임을 장담한다.[97] 즉 당시 그리스 인들에게 잘 알려져 있던 것으로 호메로스가 다룬 트로이아 전쟁보다, 또 헤로도토스의 페르시아 전쟁보다 더 크다고 말한다.[98] 이어서 지나간 일은 잘 알 수가 없으나 자신이 기록하는 펠로폰네소스 전쟁이 가장 크다고 생각하는 증거로, 투키디데스는 과거 그리스 인들의 생활환경에 대해 소개한다. 그것은 큰 도시도 없었고 장비도 보잘것없었으며, 흩어져 살고 서로 접촉이 빈번하지도 않았을 뿐 아니라 이동해 다녔기 때문이라는

---

97) Thucydides, I.1.

98) Cf. Jack Riley, "Freedom and Empire", *Thucydides Theory of International Relations*, pp.122f.

것이다.[99] 그런데 해적이 발호하면서 미노스 해상제국이 이들을 복속하고, 사람들이 정착하게 되면서 강한 자가 약한 자를, 부유한 도시가 약한 도시를 예속하는 과정이 진행되게 된다고 한다. 아테네와 스파르타가 가진 힘도 이런 점에서 예외가 아니다. 이렇게 투키디데스는 역사의 진행의 힘의 성장이라는 관점에서 조명한다. 한 예로 아가멤논이 권력을 얻은 것은 틴다레오스가 한 복종의 약속 때문이 아니라 아가멤논이 다른 이보다 힘이 더 강했기 때문이라고 평한다.

파파스(N. Pappas)는 투키디데스(I.9)는 호메로스가 전쟁의 진정한 원인을 간과하고 있다는 비판적 시각에서 그 원인을 바로 아가멤논 일당들과 트로이아 간의 힘의 관계에서 찾는다고 논했다.[100] 라케다이몬 왕 틴다레우스가 딸 헬레네의 사위를 결정하기 전 미리 모든 구혼자들에게 사위로 뽑히는 사람(메넬라오스)이 도움을 필요로 할 때 도와주겠다는 맹서를 하도록 시켰는데, 그때 아가멤논이 대표가 되어 맹서를 했기 때문에 아가멤논이 원정군의 사령관이 되었다는 이야기인데, 그에 대한 투키디데스의 비판은 다음과 같다.

> Thucydides, I.9.1~2 아가멤논이 트로이아 정벌 원정군을 조직하고 그 사령관이 될 수 있었던 것은, 내 생각에, 그가 헬레네에 대한 구혼자들의 대표로 그녀의 아버지 틴다레오스에게 맹서를 했기 때문이 아니라 그들의 사령관이 된 것이 아니라. 다른 지휘관들보다 세력이 더 컸기 때문인 것으로 보인다. 일부 펠로폰네소스 인이 가장 정확한 것으로 여기는 전승에 의하면, 빈한한 펠로폰네소스 인 사이에서 처음으로 펠롭스가 권력을

---

99) Thucydides, I.2~12. Cf. J. Riley, "Freedom and Empire", pp.122~123.

100) Cf. Nick Pappas, "Athens and America", in *Thucydides Theory of International Relations*, p.234.

갖게 된 것은 그가 아시아에서 가져왔던 막대한 부(富) 때문이라고 한다. 이어서 그 자손들은 더 번성하게 된 것은 에우리스테우스가 아티카에서 헤라클레이다이 족에 의해 살해되었기 때문이다. …… 만일 아가멤논이 어느 정도의 함대를 갖지 않았더라면, 육지 사람이었던 그가 수가 얼마 되지 않은 그 주변의 섬들 이외의 다른 섬들까지 지배할 수는 없었을 것이다.

투키디데스는 헤로도토스보다 더 자신과 동시대인에 가까운 헬라니코스(Hellanicos of Lesbos)에 대해 비판하면서, 부정확할 뿐 아니라 더 열악한 점은 아테네의 힘의 성장에 관한 설명이 결여되어 있다고 평가한다.[101] 그런 다음 투키디데스는 페르시아 전쟁과 펠로폰네소스 전쟁 사이의 50년 동안의 과거사를 언급하게 되는 것인데, 이것은 바로 아테네가 성장하는 과정을 그린 것이다.[102]

파머(M. Palmer)는 투키디데스의 역사서술의 핵심을 단순한 연대기가 아니라 인간성을 규명한 정치철학자였던 것으로 규정했다.[103] 그러나 구스타프슨은 거기서 한 걸음 더 나아가 거대 세력 간의 충돌이라는 점을 중시했다. 구스타프슨은 일부 사가들은 투키디데스의 이런 핵심이 다른 가치 있는 점들을 무시하는 결과를 빚게 되었다고 애석해하기도 한다는 점을 지적하는 한편, 투키디데스의 주요 목적은 두 거대 세력 간의 전쟁을 탐구하면서 당대의 상황을 이해하고 미래 사람들이 자신을 이해하는 데 도움을 주는 것이었다고 정의한다.[104]

---

101) Thucydides, I.97.2.

102) Thucydides, I.89~118.

103) M. Palmer, *Love and the Common Good: Aspects of the Political Thought of Thucydides* (Lanham, Maryland, 1992).

104) L.S. Gustafson, *Thucydides Theory of International Relations*, p.2f.

Thucydides, I.1 아테네 사람 투키디데스는 펠로폰네소스 인과 아테네 인이 서로 어떻게 서로 싸웠던가에 대해 기록했다. 전쟁이 발발한 순간 그는 이 전쟁이 대규모의 것으로 다른 어떤 것보다 괄목할 만한 것이 될 것이라고 생각하고 기록을 시작했다. 그것은 양측 모두 전쟁에 필요한 것들을 완벽하게 갖추었을 뿐 아니라, 전쟁이 발발하자마자 일부 헬레네스는 바로 둘 중 한편의 동맹국이 되었으며, 또 다른 일부도 그럴 의사가 가졌음을 알았기 때문이다.

Thucydides, I.23. 과거의 전쟁 중에서 페르시아 전쟁이 가장 치열한 것이었으나, 그것은 두 개의 해전과 두 개의 육전으로 신속하게 결판이 났다. 그러나 이번 전쟁은 오래 계속되었을 뿐만 아니라 같은 기간이라도 유례가 없을 정도로 헬라스에 재난을 초래했다. 실로, 그렇게 많은 도시들이 점령되고 황폐화된 적은 한 번도 없었다. 어떤 것은 이민족(異民族)에 의해 또 어떤 것은 헬라네스인끼리 서로 싸우느라 그랬다. 몇몇 도시는 점령된 후 주민이 교체되었다. 그렇게 많은 사람이 추방되고 죽임을 당한 적은 한 번도 없었다. 어떤 이는 전투 중에, 또 어떤 이는 내란 때문에 죽었다. …… 내 생각에, 드러나지는 않지만 가장 참된 이유는 아테네인의 힘이 강해지자 라케다이몬 인이 겁을 먹고 부득이 전쟁을 일으키게 된 것이다. ……

힘이 성장에 대한 투키디데스의 관심은 기원전 417년 아테네인들이 멜로스를 침략하여 항복을 강요했을 때 가장 적나라하게 노정된다. 이때 아테네 사신이 피력한 힘의 논리는 다음과 같다.[105]

아테네인: ……세상의 이치에 따르면 정의냐 아니냐 하는 것은 양자의 세력이 대등할 때 결정될 수 있는 것이오. 강자와 약자 사이에는 강자가 어떻게 큰 몫을 차지하며 약자가 어떻게 작은 양보로서 위기를 모면하느냐 하는 것이 문제일 뿐이오. ……

아테네인: 지배자의 자리에서 몰락하는 날이 있다 해도 우리는 그것을

---

105) Cf. Thucydides, V.85~113.

두려워하지 않소. 왜냐하면 스파르타 같은 남을 지배하고 군림하는 자는 두려운 존재가 아니나, 피지배자가 반란을 일으켜 지배자를 타도하는 것이 바로 두려운 것이기 때문이오. ……

아테네인: …… 왜냐하면 여러분은 최악의 상황에 빠지지 않고 종속국의 지위를 얻을 수 있으며, 우리는 여러분을 살육하지 않고 살려 둠으로써 착취할 수 있기 때문이오. ……

아테네인: 여러분의 증오를 사는 것은 우리에겐 조금도 염려될 일이 아니오. 오히려 여러분의 호의를 사는 것이 우리의 약함을 의미하는 것이라고 종속국들이 생각하지 않을까 염려가 되는 것이오. 증오를 받는 것은 강력한 지배자의 본때가 되는 법이오.

아테네인: 독립을 지키는 자가 있으면 그자가 강한 것으로 보이고, 또 우리가 그들을 침공하지 않으면 우리가 그들을 두려워하기 때문이라 생각될 것이오. 따라서 여러분이 우리에게 항복하면 우리 판도를 넓힌다는 점을 차치하더라도 우리의 세력을 확인해 주는 것이 되오……

아테네인: …… 신에게서나 인간에게서나 강자는 약자를 지배하는 법이라고 우리는 생각하오. 따라서 이 법칙은 남에게 강요하기 위해서 우리가 처음 만든 것도 아니고, 또 예부터 존재하는 것으로 그것을 우리가 처음으로 활용하는 것도 아니요. 이미 세상에 널리 통용되는 것을 계승하여 …… 이용하는 것에 불과하오. 왜냐하면 당신들이나 다른 어떤 자들일지라도 우리와 같은 권력을 갖게 되면 반드시 우리와 같은 행동을 취하게 될 것이며, 따라서 이것이 진실이기 때문에 우리에게도 신의 도움이 없으리라고 생각할 수 없다는 것이오.

투키디데스가 말하는 힘에 의한 강자의 지배 원리는 헤로도토스가 고발하는 크세르크세스의 오만과는 성격이 같지 않다. 페르시아 전쟁에서의 크세르크세스의 경우는 비효율적으로 지나치게 지배영역을 확대하고자 하는 데서 생기는 오만으로 침략이나 지배

권력 자체가 문제가 되는 것은 아니었다. 또 헬레스폰토스에 채찍을 가한다든가 폭풍에 쓸려 간 주교(舟橋)의 책임을 물어 인부들을 처형한다든가 하는 개인적 인격에 관한 것이었다. 즉 크세르크세스는 정복 지역에서 그저 '땅과 물', 즉 종주권을 인정받고 적정한 세금을 거두는 데 그치는 것이었다.

다만 크세르크세스는 적정한 지배의 범위를 넘어 거대 지역을 장악하려는 지나친 야망을 가졌다. 땅과 물에 대한 종주권 및 적정의 세금을 요구하는 크세르크세스의 오만은 그 자체로서가 아니라 아시아와 유럽 땅에 걸친 인간의 한계를 넘어섰다는 점에 있다. 한편 왕의 지배체제 자체는 일리가 전혀 없는 것은 아니어서, 스파르타 인들조차 페르시아의 침략에 대항하기 위해 고된 훈련에 시달리기보다 페르시아의 종주권을 받아들이는 것이 더 낫겠다는 생각을 할 때도 있었다. 또 상호 갈등으로 인해 페르시아 측에 선 도시국가들도 있다. 스파르타와 사이가 나빴던 테베를 비롯하여 그리스 중부의 많은 종족106)이 자발적으로 페르시아 측에 종속의 뜻을 전했다. 적지 않은 지역이 이웃 지역에 대한 미움으로 인해 페르시아 측에 서는 것이 원한관계에 있는 국가에 굴복하는 것보다 더 낫다고 생각하는 경우도 적지 않았다. 또 스파르타와 앙숙 관계에 있던 아르고스는 중립을 지켰다.

그러나 투키디데스의 경우 펠로폰네소스 전쟁은 그 전 어느 것보다 규모가 컸으나, 그것은 반드시 지배영역의 확대와 직결되는 것이 아니다. 문제는 비효율적으로 지배영역이 넓다든가 개인의

---

106) Cf. Herodotos, Ⅶ.131. 테살리아 인, 돌로페스 인, 아이니아네스 인, 페라이보이 인, 로크리스 인, 마그네테스 인, 말리아 인, 아카이아 인, 프티오티스 인, 테바이 인, 그리고 플라타이아와 테스피아이 인만 뺀 나머지 보이오티아 인 등이 페르시아 측에 종속의 뜻을 전했다.

오만한 행위가 아니라 그 지배원리 자체가 헤로도토스와는 다른
데 있다. 멜로스 섬의 대담에서 드러나는 아테네의 힘의 지배는
철저하게 군사적 제국주의의 성격을 노정하고 있다는 데서 헤로
도토스가 다루는 『역사』와 차이점을 볼 수 있다.

헤로도토스는 그 『역사』의 마지막에 다음의 이야기를 전하고
있다. 페르시아 인들 키로스에게로 가서 척박한 자신의 땅을 버리
고 더 좋은 땅을 골라 지배하자고 요구하자 키로스는 대답하기를
'원한다면 그렇게 할 수도 있을 것이지만, 그렇게 하면 더 이상 지
배하는 대신 다른 이들의 지배를 받게 될 것을 조심해야 한다'고
했다고 한다. 부드러운 땅은 부드러운 사람을 내며, 한 땅이 좋은
과실과 좋은 군인을 다 내지는 못한다는 것이었다. 페르시아 인들
은 이 말에 수긍하고 키로스가 자신들보다 더 현명하다는 점을
인정하면서 키로스 앞을 물러 나왔다. 이렇게 그들은 기름진 땅을
경작하면서 다른 사람의 노예가 되기보다 척박한 땅에 살면서 다
른 이들을 지배하는 쪽을 택했다고 한다. 이 이야기는 헤로도토스
에게서 지배 자체가 문제가 되는 것이 아니라 적정하고 효율적인
지배를 긍정한다는 점에서 시사하는 바가 적지 않다.

5. 개인의 오만에서 군국주의로

페르시아 왕이 요구하는 '땅과 물'은 직접 지배에 의한 수탈의
강화를 초래할 수도 있겠으나 그것은 노골적 힘의 지배 원리에
바탕을 두는 것과는 다르다. 그것은 마르도니오스가 아테네인을

설득할 때 공존과 평화의 논리를 펴는 것에서 볼 수 있으며,[107] 이것은 투키디데스에 보이는 극단적 패권주의의 추구와는 다르다. 멜로스 대담에서 아테네 사신의 입을 통해 노골화되는 힘의 패권주의는 군사력의 성장에 바탕을 두고 있다. 이것은 투키디데스의 서두에 보이는 아테네의 힘의 성장에 대해 스파르타가 느꼈던 불안과도 통하는 것으로 이것은 바로 투키디데스가 진단하고자 했던 전쟁의 원인 바로 그것이다.

투키디데스에게서 인간의 오만은 헤로도토스나 아이스킬로스에 보이는 왕 개인의 것이 아니라 더 조직적, 집단적 이기주의로 나타나며 군사적 제국주의에 의지하는 바가 더 크다. 투키디데스가 주목했던 것은 누가나 개인적으로 범할 수 있는 오만 그 자체라기보다 그것이 군국주의, 패권주의화하는 것이었으며, 이런 점에서 그는 헤로도토스와 뚜렷한 차이점을 갖는다고 할 수 있다.

다시 말하면, 헤로도토스가 지적한 크세르크세스 왕의 오만은 지배 권력 그 자체에서가 아니라 그것이 적정 범위를 넘어섰다는 점에 있다. 왕의 지배 체제는 민주정치나 과두정치의 경우와 같이 각기 장단점을 가지는 것의 하나일 뿐, 일면 자연적·순리적인 면을 갖고 있다. 이것은 헤로도토스(III.80~83)에 나오는 정체에 대한 논의에서 결국 군주정을 선택하게 된 데서도 나타난다. 민중의 정치를 지지한 오타네스는 군주정의 폐단을 권력의 남용과 방자한 행위의 관점에서 논한다.[108] 헤로도토스의 『역사』와 아이킬로

---

107) Cf. Herodotos, VIII.140 …… 왕께서 호의를 가지고 있으므로 여러분이 평화를 이루기에 참으로 좋은 기회입니다. 여러분은 자유를 누리는 가운데, 아무런 기만함이 없이 우리와 동맹을 맺도록 합시다.

108) Herodotos, III.80. "우리는 군주정을 종식해야 한다고 나는 생각하오. 군주정은 즐겁지도 않고 이득도 없기 때문이오. 캄비세스의 방자함이 어느 정도였는지 여러분은 보았을 것이고, 마고스 인의 방자함도 경험한 터이오. 통치자가 마음대로 하고 아무

스의 비극 「페르사이」의 주제가 크세르크세스의 오만에 대한 신의 징벌이라고 한다면, 그 교훈은 권력에 편승한 개인의 오만한 행위는 물론 인간의 한계와 효율적인 적정규모를 넘어선 지배영역을 확보하려고 헬라스까지 쳐들어와서는 안 된다는 점이다.

그러나 투키디데스의 멜로스 대담에서 절제 없는 패권주의를 추구하려 한 아테네인의 오만은 비효율적인 지배영역의 범위와 무관하게 지배 권력의 질 자체에 있었던 것이다. 이런 힘의 지배는 순리에 따르거나 논의를 통해 선택될 수가 없으며, 군사력에 바탕을 둔 일방적 강요에 의해서만 성립 가능한 것이다. 이런 패권주의는 적정하거나 지배영역과 무관하게 어떤 규모에서도 일어날 수 있는 것으로 아테네가 멜로스 섬 사람들에 대해 강요한 복종이 바로 그러하다.

투키디데스의 『역사』의 주제가 교훈을 주는 영원한 유산이라면 그 교훈은 투키디데스 전편에 걸쳐 일관성 있게 언급되는 권력 및 무력의 성장이 사회적으로 초래하는 부작용이다. 무력은 해적의 방어, 안전의 확보를 위해 필요한 것이었으나, 지나친 힘의 논리, 극단적 패권주의의 추구로 이어질 때 인간사회는 공멸의 길로 치달는다. 투키디데스가 경계한 것은 바로 사려분별의 지경을

런 통제를 받지 않는 마당에 무슨 유익함이 있을 수 있겠소? 아무리 최선의 사람이라도 군주의 권력을 받고 나면, 전에 안 하던 짓을 하게 된다오. 그 권력으로 인해 오만이 생겨나고 자연히 질투기 생겨나지요. 오만과 질투는 모든 악의 시초가 되는 것이오. 권력에 탐닉하여 일면 오만에서 다른 일면 시기에서 많은 무모한 짓을 하게 되는 것이지요. 참주는 가지고 싶은 것을 다 가지므로 아무도 질투할 것이 없는데도, 그 시민을 대할 때는 그 반대가 됩니다. 최선의 사람(aristoi)이 그저 생존하는 것 자체를 시기하고, 시민 가운데서 가장 나쁜 사람(kakistoi)들을 보고 반가워하며 험담을 누구보다 더 좋아하는 것이지요. 군주는 가장 모순적인 면을 가집니다. 군주를 중용으로 대하면 그에게 굽실거리지 않음에 기분 나빠 하고, 또 굽실거리면 사람을 아첨꾼인 것처럼 무시하는 거요. 그보다 더 기막힌 사실을 말해 줄 것이 있어. 군주는 선조의 법을 바꾸고 여인네를 강간하며, 가리지 않고 사람을 죽입니다."

넘어서서 지나칠 정도로 힘에 대해 갖는 인간의 맹신과 방종, 극단적·군사적 패권주의의 추구라고 하겠다.

이런 차이점은 양자가 살았던 시대상의 차이를 반영하는 것이기도 하다. 즉 페르시아 전쟁이 끝난 다음 상존하는 페르시아 인의 재침의 위협에 대응하기 위하여 에게 해 주변의 그리스 인 도시국가들은 아테네를 중심으로 델로스 해상 동맹을 결성하게 된다. 이를 계기로 과거의 시민병과는 성격을 달리하는 용병으로서의 상비 수병이 조직되게 되었다. 이런 군사조직의 확대는 그리스 내부 사회에 큰 변화를 가져와서 군사적 패권주의의 대두로 귀결되게 된다. 이런 변화는 아테네뿐 아니라 스파르타에게도 같이 적용된다.[109] 펠로폰네소스 전쟁에서 아테네가 패배하고 델로스 해상 동맹이 붕괴된 후 스파르타가 에게 해의 패권을 대신 이어받으면서, 도시국가 간의 패권다툼은 결국 그리스 사회 전체를 질곡의 도가니로 몰아갔다.

기원전 5세기 후반 이후 아테네는 물론 그 뒤를 이어 스파르타도 군사적 패권주의를 추구했으며, 이런 시대상은 페르시아 전쟁을 기술한 헤로도토스보다는 투키디데스에게서 분명히 가시화되고 있다.

---

109) Cf. Polybios, VI.48.6. "그리스 패권(hegrmonia)을 장악하기 위해 열을 올렸던 라케다이몬 인은 스스로의 자유(eleuthria)를 위험한 지경으로 몰고 갔다."; 김창성, "폴리비오스의 발전관과 혼합정체 국가들", 『서양고대사연구』 26(2010), p.236.

참고문헌

Cicero, *De Legibus*.

Ctesias, *Persica*.

Herodotos.

Polybios.

Thucydides.

Bury, B., *The Ancient Greek Historians*. London, 1908.

Cochrane, C.N., *Thucydides and the Science of History*. N.Y., 1965.

Cornford, F.M., *Thucydides Mythistoricus*. London, 1907/1965.

Crane, G., *Thucydides and the Ancient Simpicity: the Limits of Political Realism*. California, 1998.

Finley, John H., *Thucydides*. Michigan, 1967.

Finley, M.I., *Greek Historians*. N.Y., 1959.

Gustafson, L.S. ed., *Thucydides Theory of International Relations*, Luisiana, 2000.

Herter, H., "Thucydides und Demokrit über Tyche", *Wiener Studien* 89(1976), pp.106~128.

Hrezo, Margaret, "Thucydies, Plato, and the Kinesis of Cities and Souls", in *Thucydides Theory of International Relations*. L. S. Gustafson ed. (Luisiana, 2000), pp.42~63.

Kitto, H.D.F., *Poiesis: Structure and Thought*. California, 1966.

Momigliano, A. *Studies in Historiography*. N.Y., 1966.

Palmer, M., *Love and the Common Good: Aspects of the Political Thought of Thucydides*. Lanham, Maryland, 1992.

Pappas, Nick, "Athens and America", in *Thucydides Theory of International Relations*, L.S. Gustafson ed. (Luisiana, 2000), pp.221~245.

Riley, Jack, "Freedom and Empire", *Thucydides Theory of International Relations*. L.S. Gustafson ed. (Luisiana, 2000), pp.117~150.

Voegelin, Eric, *The World of the Polis*. Louisiana, 1957.

김경현, 「헤로도토스를 위한 변명」, 『서양고전학연구』 24(2005), pp.265~
302.

김봉철, 「헤로도토스『역사』의 사료비판 사례」, 『서양고전학연구』 9(1995), pp.1
~53.

_____, "헤로도토스와 그리스 신화서술 - 제우스 서술을 중심으로", 『서
양고대사연구』 27(2010), pp.263~295.

김창성, "폴리비오스의 발전관과 혼합정체 국가들", 『서양고대사연구』
26(2010), pp.225~250.

오흥식, 「투키디데스의 티케(tyche)관」, 성균관대학교 박사논문, 1995.

_____, 「투키디데스의 티케(tyche)관」, 『서양사론』 46(1995), pp.125~179.

_____, 「투키디데스의『펠로폰네소스 전쟁사』」 『서양사론』 107(2010), pp.255
~277.

이두희, "역사가들의 전쟁기술에 나타난 '비극적 역사(Tragic History)' 문
체: 헤로도토스, 투키디데스, 할리카르나소스의 디오니시오스를
중심으로", 『서양고전학연구』 37(2009), pp.47~69.

전쟁의 원인과 국제관계에 대한 투키디데스의 분석110): 긍정적 인간성과 평화의 지향에서 보이는 현대적 의미

최자영

1. 투키디데스 『역사』의 동기에 의한 제(諸) 이해

고대 그리스의 역사가였던 투키디데스는 그 『역사(*Historia*)』의 서두에서 역사를 기록한 동기에 대해 이 전쟁이 대규모의 것으로 다른 어떤 것보다 괄목할 만한 것이 될 것이라고 생각하고 기록을 시작했다고 한다.111) 양측 모두 전쟁에 필요한 것들을 완벽하게 갖추었을 뿐 아니라, 전쟁이 발발하자마자 일부 헬레네스는 바로 둘 중 한편의 동맹국이 되었으며, 또 다른 일부도 그럴 의사가 가졌음을 알았기 때문이라는 것이다. 또 그는 실제 있었던 사건은 물론, 인간의 본성 때문에 언젠가 다시 일어날 같은 일, 혹은 그와 유사한 일에 관해 정확한 지식을 얻고자 하는 사람들을 위해, 한순간이 아니라 영원한 유산으로 쓴다고 적고 있다.112) 이어서 그는 드러나지는 않지만 숨은 전쟁의 원인으로서 아테네 세력이 성장

---

110) Cf. 『대구사학』 101 (2010.11), pp.1~26 게재.

111) Thucydides, 1.1.1.

112) Thucydides, 1.22.4. Cf. Ibid. 3.82.

하는 데 대해 스파르타가 위협을 느꼈기 때문이라고 말한다.[113]

인간의 본성이 갖는 힘의 지배와 관련하여 가장 많이 회자되는 사건은 멜로스 대담이다. 많은 사가들이 여기서 아테네 사자가 피력한 힘의 정의는 바로 투키디데스의 가치관을 반영하는 것이라고 주장했다.[114] 모르겐토(Hans Morgenthau)는 현실주의(realism)란 힘으로 정의되는 주요한 이해관계의 개념이 전반적으로 영향을 미치는 객관적 범주라고 정의하고, 이것은 이미 투키디데스의 멜로스 대화에서 구현되고 있다고 한다.[115] 예거와 바스케스(Vazquez)도 멜로스 섬 대화에서 아테네 사신의 말은 투키디데스 자신의 생각이라고 했다.[116] 크레인(G. Crane)도 기원전 6세기 초 솔론이 제기했던 힘과 이익의 문제가 2세기 후 투키디데스의 역사에도 그대로 계속되어 약자와 강자가 다 연루되고 있는 것이라고 한다.[117]

그러나 S. 포드(Forde)는 이런 해석을 수정하면서, 투키디데스가 힘의 성장과 문화 진보의 두 가지 요소를 보여주는 것으로 보았다.[118] 이 두 가지 요소는 서로 연결되어 있으면서도 별개의 것

---

113) Thucydides, I.23.3.

114) 투키디데스가 힘의 지배를 인정하고 지지했다는 이론의 약사에 대해서는 cf. L.S. Gustafson, "Thucydides and Pluralism", in *Thucydides Theory of International Relations: A Lasting Possession*, Lowell S. Gustafson ed. [Baton Rouge, Louisiana, 2000], p.178).

115) Hans Morgenthau, Politics among Nations: *The Struggle for Power and Peace*, 5th ed. N.Y., 1978, pp.8~9.

116) W. Jaeger, *Paideia: The Ideals of Greek Culture*, trans. G. Highet (N.Y., 1939), 383; R.O. Koehane, ed. *Nationalism and World Politics* (N.Y., 1986), 7, 164; R.W. Mansbach and J.A. Vazquez, *In Search of Theory: A New Paradigm for Global Politics* (N.Y., 1981), p.111, 318; J.A. Vazquez, ed. *Classics of International Relations*, 2nd. ed. (Englewood Cliffs, N.J., 1990), pp.16~20.

117) G. Crane, *Thucydides and the Ancient Simplicity: The Limits of Political Realism* (Berkeley, 1998), p.297.

으로 긴장관계에 있다는 것이다. 문화는 부, 안정, 공동체 힘의 축적으로 정의되는 한편, 힘도 현실주의에 입각한 축적과 적용의 법칙을 갖는다고 한다. 현명한 정치가는 힘이 갖는 위험을 감지하여 과도한 행동을 제어할 수 있어야 하며, 힘의 법칙 및 비이성은 그리스를 재앙으로 몰아넣을 수 있다는 것이다. 포드에 따르면, 페리클레스는 제국을 운영하는 데 있어 상대적으로 중용의 정책을 추구하였으나, 양자 간에 긴장이 존재함을 이해하지 못했으나, 디오도토스는 그에 대한 통찰력을 가지고 있었다고 한다.[119] 현실주의적[120] 정의를 수정하고 투키디데스의 의도를 다각적으로 이해하려는 시도의 하나로, 존슨 백비(L.M. Johnson Bagby)는 투키디데스는 일반화된 한 가지 이론이 아니라 다양한 원인을 제시하고 있다고 한다. 즉 백비는 세계적 사건들은 현대의 현실주의 이론이 가정하는 구조주의적 이론에서만 설명할 수 없다고 보고, 그런 입장을 완전히 거부하는 것은 아니지만 부분적으로나마 사건들을 설명할 수 있는 고전적인 사고에 대한 관심으로 환원할 필요가 있다고 주장한다.[121] 그에 따르면, 투키디데스를 바르게 이해하기 위해서는 구조적 이론 만들기(structural theory building)에서 벗어나 상황에 따른 다각적 합성에 의한 다양한 이론의 사용으로 나아가

---

118) S. Forde, "Power and Morality in Thucydides", in *Thucydides Theory of International Relations: A Lasting Possession*, p.172.

119) Cf. S. Forde, "Power and Morality in Thucydides", in *Thucydides Theory of International Relations: A Lasting Possession*, p.173.

120) Hans Morgenthau (*Politics omong Nations: The Struggle for Power and Peace*, 5th ed. N.Y., 1978, pp.8~9)에 따르면, 현실주의(realism)란 힘으로 정의되는 주요한 이해관계의 개념이 일반적으로 영향을 미치는 객관적 범주를 말한다.

121) L.M. Johnson Bagby, "Fathers of International Relations? Thucydides as a Model for the Twenty-First Century", in *Thucydides Theory of International Relations: A Lasting Possession*, Lowell S. Gustafson ed. (Baton Rouge, Louisiana, 2000), p.25.

야 한다는 것이다.[122] 한 예로, 그는 투키디데스는 미틸레네 사건 논쟁에서 클레온은 투키디데스가 싫어하는 폭력적 형태의 정의의 보복을 주장했으나, 디오도토스는 정의 대신 이익의 개념을 제시했으며 후자는 투키디데스의 입장을 대변하는 것이라고 주장했다.[123] 같은 맥락에서 M.W. 도일(Doyle)도 투키디데스는 단순한 공식을 싫어한 것이라 한다.[124]

이렇게 투키디데스가 전쟁의 원인 및 역사 전개의 동기를 어떻게 보았는가 하는 데 대해 힘의 논리 대신 힘과 문화세계 간의 긴장, 혹은 하나의 단순한 원리 대신 구체적 사건을 통한 다각적 원리를 찾아내려는 시도가 이루어져 왔다. 이 글에서는 투키디데스에 보이는 펠로폰네소스 전쟁의 원인 분석이 국제관계에서의 현실주의적 힘의 정의가 어떻게 상호 연관되는가를 살펴보고자 한다.

투키디데스는 인간성을 불변하는 것으로 이해했으나 그것은 상반된 면을 가지고 있다는 점, 한편에 힘의 정의 혹은 이익, 다른 편에 문화세계 혹은 인도주의적 도덕 사이에는 긴장 관계가 존재하고 있다는 점을 알고 있었다. 그러나 필자는 투키디데스는 힘의 정의나 이익의 추구 같은 것 중 어느 하나를 자신의 철학으로 제

---

122) L.M. Johnson Bagby, "Fathers of International Relations? Thucydides as a Model for the Twenty-First Century", p.30. 그 한 예로, 클레온이 주장하는 현실주의적 정의에 대조적으로, 투키디데스는 디오도토스의 입을 빌어 정의 대신 편의의 필요성을 제시하고 있다는 것이다. 즉 반란에 연루되지 않은 미틸레네 인을 살려주는 이유는 그다음 반란이 일어날 경우에 대비한 것으로, 반란에 연루되지 않은 사람도 끝까지 결사적으로 반항하여 아테네를 곤경에 몰아넣는 일이 없도록 하기 위한 편의주의에 입각한 것이라고 한다(ibid., p.36).

123) L.M. Johnson Bagby, "Fathers of International Relations? Thucydides as a Model for the Twenty-First Century", p.36.

124) M.W. Doyle, "Thucydidean Realism", *Review of International Studies*, 16(1990), p.228.

시한 것이 아니라고 본다. 나아가 투키디데스가 역사를 서술하게 된 문제의식은 단순한 인간성 자체를 고발하는 데 그치는 것이 아니라 그것을 토대로 조성되는 부정적 혹은 긍정적 상황의 예를 보임으로써, 투키디데스 자신이 바람직하다고 생각되는 것을 교훈으로 남기려 했던 점을 중시한다. 결론적으로, 이글에서는 투키디데스가 비생산적, 소모적인 전쟁이 조직적이고 대규모로 이루어져서는 안 된다는 점, 그리고 그런 상황을 피하려면 힘의 지배의 원리를 유보 없이 추구해서는 안 된다는 것을 교훈으로써 제시하려고 했음을 살펴보려고 한다.

2. 투키디데스의 역사서술 동기: 펠로폰네소스 전쟁 원인의 분석

투키디데스(1.23)는 펠로폰네소스 전쟁의 숨은 원인을 아테네의 힘이 성장하는 것에 대해 라케다이몬 인들이 두려워했기 때문이라고 규정했다. 그 외에도 투키디데스는 힘의 지배에 관해 상당한 관심을 기울였다. 미틸레네 사건에서 클레온이 주장한 힘에 의한 보복의 정의, 멜로스 대담에서 아테네 사신이 노골적으로 주장한 힘의 정의 등에 대한 서술이 그것이다. 일부 사가들은 펠로폰네소스 전쟁 발발의 원인을 당시 그리스 내 세력의 양대 축이었던 아테네와 스파르타 간 힘의 균형이라는 현실주의적 시각에서 파악해 왔다. 나아가 미틸레네 사건에서의 클레온이나 멜로스 대담에서 보이는 힘의 정의 혹은 그 지배의 원리가 바로 투키디데스

자신의 믿음을 보여 주는 것이라고 해석해 왔다.[125]

그러나 존슨 백비(Johnson Bagby)는 이런 단순한 해석을 거부하면서, 스파르타가 개전을 하게 된 것은 이런 현실주의에 입각한 구조적인 시각에서만 이해할 것이 아니라 자유의지에 의한 선택과 결정이 개재되는 것이라고 한다.[126] 예를 들면, 페르시아를 성공적으로 방어한 다음 스파르타는, 헬라스에서 가장 강한 도시였으나, 전선에서 물러났다.[127] 파우사니아스는 아테네가 주도권을 장악하도록 기회를 주었고, 스파르타 인도 파우사니아스를 소환함으로써 아테네가 주도하는 것에 만족했다는 것이다.[128] 반면, 아테네는 그대로 남아서 세스토스를 접수하고 자신의 도시에 성벽을 건조했으며, 그 후에도 스파르타는 아테네와 공동군사 작전을 수행했다. 이런 사실은 폴리스 간 힘의 균형이라는 현실주의적 시각에서는 이해할 수가 없다는 것이다. 또 클레온의 힘의 정의에 관한 문제에서도, 그는 투키디데스가 미틸레네 사건 논쟁에서 자신이 싫어하는 폭력적인 정의의 보복을 주장하는 클레온 대신, 디오도토스는 이익의 개념을 제시하여, 마침내 지지를 받게 되었음을 지적한다.

---

125) 이 글 서문 참조. 그 외 cf. S. Forde, "Classical Rea;ism", in *Traditions of International Ethics*, ed. T. Nardin and D.R. Mapel (Cambridge, 1992, p.72; D.A. Baldwin, ed. *Neorealism and Neoliberalism*: The Comtemporary Debate (N.Y., 1993), 159; R.W. Mansbach & Y.H. Ferguson, "Values and Paradigm Change: The Elusive Quest for International Relations Theory", in *Persistent Patterns and Emergent Structures ina Waiting Century*, ed. M.P. Kames (N.Y., 1986), p.14; M. Donelan, Elements of International Political Theory (Oxford, 1990), p.27; J. Der Derian, "A Reinterpretation of Realism", in *International Theory*, ed. J.ED. Derian (N.Y., 1995), p.382.

126) L.M. Johnson Bagby, "Fathers of International Relations?", p.28.

127) Cf. Thucydides, 1.89.

128) Cf. Thucydides, 1.95.

한편, 존슨 백비는 아테네 측에도 제국주의적 힘의 지배를 극단으로 추구한 클레온, 그 외 페리클레스, 알키비아데스, 헤르모크라테스, 온건한 니키아스 등, 다양한 노선의 인물들이 있어서 그 지향하는 바가 획일적이 아니었던 점을 든다. 이렇게 존슨 백비는 투키디데스의 역사에서 구조적 이론의 수립이 아니라 복합적 상황의 조합에 따른 다양한 이론을 발견할 수 있음을 피력한다. 같은 맥락에서 존슨 백비는 아테네가 페르시아에 대한 방어전에서 점차 정복전쟁으로 노선을 변화했음을 지적한다.[129] 또 그는 국제관계가 도덕의 영역을 벗어나 있는 반면, 국내 공동체는 도덕과 시민정신의 영역이라고 규정하고, 그러나 이 두 가지 영역은 서로 연관되어 있는 것이라 한다.[130]

존슨 백비가 지적한 것처럼, 투키디데스는 한편에 힘의 정의, 다른 편에 그와 대조적으로 스파르타 등이 갖는 삼가의 미덕, 혹은 이익의 개념 등을 제시하고 있다.[131] 그러나 투키디데스가 클레온의 힘의 정의를 지지하고 있었다는 주장만큼이나, 디오도토스의 이익의 개념을 지지하고 있었다는 존슨 백비의 주장도 옳은 것이라고 하기 어렵다.

여기서 필자는 투키디데스 전쟁의 원인 분석 및 그 역사 서술의 동기가 단순히 폴리스 간 관계가 현실주의적 힘의 지배나 불변하는 인간성의 일면을 내보이기 위한 것이 아니라, 후대를 위한 교훈을 제시하려고 했던 점[132]이 중요하다고 생각한다. 역사 기

---

129) L.M. Johnson Bagby, "Fathers of International Relations?" p.34.

130) L.M. Johnson Bagby, "Fathers of International Relations?" p.36.

131) Cf. S. Forde, "Power and Morality in Thucydides", pp.151~173; L.S. Gustafson, "Thucydides and Pluralism", pp.174~194.

132) Thucydides,, 22.1.4. "…… 인간 본성 때문에 다시 일어날 것 같은 일, 혹은 그와

록의 첫머리에서 그는 전쟁 규모의 거대함에 놀라 그 역사를 기록하기 시작했다고 밝히고 있다. 이어서 그는 힘의 결집해온 과정 및 갈등의 양상을 적고 있다. 즉 그가 놀랐던 것은 그냥 단순한 규모의 전쟁이 아니라 어떻게 이런 큰 규모의 전쟁이 일어날 수 있는가 하는 점이었다.

전쟁의 준비 가장 오래 완벽하게 이루어져서, 스파르타의 경우 400년의 축적된 힘을 가지고 있었고, 아테네도 페르시아 전쟁 이후 세력이 강해져 스파르타의 의구심을 불러일으킬 정도였다. 투키디데스가 펠로폰네소스 전쟁을 기록한 이유는 전쟁의 규모가 유례없이 컸기 때문이었던 점은 그가 역사를 검증을 거친 사료를 통해 기록한다는 점을 밝힌 곳에 다음과 같이 기록되어 있다.

> Thucydides, 1.21.2. 사람들은 전쟁이 벌어지고 있을 때는 언제나 그것이 가장 대단한 것이라 생각하고, 전쟁이 끝나면 지난날의 것이 더 컸던 것처럼 생각하는 경향이 있지만, 이번 전쟁의 정황을 고려할 때 이번 전쟁은 지난날의 어떤 전쟁보다 더 큰 것이었음이 명백하다.

투키디데스는 인간성은 불변하다고 서술하고 있지만, 그것이 두 가지 상반된 성질을 가지고 있다는 점은 참으로 중요하다. 여기서 필자는 투키디데스는 될 수 있는 대로 긍정적인 인간성이 전개될 수 있는 환경을 설정함으로써 바람직한 사회를 건설하려는 구체적인 목적을 가지고 있었던 것이라는 점을 밝히려 한다. 투키디데스가 자주 스파르타의 조심성, 니키아스의 온건성 등을 가치 있는 것으로 평가하고 있는 것은 바로 이런 맥락에서 이해가

유사한 일에 관해 정확한 지식을 얻고자 하는 사람들이 내 이 작품을 아주 유용한 것으로 평가하게 된다면 나는 그것으로 족하다. 이 글은 한순간의 박수갈채를 위한 것이 아니라 영원한 유산으로 씌어졌다."

가능하다고 하겠다. 나라 간이건 개인 간이건 한결같이, 자제와 중용의 미덕이 힘의 지배에 의한 폭력적 상황을 제어할 수 있는 것이다.

이런 관점에서 다음에서는 투키디데스가 무의미한 소모전의 전쟁은 지나친 욕망과 힘의 지배를 추구할 때 발생하며, 일단 그런 길로 접어들게 되면 전쟁은 눈덩이처럼 것 잡을 수 없이 더 커지게 마련이라는 점을 고발하고 있다는 점을 살펴보게 되겠다.

3. 부득이한 전쟁의 필요성

S. 포드(Forde)는 투키디데스가 그 역사에서 힘의 성장과 문화 진보의 두 가지 요소를 보여 주는 것으로 보았다.[133] 이 두 가지 요소는 서로 연결되어 있으면서도 별개의 것으로 긴장관계에 있다는 것이다. 문화는 부, 안정, 공동체 힘의 축적으로 정의되는 한편, 힘도 현실주의에 입각한 축적과 적용의 법칙을 갖는다고 한다. 포드[134]는 폴리스가 이기심이 아니라 도덕적 공동체이며, 스파르타와 아테네가 이에 공헌했다는 점을 투키디데스가 1.6[135])에

<hr>

133) S. Forde, "Power and Morality in Thucydides", in *Thucydides Theory of International Relations: A Lasting Possession*, p.172.

134) S. Forde, "Power and Morality in Thucydides", p.153. 투키디데스의 인도주의적 정신을 지적한 것으로는 cf. Lowell Edmunds, "Thucydides Ethics as Reflected in the Description of Stasis, 3.82~83", Harvard studies in Classical Philology 79 (1975), 73~92; Clifford Orwin, The Humanity of Thucydides (Princeton, Princeton U.P. 1994), pp.172~82.

135) Thucydides, 1.6. 주거지 주변에 성벽 없었으며, 상호 교류도 안전하지 못했으므로, 모든 헬레네스 인이 무기를 소지했으며, 이민족처럼 일상생활도 무기를 소지한 채 영위했다. (2) 헬라스의 이들 일부 지역에 이런 관습이 남아 있다는 사실은 과거에

서 완곡하게 표현한다고 있다는 점을 지적한다. 현명한 정치가는 힘이 갖는 위험을 감지하여 과도한 행동을 제어할 수 있어야 하며, 힘의 법칙 및 비이성은 그리스를 재앙으로 몰아넣을 수 있다는 것이다.

포드에 따르면, 페리클레스는 제국을 운영하는 데 있어 상대적으로 중용의 정책을 추구하면서 양자 간에 긴장이 존재함을 이해하지 못했으나, 디오도토스는 그에 대한 통찰력을 가지고 있었다고 한다.[136] 그런데 필자는 페리클레스와 디오도토스 간의 차이에 대한 이와 같은 포드의 해석은 잘못된 것으로 문제의 중심을 왜곡하고 있다고 생각한다. 그것은 페리클레스가 지나친 정복전쟁의 추구를 경계한 것[137]은 지나친 욕망과 이기심이 파멸을 가져올 것이라는 점을 잘 알고 있었기 때문이다. 한편에 힘의 법칙 및 비이성, 다른 한편에 중용 사이의 긴장관계에 대해 무지했다고 보기는 어렵다. 페리클레스와 디오도토스는 다소간에 아테네 제

그런 풍습이 도처에 퍼져있었음을 보여주는 것이다. (3) 그런데 아테네인이 처음으로 무기를 버리고, 더 안락하게 섬세한 생활방식을 취하게 되었다. 최근까지만 해도 안락한 생활을 즐기면서 부유한 노인들이 아마포로 만든 겉옷을 걸고 머리카락을 메뚜기 모양의 황금 브로치로 묶는 관습이 있었다. 이와 같은 복장은 아테네와 동족인 이오네스 인 가운데 나이 많은 사람들에게서 한동안 지속되었다. (4) 또 오늘날 입는 것과 같이 처음으로 간소한 복장을 한 사람들이 라케다이몬 인이었는데, 부자들도 여러 가지 점에서 대중과 같은 생활방식을 취했다. 또 처음으로 옷을 벗고 나체로 기름을 바르고 운동경기를 했다. 옛날에는 올림픽 경기 때 선수들이 허리띠로 성기만 가린 채 경기에 임했다. 최근에 와서야 그런 관습이 없어졌다. 특히 아시아의 일부 이민족은 지금도 허리에 천을 두르고는 레슬링과 권투 시합에 임한다. (6) 옛 헬레네스들은 지금 이민족이 가진 것과 유사한 많은 색다른 관습을 지니고 있었다.

136) Cf. S. Forde, "Power and Morality in Thucydides", in *Thucydides Theory of International Relations: A Lasting Possession*, p.173

137) Cf. Thucydides, 2.65.7. "그(페리클레스)는 전쟁이 시작된 후 2년 6개월을 더 살았는데, 그가 죽고 나자 이번 전쟁에 대한 그의 통찰력이 한층 더 돋보였다. 한번은 그가 아테네인이 침착하게 해군력을 유지하면서 전쟁 중에 패권을 더 확대하려 하지 않고 나라를 위험한 지경으로 내몰지만 않는다면 승리할 것이라고 말한 적이 있었기 때문이다."

국주의 정책을 지지하고 있었던 점에서 공통점이 있다. 페리클레스는 세상 구석구석의 모든 것이 아테네로 흘러 들어오며, 아테네인은 이방인들의 산물을 함께 향유하게 되었음을 자랑한다.[138] 다만 페리클레스는 적당한 선에서 정복의 욕망을 자제함으로써 파멸을 피하고자 했고, 디오도토스가 힘의 보복을 자제하고자 한 것도, 그 진의가 어떠했든, 형식적으로는 제국의 유지에 더 이익이 된다는 논리에 기초한 것이었다. 이런 것은 편의와 이익의 관점이 개재된 것으로 순수한 평등과 공존의 도덕적, 문화적 공동체 이념과는 다소간에 거리가 있다. 반면, 투키디데스 자신은 무력이 행사되는 불가피한 범위를 침략에 대한 방어에 두었다. 이때 방어의 개념은 물론 방어를 빙자한 침략적 제국주의로까지 확대되는 것이 아니다. 투키디데스는 침략과 방어의 두 가지 기제를 대조적으로 묘사하고 있다. 투키디데스는 페르시아 전쟁 이후의 아테네가 동맹국의 성원에 따라 패권을 장악한 반면, 세월이 흐를수록 동맹국들의 호의는 아테네를 등지고 스파르타에게로 돌아섰다고 한다.[139] 이것은 아테네가 사활을 걸고 페르시아를 막아 낸 전투에서 점차 제국주의적인 힘의 지배의 원리를 추구하는 것과 궤를 같이함을 뜻한다.

이와 관련하여, 전쟁이 어느 정도로 필요한가 하는 문제에 대한 대답을 투키디데스의 다음 기록에서 찾아볼 수 있다.

Thucyd. I.120. (코린토스 인이 스파르타 인에게 말한 것) 그러니 평화 대신 전쟁을 지지하는 데 망설이지 말아야 하겠습니다. 사실, 부당한 지경에 처하지 않으면 조용한 것이 신중한 사람이지만, 부당한 일을 당할

---

138) Thucydides, 2.38.
139) Thucydides, 1.96－99: 2.9.

때 평화를 버리고 전쟁을 택하며, 적시에 다시 평화를 찾는 것은 덕이 있는 사람입니다. 전쟁이 가져다주는 행운에 자만하지도 않고, 고요한 평화에 안주하여 부당한 일을 당하고 있지도 않습니다. (4) 행복한 삶을 위해 전쟁을 주저하는 사람이 안일하게 있으면 자신을 주저하게 만드는 그 안일함의 행복을 순식간에 잃게 되는 한편, 전쟁에서 성공을 거둔 사람은 그 자긍심이 불확실한 것에 바탕하고 있음을 망각하게 됩니다. (5) 실제로 어설프게 계획된 많은 사안들이 상대의 미비함으로 인해 성공하기도 하며, 더 많은 경우에 잘 조직된 것처럼 보이는 사안이 굴욕의 실패로 끝나기도 했습니다. 누구나 어떤 계획을 구상할 때와 같은 정도의 자신감을 실천에서도 가지는 것은 아닙니다. 우리는 안전하게 계획을 구상하지만, 그 실천에서는 두려움 때문에 그르치곤 합니다.

Gustafson[140]이 지적했듯이, 제국적 도시에 의해 자유와 다원성이 침해받을 때는 전쟁을 해야 하며, 반대로 무한한 힘을 추구하는 전쟁은 완전한 파멸의 길로 치닫게 될 위험이 있는 것이다.

포드(S. Forde)는 다음의 투키디데스의 기록이 지난 날 초기 공동체에서 개인이 지배와 종속의 관계에 얽혀 있었음을 보여 주는 것으로 해석한다.

Thucydides, 1.8. 미노스가 해군을 창설하자 바다의 교류가 더 안전해졌다. 당시 식민지로 삼은 섬으로부터 미노스가 해적들을 쫓아냈기 때문이다. 연안의 거주자들이 전보다 더 많은 재산을 갖게 되고 영속적 주거지를 갖기 시작했다. 더구나 일부는 부자가 되어 도시 주변으로 성벽을 쌓기 시작했다. 이익을 탐하여 더 약한 도시는 더 강한 도시에 종속되고, 또 강자는 부를 독점하여 더 약한 도시를 종속시켰기 때문이다. 그 후 트로이아 원정은 이런 상황에서 이루어졌다.

그런데 이 문장은 포드가 말하는 지배 종속의 부정적 관계뿐

---

140) L.S. Gustafson, "Thucydides and Pluralism" in *Thucydides Theory of International Relations: A Lasting Possession*, p.190.

아니라, 해적을 없애고 평화롭게 살았던 상황을 보여 주기도 하는 것이어서 긍정적인 면을 함께 보여 주는 것이라고 하는 것이 더 바람직하다. 오히려 위 예문은 강자가 약자를 종속시키게 되면 그것은 더 큰 전쟁, 즉 트로이야 전쟁으로 귀결된 사실을 지적하고 있는 것으로 해석하는 것이 바람직하다. 같은 문맥에서 투키디데스(1.9)는 호머는 아감멤논이 도덕적으로 우월했기 때문이라고 하나 투키디데스 자신은 힘이 강했기 때문이라고 평가한다.

포드는 Pericles의 연설문에는 지도자의 4가지 덕, 즉 올바른 정책 추구, 설득력, 애국심, 돈에 대한 무관심 등이 언급된다는 점을 지적했다.[141] 그리고 페리클레스는 이런 덕을 골고루 지녔으나, 사리를 추구한 클레온, 알키비아데스 등은 애국심과 돈에 대한 무관심의 2가지 덕을 결여했다고 한다. 그러나 필자는 클레온과 알키비아데스도 애국심이 결여되었다고 규정하기가 힘들고 오히려 그들의 지나친 정열 때문에 침략적 근성을 과도하게 추구한 것이 문제가 되는 것이라고 생각한다. 페리클레스도 힘에 근거한 제국주의를 추구한 점에서는 이들과 다르지 않으나, 그 정도에서 좀 더 온건했던 것이라고 보는 것이다. 여기서 포드가 말하는 애국심이나 돈에 대한 무관심 등의 도덕성은 그 자체로서가 아니라 그런 도덕성이 바탕이 되어 지나친 힘의 지배의 정의를 삼가고 자유를 지키기 위해서만 적절한 선에서 전쟁을 추구하는 것과 연관이 된다는 점에서 의미를 지니는 것이라 할 수 있다.

---

141) "Power and Morality in Thucydides", pp.168~69.

4. 대내적 · 대외적 갈등의 지양

투키디데스는 인간의 본성은 변하지 않고 인간사는 반복되므로 그 역사 기록이 영원한 가치를 지니게 될 것으로 희망했다. 가르스트(W.D. Garst)는 이 말이 신(新)현실주의(neorealism)의 불변하는 국제정치관이 반복 지속됨을 뜻하는 것이 아니라고 하고, 투키디데스가 살고 있는 환경이 역사적으로 특이했고, 오늘날의 세계정치 속에서 각 국가들의 정치적 행동을 이해하는 데 그 지식이 이용될 수 있음을 뜻하는 것이라고 해석한다.[142] 그는 국제정치와 비교정치학 간의 선을 분명히 구분하는 것은 인위적인 것으로, 양자는 밀접하게 연관되어 있음을 강조했다. 그런데 필자는 가르스트가 말하는 이른바 '신현실주의'가 기계적으로 재현 반복되는 것은 아니라는 점에서 가르스트의 의도는 투키디데스의 것과 다른 것이 아닌 것으로 보인다. 투키디데스도 국제관계에서 벌어지는 힘의 균형과 관련된 현실주의를 지지한 점이 없으며, 더구나 그런 현실주의를 인간의 노력을 통해 지양할 수 있다고 믿고 교훈으로서의 역사를 썼던 것으로 보이기 때문이다.

나아가 가르스트는 한편으로 민주정은 전쟁이나 팽창주의를 지지하지 않는 경향이 있다는 현대의 이론이 있으나, 투키디데스는 왜 아테네 민주정과 제국주의가 밀접하게 연관되는 것으로 서술했을까 하는 질문을 제기한다.[143] 그 대답은, 가르스트에 따르

---

142) W.D. Garst, "Thucydides and the Domestic Sources of International Politics", in *Thucydides Theory of International Relations*, p.97.

143) W.D. Garst, "Thucydides and the Domestic Sources of International Politics", p.95ff.

면, 오늘날의 제국주의의 수혜자는 소수 엘리트이며, 많은 일상의 납세자들은 제국주의 정책의 혜택을 보지 못할 뿐 아니라 오히려 그런 정책에 따른 부담을 지고 있기 때문이라고 한다. '카르텔화' 된 정치체제에서 정권은 소수의 지배적 엘리트가 장악하고 있다는 것이다. 자유민주주의는 제국주의 세력 내에서 제국주의 정책의 이익을 골고루 분배하도록 하지는 못하지만, 일반 납세자들의 부담으로 돌아오는 제국주의를 종식시키는 데 영향을 미칠 수 있다고 한다. 한편, 반면 아테네 제국주의의 수혜자는 하층 민중, 그리고 클레온과 같이 산업이나 상업에 종사하는 사람들이었고, 그 반대편에 전쟁에 황폐해진 땅을 가진 지주들이 있었다고 한다. 그래서 민주주의와 제국주의가 연관이 있었던 것이라고 한다.

고대 아테네 민주정과 제국주의 추구의 밀접한 상관관계에 대한 가르스트의 이해는 유보를 필요로 한다. 당시 아테네 민주정은 많은 종류의 민주정[144] 가운데 하나일 뿐, 민주정의 개념을 대표할 수 있는 일반적인 것이 아니다. 즉 페르시아 전쟁 이후 아테네의 정치체제를 민주정으로 규정할 때는 반드시 그 특수한 상황과의 관련 하에서 논해야 하며 일반화하기 어렵기 때문이다. 당시 제국주의를 추구하던 민회 중심의 아테네의 정치체제는 민주정이라기보다 참주정이라고 말할 수 있을 정도의 폭력성에 기초한 것이었다. 투키디데스의 역사에서 페리클레스는 제국은 참주 '같다'고 하고,[145] 클레온은 민주정치는 제국주의와 함께할 수 없으며,[146] 동정 및 예절 등은 지배와 맞지 않는 것임을 분명히 표현

---

144) Cf. 최자영, 『고대 그리스 법제사』(아카넷, 2007), p.126ff.
145) Thucydides, 2.60 – 64.
146) Thucydides, 2.63; 3.37; 3.40.

했다.[147] 국내적으로 과두파를 억압하고, 대외적으로는 힘의 정의와 그 지배를 추구했기 때문이다.

또 고대 그리스에는 민주정치가 언제나 제국주의와 같이하는 것은 아니었다. 예를 들면, 시라쿠사이는 민주정치였으나 스파르타 측에 섰고,[148] 미틸레네는 아테네에 대해 반란을 일으키기 전 과두정치 체제였다.[149] 더구나 스파르타는 펠로폰네소스 전쟁에서 승리한 이후 그 정치체제가 크게 달라진 것은 없으나 아테네의 패권을 이어받아 제국주의적 팽창정책을 추구하게 된다. 문제는 형식적인 정치체제에 따른 것이 아니라 그 안에서 움직이는 사람들의 성향이라고 하겠다.

가르스트는 신현실주의 이론은 스파르타가 싫으면서도 전쟁에 나서는 상황을 설명할 수 있으나, 왜 페르시아 전쟁 이후에 자발적으로 패권을 포기하고 물러났는가를 설명하지 못한다는 점을 지적한다. 국가의 정책에서 국내 상황보다 국제상황을 더 중시하는 신(新)현실주의의 이론은 왜 아테네가 패권을 추구하면서 힘의 불균형이 이루어지는가를 설명하지 못한다는 것이다.[150] 그리고 가르스트는 그 원인을 국내의 정치상황에서 찾았다. 즉 아테네의 민중과 군인들은 제국주의 정책을 통해 이득을 노렸기 때문이라는 것이다.

가르스트가 강조하는 것처럼 국제정세와 국내정치는 서로 밀접하게 연관되어 있어서 분리할 수 없음이 사실이다. 한편으로 아테네 국내에는 많은 군중과 군인들은 당장에 돈을 받고 싶어 했고,

---

147) Thucydides, 3.37: 3.40.

148) Thucydides, 8.55.

149) Cf. R. Meiggs, The Athenian Empire(Oxford, 1972), p.208.

150) W.D. Garst, "Thucydides and the Domestic Sources of International Politics", p.94.

또 정복을 통해 지속적인 수입원을 가지고 싶어 하였다.[151] 사람들의 과욕을 깨닫고 거기에 찬성하지 않는 사람들도 반대하면 매국노같이 보일까 봐 입을 다물었다. 사회는 이분되어 아무도 동료를 믿을 수 없게 되었다.[152] 투키디데스는 예의 두 가지의 다른 상황이 연출될 수 있음을 서술하고 있다. 하나는 관대함과 밀접하게 연관된 단순함과 솔직함이고, 다른 하나는 반목과 의구심이 가득 찬 상황이다.[153]

여기서 주목을 요하는 사실은 아테네 팽창주의의 주요 희생자는 라케다이몬이 아니라 아테네 델로스 동맹의 종속국이었다는 사실이다. 투키디데스는 멜로스 대화에서 "가장 큰 적은 스파르타가 아니라 아테네 제국 내의 종속국"이라는 사실을 다음과 같이 적고 있다.

> Thucyd. 5.91. 우리들은 우리 지배권이 무너진다 해도 그 종말을 겁내지 않소. 라케다이몬 인들처럼 다른 사람을 지배하는 자는 패배한 자에게 가혹하지 않소. 지금 우리가 라케다이몬과 싸우는 것도 아니지만 말이오. 위험한 것은 오히려 지배하는 자를 공격하여 이기려하는 종속국들이라오. 이 문제에 관한한 우리가 위험을 무릅쓰는 것을 이해해 주어야겠소.

> Thucyd. 5.99. 우리가 더 겁내는 것은 자유를 누리면서 우리에 대한 방어를 오랫동안 등한히 하는 본토인들이 아니오. 오히려 당신네 같은 주인 없는 섬사람들이 우리 패권의 요구를 거부하는 사람들이요. 이런 사람들이 무모하게 자신은 물론 우리 모두를 불 보듯 명백한 위험으로 끌어넣는단 말이오."

---

151) Thucydides, 6.24.

152) Thucydides, 3.83.

153) Thucydides, 3.83, cf. 3.82.

이와 같이 폴리스 내부의 갈등과 억압은 그대로 대외적인 관계에도 확대 적용된다. 더구나 힘의 지배는 양대 축을 이루는 경쟁국 사이에 이루어지는 것이 아니라, 반항하는 자신의 동맹국을 억압하고 지배하는 데 이용되고 있음을 알 수 있다.

5. 전쟁 및 폭력적 인간 본성의 지양

포드는[154] 투키디데스의 역사에서 힘의 논리와 도덕 간의 긴장이 존재한다는 점을 지적한다. 즉 당시 아테네에 팽배했던 힘의 지배의 논리와 달리 온건한 니키아스는 분수를 알았고(nenomismenin),[155] 스파르타는 신중과 중용을 실천하는 것으로 묘사된다.[156] 국제정세에 순발력 있게 대처하지 않는 스파르타에 대해 코린토스 인은 현실의 속임수의 가능성을 직시하지 못하며,[157] 또 적의 힘이 두 배가 될 때까지 기다리는 것이라고 비난했다.[158]

이와 같이 힘의 논리와 도덕 간의 긴장은 아테네 내부의 구성원 간이나 폴리스 간의 관계에 같이 적용된다. 더구나 아테네 자신의 대외정책의 기조도 시대에 따라 변해왔다. 페르시아 전쟁 이후 처음에는 동맹국의 자발적 의사에 의해 아테네의 패권이 이루어졌으나,[159] 점차 아테네는 민심을 잃어 갔던 것이다.[160] 그리스

---

154) S. Forde, "Power and Morality in Thucydides", p.157.
155) Thucydides, 7.86.
156) Thucydides, 1.82
157) Thucydides, 1.68.
158) Thucydides, 1.69.

의 호의는 스파르타에 쏠리고 아테네에 적대적이 되었다.[161] 페르시아 전쟁에서 세운 아테네의 공은 '거짓 구실',[162] '보기 좋은 허울'[163]로 변했다.

적어도 페리클레스는 새로운 야망의 정복을 추구하지 않는 한 승리는 확실한 것이라는 선에서 아테네인의 자제를 구했으나,[164] 페리클레스 이후의 상황은 그런 것과 거리가 멀었고, 노골적 힘의 지배를 추구하게 되었다. 중용은 비겁함으로 간주되었고,[165] 제국주의를 주창한 클레온은 동정이나 관대함에 반대했다.[166] 아테네인은 쉼 없이 패권을 추구해나갔고,[167] 아테네의 시켈리아 원정은 그다음 차례 이탈리아 본토와 카르타고로 확산될 요량이었다.[168] 이것은 과거에 강자의 약자에 대한 지배의 추구가 트로이아 전쟁으로 확대되었음과 다르지 않다고 하겠다.[169]

투키디데스에서 알키비아데스가 한 다음의 말은 아테네의 끝없는 제국주의 정책 추구의 경향을 대변하고 있다.

Thucydides, 6.18. 어느 정도 지배할 것인가 하는 것은 우리 뜻대로 정하는 것이 아닙니다. 이런 상황에 처해 있으므로 하는 수없이 어떤 것

---

159) Thucydides, 1.96-97.

160) Thucydides, 1.98~99.

161) Thucydides, 2.9.

162) Thucydides, 5.89.

163) Thucydides, 6.84.

164) Thucydides, 1.44. 신중한 전쟁 추구에 대해서 cf. Thucydides, 2.21.

165) Thucydides, 3.82.

166) Thucydides, 3.48.

167) Thucydides, 1.70.

168) Thucydides, 6.90.

169) Cf. Thucydides, 1.8.

은 잡아야 하고 잡은 것은 놓치지 말아야 하는 것이지요. 우리가 다른
이들을 지배하지 않는다면 우리 자신이 남의 지배를 받게 될 위험에 처
하게 될 테니까요. …… 국가가 무사안일에 젖으면 저절로 퇴색하고 기
술이 퇴보하지만, 쉼 없이 싸우는 나라는 새로 경험이 늘고 또 말만 아
니라 실제로 방어하는 기술을 익히게 됩니다. 활동이 왕성하던 나라가
가만히 있게 되면 급속히 퇴보하는 법입니다. 좋지 않은 것이라 하더라
도 현재의 관습과 법을 크게 벗어나지 않도록 나라 일을 돌보는 것이
가장 안전한 법이지요."

포드에 따르면, 투키디데스의 역사에는 이런 아테네의 현실주
의와 스파르타의 자제심 간의 긴장이 드러난다.[170] 그리고 스파
르타의 소극적 태도가 대외 관계에서 위험을 초래하게 되고, 이들
은 도덕적 구실 하에 힘의 정의를 추구하는 위선을 범하게 된다
고 한다. 포드는 이 긴장을 해결할 방법은 없으며, 그 둘 사이의
적절한 조합이 바람직하다는 점을 제시한다. 그리고 힘의 법칙과
비이성적인 힘의 사용은 그리스 인이 피할 수 없는 재앙으로 몰
아갈 수도 있다고 경고한다.

필자는 포드가 말하는 바와 같이 투키디데스가 단순히 제국과
명예, 혹은 자제심과 힘의 정의 간의 적절한 조합을 지향했던 것
으로만 규정하는 것은 미흡한 점이 있다고 생각한다. 또 스파르타
가 위선을 해 가며 도덕의 가면 하에 힘의 정의를 추구하게 된다
는 포드의 이해도 올바른 것이 아니다. 오히려, 필자의 생각에, 투
키디데스는 힘의 정의를 추구하지 않게 되는 그런 상황, 즉 인간이
어쩔 수 없이 갖는 두 가지 상반된 본성 가운데 부정적인 본성을

---

170) S. Forde, "Power and Morality in Thucydides", in *Thucydides Theory of
International Relations: A Lasting Possession*, p.172. Cf. 존슨 백비도 스파르타를
신실하고 보수적 성격으로 규정한다(L.M. Johnson Bagby, "Fathers of International
Relations? Thucydides as a Model for the Twenty-First Century", p.32).

억제할 수 있는 그런 방법을 구사하려 했으며, 그 구체적 방법으로 전쟁의 상태 자체를 지양하고자 했던 것으로 이해하는 것이 바람직하다. 투키디데스에 있어서 스파르타의 신중함은 그런 점에서 이상향에 좀 더 가까운 것으로 나타난다. 그는 전쟁 상태가 되면 부정적인 폭력의 본성이 더 가중된다는 점을 다음과 같이 서술하고 있다.

> 그리고 내란으로 인해 도시에는 많은 가공할 일들이 일어나고, 그런 것은 다소간에 더 가혹하거나 더 여리거나 간에 또 여러 다양한 형태로 매번 상황의 차이에 따라 달라질 수는 있으나, 사람의 본성이 변하지 않으므로 언제나 일어나게 된다. 사실, 평화와 번영이 깃들 때는 나라나 개인이나, 부득이한 상황에 처하지 않으므로, 더 나은 양식을 가진다. 그러나 전쟁은 일상생활의 편안함을 점차 없애는 폭력의 교사이며 대중의 기질을 처한 형편에 맞도록 변화시킨다.[171]

이런 점에서 볼 때 투키디데스의 역사서술의 목적은 단순히 인간이 가진 본성을 내보이는 데 그치는 것이 아니라, 인간의 맹목적 욕망에 의한 전쟁이 부정적 인간의 본성을 더 부채질하게 되는 현상을 고발하고자 했던 것이라 할 수 있다.

6. 우연(tyche)과 지혜·판단(gnome)

투키디데스는 작품의 서두에서 허황한 신화나 듣기 좋은 말이 아니라 가능한 한 정확한 검증을 통하여 실제 있었던 사건, 또 인

---

171) Thucydides, 3.82.2.

간의 본성 때문에 언젠가 다시 일어날 같은 일을 기록할 것이라는 서술의 원칙을 밝히고 있다.[172] 이로 인해 사가들은 투키디데스가 과학적인 역사서술을 한 것인가라는 문제를 둘러싸고 논의를 거듭해 왔다. 여기에 한 가지 걸림돌은 투키디데스의 역사에 적지 않은 역할을 하고 있는 뜻밖의 우연(tyche)의 요소이다.

핀리 등은 투키디데스의 합리적인 면을 부각시키는 한편, 우연(티케)을 단순히 우발적인 것으로 파악했다.[173] 다른 한편, 투키디데스를 비합리적인 면을 지닌 역사가로 간주하고 그의 역사에 등장하는 우연(티케)이 다소간 인간사의 불예측성,[174] 허망함,[175] 초

---

172) Thucydides, 1.22-23. …… 전해 오는 말을 모두 다 믿기는 어렵다. 사람들은 지난날에 관한 이야기는, 자기 고장에 관한 것이라도, 검증을 게을리한다……. 지금까지 언급된 증거를 근거로, 누구라도 내가 말한 것들을 긍정하는 입장에서, 사건들을 더 과장 수식하는 시인들이 노래한 것, 또 사실이기보다는 근거도 없이 많은 세월이 흐르면서 허황한 신화로 변해 버린 것들을 이야기작가(로고그라포이)들이 청중에게 듣기 좋게 늘어놓는 것들을 믿지 않고, 내가 가능한 범위 내에서 과거사에 대해 증거를 바탕으로 서술했다고 생각한다면 크게 그릇됨이 없을 것이다. 전쟁을 시작하기 위해 한 것이나 전쟁이 시작된 다음 한 것이거나 간에 여러 사람이 행한 연설들은 내가 직접 들었던 것이든 혹은 어디선가 다른 사람들이 내게 전해 준 것이든, 연설의 내용을 그대로 내가 기억하기란 어려운 일이었다. 그러나 언제나 각자가 당면한 상황에서 그렇게 말했을 것으로 생각되는 취지에 가장 가깝도록 연설문을 썼다. 그러나 이번 전쟁 중에 실제로 발생했던 사건들에 관해서는, 내가 직접 체험한 것이거나 다른 사람에게서 들은 것이거나 간에, 내가 임의로 적지 않고 가능한 한 하나하나 정확하게 검증하였다. 검증의 작업은 아주 힘든 것이었는데, 같은 사건에 대한 목격자의 증언이, 각자가 어느 편을 드는가, 그리고 무엇을 기억하고 있는가에 따라 달랐기 때문이다. 내 글은 신화적인 것이 없으므로 재미가 없어 보일 수도 있다. 그러나 실제 있었던 사건은 물론, 인간의 본성 때문에 언젠가 다시 일어날 같은 일, 혹은 그와 유사한 일에 관해 정확한 지식을 얻고자 하는 사람들이 내 이 작품을 아주 유용한 것으로 평가하게 된다면, 나는 그것으로 족하다. 이 글은 한순간의 박수갈채를 위한 것이 아니라 영원한 유산으로 쓰였다.”

173) M.I. Finley, *Greek Historians* (N.Y., 1959), p.8. 이와 유사한 견해로는 J.B. Bury, *The Ancient Greek Historians* (London, 1908), p.129; J. Finley, *Thucydides* (Michigan, 1942), p.313; H. Herter, “Thukydides und Demokrit über Tyche”, *WS* 89 (1976), pp.114~5. 우연(티케)에 관한 연구사 정리는 오흥식, “투키디데스의 티케(tyche)관”, p.4ff 참조.

174) H.D.F. Kitto, *Poiesis: Structure and Thought* (Califoria, 1966), pp.279~280.

175) H.P. Stahl, *Thukydides: Die Stellung des Menschen im geschichtlichen Prozess*

자연적인 힘[176] 등을 표현하는 것으로 의미를 부여하기도 한다. 특히 20세기 초반의 콩포드는 투키디데스를 신화와 비극으로부터 영향을 받은 것으로, 또 키토는 극도의 엄격성과 비극시인 같은 요소가 묘하게 결합된 것으로 평가했다.

한편, 구스타프슨[177]은 멜로스 대화에서 아테네는 힘만을, 멜로스 인은 도덕만을 생각함으로써, 둘 다 실패의 길로 접어들게 되었다고 하고, 또 미지의 요소가 계산을 실패하게 한다는 점을 지적한다.

여기서 투키디데스의 역사 서술에서뿐 아니라 일반적으로, 힘의 지배의 논리, 도덕적 자제, 우연의 요소 등이 역사에 영향을 미친다는 점은 당연한 것이라 하겠다. 다만 필자는, 투키디데스가 우연을 논할 때는 모든 인간의 행위 혹은 사건에 우연이 작용할 수 있다는 사실 자체를 말하려 했다보다는, 필수적인 방어가 아니라 과도한 욕심으로 일을 도모할 때에 처음 계산한 바와는 다른 부정적인 결과가 나올 수도 있음을 경계한 것이라 생각한다. 오흥식이 박사학위 논문에서 투키디데스의 우연을 논할 때에 네메시스(오만)와 히브리스(징벌)의 개념으로 연결시킨 것[178]도 바로 이

(München, 1966), p.99.

176) M. Marinatos −Kopff & H.R. Rawlings, "Panolethria and Divine Punishment", *Parola del Passato* 33 (1978), p.334.

177) L.S. Gustafson, "Thucydides and Pluralism" in *Thucydides Theory of International Relations: A Lasting Possession*, Lowell S. Gustafson ed. (Baton Rouge, Louisiana, 2000), p.188. Cf. 구스타프슨은 그리스 사회의 다원성을 중시하면서, 종족, 부족 등 다양한 집단이 존재하며, 또 해적과 상업의 경계도 분명하지 않다는 점을 든다(Ibid. pp.180~181). 또 펠로폰네소스 전쟁의 한 원인은 에피담노스에서 민주파가 과두파를 추방한 것으로, 다원성을 무시한 행위가 전쟁을 발발하게 했다고 논한다. 나아가, 자유로운 그리스의 도시에 첫 번째 위협은 키로스와 페르시아로부터 왔으며 페르시아를 피해 자유를 추구한 전쟁이 그다음 차례로 아테네의 지배력을 키웠다고 논한다.

178) 오흥식("투키디데스의 티케관", 성균관대학교, 1994, 49ff.)은 투키디데스가 힘에 의

런 점과 연관성이 있다고 하겠다.

투키디데스에서 운이 인간을 실패하게 하는 것은 인간이 과도한 힘을 사용했을 때 그 계획을 좌절시키는 것으로 지나친 욕망에 의한 거대한 사업은 언제나 그 목적을 달성할 수 있는 것이 아님을 말하는 것이다. 그래서 계산할 수 없는 미지의 요소가 인간의 욕망을 제한하고 겸손하게 만드는 역할을 하게 된다. 따라서 운은 구스타프슨이 말하고자 하는 단순히 다원성의 요소에만 들어가는 것이 아니라, 투키디데스의 역사에는 지나친 욕망과 전쟁의 추구를 막는 요소로 등장한다는 점이 중요하다.

약자이거나 피지배의 처지에 놓인 사람은 악운과 행운을 가릴 겨를이 없다. 일부러 우연에 의한 악운이 아니더라도 곤경에 처한 상황은 같기 때문이다. 투키디데스가 논하는 운은 계산에 의해 더 많은 욕심을 부릴 때 작동하여 치명적 결과를 초래할 수 있는 요소로 등장한다. 이와 같은 사실은 지나친 정복전쟁을 삼가면 승리할 수 있음을 피력하는 페리클레스의 연설문에 나오는 다음과 같은 구절에서 확인할 수 있다.

> Thucydides, 1.144. 우리 선조는 지금 우리가 가용하고 있는 물자 같은 것도 없었고, 오히려 자그맣게 가지고 있는 것조차 팽개친 채, 페르시아 인에게 대항했습니다. 그리고 운(tyche)보다는 **지혜(판단, gnome)**, 힘(dyname)보다는 **용기(tolme)**로 이민족을 막아 내어 오늘의 번영을 일구었습니다. 그들보다 못난이가 되지 말고, 어떻게 해서든 적을 막아 내어 후손들에게 더 적은 것을 물려주어서는 안 될 것입니다.[179]

한 정복은 곧 우연(티케)에 의해 징벌 당한다는 생각을 가지고 있었고, 이것은 플라타이아 전투(아테네의 승리) - 필로스 전투(아테네의 완패, 스파르타 승리), 멜로스 사건(아테네의 승리) - 시실리 원정(아테네의 완패) 등의 구도로 전개된다고 한다.

179) 운이 같이 작용할 때, 공허한 희망보다는 더 확실한 실재 자원을 바탕으로 한 판단(그노메)에 근거한 지식은 용기를 더 북돋우게 된다는 내용은 cf. Thucydides,

페르시아 전쟁의 곤경에 처한 아테네인에게는 우연의 요소보다는 지혜, 그리고 열세에 놓인 그들은 페르시아 군이 가진 힘보다는 막무가내 용기로 맞서 그들을 이길 수가 있었다. 그러니 지혜와 용기는 미지의 힘으로 인간에게 영향을 미치는 우연도 빛을 잃게 할 수 있고, 또 객관적으로 잴 수 있는 힘도 꺾을 수가 있는 것이다. 지혜와 용기는 만용이 아니라 중용과 밀접한 관련이 있으며, 현실적으로는 과도한 공격전이 아니라 페르시아 침공에 대항하던 그리스 인의 경우처럼 사활을 건 방어전과 연관이 있다.

7. 긍정적 인간성과 평화의 지향

투키디데스는 펠로폰네소스 전쟁의 원인이 아테네의 세력 성장에 대한 스파르타 측의 두려움이라고 적고 있다. 또 미틸레네 사건, 멜로스 섬 사건에서 이루어진 아테네 인의 대담에서는 힘의 지배에 의한 현실주의 입장이 반영되어 있다. 한편으로 사가들은 이런 현실주의가 투키디데스의 자신의 믿음을 반영하는 것이라고 하고, 다른 한편에서는 이런 단순화, 일원적 이론을 부정하고 투키디데스에게서 여러 가지 다른 요소를 발견할 수 있다는 가능성을 제시한다. 도덕성, 인도주의(humanity), 다양한 이론화의 가능성, 인간의 계산으로 예측할 수 없는 우연의 요소 등이 그런 것이다.

필자는 투키디데스가 인간성이 갖는 대조적인 두 가지 측면, 즉

______

2.62.4 - 5. 페리클레스가 '지혜 - 판단(그노메)'을 갖추고 있었음은 cf. ibid. 2.65.8.

한편에 힘의 지배, 다른 편에 도덕성이나 인간이 예측할 수 없는 우연의 요소를 언급하고 있다고 하더라도 그 역사기록의 진실한 목적은 또 다른 점에 있다는 점을 제시하려 한다. 그는 펠로폰네소스 전쟁이 그 전 어떤 것보다 길게 지속되었고, 또 그 준비의 규모가 가장 컸던 점 때문에 기록을 하게 되었다고 적고 있다. 문제는 힘의 논리와 도덕 및 중용의 원리가 서로 대비되는 것에 그치는 것이 아니다. 이런 요소들은 인간이 어쩔 수 없이 갖는 상반된 본성으로 없앨 수 없는 것이다. 그러나 투키디데스는 욕망과 힘의 지배에서 발생 증대하는 전쟁을 지양하고 평화를 이루면 폭력에 근거한 부정적인 인간성이 지양되고, 인본적인 긍정적 인간성이 조장된다는 점을 교훈으로 남기려 했다.

실제로 제도적 환경에 따라 구체적인 역사적 사건은 다른 방향으로 전개될 수 있다. 예를 들어, 크레인(G. Crane)은 기원전 6세기 초 솔론이 제기했던 힘과 이익의 문제가 2세기 후 투키디데스의 역사에도 그대로 계속되어 약자와 강자가 다 연루되고 있는 것이라고 했으나, 솔론이 살던 6세기 초와 투키디데스가 역사를 기록하던 4세기는 사회적 환경이 달랐다. 솔론 시대에는 많은 준비를 갖춘 대규모 전쟁이 없었을 뿐 아니라 사회가 더 분권적이고 민주적이어서 사회적 현안을 해결하는 방법이 힘에 의한 지배가 아니라 상대적으로 민중 간 타협과 평등의 길로 나아갔다. 빈부의 갈등으로 내란의 위기에 처했을 때, 솔론은 민중으로부터 전권을 위임받은 가운데, 빈자와 부자 간 이해관계를 조정하는 중도의 길을 택하여, 토지 재분배의 과격한 방법은 지양하고 부채를 말소하였다.

투키디데스가 남기려 한 교훈은 힘에 의한 지배와 제국주의적 침략을 어쩔 수 없는 현상이라고 단념하지 않고, 그것을 극복할 수 있는 길을 모색하기 위한 것이라고 하겠다. 그것은 과도한 욕심은 물론 사회적으로 이루어지는 지나친 힘의 결집과 그로 인한 장기적 전쟁을 경계한 것이라고 필자는 생각한다. 전쟁은 공격을 받는 경우에 부득이한 방어전으로 이루어질 수 있다. 그러나 타성에 젖어 욕망과 이익을 추구하는 힘의 지배로 발전하는 것을 경계해야 한다.

다만, 현실적으로 방어전쟁의 한계가 어디인가 하는 점은 설정하기 쉬운 일은 아니며, 이때 현명한 중용의 판단이 필요하다고 하겠다. 그 판단의 한 기준은 대내적 뿐 아니라 내외적으로도 권력이나 폭력에 의해 억압받는 사람이 없이 그 구성원이 얼마나 평등하고 자유로운 상태에 있는가 하는 것이 될 수 있다. 이런 상태를 민주정치라고 정의할 수 있다면, 그것은 투표권 등의 형식만이 아니라 그 실제 내용과도 연관되는 것이다. 이런 실제적인 민주화 여부는 대외적인 국제관계에도 그대로 영향을 미치게 된다.

대규모 전쟁과 폭력에 기초한 부정적 인간성의 전개를 경계하는 투키디데스의 교훈은 오늘날 중앙집권이 아니라 지방분권을 통한 권력의 세분화 및 군비축소를 지향해야 하는 오늘날의 숙제와도 맥을 같이하는 것이다. 이와 관련하여 참고로 언급할 것은, 고대 플라톤이 바람직한 사회를 구현하기 위한 시민의 수는 5,040인 정도에 그치는 것으로 하고 그 이상의 대규모 사회화를 경계했다는 점, 그리고 20세기 초반 J.A. 홉슨은 "민주정부는 국제적 화합으로, 독재체제는 국제 갈등으로"라는 취지의 명제를 제시했던 점이다.

참고문헌

Baldwin, D.A. ed. *Neorealism and Neoliberalism : The Comtemporary Debate*. N.Y., 1993.

Bury, J.B., *The Ancient Greek Historians*. London, 1908.

Crane, G., *Thucydides and the Ancient Simplicity : The Limits of Political Realism* Berkeley, 1998.

Derian, J. Der, "A Reinterpretation of Realism," in *International Theory*, ed. J.ED. Derian. N.Y., 1995.

Donelan, M., *Elements of International Political Theory*. Oxford, 1990.

Doyle, M.W., "Thucydidean Realism," *Review of International Studies*, 16(1990). pp.223~237.

Edmunds, L., "Thucydides Ethics as Reflected in the Description of Stasis, 3.82~83," *Harvard studies in Classical Philology* 79 (1975), pp.73~92.

Finley, J. *Thucydides*. Michigan, 1942.

Finley, M.I., *Greek Historians*. N.Y., 1959.

Forde, S., "Classical Realism," in *Traditions of International Ethics*, ed. T. Nardin and D.R. Mapel. Cambridge, 1992.

Forde, S., "Power and Morality in Thucydides," in *Thucydides Theory of International Relations : A Lasting Possession*, pp.152~173.

Garst, W.D., "Thucydides and the Domestic Sources of International Politics," in *Thucydides Theory of International Relations*, pp.67~97.

Gustafson, L.S., "Thucydides and Pluralism" in *Thucydides Theory of International Relations : A Lasting Possession*, Lowell S. Gustafson ed. Baton Rouge, Louisiana, 2000. pp.174~194.

Gustafson, L.S., ed., *Thucydides Theory of International Relations : A Lasting Possession*, Baton Rouge, Louisiana, 2000.

Herter, H., "Thukydides und Demokrit über Tyche," *WS* 89 (1976), pp.114~5.

Jaeger, W., *Paideia : The Ideals of Greek Culture*, trans. G. Highet. N.Y., 1939.

Johnson Bagby, L.M., "Fathers of International Relations? Thucydides as a Model for the Twenty-First Century," in *Thucydides Theory of International Relations : A Lasting Possession*, Lowell S. Gustafson ed. (Baton Rouge, Louisiana, 2000), pp.17~41.

Kitto, H.D.F., *Poiesis : Structure and Thought*. Califoria, 1966.

Koehane, R.O. ed. *Nationalism and World Politics*. N.Y., 1986.

Orwin, C., *The Humanity of Thucydides*. Princeton, 1994.

Mansbach, R.W. and J.A. Vazquez, *In Search of Theory : ANew Paradigm for Global Politics*. N.Y., 1981.

Mansbach R.W. & Y.H. Ferguson, "Values and Paradigm Change : The Elusive Quest for International Relations Theory," in *Persistent Patterns and Emergent Structures ina Waiting Century*, ed. M.P. Kames. N.Y., 1986.

Marinatos -Kopff, M. & H.R. Rawlings, "Panolethria and Divine Punishment," *Parola del Passato* 33 (1978), p.334.

Meiggs, R., *The Athenian Empire*. Oxford, 1972.

Morgenthau, Hans, *Politics among Nations : The Struggle for Power and Peace* [5th ed]. N.Y., 1978.

Stahl, H.P., *Thukydides : Die Stellung des Menschen im geschichtlichen Prozess*. München, 1966.

Vazquez, J.A. ed., *Classics of International Relations* [nd. ed.]. Englewood Cliffs, N.J., 1990..

오흥식, "투키디데스의 티케관", (박사학위논문) 성균관대학교, 1994.
최자영, 『고대 그리스 법제사』, 아카넷, 2007.

비잔티움 제국의 군사조직과
사회구조의 변화180) :
테마제도의 변천을 중심으로

최자영

1. 비잔티움 제국의 테마 제도

오스트로고르스키에 따르면, 비잔티움 제국의 테마는 처음에는
군단, 그다음에는 군사 지역을 뜻한다.[181] 테마가 주둔하는 지역
을 테마라고 부르게 되고, 테마는 행정단위뿐 아니라 군단 주둔

---

180) Cf. 『서양사론』 103 (2009.12.31), pp.37~64 게재.

181) G. Ostrogorsky, *Byzantinische Grschichte* 324~1453 (München, 1996), 한정숙,
김경연 역, 『비잔티움 제국사』(까치글방, 1999), p.70. Cf. 테오파네스의 연대기에 테
마는 '영토적 . 행정적 구역'의 의미를 가지기도 하나, 때로는 단순히 '군단'이라는
의미로 쓰이기도 하는데, 이에 관해서는 김차규, "비잔티움 제국의 테마제도: 기원문
제를 중심으로", 서양중세사연구 3(1998), pp.32~33에 나오는 다음 사항 참조
테오파네스의 『연대기(*Chronographia*)』[364(a.6179); 366(a.6184); 371(a.6190); 376(a.6200);
455[a.6263]에는 688~771년 사이 '기병 테마(kaba Ilarika Themata)'에 관련된 것
이 나오는데, 그 가운데 715년에 아르테미오스(아나스타시오스 2세)는 '기병 테마들
을 책임지고 또 공민의 직무에 공정한 사람들을 장군(strategos)들이 되도록 했다'고
한다. 같은 『연대기』[p.415(a. 6233)] 742년 참칭황제인 아르타바스도스(Artavasdos)
는 '테마들에 의해 황제로 선포되었다'고 한다. 그 외 11세기까지의 사료에도 군사
적인 의미로 쓰인 테마의 예 등은 Pseudo－Mauricios, *Strategikon*, I, chap. 2,
p.25; Leo VI, *Taktika, Constitutio* XVIII, 149, col. 988 A; Ignatios, *Bios Nikephop
ou* (ed. De Boor, Leipzig, 1880), p.163(레오 3세, 813년 이전 관련); Scriptor
Incertus, *Historia de Leone Armenii, Bardae filio, in Izbori za bulgarskata istorija*, v.
8 (Sofia, 1961), pp.16~24.

지역을 의미하게 되었다는 것이다. 할돈에 따르면, 주둔하는 군단의 이름을 따라 행정 지역을 부르는 것은 이미 670년대에 나타난다고 한다.[182] 그러나 테마란 용어는 흔히 사용되지 않았으며 일반적으로 군대는 스트라토스(stratos), 스트라테우마(strateuma) 등으로 불렀다.

테마는 7세기의 사건에 관련하여 9세기 문헌에 처음 나타난다. 오스트로고르스키[183]에 따르면, 비잔티움 제국에서 '테마(Thema)'의 명칭이 처음 쓰인 것은 9세기 초반 수도승 테오파네스가 쓴 『연대기(Chronographia)』[184]이다. 테오파네스는 610/11년 사건[185]과 관련하여 '헤라클레이오스는 포카스가 마우리키오스의 독재정에 항거한 다음 잔존한 군사를 사열하면서 여러 테마 가운데 두 개

---

182) J. Haldon, "Military Service, Military Lands, and the Status of Soldiers: *Current Problems and Interpretations*", *Dumbarton Oaks Papers* 47 (1993), p.8f. 그러나 할돈은 9세기 전반, 즉 840년대 황제의 입법에 의해 대체되기까지는 옛 로마의 행정구역인 eparchia(procvincia)가 다소간에 그대로 존속했다는 점을 강조한다. 스트라테고스는 7세기 전반 헤라클레이오스 황제에 의해 무슬림과 대치하던 북부 시리아, 메소포타미아, 팔레스타인 등지에서 효과적인 작전수행을 위해 군관으로 하여금 민사, 특히 재정권을 아울러 갖도록 하는 경우가 있었으나, 9세기 초 이전에 스트라테고스(과거의 strategos 혹은 magister militum)가 군사 – 행정의 전권을 행사한 증거가 없다고 한다. 특히 780년대~830년 옛 로마의 행정구역이 폐지되어 가던 시기에 테마의 수장으로서 주로 해당 지역의 군대를 유지하는 임무에 한정되었으며 군사에 관한한 다소간에 독립적인 지위를 지녔다고 한다. 이른바 *Taktikon Uspenskij*에는 840년대에 테마의 장군이 군사(軍事)에서 다소간에 독자적 권한을 가졌음을 보여 준다는 것이다. 할돈은 스트라테고스가 군사 – 행정의 전권을 행사한 것은 9세기 후반과 10세기 일부뿐이었다고 한다.

183) Cf. G. Ostrogorsky, "Sur la date de la composition du Livre des Thèmes et sur l'époque de la constitution des premiers thèmes d'Asie Mineure", *Byzantion*, 23[1953/4], p.55.

184) 테오파네스의 연대기는 810~814년 사이에 기록된 것으로 추정된다. 그 내용은 로마 디오클레타아누스 황제의 즉위에서 비잔티움 레오 5세의 즉위에 이르는 284~813년 사이의 것으로, 특히 7~8세기 관련 내용들이 가치가 큰 것으로 평가된다.

185) Theophanes, 300,4ff. Cf. N. Oikonomides["Les premières mentions des thèmes dans la chronique de Théophane", *ZRVI*, 16(1975), p.5f.]는 이 사건을 626/7년에 있었던 것으로 간주하고, 테마에 관한 첫 번째 언급은 그다음에 나오는 303,10에 나오는 622년의 것으로 본다.

부대만을 발견했다'라고 하고, 또 622/3년[186]의 사건으로 헤라클레이오스가 '테마의 지역에 닿았다'라고 언급한 것이라고 한다.

한편, 10세기 초,중반에 걸친 비잔티움 황제이며 학자, 저술가였던 콘스탄티노스 VII 포르피로게니토스의 「테마에 관하여(De Thematibus)」에 의하면 다수의 테마가 동시대에 생긴 것이라는 인상을 주며, 헤라클레이오스 시대에 나타났던 것으로 보인다(doko)고 한다.[187] 그리고 '테마'란 말의 어원은 그리스어 'thesis(상태, 복부, 지위 등의 의미)'에서 유래했다고 한다.[188]

초기의 테마로는 오리엔트 군관구(magisteria militum)[189]에 속

---

186) Theophanes, 303, 10.

187) Constantinos VII Porphyrogenitos, *De Thematibus* [ed. A. Petrusi (Vatican, 1952: Studi e Testi, n. 160)], 60.17~18: 62,48~49: 62,55 etc.. Cf. Constantinos VII는 '헤라클레이오스 때였던 것으로 보인다(doko)'라고 표현했으므로, 헤라클레이오스 시대에 테마가 존재한 사실이 불확실한 것으로 간주되기도 한다. 이에 관한 논의는 cf. 김차규, "비잔티움 제국의 테마제도: 기원문제를 중심으로", pp.34~36.

188) Cf. Oxford *Dictionary of Byzantium*, Alexander P. Kazhdan ed. in chief (N.Y., 1991), pp.2034~2035(재인용). 또 J. Howard-Johnston(in *Maistor: Classical, Byzantine, and Renaissance studies for Robert Browning*, Ann Moffatt ed.(Canberra: Australian Association for Byzantine Studies, 1984), pp.189~97)은 이것이 알타이어 'tümän(일만 명)'에서 기원한 것이라고도 하며, N. Oikonomides["Les premières mentions des thèmes dans la chronique de Théophane", *ZRVI*, 16(1975), p.5f.]는 '병사들의 명단(katalogos)'을 뜻하는 것이라 해석한다.

189) 로마제국 말기, 디오클레티누스와 콘스탄티누스 대제 이전에는 로마 군대는 레기온으로 나뉘어 있었다. 이것은 그 자체로서 고립적인 것이었으므로 연계의 효과가 없었다. 그래서 디오클레티누스와 콘스탄티누스 대제는 두 가지 종류, 즉 일정한 지역을 수비하는 리미타네이(limitanei)와 반격, 공격을 하며 기동성이 있는 코미타텐세스(comitatenses)를 만들었다. 리미타네이의 대장은 두케스(douces)였다. 코미타텐세스는 한 명의 '군사 마기스테르(magister militum)' 하에 오리엔트, 트라케, 일리리아 등 세 개의 군사-행정구역인 '군관구(magisteria militum)'으로 나뉘어 있었다. 528년 유스티니아누스 대제에 의해 아르메니아 군관구, 537년에는 quaestor exercitus(군대 재무관) 하에 소규모 해군행정구가 생겨 키프로스, 카리아, 에게 해 섬들, 모에시아 등을 포괄했다. 그 외 기병과 보병을 각각 관할하는 두 명의 magister(magistri aquitum et peditum praesentales) 하에 거대한 군대조직의 핵을 이루는 두 개의 '궁정 기동부대 magisteria(magisteria ton palatini comitatenses)'가 있었다. Cf. Cf. M. Grigoriou-Ioannidou, *Parakmi kai Ptosi tou Thematikou Thesmou: Symboli stin Exelixi tis Dioikitikis kai tis stratiotikis organosis tou Byzantiou apo ton 10o Ai, k.e.*

했던 두 개 지역, 아르메니아와 아나톨리아가 있고, 또 팔라티니 코미타텐세스[190]와 Obsequium에서 기원한 옵시키온[191] 테마 등이 있었다.[192] 비교적 오래된 테마들은 한편으로 과거의 부대가 가진 이름을 따거나, 다른 한편으로 속주의 이름을 따랐다. 전자는 옵시키온, 부켈라리이 등이고, 후자는 아르메니아콘, 아나톨리콘, 헬라디콘 등이다.

조직화된 테마 가운데 가장 오래된 것 중의 하나는 헤라클레이오스에 의해 설립된 것으로 보이는 아르메니아콘(Armeniakon) 테마이다. 헤라클레이오스는 623년에서 625년까지 아르메니아 지역에서 페르시아와 전쟁을 벌이면서 이 지역의 많은 수의 거주민들을 징집했고, 전쟁에서 승리한 후 페르시아로부터 빼앗은 이 지역에 아르메니아콘 테마를 설립하고 아르메니아의 한 귀족을 이 테마의 수장으로 삼아 행정과 군사권을 함께 부여했다. 그 후 687년 경에는 7개 속주 테마 군대가 존재하게 되었다.

테마를 둘러싼 문제는 크게 두 가지로 구분할 수 있다. 하나는 로마 제국은 군사와 행정이 분리되어 있었으나, 비잔티움의 테마는 군사–행정이 통합되게 된다. 즉 로마의 속주(provincia)와 '디오이케시스(dioekesis: 속주보다 큰 행정구)' 등이 군사화된 것이라 할 수 있는데, 이런 변화가 언제 어떻게 일어나게 되었을까 하는 것

(Thessanliniki, 2007), p.95f.

190) 황실근위대(palanini)의 연장으로 기동부대인 코미타투스(comitatus)는 콘스탄티노플이나 그 주변 속주에 주둔하면서 친위대(praetorianus)의 역할을 담당했던 것으로 간주된다. Cf. J.B. Bury, *History of the Later Roman Empire: From the Death of Theodosius I to the Death of Justinian*, I (Dover, 1958), p.34ff.

191) 옵시키온은 obsequium, 즉 수행부대, 다시 말하면, 콘스탄티누폴리스(콘스탄티노플)를 지키던 옛 scholai와 comitatus의 후신이다.

192) Cf. M. Gregoriou–loannidou, *Parakmi kai Ptosi tou Thematikou Thesmou*, p.96.

이다. 다른 하나는 또 테마의 병사들이 어떻게 소집되었으며, 그 경제적 기반은 어떠했는가 하는 점이다. 사료에는 테마의 병사들은 토착의 군인들로 겨울이나 평화 시에는 집으로 돌아가 농사일을 하고 소집이 되면 현역에 복무하는 것으로 나타난다.[193] 여기서 문제가 되는 것은 테마 병사들의 경제적 기반으로 이른바 '군역 토지'가 별개의 제도로 존재했는가 하는 것이다.

오스트로고르스키는 테마가 헤라클레이오스 치세 때 생겨난 것이라 한다. 즉 페르시아 원정(622) 중이나 그 전, 그리고 특히 그 후 아랍 인과 처음 싸울 때에 옵시키온, 아르메니아콘, 아나톨리콘 테마와 소아시아 남해안의 카라비시아노이 해군 테마 등이 성립되었다고 한다. 그리고 이 테마는, 로마제국 말기의 리미타네이[194]같이, 처음부터 국가가 둔전농민에게 부여한 군역 토지 제도를 바탕으로 성립한 것이라고 보았다.[195] 테마와 군역토지, 그리고 헤라클레이오스 치세를 처음으로 연관시킨 것은 우스펜스키이이다.[196] 그러나 페르투시는 테마 성립의 시기를 오스트로고르스키보다 더 늦게 잡아서, 헤라클레이오스 치세 페르시아 원정 이전에는 아르메니아콘 등의 테마가 존재하지 않았으며, 7세기

---

193) Cf. M. Grigoriou-Ioannidou, *Parakmi kai Ptosi tou Thematikou Thesmou*, p.98.

194) 리미타네이(limitanei)는 국경(limes)이나 그 외의 지역에서 군사복무를 조건으로 면세 토지를 받아 경작했던 사람들, 혹은 국경선 등의 임지를 떠나지 못하고 그 가족과 함께 거주하면서 토지의 경작을 강요당하고 속주 장군(dux) 하에 군무를 수행했던 사람들 등으로 규정된다. Cf. J.B. Bury, *History of the Later Roman Empire, From the death of Theodosius I to the Death of Justinian* [2 vols.] (London, 1923), I, p.34ff.

195) G. Ostrogorsky, 『비잔티움 제국사』, p.71. 당시 발칸 반도에는 아직 테마가 도입되지 않았는데, 그 이유는 발칸 지역에서 파국의 정도가 컸기 때문이며, 상당한 시간이 지난 후에야 비잔티움의 행정과 함께 테마제도도 발칸의 해안 지역에 성립되게 되었다는 것이다.

196) F.I. Uspenskij, "Voennoe ustrojstvo vizantijskoj imperii", *IRAIK* 6 (1900), pp.154~207 (J. Haldon, "Military Service, Military Lands, and the Status of Soldiers", p.3에서 재인용).

후반에 가서야 성립된 것이라 한다.[197]

　다른 한편, 테마는 처음부터 병사들에게 토지를 지급하는 군역 토지를 바탕으로 성립된 것은 아니며, 리미타네이와도 직접 관련이 없다는 견해가 있다.[198] 할돈은 테마와 관련된 군역 토지는 리미타네이와 직접 관련이 없으며, 7세기 헤라클레이오스 혹은 그 후계자 황제에 의해 군역의 세습이 이루어지게 되었다고 한다. 그리고 군인에게 토지가 지급되는 사례가 관습적으로 존재했으나, 이것은 10세기에 와서야 일련의 토지 매매 및 양도의 규제법에 의해 제도화되었다는 것이다. 군역의 대체, 혹은 금납화가 가능했으나, 할돈에 따르면, 9세기 말, 10세기 초까지는 국가가 인적 복

---

197) A. Pertusi, "La formation des thèmes byzantins", in *Berichte zum XI Internationalen Byzantinischen-Kongress*, I (Münich, 1958), p.33ff. 아르메니아콘 테마를 구성하는 갈라티아와 폰토스 폴레모니아콘 등이 당시 페르시아의 수중에 있었기 때문이라는 것이다. 그에 따르면, 소아시아 남쪽의 테마는 634년 이후, 북쪽은 (아라비아의 침공이 674~678년까지 이루어짐) 679년 이후에나 생겼다고 한다. 즉, 비잔티움이 아나톨리아 지역의 디오에케시스들을 상실했을 때 이들 지역에 주둔했던 누메루스(numerus) 가운데 일부가 비잔티움이 보유하고 있던 소아시아의 중심으로 옮기고 다른 이들을 규합한 다음, 프리기아, 리카오니아, 피시디아, 리디아 등을 복속했으며, 이 지역이 조금 후에 아나톨리콘 테마를 구성하게 된다고 한다. 또 661년 아르메니아가 아라비아의 수중으로 들어가게 되었을 때, 비잔틴에 충성하는 사람들이 아르메니아 서부로 옮겨 오게 되고 이곳이 조금 후에 아르메니아콘 테마가 되었다고 한다.

198) Cf. R.-J. Lilie, *Die Byzantinische Reaktion auf die Ausbreitung der Araber* (Munich, 1976), pp.287~321; idem, "'Thrakien' und 'Thrakesion': Zur Byzantinischen Provinzorganisation am Ende des 7 Jahrhunderts", *JÖB* 26 (1977), pp.7~47; idem, "Die zweihundertjärige Reform: Zu den Anfängen der Themenorganisation im 7 und 8 Jahrhundert", *BSI* 45 (1984), pp.27~39, 190~201; E. Patlagen, "L'impôt payé par les soldats", in Armées et fiscalité dan le monde antique (Paris, 1977), pp.303~9; J.F. Haldon, *Recruitment and Conscription in the Byzantine Army c.550~950: a Study on the Origins of the stratiotika ktemat*, SBWien 357 (Vienna, 1979); idem, "Some Remarks on the Background to the Iconoclast Controversy", BSI 38 (1977), pp.161~84; idem & H. Kennedy, "The Arab-Byzantine Frontier in the English and Ninth Centuries: Military Organisation and Society in the Borderlands", ZRVI 19 (1980), pp.79~116; idem, *Byzantine Praetorians: An Administrative, Institutional, and Social Survey of the Opsikion and Tagmata, c.580~900* (= Poikila Byzantina 3) (Bonn, 1984), pp.164~74.

무를 선호했다고 한다. 10세기 일련의 농지법의 제정과 함께 비로소 토지에 기초한 군역 봉사의 테마 제도가 완성되었다고 보는 것이다.

이렇게 테마의 성립 시기 및 계기, 그리고 그 변천과정에 대한 다양한 견해가 존재해 왔다. 그 주요 논제는 테마가 성립되게 되는 군사적 방어의 필요성뿐 아니라, 군역과 토지 제도의 상호 관계와도 긴밀하게 연관되어 있음을 보게 된다. 이 논문에서는 테마의 성립에 관련된 복잡한 문제[199]는 피하고, 7~10세기에 걸쳐 테마제도가 확대 변화되어 가던 과정에서 보이는 토지와 군역과의 관계, 특히 10세기 일련의 토지법이 정치, 사회적으로 어떤 의미를 갖는가 하는 점을 살펴본다. 그런 가운데 군역의 형태와 토지 제도의 변화는 제국의 군사조직뿐 아니라 제국 행정 조직 자체가 농민사회나 종교사회 저변으로까지 확대되게 되는 과정과 연관이 있음에 주목할 것이다. 테마의 군사 및 행정 조직의 확대는, 단순히 비잔티움 군대체제의 변화에 그치는 것이 아니라, 제국 내 농민사회 및 종교계가 국가의 관료적인 행정－군사조직에 대해 더 강하게 종속되는 계기가 되었다는 점 논할 것이다.

2. 군역의 인적 봉사와 군역 토지

비잔티움 제국에 일반 토지와 다른 특수한 범주로서 '군역토지'

---

199) 테마의 발생에 관한 여러 가지 논점은 김차규, "비잔티움 제국의 테마제도: 기원문제를 중심으로", 서양 중세사연구 3[1998], pp.21~46에 소개되어 있다.

가 있었는가 하는 데 대해서도 의견이 일치하지 않고 있다. 또 그런 것을 인정하지 않는다고 해도 군역이 사람이나 토지 중 그 어느 것을 대상으로 부과되었는가 하는 점에서도 견해가 상이하다.

할돈은 그 전에는 군역은 반드시 토지를 매개함이 없이 사람을 대상으로 부과되는 것이 원칙이었다고 하고, 다만 토지와 연관하여 세습적 군역봉사가 그 전부터 관습적으로 존재했으나, 10세기에 와서야 군역과 토지와의 연관성이 제도화된 것은 10세기에 와서 이루어지는 일련의 토지관련 입법이었던 것이라고 한다. 그러나 그리고리우－이와니두는 10세기에도 군역은 반드시 토지를 매개한 것이 아니었다고 한다. 토지는 보편적으로 여러 가지 납세의 부담을 갖는 것이 당연하며, 다만 군역에 복무하는 사람이 갖는 토지는 그로 인해 정규세와 화덕세를 제외한 특권을 갖는다는 것이다.[200]

할돈이 군역이 반드시 토지와 연관된 것이 아니라는 점을 보여주는 예 가운데 다음의 두 사례가 들어간다. 그에 따르면, 아래 두 사례는 군인의 부양이 한 가구의 의무가 아니라 선택사항이었으며, 다만 가구는 군인을 부양할 수 있었음과 부양한 데 대해 보상을 받을 수 있었다는 사실을 보여 줄 뿐이라는 것이다.[201]

---

200) M. Gregoriou－Ioannidou, *Stratologia kai eggeia stratiotike idioktesia sto Byzantio* [Etaireia Byzantinon Spoudon 4] (Thessaloniki, 1988), p.62ff. 그리고리우－이와니두는 10세기에서조차도 비잔티움에서는 군역과 토지 사이의 관계가 없으며, 분리불가능의 군역 토지 제도는 예외적인 것으로서, 다소간에 옛 리미타네이로부터 내려온 것으로라고 한다. 일반적으로 군역은 인적인 요소에 부과되며, 군인이 갖는 부수적 특권은 군사적 토지에 따른 의무가 아니라, 자신의 재산을 군역 토지로 만드는 인적인 봉사라는 것이다. 그녀는 군인의 종류를 구분하면서 세습의 군역토지와 군역을 부담하는 일반 토지 등 상이한 종류의 토지가 있는 것으로 분류한다(Cf. M. Grigoriou－Ioannidou, *Parakmi kai Ptosi tou Thematikou Thesmou*, p.111; J. Haldon, "Military Service, Military Lands, and the Status of Soldiers", p.34f).

201) J. Haldon, "Military Service, Military Lands, and the Status of Soldiers", p.22.

하나는, 편자에 의해 8세기 중엽, 레오 3세와 콘스탄티노스 5세의 것으로 추정되는 한 법규로서, 군인인 사위가 집을 떠날 때 장인은 그 사위에게 투자한 것의 일부를 반환받을 권리가 있음을 보여 주고 있다.[202] 이것은 장인과 사위 간의 호혜적인 일종의 계약 관계를 보여 주는 것이며, 한 가구가 병사를 부양할 의무가 있었음을 보여 주는 것은 아니다.

또 다른 한 사례는, 741년 레온 3세과 콘스탄티노스 5세에 의해 발간된 법률집 에클로가(*Ekloga*, VI, 2)에 나오는 것으로, 군역에 복무하는 형제와 농사일을 하는 형제들이, 아버지가 죽고 난 다음 아버지의 재산을 공동으로 소유한 지 10년 안에 군인으로 있던 형제가 영 떠나려고 할 때, 특별히 다른 계약이 없는 한, 그동안의 소득을 형제들이 서로 균분하도록 하는 것이다. 10년과 13년 사이에 떠나려고 하면, 같은 식으로 균분하되 군인인 형제는 자신의 무기는 분배의 대상으로 하지 않고 그대로 지니도록 한다. 13년 이상이 된 때라면 군인인 형제가 13년 이후부터 벌어들인 소득은 그대로 가지도록 한다. 이 두 가지 사례는 군인이 한 가구에 의해 부양되며, 군인의 소득은 일정기간까지는 가구의 공동 수입으로 간주되고 있음을 보여 준다.

한편, 군역(strateia)에 등록된 [예비] 군역자(stratiotes)를 다른 사람으로 대체하는 것이 가능했는데, 820년대에 태어나서 900년대에 그 자서전이 씌어진 <에우티미오스(Euthymios)>에 보인다.[203]

---

202) R.-J. Lilie, "Die zweihunderjärige Reform", p.196f; P. Oikonomides, "Middle Byzantine Provincial Recruits: salary and Armament", in *Gonimos: Neoplatonic and Byzantine Studies presented to Leendert G. Westerink at 75*, J. Duffy & J. Peradotto ed. (Buffalo/Arethusa, 1988), p.130ff.

203) *Vita Lucae Stylitae* [H. Delehaye, Les saints stylites (Brussels, 1923)], 200,8~9; *Miracula S. Georgii* (Das Drachenwunder des heiligen Georg in der griechischen

군역에 등록되어 있던 남편이 죽은 후 그 아내는 아들을 남편 대신 등록했다. 이런 사실은, 10세기에 가서야 군역과 토지의 연관성이 제도화된 것으로 보는 Haldon에 따르면, 이것은 군역이 여전히 사람에 관련이 있음을 보여 주는 것이다. 즉 사람을 등록함으로써 국가에 대한 금전적 부담으로부터 면제되었기 때문이다. 그런데 에우스트라티오스는 군인명부에 올라 있었으나 실제로 소집된 적이 없었다. 할돈은 군역에는 '등록만 된 stratiotes([예비]군역자)'와 실제 '현역복무자(strateuomenos)' 간에 구분이 있었다고 한다.

또 군역의 대체 혹은 금납화, 기부 등의 제도가 토지와 어떻게 연관되는가 하는 문제가 있다. 군역을 부담하지 못하거나 당국에 의해 군역 대신 금전 부담을 지는 가구에 대해 '군인가구(stratiotikoi oikoi)'의 용어가 처음으로 쓰인 예는 10세기 초반이다. 이 용어는 '시민 가구(politikoi oikoi)'와 대조적으로 쓰인다. 군인 가구에서 거두어들인 그 소득은 지방의 군 당국이나 중앙의 logothesion(재무관)이 기부금(syndosia)을 마련하거나 용병고용에 사용했던 것으로 보인다.204) 이런 군역의 대체(금납화)는 이미 9세기 전반의 이레네 여제, 또 8세기 Leo 3세 이전으로 거슬러 올라간다. 테오도로스 스투디테스205)의 글에서는 여제 이레네가 과부가 그 죽은 남편의 군역부담 대신 지급해야 할 금전적 부담을 면제해 준 사실이 보인다.

und lateinischen Überlieferung), J.B. Aufhauser ed. (Leipzig, 1911), 19~21. Cf. J. Haldon, *Recruitment and Conscription*, p.56; P. Lemerle, *The Agrarian History of Byzantium from the Origins to the Twelfth Century: The Sources and the Problems* (Galway, 1979), p.145.

204) Cf. J. Haldon, *Recruitment and Conscription*, pp.49f, 60; H. Ahrweiler, "Recherches sur l'administration de l'empire byzantin aux IXe-XIe siècles", *BCH* 84 (1960), p.12ff.

205) Theodoros Studites, *PG*, 99,932; G. Fatouros, *Theodori Studitae Epistulae* (Berlin, 1992), 7,61~63.

과거의 관습적 군역 제도가 10세기경을 기점으로 체계화되었다고 보는 할돈은 헤라클레이오스 치세에 군역이 세습화되었다는 증거는 없으나 정규 이동부대(comitatenses)의 군역 세습화가 헤라클레이오스나 그 후계자들에 의해 도입되었을 가능성이 있다고 한다.[206] 그리고 10세기에 와서 토지매매 제한이 이루어진 사실이 945~959년의 Constantinus 7세의 법령 <군인에 관하여>의 서문에 나타나는데, 이것은 오랜 관습으로 군역에 부수되는 의무로 내려오던 것이 10세기경에 와서야 입법화되었던 것이라고 그는 주장한다.[207]

이코노미데스는 에우티미오스는 죽은 아버지를 대신하여 군역에 입적했다든가, 또 이레네 황후가 과부가 지불해야 할 죽은 남편의 군역세를 면제해 주었다는 테오도로스 스투디테스의 이야기는 군역이 어떤 식으로든 토지에 기반하고 있음을 보여 주는 것이라고 한다.[208] 그러나 할돈은 이 경우에도 반드시 토지가 개재된 사실은 증명되지 않는다는 입장이다.[209] 다만 분명한 것은 군역이 세습적이었다는 사실이며, 나아가 토지의 매매 및 이전이 관습적으로 금지되었을 수는 있으나 그것이 제도화된 것은 10세기경 콘스탄티노스 7세의 '군인에 관하여'의 법규 등에서라고 한다.

반면, 군역이 토지와 관련된 사실을 보여주는 사실이 있는데, 이것은 법적으로 보상금을 지불할 때 지참금과 함께 군역 토지는 제외된다는 점이다. 살인죄의 군인이 가진 토지는 다른 토지의 경우처럼 보상금으로 타인에게 넘어가는 것이 아니다. 한 예가 재판관

---

206) J. Haldon, "Military Service, Military Lands, and the Status of Soldiers", p.34.

207) J. Haldon, "Military Service, Military Lands, and the Status of Soldiers", pp.30~34.

208) J. Oikonomides, "Middle Byzantine Provincial Recruits", pp.135~36.

209) J. Haldon, "Military Service, Military Lands, and the Status of Soldiers", p.23~24, 33.

에우스타티오스(Eustathios)의 *Peira* [『사례집』](66,26 [249~50])에 언급되는데, 여기에 수세업자를 공격 상해 절도한 죄로 한 비서[혹은 서기(kourator)] 등 다수가 유죄가 되었다. 보상금으로 주어지는 대상에서 군역에 해당하는 토지와 지참금만은 제외된다.[210] 몇 사람이 군인 기수(旗手 skeptrophoros)를 죽였을 때, 또 magklabetes(황궁의 수행원)가 살인을 했을 때 유죄가 된 살인자의 토지는 보상금으로 주어지지 못한 사례 등이 있다.[211] 다만, 군역을 물려받을 친척이 없으면 그 토지는 무관한 사람에게 넘어간다.

P. 르메를르(Lemerle)가 원전의 주석에서 언급하듯이, 이것은 토지에 의무가 관련되는 사실을 보여 준다.[212] 군인이나 그 가족이 의무를 이행하지 못할 때 토지가 다른 사람에게 넘어가는 것에 대해, 르메를르는 토지 자체에 군역 의무가 부수되는 것이라고 했다. 할돈도 군역토지가 배상금으로 주는 것이 금지된 사실은 군역이 토지에 부수된 것임을 보여 준다고 한다. 10세기에 들어와 특히 토지 양도 불가능성에 관한 일련의 입법에 대해 할돈과 유사하게 고레키도 10세기를 기점으로 군역부담을 지는 토지를 위한 각종 규제가 강화된 것이라고 한다.[213]

---

210) Eustathios, *Peira* [『사례집』], 66, 26 [249~50]. Cf. J. Haldon, "Military Service, Military Lands, and the Status of Soldiers", p.36.

211) Eustathios, *Peira*, 66,24: 25 [249].

212) P. Lemerle, *The Agrarian History of Byzantium from the Origins to the Twelfth Century*, p.128, Cf. J. Haldon, *Recruitment and Conscription*, p.59, n.2. 그러나 르메를르는 이른바 특수 범주로서의 '군역토지'의 개념은 테마제도와 직접 연관이 없다는 입장이다(Cf. Idem, "Esquisse pour un histoire agraire de Byzance", RH 219 [1958], pp.37~24, 254~284; RH 220 [1958], pp.42~94).

213) D. Gorecki, "The strateia of Constantine VII: the Legal Status, Administration, and Historical Background", *BZ* 82 (1989), pp.159, 163~171. 고레키의 결론은 1. 군역토지의 의무 권리에 대한 용어인 strateia가 확립된 것은 9세기 전반 콘스탄티누스 7세 때이다. 2. 군역토지는 특수한 권리 의무에 묶여 있어서 매매될 수 없고 그 법적 지위는 움직일 수 없는 것이다. 3. 비군역 토지를 포함한 어떤 토지에도 군역

여기서 필자는 군역이 제도적으로 사람과 토지 중 그 어느 것을 기준으로 부과되었는가 하는 데 문제의식을 갖거나, 고레키나 할돈이 말하는 것과 같이 군역 제도가 시대적으로 변천했음을 보여 준다고 이해하기보다는, 오히려 국가가 가능한 한 토지와 사람(인두세 혹은 가구세)의 두 요소 모두에 대해 국가의 통제권을 강화 확대해 간 것으로 해석하려 한다. 둘 중 어느 것에 중심이 가는가 하는 것은 시대뿐 아니라 지역의 형편에 따라서도 달라질 수 있다. 토지와 사람은 서로 대조적인 개념이 아닌 것이다. 이것은, 한편에 토지 매매의 규제에 관련된 입법이 10세기에 들어서 강화되면서, 다른 한편에 군역의 대체나 금납화가 동시에 존재했다는 사실에서 나타난다. 이런 사실은, 단순히 군역제도에 국한된 문제가 아니라 전통 학설에서 말하는 것같이, 비잔티움 제국이 전통의 로마적 사유재산 개념을 수정했던 사실에 상응한다. 즉 상황에 따라 국가가 인신은 물론 사유재산에 관여할 수 있게 되었다는 말이다.214)

황제들에 의해 제정 공포된 일련의 농지법(Nomos Georgikos)은 국가의 수세 원천의 확보와 함께 농민의 인적 자원에 대한 통제가

을 부과할 수 있었다. 4. adoreia의 용어는, 전통적인 학설에서의, 가난해진 군인(stratiotes)의 군역의무 면제(지방 수비대로 전역)뿐 아니라, 군인 신분을 가지면서 그 재산에 부과된 금전적 부담을 완수하지 못한 군인이 적합한 소작인을 찾지 못했을 때 국가가 그 토지를 비군역 농민에게 부여하는 것도 포함한다. 이 사실은 생산성과 병사를 유지하기 위한 토지의 이용[부분적(strateia)]을 위한 것이다. 이런 사정은 현역은 아니지만 군역이 비(非)군역 속민에게 확대되는 것을 뜻하는 것이라 한다. Cf. M. Grigoriou-Ioannidou, *Parakmi kai Ptosi tou Thematikou Thesmou*, p.30f.

214) D. Gorecki, "The strateia of Constantine VII", p.171ff. 고레키는 이 점이 로마공화정기와 프린키파투스 치하에서 고전적 'ager publicus(공공토지)'가 처했던 사법적 지위와 같은 것이라고 보았다. Kazhdan은 이런 현상이 9세기 말, 10세기에 가시화된다고 한다. Cf. J. Haldon, "Military Service, Military Lands, and the Status of Soldiers", p.32.

강화되어 감을 보여 준다. 특히 '군역 불이행(adoreia)'과 관련하여, 토지의 경작권이 다른 이에게 넘어가는 것은 국가가 개인의 재산에 관여하여 몰수하거나 재분배할 수 있는 대표적 사례로 꼽힌다.215) 일반 토지의 경우 재정적 곤란을 겪는 집단에게는 최대 30년의 유예기간(sympatheia)'이 주어지며, 이 유예기간이 끝날 때까지도 의무를 이행할 능력이 없으면, 토지는 '클라즈마(klasma)' 즉 '분리된 토지'로 국가가 새 주인을 찾아 넘긴다. 그러나 고레키에 따르면, 군역토지의 경우에는 '군역 불이행(adoreia)'의 경우, 클라즈마가 적용되지 않고, 기부자(syndotai)를 찾아서 군역 보유자를 유지하려 하고, 그것이 되지 않으면 군역 토지에 유예기간은 허용되지 않으며, 그 토지는 '군역불이행'이 되어 다른 이에게 넘어가게 된다고 한다. 그 순서는 해당인의 상속자나 같은 구역의 빈한한 군인(stratiotai) 혹은 민간인 등의 순으로 된다. 새로 그런 토지를 부여받은 사람이 아직 군역부담자로 등록되어 있지 않으면 새로 등록된다.

할돈도 10세기 중반 이후의 토지에 대한 규제의 강화는 어떤 특별한 종류의 토지를 제도화한 것은 아니고, 특수 형태의 국가 봉사에 대한 토지의 의무를 강화했던 것이라고 한다. 9세기 말 혹은 10세기 초까지는 국가에서 인적 봉사를 우선으로 했으나, 10세기 중후반부터는 수세와 물자공급에 더 큰 관심을 가지게 되었다는 것이다.216) 군역에 연관된 토지가 금전으로 대치 납세되는 경우에도 여전히 특별세를 면제받으며, 현역복무자나 그 가족은 관련된 특권을 누렸던 것으로 보인다.217)

---

215) Cf. J. Haldon, "Military Service, Military Lands, and the Status of Soldiers", p.31.

216) J. Haldon, "Military Service, Military Lands, and the Status of Soldiers", p.38f.

이렇게 8세기는 물론 특히 9, 10세기 이후 군인의 모병방법 및 형태는 다양하지만, 적어도 두 가지 형태의 군인이 있었던 것으로 보인다. 무기는 물론 식량까지 부담을 하는 것, 그리고 무기는 자신이 마련하나 식량 등은 국가에서 지급받는 것이 그것이다. 할돈은 전자가 수적으로 더 적었을 것이라고 하고, 다만 10세기 후반이 되면 말, 무기, 양식 등을 모두 국가에 의지하게 되는 경향이 있다고 한다.[218]

군역을 토지에 묶어 두지 않고 그 금납화가 발달된 것은 화폐경제와 용병이 발달된 곳, 그리고 농민군사의 인적 봉사의 필요성이 덜한 곳에서 이루어진다. 그리고 소농에 대한 금납화의 요구는 관료조직 ─ 정치권력의 강화 하에서 가능하다. 행정과 군대의 관료화가 발달되었던 로마제국 말기에는 국가가 병기 생산과 보급의 주체가 되었다. 그러나 비잔티움 제국에서는 그런 정도로까지 국가에서 획일적으로 처리하지는 않았던 것으로 보인다. 비잔티움의 군대는 로마 제국 말기와 달리 무기상을 비롯한 제반 상업 발달을 바탕으로 하여 이루어졌던 것으로 보인다. 전문적 직업 군인은 니케포로스 2세 포카스 때 특히 발달되었다.

군역을 의미하는 '스트라테이아(strateia)'의 용어가 군역에 관련된 토지를 의미하는 것으로 쓰이기도 하고, 또 군역 대신 부담하는 금전이나 물자 부담의 의미로도 쓰인다.[219] 또 위에서 소개한 두

---

217) 군인들이 누린 특권에 관해서는 Zepos, *Jus*, I,617,5~7(a.1004); *Actes de Lavra, I: des origines à 1204*, P. Lemerle & A. Guillou & N. Svoronos, ed. [= Archives de l'Athos 4](Paris, 1968), n.1; M. Nystazopoulou-Pelekidou, *Byzantina Eggrapha tis Monis Patmou II: Dimosion Leitourgon* (Athens, 1980), n.54.

218) J. Haldon, "Military Service, Military Lands, and the Status of Soldiers", p.24f, n.64.

219) Cf. Konstantinos VII Porphyrogenitos, *De cerimoniis aulae byzantinae* [vols. 2] I. Reiske ed. (Bonnae, 1829~1830), 697,18~698,22. Cf. P. Lemerle, *The*

사례의 황궁 관리는 소지한 토지에서 멀리 떨어진 궁정에서 근무를 했으나, 여전히 군역 관련 의무를 부담한 것으로 나타난다.

3. 국가 통제권 강화와 농민의 군사적 부담의 확대

비잔티움 초기에는 납세자들이 토지에 묶여 있었으나, 유스티니아누스 2세 때 인두세가 토지세로부터 분리되어, 모든 납세자들에게 일률적으로 적용되었다. 디오클레티아누스 황제가 도입한 'capitatio－jugatio'의 근간이 되었고 유스티니아누스 2세 초기까지도 존속했던 인두세와 토지세의 결합이 해체되게 된 것이다.[220] 이와 같은 조세제도의 변화는 흔히, 노동력을 확보하기 위해 납세자를 토지에 묶어 놓은 비잔티움 초기의 조세질서와 달리, 농민의 자유로운 이주를 촉진하게 된 것으로 해석되기도 한다.[221] 그러나 인두세의 분리 신설은 오히려, 9세기 초 화덕세의 신설과 같이, 국가에 의한 조세 및 농민에 대한 수탈의 강화로 이해될 수 있다.

비잔티움 제국의 중앙집권화 경향은 이미 레오 Ⅲ세 때에도 추진된 것으로 보인다. 레오 3세는 군사, 행정의 지침으로서 『에클로가』를 만들었고, 테마를 재조직했으며, 그의 성상파괴 노선도 실은 재정정책을 해결하기 위한 방편과도 연관이 있는 것으로 해석되기도 한다.[222] 그 후 9세기 초의 니케포로스 1세(802～811)는,

---

Agrarian History of Byzantium from the Origins to the Twelfth Century, p.136ff.

220) G. Ostrogorsky, 『비잔티움 제국사』, p.105. Cf. Bios Ioannou, V,2; Bios Kononos, 3.

221) G. Ostrogorsky, 『비잔티움 제국사』, pp.22, 105.

222) 김차규, "레오 3세와 성상파괴논쟁", 명지사론 10(1999), pp.126, 138.

테오파네스가 니케포로스의 '10가지 악행'223)으로 묘사하는 것에 속하는 것으로서, 이레네 황후의 조세경감 조치를 폐기하는 동시에, 화덕세(kapnikon)를 도입했다.224) 이것은 오스토로고르스키에 따르면, 가구세로서 인두세적 성격을 띤 것으로, 토지세와 함께 비잔티움 제국의 주요 조세 원천이었다. 화덕세는 이미 수많은 교회나 수도원의 예속적 파로이코이(paroikoi, 소작인)나 자선기관 소속의 파로이코이들이 지급하고 있던 것이나, 이제는 그때까지 과세대상에서 제외되었던 일반 농민에게까지 확대되게 된 것이다. 동시에 농지법을 제정하여 교회를 세속권력에 종속시켰으며, 교회재산에도 징세했다.

이뿐만 아니라 니케포로스 1세(802~811)는 둔전병이 가난해지면 연대책임을 지도록 했다. 니케포로스 1세 때에는 물자가 부족한 군인들의 비용 등을 마련하기 위해 주변인들에게 18 1/2 nomismata(금화) 한도의 기금을 갹출하도록 한 것이다.225) 이와 같은 기금은 '신도시아(syndosia)'로 불리며, 10세기부터는 관례가 되었다. 다른 한편, 비잔티움 초기 'epibole(강요)' 체제, 즉 '유휴지 부가세(adiectio sterilium)'226)를 변형하여 주변 농민에게 세금을 부과

---

223) Theophanes, 486~487.

224) G. Ostrogorsky, 『비잔티움 제국사』, p.149. Cf. P. Lemerle, *The Agrarian History of Byzantium from the Origins to the Twelfth Century*, 62~64; P. Alexander, *The Patriarch Nicephorus of Constantinopli, Ecclesiastical Policy and Image Worship in the Byzantine Empire* (Oxford, 1958), 117ff.

225) Theophanes, 486,10ff: 486,23~26. Cf. G. Ostrogorsky, 『비잔티움 제국사』, p.150. 할돈은 이것이 소아시아 트라케로 이주하는 자들에게 관련이 되는 것이었다는 점을 지적한다. 즉 가난한 병사에 대한 기부뿐 아니라, 일반 농민에 적용되던 공동연대의 방식이 니케포로스 1세 때에는 가난한 군인에게도 적용이 되게 된 것이라는 것이다.

226) 이 제도는 이집트에서 발생한 것으로 프톨레마이오스 왕조 시대에 유휴 국유지를 강제로 할당하여 경작 납세하게 한 것이다. 이미 3세기 말부터 로마 제국 전역에 적용되었던 것으로, 국유지뿐 아니라 유휴 사유지에도 적용되었다.

했으며, 동시에 농민들에게 서로 세입을 위한 공동책임[알렐렝기온(allelengion)]을 지도록 했다.[227]

이어서, 한편에 부유한 토지 귀족, 다른 한편에 소토지 소유자 및 빈농의 토지에 대한 입법이 계속되었다. 부유한 토지귀족을 위한 입법은 상대적으로 농민에 대한 불이익을 가져온다기보다 오히려 도시 귀족에 대한 견제조치로서 이루어졌다. 레온 6세(886~912)의 신(新)칙법은 시의원과 원로원 권한을 취소하고 그 대신 대토지 귀족을 옹호했기 때문이다.[228] 아마도 수도의 황제의 정치권력을 강화하기 위해 지방 호족들의 세력을 이용했던 것으로 보인다.

한편, 10세기 콘스탄티노스 7세와 그 아들 로마노스 2세 시기에 토지의 양도를 제한하고 국가 관할의 군역토지를 보유하려는 노력이 계속되었다. 947년 3월 파트리키오스 및 재무관(kyaistor=quaestor)인 테오필로스가 기초한 법에 따르면, 콘스탄티누스 7세(913~959)의 단독통치(945년) 시작 이후 이전된 농민들의 재산을 보상 없이 즉시 반환하도록 규정하고 있다.[229] 또 지주들이 토지를 양도하는 경우에는 조건이 동등한 상황에서는 농민들이 토지에 대한 선매권을 가지도록 했다. 945년 이전에 이전된 토지를 재취득할 때는 매매가를 상환해야 하나, 금화 50개에 미치지 못하는 가난한 판매자들은 제외되도록 했다. 그 후 그 아들인 로마노스 2세의 법령에서는 지주들에게 유리하도록 이런 제한을 취소했으며, 토지 매매가의 상환기간을 3년에서 5년으로 연장해 주었다.[230]

---

227) Theophanes, 486,26. Cf. G. Ostrogorsky, 『비잔티움 제국사』, p.105.

228) Neara, 46;47;78; Jepos, *Jus*, I,116ff: 147; cf. Neara, 114 (Jepos, *Jus*, I,186ff.). Cf. G. Ostrogorsky, 『비잔티움 제국사』, pp.190, 199.

229) Zepos, *Jus*, I, 214 ff. Cf. G. Ostrogorsky, 『비잔티움 제국사』, p.220 ff.

230) Zepos, *Jus*, I, 240 ff.

콘스탄티누스 7세 시기 파트리키오스 및 재무관(kyaistor=quaestor)인 테오도로스 데카폴리테스 입안의 법률은 군역과 관련된 토지에 관한 것이다.231) 병사들은 이 토지를 양도해서는 안 되며, 테마들(키비라이오톤, 아이가이온, 펠라고스, 사모스 섬)의 기마병이나 해군 병사들의 토지는 적어도 금 4파운드, 황제 함대의 유급선원들의 토지는 금 2파운드의 가치를 지녀야 한다.232) 상속자들이 공동으로 군 목부의무를 진다는 조건으로 토지의 분할이 허용되었다. 병사 한 사람의 소유토지의 가치가 법적 최소한도를 넘는 경우 잉여부분의 양도는 군역관련 토지로 등록되어 있지 않는 경우에만 가능했다. 다른 사람이 군역 관련 토지를 획득했을 때 그 소유권을 확실히 하기 위해서는 40년의 시일이 경과해야 한다. 불법적으로 양도된 군역 토지는 아무런 보상 없이 빼앗을 수 있는데, 그 반환 요구의 선매권은 6촌의 친족에게까지 허용되었다. 또 원래 토지 소유자와 공동으로 다른 의무나 군복무를 했던 사람들, 조세를 공동 책임으로 납부한 가난한 둔전병, 같은 마을 공동체에 속하는 농민도 반환요구권이 있었다.233) 나아가 니케포로스 2세, 요하네스 1세 치미스케스(969~976) 등은 부유한 속인들로부터 강제로 기부금을 거두어들였으며, 수도원의 장원을 수색하도록 했다.234)

---

231) Zepos, *Jus,* I, 222 ff.

232) Konstantinos Porphyrogennitos, *Peri basiliou taxeos,* I, Reiske ed. *De cerimoniis aulae byzantinae,* 695.

233) Zepos, *Jus,* I, 243ff. 콘스탄티노스 7세의 아들 로마노스 2세 치하에서 테오도로스 데카폴리테스가 입안한 법률은 콘스탄티노스 7세 단독통치 이후 양도된 토지는 일체의 보상 없이 반환되어야 함을 명시하고, 또 같은 로마노스 2세의 한 신 칙법(Neara)은 트라케시온 테마에 대해 선의의 구매자들은 보상 없이 반환의 의무를 지니지만 악의의 구매자들은 벌금까지 납부해야 한다는 원칙을 만들었다(Zepos, *Jus,* I, 240ff).

그 후 10세기 후반 니케포로스 2세는 분리 불가능한 군역 토지를 금화 4파운드에서 12파운드 가치의 것으로 올렸으며, 또 남의 손에 넘어간 토지로 법률이 공포된 때로부터 30년이 채 되지 않는 것은 원래의 소유자에게로 반환하도록 했다.[235]

4. 비잔티움 제국의 사회적 갈등

비잔티움 제국의 사회적 갈등에 대한 성격규정은 여러 가지로 이루어진다. 소농과 대토지 소유 귀족 간의 대립, 또 중앙 정부와 지방 유지 혹은 테마 세력 간의 대립 등으로 파악하는 것이다.

---

234) 군역봉사를 위한 일반적인 기금마련은 cf. Zonaras, *Ioannis Zonarae epitomae historiarum libri XIII usque ad XVIII* (Bonn, 1897) III, 505, 16~506, 10. 니콜라오스 1세 신부는 불가리아 인과의 전쟁에서 특별세 부과를 지지한 것은, cf. Nicholaos I, *Letters*, ns.92, 10~26: 94, 31~40: 성직자 개인에 대한 군역세 부과와 교회토지에 대한 특별세 부과의 전반적 갱신에 대해 반대하는 것은 ibid. 150: 183; 군대에 말과 장비를 제공해야 하는 파트라와 코린토스의 대주교좌와 펠로폰네소스의 주교좌의 목록은 *De adm. imp.* 52; 황제 휘하의 원정군에게 말과 노새 등을 기부해야 하는 제국 전체의 대주교좌와 주교좌의 목록은 cf. J. Haldon ed, *Constantine Porphyrogenitus, Three Treatises*, (C) 103~112 (바실레이오스 1세 때의 것으로 추정됨); 934년 군대에 대해 제국 전체 주민의 기부에 대한 것으로는, Zepos, *Jus* I, Coll. 3, Nov. 5, 205~214 [F. Dögler, *Regesten der Kaiserunkunden des Oströmischen Reiches von* (München, 1995), n.628]; Leo 6세의 *Taktika*(18, 129: 20, 205)에는 테마의 스트라테고스가 관할구역의 군역에 등록되지 않은 부자들로부터 말, 장비, 그 외 군인이 필요로 하는 것들을 받아서 군역에 등록된 가난한 병사들을 무장시켰다; 니케포로스 2세의 재원 마련에 대해서는 cf. Zonaras, III, 504, 12~16; Cedrenus, *Compendium historiarum*, II, 368.7~10; Ibn Hawkal(아랍 지리학자), La configuration de la terre [Kitab Surat al-Ard], trans. J.H. Kramers, E. Wiet (Beirut/Paris, 1964), 194. Cf. H. Ahrweiler, "Recherches sur l'administration de l'empire byzantin aux IXe-XIe siècles", pp.20~21; J. Haldon, *Recruitment and Conscription*, p.61f; G. Ostrogorsky, 『비잔티움 제국사』, p.233.

235) Zepos, *Jus*, I, Coll.3, Nov.22, 255~256; J. Haldon, "Military Service, Military Lands, and the Status of Soldiers", p.35.

칸토로위츠[236]는 비잔티움의 사회사, 군제사는 농민 민병대와 대토지를 소유한 귀족의 갈등의 성격을 띠는 것으로 규정한다. 7세기에서 11세기에 이르는 비잔티움 역사의 중기 시대에는 테마 제도 때문에 농민 민병대가 중심이 되고, 그 후 11세기부터는 토지를 소유한 귀족이 다시 비잔티움 사회의 가장 중요한 요소가 되었다는 것이다. 비잔티움 제국이 니케아를 중심으로 하는 소국가가 되었을 때인 13세기 전반에는 농민 민병대가 주가 되었으나, 1261년에 라틴 제국의 몰락과 함께 콘스탄티노플을 수복한 후에는 민병대의 중요성은 사라졌으며 귀족들이 가장 강력한 요소로 남게 되었다는 것이다.

할돈은, 10세기 중반까지는 국가가 토지와 인신에 다 같이 군역이 개재되는 것으로 파악한 고레키의 견해를 중시하고 또 10세기에 들어서 일련의 토지규제 입법이 이루어진 사실과 관련하여, 10세기에 지방 군인을 구성하는 중, 소농들이 지방 유지들이나 제국 혹은 교회의 직함을 가진 자들의 위협을 받았고, 특히 927~928년 흉년 등을 통해 국가는 군역의 기반을 보호해야 할 필요가 있었으므로 전통 사유재산의 개념을 수정하는 마케도니아 황제들의 입법이 이루어졌다고 한다.[237] 그에 따르면, 7세기 후반부터 국가

---

236) E.H. Kantorowicz, "Feudalism in the Byzantine Empire," in *FeudalisminHistory*, R.Coulborned., Princeton,1956/ 『봉건제의 이해』, 김동순 옮김 (민음사, 1996), pp.234-235.

237) J. Haldon, "Military Service, Military Lands, and the Status of Soldiers", pp.27, 29, 30~34. J.-C. Cheynet(*The Byzantine Aristocracy and its Military Function* [Burlington / Hampshire, 2006], pp.19~20)는 10세 마케도니아 왕조에 의해 이루어진 일련의 농지법 제정은 소농의 몰락상을 보여 주는 것이며, 10세기가 되면 Romanos Lekapenos, Basilios II세 등 선의의 황제가 있었음에도 불구하고 유지들에 의해 토지가 잠식되어 군사에 봉사하는 소농의 경제적 기반이 무너지게 되었다고 한다. 테마 군인의 몰락으로 제국의 방어가 불가능해지고, 소농은 대지주의 착취로 궁핍해지고 11세기의 농촌경제가 쇠퇴하게 되었다는 것이다. 또 양도 가능했던

귀족, 혹은 엘리트가 점차 한 사회계층으로 대두되어 10세기가 되면 스스로 그 일부가 되기도 하는 국가 자체를 위협하게 되고, 국가가 지방 군대를 지지하는 기반을 위협하게 되었다고 한다.

이와 같이 국가와 소농민의 이해관계가 일치하는 것으로 파악하고, 지방 귀족 혹은 유지들을 그에 반대되는 것으로 배치하는 도식적 설명은 이미 비잔티움 초기 사회에 대한 설명에도 적용되고 있음을 보게 된다. 오스트로고르스키에 따르면, 헤라클레이오스 왕조는 둔전병과 자유농민의 소토지 소유정책을 통치의 지주로 삼았다고 한다. 그리고 그에 반대되는 세력이 귀족들이었으며 유스티니아노스 2세(685~695)는 반귀족적 성향으로 귀족층 말살정책을 폈던 것이라 한다.[238]

케기[239]는 테마 제도가 아랍이나 불가리아 인의 방어에 도움이 된 것이 아니라고 하고, 오히려 8세기 초반에 제위를 노린 반란의 중심지가 되었으며, 중앙행정부는 테마의 세력을 축소하기 위해 골몰했고 마침내 테마는 소규모로 분할되게 되었다고 한다. 지방의 반란은 9세기 초반 슬라브 인 토마스의 반란이 마지막의 것으로서, 그 후 11세기가 되면 테마의 행정권은 사라지고 행정관이 장군을 대신하게 된다. 12세기 후반에 테마는 현격하게 붕괴하나, 니케아 제국과 에페이로스에 여전히 잔존했으며, 테마라는 용어는 비잔티움 제국이 망할 때까지 쓰였다는 것이다.

그러나 대토지를 소유한 귀족이 민병대의 사회계층과 대립했

토지가 양도 불가능한 것으로 바뀐 것도 테마 군인이 발생하던 7세기가 아니라 중규모 지주가 몰락하던 9, 10세기에 와서일 것이라고 한다.

238) G. Ostrogorsky, 『비잔티움 제국사』, p.107.

239) W.E. Kaegi, "Some Reconsiderations on the Themes: seventh－Ninth Centuries", *JÖBG*, 16(1967), 39~53.

다든가, 중앙과 지방의 대립이라는 2원적 도식으로 비잔티움 사회를 이해하는 것은 너무 단순하다. 우선 하나의 이해관계를 가진 한 동질의 집단으로 대토지 소유 귀족이라는 것이 존재할 수가 없기 때문이다. 민병대 자체도 위정자와 분리된 어떤 권력이나 갈등의 주체로 존재하는 것은 아니고 권력과 연관된 한 군부 조직의 개념으로 치환되어야 하겠다. 이들 군부는 지역적, 이념적으로 자체 내에 여러 갈등의 원인을 포함하고 있는 것으로 이해되어야 한다.

국가, 교회, 지방 유지들은 다 같이 경쟁관계에 있었을 뿐이며, 그들 가운데 누군가가 중앙의 권력을 장악하게 된다. 중앙이나 지방을 막론하고 이들 다양한 주체는 성격과 구조에 있어서 동질적인 것으로 파악될 필요가 있다. 지방의 유지와 중앙과의 긴장관계, 세속국가와 종교계 사이의 갈등은 언제나 있을 수 있으나 그 어느 것도 사회의 집권적 관료주의화, 농민들에 대한 착취를 막지 못했다. 국가제도의 관료화는 마케도니아 왕조 하에서 절정을 이루었다.[240] 동시에 이런 경쟁의 과정은 현실적으로 사회의 군사적 비용의 증대와 궤를 같이했다.

토지양도를 제한하려는 국가의 노력은 대토지 소유자 혹은 지주 귀족들에 반대하는 조처라기보다는 오히려 민간의 사유권에 저항하여 국가권력에 의한 관할권을 증대하기 위한 것으로 이해가 가능하다. 다시 말하면, 일반 농민들을 군역 혹은 납세 명부에 기록함으로써 그 외연을 넓혀 가는 것은 지방의 탐욕스런 귀족이나 대소 지주들로부터 농민들을 보호하기 위한 것이라고 하기보다는, 오히려 한편에 국가의 관료주의, 종교계의 위계조직, 관료주의에 편승하는 지방 귀족들, 그리고 그 맞은편에 끊임없이 수탈

---

240) Cf. G. Ostrogorsky, 『비잔티움 제국사』, p.191.

의 대상이 된 농민들 간의 갈등의 측면에서 이해되어야 한다. 그 수탈의 형식은 한편으로 인신에 대한 다소간의 구속이 있으며, 다른 한편에 토지를 매개로 한 각종 수세 및 부담의 전가가 있다. 양자는 서로 얽혀 있는 경우가 많으나, 그 비중은 상황에 따라 달라진다. 군역의 경우를 들면, 7~10세기 초 사이에는 사람에 대한 요구가 강하여, 일정 토지에서 군인을 내지 못하면 다른 사람에게 토지가 넘어가게 된다.

할돈은 현물로 징세와 분배가 이루어질 수 있었던 것은 징세 지역과 군인의 주둔 지역이 일치하여 현물을 멀리 운반할 필요가 없었기 때문인 것이라 하고, 역으로 이렇게 군대가 지역적으로 분산되어 있었던 원인은 작전상의 이유는 물론 현물을 멀리 운반하기 어려웠기 때문이라고 한다.[241] 황제 군대의 병참이나 군인들에 대한 장비 및 무기 판매 등과 관련하여 'apotheke(창고)', 'kommerkiarioi(병참담당인)' 등의 용어가 보인다.[242] 이 용어는 7세기경부터 사료에 나타나는데, 헨디에 따르면, 이들은 국가 소속 작업장에서 나오는 비단, 금은 용기, 직물 등 여러 가지 잉여의 물품들을 처분하는 일을 맡았고, 제국 군대의 병참도 함께 담당했다고 한다.

그러나 필자는 군대의 지역적 분산과 함께 현물의 조세징수와

---

241) J. Haldon, "Military Service, Military Lands, and the Status of Soldiers", p.15.

242) Cf. M.F. Hendy, *Studies in the Byzantine Monetary Economy c.300~1450* (N.Y., 1985), p.654ff. J. Haldon("Military Service, Military Lands, and the Status of Soldiers", p.15.)에 따르면, 비잔티움 제국은 로마 제국과 달리 제국 소유의 무기제조소를 가지고 있지 않았으며, 무기제조는 개인업자의 몫으로 남아 있었다. 그런 상황에서 kommerkiarioi(병참당담관) 자신이 무기 같은 것을 병사들에게 팔지는 않았을 것이고, 아마도 무기 제조상과 수요자를 연결하는 중개인 역할을 하거나 혹은 세금이나 부역을 통해 군대를 지원했을 가능성이 있다고 한다. 이 제도가 도입된 것은 다른 여러 제도와 같이 아마도 7세기 후반으로, 그 전에는 황제의 전매, 국가 관할의 무기 제조소가 잔존해 있었다는 것이다.

병사들에 대한 현물 지급의 체제는 현물을 멀리 운반하기 어려웠던 점도 물론 있었겠으나, 오히려 군대 체제 자체가 현지 사람들로 하여금 각 지역을 방어하도록 함으로써 먼 지역을 이동할 필요가 적었던 점이 더 우선적으로 고려되어야 할 것이 아닌가 한다. 즉 당시의 군대는 방어의 기능을 주로 한 것으로서, 공격을 하는 데 요구되는 기동력 있는 군대의 수요가 적었던 것이다. 후자는 흔히 용병으로 구성되는 경우가 적지 않았으며, 10세기 11세기의 마케도니아 왕조 때에 두드러지게 표면화된다. 이와 달리, 토착의 농민으로 구성된 지역 테마의 성립과정도 페르시아 인 혹은 무슬림에 의한 비잔티움 영역의 침략을 계기로 아시아 지역에서 먼저 생겼던 점에 주목할 필요가 있다.

앞서 언급한 바와 같이, 토지 양도의 제한이 강화되는 시기인 10세기 중·후반 이후, 다른 한편으로 토지에 대한 군역의 금납화가 오히려 장려되는 경향이 있었던 사실이다.[243] 특히 콘스탄티노스 모노마코스(제위 1042~55) 치세에는 군역 부담이 정규의 금납 세금으로 자리 잡았다.[244] 변경에 있는 메소포타미아나 이베리아의 군인들도 예외가 아니었다는 것이다.

이때 군역세 부과의 대상이 되는 토지는 특수한 범주의 '군역토지'가 아니라 어떤 계기로든 일반 농민에게 군역이 부과됨으로써 그 토지가 군역세 부과의 대상이 되는 것이었다. 고레키는 10세기가 되면 일반 농민의 땅과 군역 토지는 서로 이질적인 것이 아니라 서로 연관성이 있다고 본다. 군역 토지의 보유자가 의무를 이행하

---

243) Cf. J. Haldon, "Military Service, Military Lands, and the Status of Soldiers", p.28.

244) J. Haldon, *Recruitment and Conscription in the Byzantine Army c.550~950*, p.59ff.

지 못하거나 군역을 물려받을 자식도 없을 때는 군역에 등록되어 있지 않은 일반 농민에게 그 토지가 넘어갈 수도 있고, 또 역으로 일반 농민이 군역을 부담하게 되면 새로 군인으로 등록되게 된다는 것이다. 그러므로 군역은 토지와 관련된 한 종류의 국가 부담의 성격을 띠게 된다고 한다.[245]

할돈은 가난한 군인을 위해 공동으로 18 1/2의 기부금을 지불하도록 한 니케포로스 1세의 조처가 가난한 농민들에게 도움이 되었을 것이라고 한다.[246] 그러나 이런 조처에 대해 테오파네스가 '악덕'으로 묘사하듯이, 이런 조처는 전쟁의 도발, 물자의 강제 징발이라는 점에서 세인의 비난을 면하기 어려웠던 것이라 하겠다.

9세기 및 그 이후에 정규의 토지세를 뜻하는 'synone'는 6세기와 그 이전에는 라틴어의 'coemptio'에 해당하는 것으로 '양식의 강제구매'의 뜻에 해당한다. 7세기 혹은 8세기 초로 추정되는 이른바 '농민의 법'에서는 마을 공동체에 부과되는 국가의 정규 토지세가 '특별세(ta extraordina)'로 불렸다. 이것은 라틴어로는 'extraordinaria'로 6세기 및 그 이전에 곡물과 같은 현물의 예외적 징세(levies) 혹은 과세(impositions)를 뜻했다. 법적인 문서에는 병사들이 annona와 rhoga로 보상을 받은 것으로 나타난다. 교회도 소작인으로부터 정기적으로 1인당 6modioi의 synone(혹은 sitarchia)를 거두어들였다. 부제 Nikaia의 Ignatios는 유아와 노인에게도 synone를 징수하는 것에 대해 불평을 하고 있다.[247]

---

245) D. Górecki, "The Strateia of Constantine VII", pp.159, 163~171. Cf. J. Haldon, "Military Service, Military Lands, and the Status of Soldiers", pp.29~30.

246) J. Haldon, "Military Service, Military Lands, and the Status of Soldiers", p.28.

247) Ignatios Diakonos, *Epistolae*, ed. M. Dedeon, in *Nea Bibliotheke Ekklesiastikon Eggrapheon*, I,1 (Constantinople, 1903), 7,20~26: 8,10~12.

이와 같은 현상은 농민과 군역 부담이라는 요소만 가지고서는 이해할 수 없으며, 더 넓게 화폐 교환경제의 발달과 함께 용병이 증가한 사실이 함께 고려되어야 할 필요가 있다.[248] 니케포로스 2세 때의 잦은 전쟁의 도발 및 군대의 이동성이 증가된 사실, 나아가 수도의 권력을 둘러싼 정치권력 투쟁의 더욱 격화되어 가는 배경에는 용병에 기초한 조직적 무력 수요의 증대 등이 큰 변수로 작용했다고 하겠다. 한편, 7~10세기 사이에 지방의 군대와 테마 사령관인 스트라테고스(장군)를 제외하고는 군사적 구심점이 따로 존재하지 않았던 사실은 군인이 사회에서 갖는 비중이 상대적으로 약했던 점을 보여 주는 것이라고 하겠다. 10세기 이후 상업이 발달하고 지방 도시의 부가 증가했고, 동시에 11세기 전반 이후에는 지역 테마의 권력이 군인인 스트라테고스에서 행정관의 손으로 넘어가는 경향이 나타났으며, 제국의 관직을 지닌 귀족 계층이 지방에 출현하게 된다.[249]

---

248) Cf. J. Haldon, *Recruitment and Conscription in the Byzantine Army c.550~950*, p.62.

249) 그러나 11세기 3/4분기 이후가 되면 중앙정부가 약화되면서 지방의 귀족은 자체방어체제를 구축하게 된다. 예를 들면, 안티오크의 둑스(dux)였던 니케포로스 보타네이타스(Nikephoros Botaneitas)는 터키와 베두인의 적군에 맞설 정규부대가 없었으므로, 빈약한 무장의 지방 군대와 함께 자신의 수비대를 이용했다고 전한다. 수년 후 1078년 그가 황제로 오르면서 제위를 참칭한 니케포로스 바실라케스(Nikephoros Basilakes)를 축출할 때 다른 군사와 함께 수많은 자신의 수비대를 기용했다고 한다. 또 소아시아의 아르메니아인 통지자들은 휘하에 'azat', 'nakharar' 등의 '고귀한 군단'의 가문들을 거느리고 있었다. 또 외적의 침입이 잦은 곳에 성들이 건조되었다 (Cf. J.-C. Cheynet, *The Byzantine Aristocracy and its Military Function*, pp.32 [cf. Attaleiates, 26], 36). 다른 한편, 이미 9, 10세기의 입법에는 군인들이 개인 유력자에게 사적으로 봉사한 사실이 나타나며, 이후 사적인 군사적 수행원의 증가는 비잔티움 제국의 특징이 되었다고 한다. 그 예는 Cf. J. Haldon, *Warfare, State and Society in the Byzantine World, 565~1204*, pp.239과 주23 (p.354).
한편, 12세기 말부터 콤네노스 가문을 지탱해왔던 가문 간 연합체제가 무너지고 중앙정부의 지방에 대한 통제력이 약화되면서, 국가는 물론 황제 관리들에 의한 농민 수탈도 더 가중되었다고 한다. 군인들의 숙박, 양식조달, 말, 노새, 수레 공급 등. Nikephoros II세, Romanos IV세, Manuel I세 등의 황제들의 원정을 위해 지방정부가 이와 같은 제국의 수세권, 군사력, 행정조직 등의 강화되어 가는 과정은 사회에 대한 국가의 사법권 강화와도 연관된다. 8세기 초반 레온 3세(717~741)는 자신과 자신의 아들 콘스탄티노스(5세)의 이름으로 펴낸 법전『에클로가(Ekloga)』에는 중요한 민사법, 형법들이 선별 수록되어 있다.250) 여기에는 재산법은 후퇴하고, 상속법·가족법에 비중이 주어진다. 특히 이 법전은 유스티니아누스 1세의 법전을 보충하여 실제에 부합하는 법을 재판관에게 제시하려는 실천적인 목적을 지녔으며, 전통의 로마법에 기초하고 있으나 그것과는 상당한 편차를 지닌다. 그것은 교회법과 동방 관습법 등의 영향을 받고 있기 때문이다.251) 이 법전에는 가부장권(patria potestas)이 크게 제한되는 반면, 처와 자식들의 권리는 확대되고 혼인관계가 크게 보호를 받는다.

그리고 형법이 강화되면서, 유스티니아누스 법전에도 없으며 기독교적 인도주의 정신에도 없는 끔찍한 체형들이 등장한다. 코 베기, 혀 자르기, 손 절단하기, 눈멀게 하기 등이 그것이다. 나아가『에클로가』의 서문에는 말단 검찰관(quaestor)에서부터 모든 재

협조했다. 특히 1160년 Manuel 1세의 원정 때 트라키아 농부들로부터 많은 수의 소달구지가 차출되었고, 1176년 Anatolia에서도 많은 물자의 조달이 있었다. 또 11세기 말 12세기에는 교회소작인에 대해서도 부담이 가중되고 잦은 모병에 대해서도 불평이 있었다. 행정 및 관료 조직의 증대도 제국이 멸망할 때까지 농민들에게 부담을 주었다. 성계와 속계 양측의 지주들은 모두 면세를 받는 대신, 농민들만 착취의 대상이 되었다. 그래서 농민들은 부담이 적은 적을 선호하기도 했다고 한다. Cf. J. Haldon, *Warfare, State and Society in the Byzantine World, 565~1204*, pp.237~238과 주21 [p.354]: 아테네의 주교 Michael Choniates[I, 308~10: II, 106~7]의 편지 참조.)

250) Cf. G. Ostrogorsky, 『비잔티움 제국사』, p.121f.

251) 아랍과 게르만의 영향을 받은 것에 대해서는 cf. R. Lopez, "Byzantine Law in the Seventh Century and its Reception by the Germans and the Arabs", *Byzantion*, 16(1942/43), p.445. 기독교의 영향을 받은 것에 대해서는, cf. T.E. Gregory, "The Ekloga of Leo III and the Concept of 'Philanthropia', *Byzantina*, 7(1975), 267~287.

판관에게 국가가 급료를 지불하도록 했던 사실이 나온다.[252]

군인을 위한 기부금의 강화, 특별세의 정규세화, 국가 형법의 강화 및 형량의 강화, 가부장권의 약화와 국가 재판권의 확대 및 전문화 등의 사실은 국가가 관여할 수 있는 영역이 확대되어 간 사실을 보여 준다.

5. '테마' 중심의 군사 및 행정조직의 확대

비잔티움 제국의 테마는 토착의 군인들을 중심으로 구성되었으며, 이들은 겨울이나 평화 시에는 집으로 돌아갔다가 필요에 따라 소환되었던 것으로 보인다. 테마는 처음에는 군단, 그다음에는 군사 지역, 나아가서는 행정단위를 지칭하는 용어로 쓰이게 된다. 주둔하는 군단의 이름을 따라 행정 지역을 부르는 것은 이미 670년대에 나타난 것으로 보이나, 테마란 용어보다는 일반적으로 군대를 뜻하는 스트라토스(stratos), 스트라테우마(strateuma) 등이 많이 쓰였다. 초기의 테마로는 아시아의 아르메니아와 아나톨리아, 그리고 수도를 중심으로 하여 옵시키온 테마 등이 있었다.

테마를 둘러싸고 벌어진 주요 논쟁은 이것이 언제 어떤 계기에 의해 발생했는가, 테마 군인의 모집은 토지제도와 어떤 연관성이 있는가 하는 것 등이었다. 그러나 이 논문에서는 테마 발생의 문제는 보류하고, 주로 7~10의 토지와 군역과의 관계에 관한 문제 및 10세기 일련의 토지법 제정이 테마 등의 군사 제도는 물론 더

넓게 정치, 사회적으로 어떤 의미를 갖는가, 아울러 군역의 금납화 과정과 그 역사적 함의는 무엇인가 하는 데 초점을 두었다.

군역이 토지와 사람 중 그 어느 것을 중심으로 부과되는가 하는 질문은 획일적으로 답할 수 있는 것이 아니다. 그것은 상황에 따라 국가 혹은 지방 당국이 어느 것을 더 선호하고 필요로 했는가 하는 데 따라 달라질 수 있기 때문이다. 그러나 대체로 10, 11세기에는 그 전에 비해 군역의 직접 복무 보다는 금납화를 요구했으며, 토착성이 강한 테마의 농민 군인보다 기동력이 강하고 더 공격적인 용병이 발달하게 된다.

테마의 발달과 함께 제국은 자유소농과 그 토지를 대상으로 한 군역의무를 확대했다. 이것은 소농에 대한 통제력과 함께 납세조직의 강화와 불가분의 관계에 있는데, 세금으로는 토지세뿐 아니라 인두세, 가구세 등이 첨가된다. 일반 농민들이 군역에 등록하면 일부 특별세가 면제되는 등 특권이 주어진다. 군역이 소농사회에 확산되는 과정은 정치권력의 강화와 함께 테마의 관료주의화를 동반하고 이것은 다시 테마의 세분화를 가져왔다. 동시에 농민에 대한 제국의 형법도 강화되었고 더 잔혹해졌다. 이와 같은 변화는 7세기에서 11, 12세기의 장구한 세월에 걸쳐 일어났다.

군역의 형태와 토지 제도의 변화는 제국의 군사조직뿐 아니라 제국 행정 조직 자체가 농민사회나 종교사회 저변으로까지 확대되게 되는 과정과 궤를 함께한다. 테마의 군사 및 행정 조직의 확대는, 단순히 비잔티움 군대체제의 변화에 그치는 것이 아니라, 제국 내 농민사회가 국가의 관료적인 행정－군사조직에 대해 더 강하게 종속되는 계기가 되었다.

참고문헌

1차 사료

Cedrenus, *Historiarum Compendium (Synopsis Historion)*

Constantinos (VII) Porphyrogenetos, *De Thematibus (Peri ton Thematon)* A. Petrusi ed. (Vatican, 1952 : Studi e Testi, n. 160)

Constantinos (VII) Porphyrogenetos, *De cerimoniis aulae byzantinae (Peri basiliou taxeos)*, vols. 2, I. Reiske ed. Bonnae, 1829-1830.

Constantine Porphyrogenetus [Constantinos (VII) Porphyrogenetos], *Three Treatises* on Imperial Military Expliitations. Haldon, J. ed, Wien, 1990

Eustathios, *Peira*.

(S.) Georgios → Miracula S. Georgii.

Ibn Hawkal (아랍 지리학자), *La configuration de la terre [Kitab Surat al-Ard]*, trans., J.H. Kramers, E. Wiet. Beirut/Paris, 1964.

Ignatios Diakonos, *Bios tou [Patriarche] Nikephopou*, De Boor ed., Leipzig, 1880.

__________, *Epistolae*, M. Dedeon ed., in *Nea Bibliotheke Ekklesiastikon Eggrapheon*. Constantinople, 1903.

Leo VI, *Taktika, Constitutio.*

Michael Choniates

Miracula S. Georgii (Das Drachenwunder des heiligen Georg in der griechischen und lateinischen Überlieferung), J.B. Aufhauser ed. Leipzig, 1911.

Nicholaos (Patriarches ho Mysticos) I, *Epistolai.*

(Pseudo-) Mauricios, *Strategikon*

Scriptor Incertus, *Historia de Leone Armenii, Bardae filio, in Izbori za bulgarskata istorija,* v. 8. Sofia, 1961.

Theodoros Studites, *PG*, 99

Theophanes, *Chronographia*

Vita Lucae Stylitae, H. Delehaye ed., *Les saints stylites*. Brussels, 1923.

Zepos, *Jus I.*

Zonaras, *Ioannis Zonarae epitomae historiarum libri XIII usque ad XVIII* (Bonn, 1897

2차 사료

Ahrweiler, H., 'Recherches sur l'administration de l'empire byzantin aux IXe-XIe siècles', *BCH* 84(1960), pp. 1~109.

Alexander, P., *The Patriarch Nicephorus of Constantinopli. Ecclesiastical Policy and Image Worship in the Byzantine Empire.* Oxford, 1958.

Bury, J.B., *History of the Later Roman Empire : From the Death of Theodosius I to the Death of Justinian,* I. Dover, *1958.*

Bury, J.B., *History of the Later Roman Empire, From the death of Theodosius I to the Death of Justinian* 2 vols. London, 1923.

Cheynet, J.-C., *The Byzantine Aristocracy and its Military Function.* Burlington / Hampshire, 2006.

Dögler, F., *Regesten der Kaiserunkunden des Oströmischen Reiches von* München. 1995.

Miracula S. Georgii, *Das Drachenwunder des heiligen Georg in der griechischen und lateinischen Überlieferung.* J.B. Aufhauser ed. Leipzig, 1911.

Górecki, D., "The strateia of Constantine VII : the Legal Status, Administration, and Historical Background," *BZ* 82(1989), pp. 157~176.

Gregory, T.E., "The Ekloga of Leo III and the Concept of Philanthropia," *Byzantina,* 7(1975), pp. 267-287.

Grigoriou- Ioannidou, M., *Parakmi kai Ptosi tou Thematikou Thesmou : Symboli stin Exelixi tis Dioikitikis kai tis stratiotikis organosis tou Byzantiou apo ton 10o Ai. k.e.* Thessanliniki, 2007.

Grigoriou-Ioannidou, M., *Stratologia kai eggeia stratiotike idioktesia sto Byzantio* [Etaireia Byzantinon Spoudon 4]. Thessaloniki, 1988.

Haldon, J., "Military Service, Military Lands, and the Status of Soldiers: *Current Problems and Interpretations,*" *Dumbarton Oaks Papers* 47(1993), pp.1~67.

__________, *Warfare, State and Society in the Byzantine World, 565 ~1204, London,* 1999.

__________, *Recruitment and Conscription in the Byzantine Army c.550 ~950 : A Study on the Origins of the stratiotika ktemat,* SBWien 357. Vienna, 1979.

__________, "Some Remarks on the Background to the Iconoclast Controversy, BSl 38(1977), pp. 161-184.

__________, *Byzantine Praetorians: An Administrative, Institutional, and Social Survey of the Opsikion and Tagmata, c.580~900* (= Poikila Byzantina 3). Bonn,

1984.

Haldon, J. & H. Kennedy, "The Arab-Byzantine Frontier in the English and
　　　Ninth Centuries: Military Organisation and Society in the Borderlands,"
　　　ZRVI 19(1980), pp. 79-116.

Hendy, M.F., *Studies in the Byzantine Monetary Economy c.300~1450.* N.Y., 1985.

Howard-Johnston J., *Maistor : Classical, Byzantine, and Renaissance studies for Robert
　　　Browning,* Ann Moffatt ed. Canberra, 1984.

Kaegi, W.E., "Some Reconsiderations on the Themes : seventh-Ninth Centuries."
　　　JÖBG, 16(1967), pp. 39-53.

Kantorowicz, E.H., "Feudalism in the Byzantine Empire," in Feudalism in History,
　　　R. Coulborn ed., Princeton, 1956/『봉건제의 이해』, 김동순 옮김. 민
　　　음사, 1996, pp. 231-252.

P. Lemerle, *The Agrarian History of Byzantium from the Origins to the Twelfth Century
　　　: The Sources and the Problems.* Galway, 1979.

Lemerle, P., "Esquisse pour une histoire agraire de Byzance: Les sources et les
　　　problèmes," *RH* 219 (1958), pp. 32-74, 254-284 ; *RH* 220 (1958), pp.
　　　43-94.

Lemerle, P. & A. Guillou & N. Svoronos, ed. [= Archives de l'Athos 4]. Paris,
　　　1968,

Lilie, R.-J., *Die Byzantinische Reaktion auf die Ausbreitung der Araber.* Munich, 1976.
　　　__________, "'Thrakien' und 'Thrakesion': Zur Byzantinischen Provinzorganisation
　　　am Ende des 7 Jahrhunderts," *JÖB* 26(1977), pp. 7-47
　　　__________, "Die zweihundertjärige Reform : Zu den Anfängen der
　　　Themenorganisation im 7 und 8 Jahrhundert," *BSl* 45(1984), pp. 27-39,
　　　190-201.

Lopez, R., "Byzantine Law in the Seventh Century and its Reception by the
　　　Germans and the Arabs," *Byzantion,* 16(1942/43), p.445f.

Nystazopoulou-Pelekidou, M., *Byzantina Eggrapha tis Monis Patmou II : Dimosion
　　　Leitourgon.* Athens, 1980.

Oikonomides, N., "Les premières mentions des thèmes dans la chronique de
　　　Théophane," *ZRVI*, 16(1975), pp. 1~9.

Oikonomides, P., "Middle Byzantine Provincial Recruits : salary and Armament,"
　　　J. Duffy & J. Peradotto ed., in *Gonimos : Neoplatonic and Byzantine Studies
　　　presented to Leendert G. Westerink at 75.* Buffalo/Arethusa, 1988).
　　　pp.121~136.

Ostrogorsky, G., *Byzantinische Grschichte.* München, 1996. 한정숙, 김경연 역,

『비잔티움 제국사』. 까치글방, 1999.

Ostrogorsky, G., "Sur la date de la composition du Livre des Thèmes et sur l'époque de la constitution des premiers thèmes d'Asie Mineure," *Byzantion*, 23[1953/4], pp. 31~66.

Oxford Dictionary of Byzantium, Alexander P. Kazhdan ed., in chief. N.Y., 1991.

Patlagen, E., "L'impôt payé par les soldats," in *Armées et fiscalité dan le monde antique*. Paris, 1977.

Pertusi, A., "La formation des thèmes byzantins", in *Berichte zum XI Internationalen Byzantinischen-Kongress*, I. Münich, 1958

Uspenskij, F.I., "Voennoe ustrojstvo vizantijskoj imperii," *IRAIK* 6(1900), pp. 154-207 (J. Haldon, "Military Service, Military Lands, and the Status of Soldiers," p. 3에서 재인용).

김차규, 「레오 3세와 성상파괴논쟁」, 『명지사론』 10(1999), pp.109~138.

김차규, 「비잔티움 제국의 테마제도: 기원문제를 중심으로」, 서양중세사연구 3[1998], pp.21~46.

전쟁·정복의 영향으로 본 **사회언어학적** 해석

골 어를 통해 본 토착문화의 이문화 융합 현상 분석연구[1)

장니나

1. 사회문화적 언어융합

　토착문화와 이문화의 만남은 인간의 역사 속에서 다양한 방법으로 이루어져 왔으며 문화접촉 상황인 전쟁, 정복, 종교 등은 문화 간 충돌, 수용, 융합의 기회를 제공해 왔다. 본 장에서는 문화 간 접촉을 언어 접촉을 포함한 상호 교차의 개념으로 보며 이는 고대 역사에 속한 문제만이 아니라 여러 원인에 의한 인적 이동에 따른 문화적 접촉이 빈번한 현대에도 주목받고 있는 공통적인 사회현상이다. 이러한 맥락에서 토착문화와 이문화의 접촉 과정에서 필연적으로 발생하는 언어 간 접촉과 그에 따른 사회문화적 언어융합에 대한 논의를 전개함으로써 동시대 다문화사회의 이주정책과 언어정책에 중요 시사점을 찾을 수 있을 것이다.

　언어는 역사의 흐름에 따라 사회, 정치, 종교, 지리적인 외부요인에 의해 영향을 주고받으며 발전해 왔다. 특히 이 언어를 사용하는 이민족과의 만남인 이문화 교류(le contact des cultures)는 토착문화의 이문화 수용 형태를 보여 주는 것으로 여러 언어 교류(le

---

1) Cf. 『프랑스학 연구』 57 (2011.08), pp.317-341 게재.

contact des langues)가 이루어지는 계기를 마련하곤 하였다. 다양한 문화의 보편적인 사회현상을 통해 한 고대 언어 속에 나타나는 이문화 융합 현상은 언어의 기원과 발생, 변화를 통한 새로운 언어의 출현을 도출해 볼 수 있다.

기원전 6세기 중앙 유럽에 거주하던 켈트 족이 이동하여 정착한 고대 프랑스 지역인 골(La Gaule)은 18~19세기경 고고학이 발달함에 따라 주목 받았고 역사학자들에 의해 고문서를 기록한 서판이 발견되면서 과학적인 연구가 진행되었다. 물론 이 지역은 켈트 족이 정주하기 이전에 할슈타트 문명(la civilisation de Hallstatt)[2]과 라 텐느 문명(La Tène)[3]의 역사적 흔적이 있었던 곳으로 여러 종족의 교류가 있었을 것으로 추정되고 있다. 특히 기원전 600년경인 할슈타트 D시기[4]에 프랑스 남부에 거주한 골 족은 에트루리아 족과 동맹이 있었던 것으로 봐서 켈트 족이 남쪽으로 활동범위를 넓혀 지중해와 유럽의 다른 지역을 연결해 주는 역할도 했을 것이다. 골 지역은 기원전 118년 로마가 나르보네즈 골 정복 이후 전체 골을 정복하기 위해 전쟁[5]을 치르는 시기까지 고유 언어인 골 어와 골 문화가 전승되어 왔던 고대 지역이다. 이후 로마에 정복되어 갈로-로마 문화[6]로 융합된 골은 구어 라틴어의 팽

---

2) 제1 철기시대에 생성된 원시문명(기원전 1300년경~기원전 400년경)으로 현 오스트리아 잘츠카머구트(Salzkammergut)에서 할슈타트 광산 책임자였던 게오르그 람자우어(Georg Ramsauer)에 의해 1846년부터 1876년까지 발굴되었고 이후 여러 고고학자들에 의해 재발견되고 유럽의 원시문명으로 명명되었음.

3) 제2 철기시대에 생성된 원시문명(기원전 460년경~기원전 30년경)으로 현 스위스 티엘(Thielle) 하구의 느샤텔(Neuchâtel)호수에서 1857년 프리드리히 슈봐브(Friedrich Schwab) 대령에 의해 발견되어 고고학자들이 할슈타트문명과 함께 유럽의 원시 2대 문명으로 명명하였음.

4) 기원전 7세기에서 기원전 5세기까지임.

5) 기원전 58년부터 기원전 52년까지의 골 전쟁을 말함.

6) 기원전 52년 시저의 골 정복부터 기원후 486년 로마의 멸망까지임.

창 속에서도 지역별로 조금씩 다른 골 어의 명맥을 이어 나갔다.

따라서 토착문화로 대표되는 골 문화는 여러 종족들과의 문화 접촉을 거쳤고 그리스어, 라틴어, 게르만 어와의 교류와 융합을 통해 새로운 언어인 민중 로망 어(la langue romane rustique)를 탄생시켰으며 고대 프랑스어의 기원으로 발전해 나갔다. 본 장의 목적은 이러한 역사의 연속성을 토착문화의 이문화 융합 현상으로 고찰해 보고자 하는 데 있다.

프랑스어는 인도-유럽어족의 로망어 중 하나로 사회언어학자 H. Walter에 의하면 현대 프랑스어 어휘에 갈로-로마(gallo-romaine)시대 방언과 고대 게르만 어의 어휘를 포함하고 있고, 골어를 비롯한 그 이전의 언어들도 지명으로 남아 있다고 밝힌 바 있다.[7] 이에 비추어 볼 때 골 지역에는 여러 언어들의 교류가 문화 간 접촉 시 발생했다는 연구 가설을 세울 수 있을 것이다.

동일한 맥락에서 본 장은 당대 문화교류 흔적 중 하나인 언어 접촉현상을 주제로 사회언어학[8] 이론을 통해 한 사회에서 여러 언어를 사용하는 이언어병용 사회상황(diglossie)과 문화 교류를 통해 외부의 요소를 받아들여 내부적으로 토착화되는 크레올화(créolisation)를 근거로 여러 토착문화가 이문화 유입을 수용하는 과정을 사회문화적 언어 융합현상으로 고찰해 보고자 한다.

---

7) Walter H.(2009), pp.313~322.

8) Calvet L.-J.(2009), p.17.

2. 골 어(La langue gauloise)의 기원과 특징

1) 골 어에 대한 비교 연구

골 어는 로마의 골 정복 이전부터 골 지역에서 사용되던 구술 언어로 그리스어와 라틴어, 골 어를 병용해서 기록한 서판의 발견을 통해 언어의 의미를 추정하고 있다. 이에 언어적 기원을 밝히고자 다른 언어들과의 비교 연구 방법이 이루어져 왔다.[9] 골 어 전문가인 G. Dottin에 따르면 1498년 로마의 Annius de Viterbe(1432~1502)에 의해 골 어 어휘 목록이 알려졌고 Beatus Rhenanus(1485~1547)는 골 어가 게르만 어와 다르다고 주장했다. 혹은 영국에서 사용하는 언어와 유사하다고 했으며 Guillaume Postel(1560~1681)은 브르타뉴 어와 프랑스어는 동일한 언어이고 골 어와 그리스어가 유사하다고 언급했다. 필자의 견해로는 당대 골 어가 골에서 통용된 그리스어 어휘를 차용했기 때문으로 생각한다. 또한 골 어의 기원을 밝히려는 여러 학자는 골 족이 게르만 어를 사용했고 프랑스어는 골 어에서 나왔으며 골 어는 그리스어를 기원으로 하고 라틴어휘를 섞어 사용했다는 주장도 있었다. 이렇듯 다양한 문제제기는 골 어의 여러 문화 간 융합인 크레올화를 보여 주는 단적인 예일 것이다. 이후 같은 켈트 어 계열인 웨일스어와 골 어를 비교하기도 하고 세자르가 브르타뉴 어와의 유사점을 언급했다는 기록의 발견 등 역사·지리 언어적 논쟁이 끊이질 않았다. 언어학자 A. van Schrieck(1560~1621)은 모든 언어가 히브리 어를

---

9) Dottin G.(1918), p.3.

기원으로 하고 있다는 전제하에 골 어를 다루었는데 필자의 견해
로는 지중해를 중심으로 활동했던 페니키아 인이 페니키아 문자
를 사용했고 그 문자는 알파벳의 기원으로 알려져 있으며 페니키
아어는 고대 히브리 어의 전승으로 추정하기 때문인 것으로 생각
한다. 또한 페니키아인들은 해안을 정주하던 역사를 남겼으므로
해안가를 중심으로 어휘 차용이 이루어졌을 것이고 남프랑스 해
안가에도 언어흔적을 남겼을 것이다.[10) 골 어가 프랑스에서보다
도 영국에서 먼저 활발하게 연구된 이유는 17세기 영국을 비롯한
유럽에서 언어사전들이 출간된 사회적 분위기 때문이다. 이미 15
세기부터 거론된 골 어의 정체성은 영국의 켈트 어에서 그 기원
을 찾게 되었다. 유럽에서 가장 오래된 언어인 켈트 어는 웨일스
어, 브르타뉴 어와 유사한 골 어에 대한 연구를 위해 1804년 켈트
아카데미가 설립되어 학문적으로 접근하기 시작했다. 1814년부터
는 켈트 아카데미가 프랑스 고대사회 연구센터로 전환되면서 프랑
스 지역어로서 브르타뉴 어와 웨일스어를 연구하기에 이르렀다.

　골 어는 아일랜드와 스코틀랜드에서 사용되는 게일 어(le gaélique)
와 웨일스어, 브르타뉴에서 사용되는 브리소닉 어(le brittonique)처
럼 인도-유럽 어족의 켈트 어다. 다시 켈트 어는 크게 두 언어
줄기로 나눈다. 그 기준은 숫자 4, 5를 /p/로 시작하느냐 /c/로 시작
하느냐에 따라 구분된다. 섬 켈트 어인 브리소닉 어는 /p/ 계열로
브르타뉴 어(le breton), 콘월 어(le cornouaillais), 웨일스어(le gallois)
를 포함하고 있다. 반면 내륙 켈트어인 게일어는 /c/ 계열로 아일랜
드, 스코틀랜드의 게일어와 맹크스 어[manxois 또는 맨어(le mannois)]

---

10) 페니키아 인의 남 프랑스 언어흔적에 대한 크레올화 연구 가설은 제3장의 히브리어
　　의 흔적 연구와 맥락을 같이하고 있음.

를 포함하고 있다. 골 어는 고대 브리소닉 어와 더 유사하다고 알려져 있었다. 이와 같은 이유로 골 어를 켈트 계열 어들과 비교할 수 있는 것이다.

〈표 1〉 골 어와 켈트 계열 어들 비교[11]

골 어	브르타뉴 어	웨일스어	게일 어
petuar(es)(4)	pevar, peder	pedwar	a ceathair
pempe(5)	pemp	pump	a cuig

위의 표처럼 숫자 4, 5를 비교해 볼 때 골 어는 브르타뉴 어, 웨일스어처럼 /p/계열의 켈트 어이고 /c/계열의 게일 어와 구분된다. 골 어는 다른 고대 켈트 어와 달리 후대 어를 남기지 않았지만 현대 프랑스어와 프랑스 지역어인 브르탸뉴 어에 몇 개의 어휘를 남긴 것으로 알려져 있다.

세자르의 전체 골 정복 이후 골 종족 대부분은 승리자의 언어인 라틴어에 직접적인 접촉을 한다. 라틴어는 황제, 군대, 행정, 상인들의 언어였다. 기원전 1세기에는 이탈리아에서도 문서로 기록되는 경우는 흔치 않았고 개인적인 편지나 일기 형식의 라틴문학은 오랜 시간이 흐른 이후에 생겨났다. 라틴어는 속주에서뿐만 아니라 로마에서도 교육의 언어였고 속주에서 사용되던 라틴어는 단순한 문법으로 의사소통을 하는 구어 라틴어였다. 골 족은 골의 광대한 지역성에 따라 일률적으로 라틴어를 채택한 것은 아니었으며 골 어와 라틴어를 일정기간 병용해서 사용하였다. 골 언어사회에 미친 로마의 영향은 직업과 연관되기도 했는데 로마 군

---

11) 출처: 〈Le gaulois et les langues celtiques〉, p.2. http://monsu.desiderio.free.fr/curiosites/gaulois.html

인으로 자원한 골 족은 라틴어를 말하고 쓰기 시작했던 것이다. 또한 토착 지배계층들은 로마 사회 체계를 골 체계와 통합하기 위해 라틴어를 사용했다. 역사학자 디옹 카시우스에 의하면 클라우드 황제는 라틴어를 알고 있는 속주 토착민에게 시민권을 부여했다고 한다.[12] 위에서 설명한 바와 같이 특정한 상황 하에 언어적 주체는 피지배층과 지배층으로 구별되어 정치·문화적인 동화를 위해 토착의 지배세력을 우선적으로 포섭했을 것이다. 또한 골 족은 다시 여러 부족으로 나누어지고 언어도 여러 언어로 구별되므로 전체 골이 아닌 일부 골이 로마 군대에 들어가 로마의 언어팽창주의에 동참했던 것으로 파악할 수 있을 것이다.

위와 같이 갈로-로마시대 이언어병용 사회상황은 라틴어와의 비교를 통한 골 어의 기원을 밝히고자 하는 근거가 될 수 있다.

<표 2> 프랑스어, 골 어, 라틴어 숫자 4, 5 비교[13]

숫자	프랑스어 기수	프랑스어 서수	골 어 기수	골 어 서수	라틴어 기수	라틴어 서수
4	quatre	quatrième	petuar(es)	petuarios	quattuor	quartus
5	cinq	cinquième	pempe	pimpetos	quinque	quintus

위 표와 같이 숫자 4는 골 어에서 /p/철자를 사용하고, 라틴어와 프랑스어는 공통으로 /q/를 사용한다. 이로써 골 어는 라틴어와는 다른 형태임을 보여주고 프랑스어는 골 어보다는 라틴어에 더 가깝다는 것을 알 수 있다. 반면 숫자 5에서는 전부 다른 철자를 사용함으로써 프랑스어가 라틴어의 영향만을 받은 언어가 아님을

---

12) 출처: 〈Langues et écriture en Gaule Romaine〉, p.2. http://www.musee-antiquitesnationales.fr

13) 출처: 〈Les numéraux gaulois〉. http://monsu.desiderio.free.fr/curiosites/gaulois.html

보여 준다.

2) 골 어의 특징

골은 켈트 족이 정착하기 이전에 여러 고대 민족이 정주하던 곳이다. 그들이 사용한 언어도 골 어로 통칭되기 이전에 이미 고대 그리스어(le grec), 이베리아어(l'ibère), 리구리아 어(le ligure), 고대 게르만 어(le germanique)와 같은 언어들이 통용되고 있던 지역이다.[14] 그 역사적 흔적으로 프랑스의 강과 개울 이름 상당수가 켈트 침입 이전에 형성된 고대어로 알려져 있다. 이 언어들은 인도-유럽어족과 켈트 어 계열 이전의 형태이므로 고대어로 명명될 수 있다. 골 족은 여러 고대 민족들과 소통하며 발전하였기에 언어 간 이동은 자연스러운 현상이고 전체 골과 이탈리아 남부까지 서로 영향을 주고받았다. 골 족이 정복하지 않았던 이탈리아 남부에까지 유사한 어간의 단어가 있는 것으로 보아 필자의 견해로는 골 족 이전의 여러 고대 민족이 전쟁, 정복, 종교 전파 등을 통해 역사에 남긴 상호 언어 간 흔적으로 추정할 수 있을 것이다.

앞서 설명한 바와 같이 골 어의 첫 번째 특징은 여러 고대어 어휘를 차용하여 발전하였고 단순화된 어휘와 문법을 바탕으로 의사소통을 위해 여러 언어 사용이 자연스러운 이언어병용 사회상황(diglossie)이었다는 점이다. 우선 마살리아에 정착한 고대 그리스인들에 의해 지중해 해안가를 중심으로 고대 그리스어가 통용되고 라틴어와 골 어, 리구리아 어[15]가 동시에 사용되었다. 당시

---

14) Walter H. (2007), pp.12~22.

언어의 사회적 상황으로 볼 때 이웃과의 언어 교류 및 전파가 쉽게 이루어졌을 것이다. 다음으로 오늘날 스페인을 지칭하는 나르보네즈 서쪽 지역은 이베리아 족이 주로 거주하였으므로 이베리아어를 사용했다. 또한 로마가 골을 침입할 당시 골의 동쪽에 거주하던 게르만 족은 로마군대의 외국용병으로 활약하였기 때문에 로마인들과의 협정 하에 골의 북동쪽에 영구 정착하게 되었고 이들이 사용한 게르만 어는 급속한 인구 증가만큼이나 확산되었던 것이다. 결국 세월이 흐름에 따라 여러 민족이 사용하던 언어들은 로마제국 말기에 완전히 로마화되어 개별 언어들이 점차 사라졌다. 한편 켈트문명을 유지했던 리구리아 족은 5세기 초에 이르러 언어 간섭현상 및 융합이 이루어져 거의 골 어와 구별되지 않을 정도로 흡사해 골 어로 통칭되었다. 골 어의 두 번째 특징은 여러 언어가 통용되고 하나의 켈트 어로 발전되는 과정에서 크레올화(créolisation)가 일어났다는 점이다. 다른 언어로부터 차용된 어휘들과 복잡하지 않은 문법 체계로 기본적인 의사소통을 하던 언어들은 문법적으로 견고하고 표현력이 풍부한 새로운 언어로 발전되는 현상을 겪은 것이다. 이후 켈트 어 이외의 고대 언어들은 흡수, 융합되었으나 지역명은 그대로 남아 언어의 존재를 남기고 있다. 돌(pierre)을 의미하는 어간 /car/는 산의 이름을 의미하는 명칭과 지역어로서 프랑스 전역에 그 흔적을 남기고 있다. **Car**alp(Ariège), **Car**omb(Vaucluse), **Car**litte(Font–Romeu), **Char**ance(Agnielle)와 베아른 지역어 **carroc**(돌, 바위), 도핀 지역어 **char**ron은 바위 지역을 의미한다. 위 어간은 인도–유럽어족에 속한 것이 아니라 햄·셈어 계열로 보고 있다. 돌을 의미하는 **karin**은 이디오피아 북동쪽 지역어

이고 이 어간은 바스크어에서도 보인다. 이로써 골 지역의 그리스, 이베리아, 리구리아, 게르만 족은 켈트 족인 골 족과 문화 간 교류를 통한 융합의 형태로 존재했었다는 것을 볼 수 있다. 셋째, 골 어의 특징은 여러 고대 어휘가 차용되는 과정에서 지역에 따라 조금씩 다른 방언의 형태로 여러 골 어가 존재했다는 점이다.

따라서 언어 간 교류현상의 결과는 지역별로 다른 언어들과의 융합 내지는 세력다툼 끝에 변형되어 가장 빈번하게 통용되는 언어와 라틴어를 이중으로 사용하게 되었다. 이는 당대 여러 종족들이 이중 언어를 손쉽게 구사하는 이언어병용 사회상황으로 규정지을 수 있으며 이는 더 영향력이 있는 언어로의 이동을 야기할 수 있었을 것이다.

결국 골 지역의 언어 상황은 고대 언어들이 문자의 형태가 아니라 구술의 형태였기 때문에 보다 쉽게 언어가 융합되고 교류되어 변형될 수 있었을 것으로 해석된다. 물론 주된 언어는 골 어로서 이후 이민족들의 영토 점유에 따른 게르만 족 이동으로 게르만 어의 영향을 받게 되고 문자문화인 라틴어가 들어옴으로써 그리스 문자처럼 혼용 표기를 거쳐 고대 프랑스어의 기틀을 잡는다고 볼 수 있는 것이다.

앞서 언급한 바와 같이 라틴어가 들어오게 된 세자르의 골 정복이전부터 골 지역에 만연해 있던 이언어병용 사회상황은 그리스 출신의 프랑스 헬레니즘 연구가인 Jean Psichari(1854~1929)에 의해 처음으로 알려졌다. 그 정의를 보면 같은 언어의 다양한 두 양태가 동시에 사용됨을 지칭하며 특히 한 언어가 빈번하게 사용되는 현상을 일컫는다. 그 이유는 지배 상황과 권력에 따른 문화·정치적인 요인에 의해 발생된다는 점이다.[16] Weinreich은 이언어

병용 개인상황(bilinguisme)과 이언어병용 사회상황(diglossie)을 구분하고 있다. 또한 Ferguson에 따르면 동일한 언어 공동체에서 2개 언어 형태를 보이는 상황을 다음과 같이 규정짓고 있다. 첫째, 사용 기능이 분리되어 있는 경우로서 교회와 식자층에서 사용하는 높은 변이체와 민중들이 사용하는 낮은 변이체가 존재하는 상황이다. 둘째, 높은 변이체는 사회적인 지위 상승 역할을 한다.[17]

위의 사회언어학 이론을 바탕으로 살펴보면 골 어가 다른 고대어와 융합하고 라틴어를 수용하는 과정에서 유사한 부분이 있음을 알 수 있다. 구술문화를 문자문화로 기록할 수 있었던 로마는 골 전역으로 언어 팽창을 시도한다. 골 지역의 비옥하고 넓은 속주를 향한 로마인들의 언어계획은 우선적으로 도입했던 행정시스템과는 달리 라틴어를 강요하지 않았고 언어 보급을 위한 일정 단계를 뒀다. 로마는 각 지역에서 사용되던 언어들을 그들의 시각에서 '야만인의 언어(langues barbares)'로 차등 평가했다. 반면 라틴어는 지역 엘리트들을 위한 필수언어로 소개했다. 물론 속주에 전파된 라틴어는 교육을 통해 접하는 고전문학 라틴어(latin classique littéraire)가 아니라 파견된 관리와 군인들에 의해 쉽게 변형되고 토착민들의 언어에 동화된 고전구어 라틴어(latin classique parlé)다. 이는 속주의 정복자와 피정복자 간의 교류 방법이 문자로 표현되는 행정서류보다는 의사소통이 더욱 필요했기 때문에 훨씬 배우기 쉬운 구어 라틴어가 전파될 수 있었던 것이다. 문자언어를 사용하던 엘리트 그룹인 성직자와 서기관들도 종교와 공적 서류를 위한 기록을 제외하고는 문자언어를 사용할 기회가 전무했다.

---

16) L. -J. Calvet, (2009), p.35.
17) L. -J. Calvet, (2009), p.36.

결국 골 지역에서 골 어의 영향력이 점점 줄어들고 라틴어가 전파된 주요 요인은 지역 내부의 필요성보다는 외부요인이 더 큰 것으로 관찰된다. 첫째, 라틴어는 로마시민과 동등한 자격을 원하는 지배계층 골 족에게는 필수 요소였다. 둘째, 로마 화폐가 전 지역에서 통용되었던 이유로 로마식 행정이 보급되었으므로 라틴어를 사용할 수밖에 없었다. 셋째, 로마는 라틴어를 통하여 로마문화[18]를 골 지역에 전파하는 언어정책을 펼쳤기 때문이다. 그러나 골 어는 그 지역성의 방대함으로 쉽게 사라지지 않고 갈로-로마 시대 말까지 부분적으로 유지되었다.

3. 골 비문 및 고문서에 나타나는 역사적 배경

1) 골(Gaule)의 역사

골 지역 도처에서 발견된 비문 및 고문서를 통해 토착문화의 이문화 융합현상의 사례로 볼 수 있는데 우선적으로 골 지역의 역사를 살펴보고자 한다.

언어의 발생과 이동관점에서 볼 때 골 지역으로 들어 온 문화교류 경로는 크게 두 가지로 형성되어 있다. 고대 그리스와 로마문화가 지중해를 통해 프랑스 남부로 유입된 경로와 게르만의 문화가 도나우 강을 거쳐 프랑스 북부로 들어온 경로가 대표적이다.[19]

---

18) 당대 골 지역에 전파된 로마 문화 흔적은 농업 중심의 시골생활인 골 문화에 비해 상업을 필요로 하는 도시생활로 전환되어 도시가 건설되고 공공시장의 형태와 극장, 종교 사원, 공동 목욕장이 생겨났다는 것임.

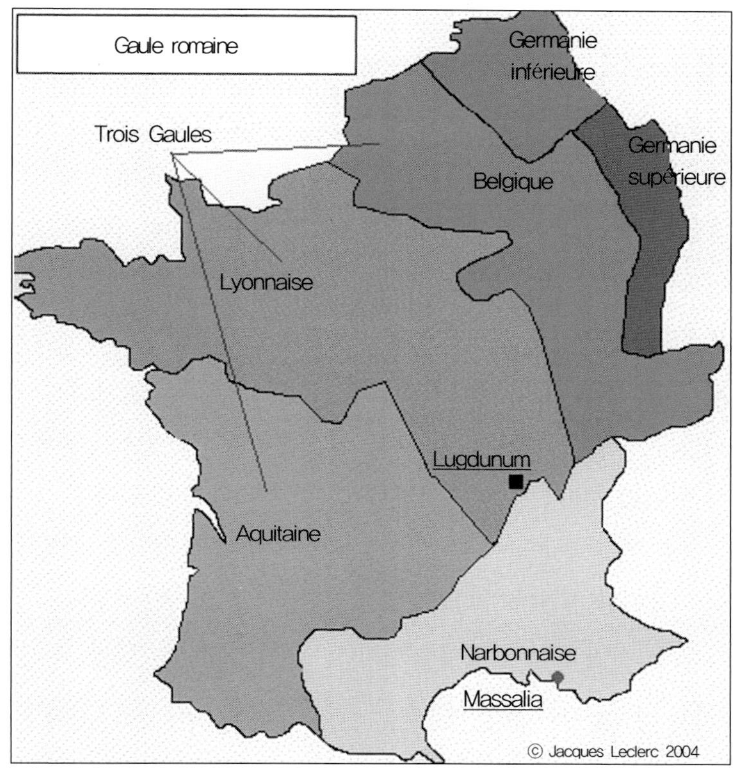

〈그림 1〉 갈로-로마 시대의 골[20]

    기원전 600년경 고대 그리스 식민지였던 마살리아(Massalia)[21]를 통해 고대 그리스의 영향을 처음으로 받게 된 '알프스 너머 골(Gaule transalpine)'[22]은 이후 로마의 지중해문화를 받아들였다. 로마에 의해 처음으로 정복된 골인 나르보네즈(Narbonnaise)[23]는 갈로-

---

19) 윤선자(2006). 〈1장 켈트 족과 로마인〉 참조.

20) 출처: J. Leclerc (2007), http://www.tlfq.ulaval.ca/

21) 오늘날 프랑스 남부의 마르세유를 일컫는 마살리아는 페니키아어로 '식민지'라는 뜻임. 소아시아의 고대 그리스 식민지인 포카이아인에 의해 식민지화됨.

22) 로마인의 시각에서 알프스 너머에 있는 골을 의미하며 오늘날 프랑스 남부 전역으로 기원전 120년에 로마인들에 의해 명명됨.

23) 나르보네즈 골(la Gaule narbonnaise)로 통칭되기도 하고 로마의 지방이라는 의미로

로마시대에 로마의 영향을 직접적으로 받아 지중해 특성인 이문화 교류와 수용이 이루어졌다. 반면, 기원전 500년경 중앙유럽에 거주하던 켈트 족은 골로 이주하였고 그들은 당대 토착민인 리구리아 족, 이베리아 족과 동화되어 기원전 5세기에서 3세기 사이에 나르보네즈를 제외한 전 지역을 지배하였다. 이 전체 지역을 로마인들이 골로 불렀다. 켈트 족의 골은 위 지도와 같이 아키텐느, 리오네즈, 벨기에 세 골 지역으로 나뉘어 있었고 로마인들은 이곳을 '긴 머리 골(Gaule chevelu)'이라고도 불렀다. 당시 나르보네즈를 제외한 전체 골 지역에서 사용되던 골 어는 현대 프랑스어에 남아 있는 어휘 140여 개를 지역명칭어휘[24]로 소개하고 있다.

오랜 역사에서 보여 주듯 골은 예부터 여러 종족이 혼재해 있던 대표적인 지역이다. Coulon에 따르면,[25] 골 족으로 지칭되는 켈트 족은 기원전 750년에서 50년까지 7세기 동안 서유럽에 거주했으며 고대 그리스 역사학자들이 처음으로 keltoï라고 지칭하여 알려졌다고 한다. 이후 기원전 4세기부터 골 족(Gaulois)으로 불리었고 현재 프랑스, 벨기에, 스위스, 이탈리아 북부지역에 걸쳐 살았다. 라틴작가들은 이들을 Galli라고 하고 고대 그리스작가들은 Galataï라고 불렀다. 사실 이들은 골 지역의 토박이가 아니며 이미 이 지역엔 고대 민족인 리구리아 족과 이베리아 족이 거주하여 그들의 언어, 종교, 문화 풍습을 지니고 있었다는 점을 간과해서는 안 된다. 그러나 그들은 이민족 간의 갈등보다는 국가를 형성하지 않아 여러 종족별로 다양한 가치를 인정하여 교류하던 복합

provincia로 불리다가 후에 Provence로 개칭되었음.
24) H. Walter (1997), pp.38~39.
25) G. Coulon (2008). 전체 참고.

문화였으며 공존의 측면이 강했다고 볼 수 있을 것이다. 현대 프랑스어 어휘에서 외래어 기원 어휘들을 통해 살펴보면 지역의 명칭을 지칭하는 어휘와 몇몇 지역어들은 다양한 언어가 공존했던 근거가 된다. 또한 골 족도 거주하던 지역에 따라 이민족 간의 융합을 통해 일정한 민족 양태를 갖고 있지는 않았다. 켈트 족의 골인 아키텐느, 리오네즈, 벨기에 골은 언어·문화적으로 동질적인 부분이 많지 않았다는 전승기록이 그 근거가 될 수 있을 것이다. 세자르가 이 지역을 정복하면서 남부 골인 나르보네즈와 전체 골을 지리적인 경계로 묶기 위해 골과 골 족, 골 어로 통칭했다는 점이다.

2) 전쟁, 정복, 종교의 흔적

골의 비문 및 고문서에는 전쟁, 정복, 종교의 흔적이 남아 있다. 이 요인들은 이민족 교류를 통해 충돌, 수용, 융합된 문화 교류의 증거가 된다.

전쟁과 정복, 종교는 문화 간 교차점이 될 수밖에 없는 요인이다. 따라서 고대 문헌에 남겨진 언어의 흔적을 찾기 위해 문화 교류의 장을 살펴보는 것이다. 이탈리아 북부에 있던 골 족은 알프스 이편 골(Gaule cisalpine)[26]을 지배했다. 로마는 팍스-로마나의 정책에 따라 골로 진출하기 시작하는데 기원전 191년에 알프스 이편 골에서 골 족을 몰아냄으로써 기원전 2세기경 로마인으로 통합시킨다.[27] 이후 로마는 골을 향한 정복을 가속화하여 기원전 120

---

26) 로마인의 시각에서 알프스를 가기 전에 위치한 골이라는 의미임.

년에 알프스 너머 골(Gaule transalpine)을 종속시키고 대략 800년간 지속되어 온 전쟁의 막바지에 북부 골(Gaule septentrionale)[28]을 정복하기 위한 전쟁(기원전 58년~기원전 52년)을 통해 전체 골을 로마의 영향 하에 두었다. 이로써 골 족과의 융합문명인 갈로-로마시대를 만든 것이다.

로마인이 정복하기 이전 켈트 문명은 기원전 8세기에서 6세기를 거쳐 오늘날 남부 독일과 프랑스 동북부를 중심으로 전파하여 프랑스 동부, 스페인, 영국으로 이동하였다. 앞 장에서 언급한 켈트 어의 확산과 그 맥을 같이하고 있다. 특히 기원전 390년에는 고대 그리스-로마(greco-romain)문화권인 이탈리아 북부, 마케도니아, 테살로니아를 점령하기도 하였다.[29]

앞 장에서 살펴본 구어 라틴어와 함께 골 어에 영향을 준 언어는 고대 게르만 어다. 라틴어는 로마 시민권을 획득하기 위한 신분상승의 언어이자 재정과 군대의 언어였다. 로마는 광활한 속주를 넓혀 나가고 통치하기 위해 자국민으로만 구성된 군대를 모집했던 것이 아니라 속주의 여러 민족을 군대에 편입시켰다. 필자의 견해로는 로마에서 멀리 떨어진 속주로 이동하기에는 어려움이 있었으므로 현지 사정을 잘 알고 있는 이민족들을 로마의 용병으로 삼는 방법이 더 수월한 정책이었을 것으로 생각된다. 이에 게르만 지역의 용맹한 많은 수의 종족이 지원하였고 로마는 이들이 복무를 마치고 은퇴할 시 속주의 영토를 제공하는 방법을 통해 골 지역에서 구어 라틴어를 전파시키려는 언어정책을 펼쳤다. 골

---

27) H. Walter (1994), p.104

28) 전체 골을 의미함. 기원전 52년에 로마에 의해 정복됨.

29) H. Walter (1994), p.105

지역에서 통용되던 여러 지역어 중에서 공통적으로 사용되는 의사소통의 언어(langue véhiculaire)는 구어 라틴어와 골 어였다. 그러나 로마의 팽창주의는 오히려 게르만 어가 통용되는 계기를 마련해 주고 토착민들의 언어와 융합하여 새로운 언어를 발생시키는 원동력이 되었다. 로마의 군인으로 지원했던 게르만 족의 인구가 골 지역으로 계속 유입되어 확산된 게르만 어와 골 어는 점차적으로 소멸되어 가고 융합의 형태로 새로운 언어인 민중 로망어가 탄생된 것이다. 게르만의 골 침입 배경은 3세기 말엽 로마가 본격적으로 군대를 확장하는 과정에서 게르만 족을 주로 용병으로 모집하여 로마의 속주들 중 가장 풍요로운 지역으로 알려졌던 골에 게르만 족이 정착하게 된 것이 계기가 되었다.

영원할 것만 같았던 로마의 언어팽창주의도 5세기 말엽에 이르러 서로마제국이 10여 개[30]의 게르만 왕국으로 분할되어 유럽을 형성하는 계기가 되자 라틴어가 분열되는 큰 변화를 겪게 된다. 게르만의 일파인 프랑크 왕국의 클로비스왕(Clovis)은 이 지역에 기독교를 전파했으며 이로써 골 어 이후 게르만 어가 그 자리를 차지한 것이 아니라 종교전례의 언어인 라틴어가 부활될 수 있었다. 이는 민중 로망어가 고대 프랑스어로 진화되는 계기가 된다. 로마제국에서 게르만제국으로의 역사적 이동을 언어 변화에 중점을 두고 살펴보자. 서로마제국의 붕괴는 2세기부터 시작된 구어 라틴어의 분열 과정에 박차를 가했다고 볼 수 있다. 이러한 언어쇠퇴현상은 이미 7세기경에 갈로-로마 지역의 모든 왕들이 라

---

30) 대표적인 게르만 족으로는 이탈리아와 사르디니아에 정착하였고 오늘날은 몬테네그로와 세르비아로 건너간 Ostrogoths 족, 스페인과 프랑스 남부를 점령했던 Wisigoths 족, 프랑스 북부와 게르마니아의 Francs 족, 영국으로 건너간 Angles 족과 Saxons 족, 프랑스 중서부의 Burgondes 족, 헤르베티아의 Alamans 족 등이 있음.

틴어 대신 여러 게르만 어를 사용하였고 게르만 어들이 정치필수 언어로 급부상하게 되었다는 점이다. 로마의 쇠퇴기에는 고전 라틴어가 작가들에 의해서만 사용될 뿐 갈로-로마인들도 더 이상 라틴어를 말하지 않았다. 예외적으로 라틴어가 유지되는 분야는 종교였기 때문이다. 로마에서 통용되는 라틴어와는 달리 간소화된 구어 종교라틴어[31]가 사용되었으며 지역의 다양성에 따라 다양한 변이를 보이고 있었다. 이후 골 지역은 게르만 족의 일파인 색슨 족의 압력에 의해 영국으로 건너갔던 켈트 족이 다시 골의 북서쪽으로 이주해 왔기 때문에 골 어의 기원을 찾기 위한 비교 연구 대상이 될 수 있었다.[32] 특히 켈트어의 후대 어인 브르타뉴 어는 오늘날 프랑스의 중요 지역어 중의 하나로 그 명맥이 남아 있으나 골 어는 후대어가 존재하지 않은 사어로 알려져 있다.

위에서 살펴본 바와 같이 전쟁, 정복, 종교는 고대로부터 언어 간 교류로 인해 어휘의 차용을 가져왔다. 이러한 어휘 차용은 비문 및 고문서에 혼용쓰기의 형태로 남아 있다. 사회언어학자 H. Walter의 연구를 보면 프랑스어에 도입된 전체 외래어 중 11.5%는 갈로-로마시대의 방언으로 481개의 어휘, 켈트 어 158개(3.8%), 고대 게르만 어(13%)에서 차용되었다.[33] 여러 언어들은 훗날 프랑스어로 발전하는 중요 역할을 한다. 특히, 색깔(bleu, gris, brun, blanc)과 수량(guère, trop)을 나타내는 형용사 및 전쟁, 장식, 식량, 농업 등 분야에서 두드러진다. 게르만 족은 군인으로 전쟁에 참여한 사례가 많았기 때문에 전쟁 관련 어휘들이 많이 차용되었고, 게

---

31) 종교상의 라틴어는 latin-chrétien임.
32) 대표적으로는 브르타뉴 어(breton)과 웨일스어(gallois)임.
33) Walter H. (1997), p.58

르만 지역에 비해 골 지역은 드넓은 농지가 펼쳐져 있던 곳으로 농업 관련 켈트 어휘가 풍부했다.

결국 전쟁, 정복, 종교로 인한 언어 변천현상을 겪은 뒤 게르만족과 로마화된 갈로-로마인들은 더 이상 라틴어가 아닌 다른 언어들을 사용하기 시작한다. 이 언어들은 민중 로망어라 부르는 언어들이며 오늘날의 프랑스어, 옥시탄 어, 이탈리아어, 스페인어, 카탈란 어 등 여러 지역어가 생성되기 이전인 언어 형태로서 다양한 지역에서 사용되던 변이체를 가진 로망어(le roman)[34]다. 이후 갈로-로마 지역을 지나 이베리아 반도와 이탈리아, 루마니아에서 사용되었고 다른 언어들[35]로 변천하게 되었다.

다른 한편, 고문서 기록에 따른 어휘 차용의 요인으로 종교를 들 수 있다. 골 족은 드루이드(druide) 종교를 가지고 있었는데 종교 지도자는 신앙 조언, 교육, 의술에 모두 관여했다. 그들이 교육한 것을 기록으로 남겨 그 고문서가 언어 연구의 중요 텍스트가 되었다. 그리스어 어휘와 골 어휘를 그리스 문자로 표기했고 로마의 골 정복이후인 갈로-로마시대에는 점점 그리스 문자 표기가 사라지고 라틴문자 표기가 새롭게 도입된다. 그 과정에 그리스 문자와 라틴 문자를 골 어휘와 혼용해서 적는 시기가 있었다.

---

34) 프랑스 북부, 프랑스 남부, 이탈리아, 스위스, 스페인, 포르투칼, 지중해의 섬들에서 사용되던 언어임.
35) 옥시탄어, 이탈리아어, 스페인어, 포르투칼어 등.

4. 골 어: 토착문화의 이문화 융합 현상

1) 골 비문 및 고문서 특징

집단 문화의 도구인 언어는 그 언어를 사용한 종족의 사회상을 비롯한 온전한 문화를 보여 주고 다른 문화 간 접촉 시 수용, 거부, 흡수, 지연 등 융합의 과정을 드러낸다. 다양한 지역성을 갖춘 켈트 어인 골 어는 이전의 문화에서 차용하고 정복을 위해 침입한 그리스어, 라틴어, 게르만 어와의 접촉을 통해 여러 언어 변용을 거쳐 흡수되었다. 이러한 언어 역사의 흔적은 그들이 남긴 서판을 통해 채워지고 유추할 수 있게 한다.

로마의 골 정복 이전에는 구어 언어에 중점을 두었기 때문에 문자 기록이 드물게 존재했다. 처음으로 기원전 600년경 마살리아에서 이오니아 그리스 문자가 사용되었다. 골 족들은 그들의 언어에 고유한 문자를 만들지 않고 이오니아 그리스 문자와 라틴 문자를 차용했던 것이다. 갈로－그리스(gallo－grecque)시대 가장 오래된 역사적 문헌은 기원전 3세기 말부터 마살리아 근처에서 작성된 것으로 281개의 고문서가 발견되었다.[36] 이로써 그리스 문자가 골 지역 전체로 상업적인 루트를 통해 전달되었고 기원전 1세기에는 골 어의 그리스 문자 표기가 수용되었다는 것을 알 수 있게 되었다. 필자가 1차 사료를 살펴본 바에 의하면 내용은 10개 단어를 넘지 않는 단문이 주였고 간혹 긴 내용도 있었으며 그 내

---

36) 필자는 Dottin G.(1918)의 저서와 Mandet F.(1840)의 저서를 수집하여 1차 사료로 참고했음.

용은 화폐, 상업, 종교 관련 글들로 사회상을 유추할 수 있었다. 특이사항은 문학적인 내용은 아직 없었다는 점이다.

> Ἀλλόβριγες δὲ μυριάσι πολλαῖς πρότερον μὲν ἐστράτευον, νῦν δὲ γεωργοῦσι τὰ πεδία καὶ τοὺς αὐλῶνας τοὺς ἐν ταῖς Ἄλπεσι, καὶ οἱ μὲν ἄλλοι κωμηδὸν ζῶσιν, οἱ δ' ἐπιφανέστατοι τὴν Οὐίενναν ἔχοντες, κώμην πρότερον οὖσαν, μητρόπολιν δ' ὅμως τοῦ ἔθνους λεγομένην κατεσκευάκασι πόλιν. Ἵδρυται δ' ἐπὶ τῷ Ῥοδανῷ.
>
> Strabon, <u>Géographie</u>, IV, 20

〈그림 2〉 그리스 문자와 골 어휘로 혼종 쓰기 한 서판[37]

위의 그림처럼 골 비문 및 고문서의 형태적 특징은 그리스 문자와 골 어휘를 혼용 쓰기 한 점이다. 이후 라틴 문자를 이용하여 기록하는 중에 골 어휘를 표기하는 것도 있고 그리스 문자, 라틴 문자, 골 어휘 모두를 혼종 쓰기 한 것도 있다. 골 족은 로마의 골 정복 이전과 이후 갈로-로마시대까지 골 어를 유지할 수 있었는데 그 이유는 골 족의 언어 습관에 있다고 생각한다. 바로 이언어 병용 사회현상과 크레올화 때문일 것이다.

따라서 로마의 골 정복 이전 골 지역 비문 및 고문서는 골 족이 그들의 언어를 표기할 문자를 만들지 않았기 때문에 이오니아 그리스 문자를 차용하였고 로마의 골 정복 이후 문자 표기는 나르보네즈 정복으로 거슬러 올라간다. G. Dottin의 분석에 의하면 골 비문 및 고문서의 내용적 특징을 크게 두 유형으로 나눌 수 있는데 기념비문과 기념비문이 아닌 경우다. 기념비문은 돌이나 청동에 새겨진 것으로 그 내용은 종교, 공식문서, 달력, 군사증이다. 공식문서는 황제가 작성한 문서인 경우가 많고 리오네즈의 수도

---

37) 출처: http://www.clg-tremonteix-clermont-ferrand.ac-clermont.fr/vienna/textes/histoire/histoire.htm

리옹에서 열린 포럼을 명시한 것인 청동판에 새긴 로마 황제 클라우디아 판[38)]이 유명하다. 그것은 클라우디아 황제의 연설을 기록한 것으로 갈로-로마 원로원을 인정하기 위한 내용이었다. 달력은 종교전례를 기록한 것으로 라틴어로 된 것과 골 어로 된 것으로 콜리니 달력(le calemdrier de Coligny)[39)]이 유명하다. 이는 고대 켈트 어로 된 가장 긴 고문서로서의 역사적 가치를 지니고 있다. 청동판위에 새겨진 것으로 로마의 골 정복 이후 200년이 지난 즈음에 기록되었고 라틴어가 대세였지만 골 어도 여전히 사용되었다는 증거가 되기 때문이다. 골 어는 특히 종교와 관련하여 보다 많이 사용되었고 골 지역의 달력(음력)은 드루이드 종교에 의해 로마정복 이전부터 제작되었다.[40)] 한편 장례비문은 리오네즈 골에서 많이 발견되었는데, 고인, 부인, 부모, 후손들 등 인명을 알 수 있고 장소, 나이, 사망 원인, 직업을 알 수 있는 중요 자료가 된다. 기념 비문이 아닌 고문서는 라틴 문자로 작성된 경우가 많은데 로마화된 골 지역의 일상생활을 볼 수 있는 자료로 작성되었다. 특히 화폐는 일상생활을 알 수 있는데 약자를 많이 활용하여 첫머리 글자를 주로 사용하였다.

요약해 보면 로마 정복 이전의 골은 그리스인의 마살리아 건설 이후 전체 골로 전파된 갈로-그리스 문화로 인해 그리스 문자가 처음으로 차용되었고 그리스 문자와 골 어휘를 병행한 서판이 기록으로 남아 있다. 이후 갈로-로마 시대에는 골 시스템과 로마 시스템이 분야별로 공존하여 골 어휘와 라틴 문자의 혼종쓰기로

---

38) 리옹의 갈로-로마 박물관 소재.
39) 리옹의 갈로-로마 박물관 소재. Ain지방에서 발굴됨.
40) Dottin G. (1918), p.44.

골 어도 명맥을 유지하고 있었다. 달력, 종교와 같은 특정 분야에서 골의 사회시스템이 중요했던 것 같다. 또한 고문서 서판의 특징으로 골 어휘, 그리스 문자, 라틴 문자 이 세 언어를 혼종 쓰기한 것도 있다.[41] 고문서는 골 및 갈로-그리스 시대, 갈로-로마 시대의 종교, 문화, 경제, 사회, 정치 모든 양상을 알 수 있는 정보를 제공해 준다. 이로써 필자의 견해로는 토착문화인 골 어가 이 문화의 수용을 통해 융합을 이루어 공존하였고 후대에는 흡수되어 다른 새로운 형태로 발전된 것으로 생각할 수 있다.

2) 골 비문 및 고문서 분석

유럽에서 인도-유럽어족의 고문서 흔적으로 그리스어, 라틴어, 게르만 어, 켈트 어, 슬라브 어를 지목하고 있다.[42] 그리스어는 기원전 15세기 미케네 어로 적힌 서판에 기록된 글로 문학 텍스트는 아니고 통용된 동전 위에 기록한 것이다. 또한 기원전 7세기 아테네의 아티카 어로 된 글과 기원전 8세기 그리스의 식민지였던 소아시아의 이오니아 어로 적힌 『오디세이』가 그 흔적이다. 라틴어는 기원전 3세기 로마에서 사용되던 고어로 로마 포럼을 흑판에 기록한 것이 있다. 게르만 어는 기원후 3세기 룬 문자로 새겨진 스칸디나비아 기록이 있다.

반면 켈트 어는 상대적으로 문자기록이 늦다. 기원후 5세기 고대 아일랜드 어인 오감문자로 기록된 것과 6세기의 웨일스어, 8세

---

41) 출처: Dottin G. (1918). 제2부 텍스트 참조(pp.145~213).
42) Walter H. (1994), p.48.

기에 기록된 브르타뉴 어가 있다. 슬라브 어는 기원후 9세기에 고
어 슬라브 어로 기록된 복음서가 있는데 비잔틴제국의 슬라브계
사도에 의해 그리스 문자를 채택한 키릴 문자로 기록되었다.

이렇듯 고대 문자들은 사용되던 구술 언어와 달리 후대에 기록
되는 경우가 많았고 문화 간 교류의 경향도 있었음을 알 수 있다.
골 지역에 로마가 침입하면서 행한 속주 정치상황은 식민지 형태
로서 언어의 층위가 나뉘어져 있었을 것이다. 그러나 골 족들은
골 어를 완전히 소멸시키고 라틴어를 수용한 것은 아니었다. 골
정복 이전의 서판에 골 어휘와 그리스 문자가 혼용되어 적혀 있
듯이 갈로-로마시대에는 골 어휘와 라틴 문자가 혼용된 서판들
이 보이기 때문이다.

        -Iccavos Oppianicnos ieuru Brigindoni cantalon
(Auxey 서판; 석판; 18세기 발굴; Beaune 박물관 소재)
-Licnos Contextos ieuru Anvalonnacu canecosedlon
(Autun 서판; 석판; 1844년 발굴; Autun 박물관 소재)
-Andecamulos Toutissicnos ieuru
(Nevers 서판; 석판; 1492년 발굴; 1734년까지 존재했으나 사라짐)

〈그림 3〉 라틴 문자와 골 어휘로 혼종 쓰기 한 서판[43]

위와 같이 몇 개의 단어로 구성된 서판을 통해 골 어 연구 학자
들은 어휘를 수집하여 용어집을 출간하는 것이 중요 사안이었다.
용어집은 세 범주[44]로 나뉘어져 있었다. 첫째, 골 어휘가 적힌 서
판에 기록된 어휘들과 고대인들이 사용한 골 어로 알려진 어휘들
목록이 있다. 둘째, 골 족으로 분명하게 인식되는 골 족의 이름 목

---

43) 출처: Dottin G. (1918), pp.162~163
44) Dottin G. (1918), p.217

록이 있다. 셋째, 갈로-로마시대에 사용된 골 어 기원 어휘들과 골 어로 추정되는 인명, 지명으로 구분하여 언어학적으로 비교 연구했다. 그 결과로 발견된 서판에서 그리스 문자와 라틴 문자 속에서 골 어휘가 포함되어 있음을 유추했던 것이다.

일반적으로 사회언어학에서 말하는 언어 교류현상의 결과는 세 가지 타입의 간섭현상을 야기하는데, 음성, 통사, 어휘부분에서 그러하다.[45] 고대 프랑스어는 위에서 언급된 여러 언어들의 영향을 받았다. 특히 음성, 통사, 어휘부분에서 골 어를 위시한 고대 골 지역에서 사용되던 구술 언어들, 구어 라틴어, 고대 게르만 어의 영향을 받아 고대 프랑스어의 기원으로 알려진 민중 로망어의 형태를 갖추었다고 보고 있다. 이러한 측면에서 언어의 융합과 변천을 근거로 언어들의 교류를 유추할 수 있을 것이다.

골 어에서 나온 어휘들의 특징[46]을 살펴보면 시골생활과 장인들이 만든 물건명인 cervoise, crème, lie, benne, tonneau, ruche, soc이 있고, 나무, 숲과 관련된 어휘로 bouleau, bruyère, chêne, coudrier, if, verne가 있다. 또한 어류의 명칭으로 alose, brochet, limande, lotte, tanche와 동물명으로 bièvre, blaireau, bouc, chamois로 알려져 있다. 위와 같은 골 어 어휘들은 여러 세기를 거치면서 오늘날 프랑스 지역어에 남아 있다. 노르망디 지역어에서 galet, galette, galoche, quai, 프와티에 지역어에서 chai, 서쪽 오일 어에 guenille, 북쪽 오일 어에 boue, 베리 어에서 souche, rabouilleuse의 예로 남아 있다. 이는 골 어가 이 문화인 그리스어, 라틴어, 게르만 어를 수용하면서 사라져 버린 것이 아니라 융합하여 고대 프랑스어로 변천을 통해 현대 프랑스어

---

45) Calvet L. -J. (2009), p.19
46) Walter H. (1997), p.39

에도 그 영향을 주었다는 사실이다.

앞에서 고찰해 보았듯이 골과 그리스-로마의 문화교류유형으로 본 이언어 교류에 있어 골은 고유의 문자 체계를 갖추고 있지 않아 구술문화가 지배적이었던 고대 문화였고, 이를 기록할 문자의 필요성에 의해 그리스어와 라틴어는 전체 골 지역에 퍼져 나갈 수 있었던 것으로 볼 수 있다. 따라서 당대 기록된 문서는 골 어휘를 가미한 라틴 문자와 고대 그리스 문자로 되어 있다. 이후 게르만의 침입[47]은 라틴어와 골 어로 대변되는 이언어병용 사회상황에 게르만 어가 합쳐져 공통적인 의사소통을 위한 민중 로망어 탄생을 가져온다. 통용된 이언어병용 사회상황의 유형은 토착어인 골 어(켈트 어)를 중심으로 라틴어-켈트 어(latino-celtique), 라틴어-게르만 어(latin-germanique), 고대 그리스어-라틴어(gréco-latin)의 조합이었다. 이 조합에서 공통적으로 사용되었던 라틴어의 도입은 전체 골에서 동시적으로 이루어진 것이 아니라 시기적으로도 차이가 컸다.

언어는 사회의 변화에 영향을 받고 역사의 변천에 따라 융합되고 발전되는 살아 있는 문화다. 고대 프랑스어의 기원은 골 어를 비롯한 리구리아 어, 이베리아어와 같은 토착 언어들과 이문화인 그리스어, 구어 라틴어 그리고 변화된 형태인 민중 로망어, 게르만 어 중 프랑크족의 언어인 프랑크 어를 포함한 이언어 교류의 산물임을 살펴보았다.

---

47) 250년에서 275년에 갈로-로마 지역을 침략하였는데, 특히 세력이 컸던 민족은 프랑크족(Francs)으로 오늘날 프랑스 국호의 기원이 됨.

5. 전쟁·정복의 사회언어적 결과: 토착문화의
이문화 융합 현상

지금까지 살펴보았듯이, 골 이전에 있었던 유럽의 원시문명인 할슈타트와 라 텐느 문명의 연대기를 살펴보면 두 문명이 단절된 것이 아니라 공존했던 시기가 있음을 알 수 있다. 이는 결코 어떠한 문명도 스스로 발생하고 소멸해 가는 것이 아니라 문화 간 교차로 인한 충돌, 수용, 융합의 과정들을 거치면서 발전해왔던 것임을 알 수 있다. 골 지역도 이전의 토착문화를 흡수하고 당대 주변 여러 종족이 지니고 있는 다양한 문화 간 접촉이 있었고 새롭고 발전된 형태의 이문화를 전승시켰음을 유추할 수 있었다.

이미 3개 언어를 구사했을 것으로 추정되는 골 족은 로마의 정치·군사적 팽창주의인 정복으로 인해 토착민의 언어와 정복세력의 언어 간 혼종을 겪었다. 이로써 골 어와 구어 라틴어의 이언어병용 사회상황이 도래했고 점차적으로 언어 세력의 층위에 따라 골 어가 소멸되어 갔다. 이후 게르만 여러 종족의 침입과 로마의 몰락으로 인한 사회상으로 구어 라틴어가 게르만 어를 수용하여 새로운 변용인 민중 로망어가 탄생한 것이다. 이 관점에서 언어는 완전하게 사라지는 것이 아니라 다른 언어들에 영향을 미치고 새롭게 부상하기도 한다. 당대 통용되던 언어가 민중 게르만어가 아니라 민중 로망어인 이유는 바로 게르만 일파인 프랑크족의 클로비스왕이 모국어인 라인 프랑크어를 강요한 것이 아니라 라틴어 사용을 권장했기 때문이다. 필자의 견해로는 클로비스왕이 왕권에 의해 기독교를 도입했으므로 라틴어는 종교 언어로 도입할 수밖에 없었고 더불어 사라지던 로마문화 부흥에 관심이 많았기 때문인 것으로 생각한다. 당시 교회 전례 언어인 라틴어가 부활되었고 고대 문서에 대한 번역 작업이 많이 일어났기 때문이다. 이후 고대 프랑스어로 형성되는 일련의 과정을 통해 필자는 인간의 언어가 지니는 보편성, 즉 토착문화와 이문화로 대표되는 문화 간 교차에 따른 혼종과 융합이 시간 속에서 작용을 일으켜 변천을 야기하는 언어의 사회성을 볼 수 있었다.

다음으로 언어가 융합되는 데 있어서 문자성이 중요함을 알 수 있었다. 문자를 가진 언어는 문자문화의 틀에서 기록으로 전해지기에 가치를 인정받고 있으나 구술문화가 주로 존재했던 지역은 상대적으로 사료가 충분치 않아 전승 자료에 의존하는 경우가 있다. 골 어도 구술문화로서 몇 개의 어휘와 그리스 문자, 라틴 문자로 된 혼종 쓰기를 통해 역사를 전하고 있다. 또한 구어 라틴어가 골 전체로 확대될 수 있었던 이유가 문자로 기록하는 언어였기 때문이었을지도 모른다. 물론, 당대는 모든 사람들이 글을 쓰는 것은 아니었다. 글로 기록하는 것을 직업으로 삼는 서기관이 있었고 군인과 귀족은 구어 라틴어를 배우는 계층이었으나 문서 작성을 주로 하지는 않았다. 골 어를 주로 사용하던 대부분의 농민들은 글을 쓰고 읽을 기회가 거의 없었으며 서기관 외에 글을 접할 수 있었던 계층은 교회 성직자였다. 이러한 이유로 남겨진 비문 및 언어의 흔적은 골 어를 충분히 알려 주기보다는 표기문자인 문자성에 의존하게 되고 내용 역시도 제한적일 수밖에 없는 것 같다. 그러나 문화적 상대주의를 거론하지 않더라도 하나의 문화가 교류와 융합 없이 성장하고 발전할 수 없다. 특히 언어의 역사는 화자의 역사이므로 남겨진 문서가 많지 않더라도 통용되었다면 문자문화만큼 구술문화로 인정받아야 한다고 생각한다. 비록 골 어에서 전승된 부분이 토착문화를 이해할 수 있는 어휘에 국한되긴 하지만 한 언어에서 어휘가 차지하는 부분이 적지 않고 어휘는 국경 없이 여행하는 문화의 형태이므로 이문화 수용과 융합의 과정을 설명할 수 있는 중요 근거가 될 수 있다.

결국 유럽의 고대 언어 중 하나인 골 어의 기원과 변천을 통해 토착문화의 이문화 융합 현상 분석을 고찰해 보면서 토착문화와 이문화의 교류는 언어 간 접촉을 통해 이루어질 수 있으며 전쟁, 정복, 종교는 큰 요인으로 작용한다는 사실을 검토해 보았다. 언어의 역사성은 충돌, 수용, 거부를 거쳐 융합으로의 교류현상이 아닐까 생각한다. 다음으로, 언어 교류가 과거의 문제만이 아니라 동시대 어느 사회에서나 존재하는 다문화사회의 이주 정책과 언어정책도 생각해보게 되었다. 몇 년 전부터 우리나라에서도 화두가 되고 있는 이주로 인한 이민자들의 이문화 수용과 태도 등을 총괄하는 이민자 언어정책을 위해 토착문화와 이문화가 잘 융합될 수 있는 방안들이 모색되어야 할 것으로 사료된다. 필자의 견해로는 문화의 이동에 있어서 주도하는 문화는 분명 존재하지만 토착문화의 흔적을 없애고 새로운 문화를 강요하는 것이 아니라 일정 부분 담고 있다는 점에 주목해야 할 것이다. 이는 하나의 문화가 형성되기까지 여러 문화의 접변 지역에서부터 교류가 이루어져 점차 확대되었으며 특히 중첩되는 지역에서는 상승작용을 일으켜 새로운 문화로의 이동이 가능했다는 점을 언어 간 교류를 통해 알 수 있었다.

참고문헌

Alén Garabato C., *Actes de résistance sociolinguistique*, L'Harmattan, 2008.

Aupert P., Hiernard J., et Fincker M., *Sanxay −Sanctuaire Gallo −romain*, Editions Imprimerie nationale, 1992.

Bonnet C. et Descatoire C., *Les Carolingiens et l'Eglise(VIIIe −Xe siècle)*, Ophrys, 1996.

Brun J. −P. et Jockey Ph., *Techniques et sociétés en Méditerranée*, Maisonneuve & Larose, 2001.

Boyer H., *Introduction à la sociolinguistique*, Dunod, 2001.

Calvet L. −J., *La sociolinguistique*, PUF, 2009(6ème édition).

Coulon G., *Des Gaulois aux Gallo −Romains*, Gallimard, 2008.

Dottin G., *La langue gauloise: grammaire, textes et glossaire*, Librairie C. Klincksieck, 1918.

Favier J., *Histoire de France tome 2 Le temps des principautés*, Fayard, 1984.

Ferdière A., Malrain F., Matterne V., Méniel P. et Nissen Jaubert A., *Histoire de l'agriculture en Gaule 500 av. J. −C. −1000 apr. J. −C.*, Editions Errance, 2006.

Hagège C., *Combat pour le français: au nom de la diversité des langues et des cultures*, Éditions Odile Jacob, 2006.

__________, *Le Français et les siècles*, Éditions Odile Jacob, 1987.

Hussy Ch. et Olive M., *Les grandes découvertes en Préhistoire*, Édisud, 2006.

Mandet F., *Histoire de la langue romane*, Chez Dauvin et Fontaine, 1840.

Marin B. et Virlouvert C., *Nourrir les cités de Méditerranée: antiquité −temps moderne*, Maisonneuve & Larose, 2003.

Moatti C. et Kaiser W., *Gens de passage en Méditerranée de l'Antiquité à l'époque moderne*, Maisonneuve & Larose, 2007.

Sartre M. et Tranoy A., *La Méditerranée antique IIIe siècle av. J. −C./IIIe siècle apr. J. −C.*, Armand Colin, 1997.

Walter H., *L'Aventure des langues en Occident*, Robert Laffont, 1994.

__________, *Mille ans de langue française: histoire d'une passion*, Perrin, 2007.

__________, *Le français dans tous les sens*, Robert Laffont,1988.

__________, *L'aventure des mots français venus d'ailleurs*, Robert Laffont, 1997.

__________ et Walter G., *Dictionnaire des Mots d'origine étrangère*, Larousse, 2009.

Werner K. - F., *Histoire de France tome 1 Les origines*, Fayard, 1984.

월터 J. 옹, 이기우·임명진 역, 『구술문화와 문자문화』, 문예출판사, 2009.

윤선자, 『이야기 프랑스사』, 청아출판사, 2008.

이창순, 『프랑스어사 개요』, 신아사, 2000.

장 이브 보리오, 박명숙 역, 『로마의 역사』, 궁리, 2007.

칼베 루이-쟝, 김병욱 역, 『언어와 식민주의』, 유로서적, 2004.

http://www.crdp - reims.fr

http://la - terre - et - ses - environs.e - monsite.com

http://www.philisto.fr

http://www.clg - tremonteix - clermont - ferrand.ac - clermont.fr

http://www.musee - antiquitesnationales.fr

http://monsu.desiderio.free.fr/curiosites/gaulois.html

나르보네즈 골 지역의 서판 어휘에서 보이는 이언어 교류[48]

장니나

1. 나르보네즈 골의 언어교류

다양한 문화가 공존하는 현대사회는 단일 언어만을 의사소통 수단으로 삼는 것에서 벗어나 여러 언어들의 접촉현상(contact des langues)[49]이 필연적으로 전개되고 있는 실정이다. 이러한 언어사회현상은 이미 고대로부터 이어져 온 것으로 특히 다양한 문화권이 패권을 누렸고 여러 문화의 중첩과 통섭의 장이 되었던 지중해지역이 대표적인 곳일 것이다. 역사인류학자 잭 구디에 따르면 지중해 고대 문화는 의미 있는 하나의 전체로서 언어 기원과 선택에 있어 편의성에 따른 공통된 토대는 존재했을 것이지만 하나로 완전히 통일된 언어문화는 없을 것이라고 밝히고 있다.[50] 이렇듯 시대를 뛰어넘는 공통된 사회현상인 언어교류는 언어내적인 변화뿐만 아니라 인류학, 선사학에서 다루는 언어 발생 개념과 언

---

48) Cf. 『프랑스문화 연구』23 (2011.11), pp.541-563 게재.
49) 사회언어학의 주요 연구주제가 되어 왔음.
50) 잭 구디, 김지혜 역, 『역사인류학 강의』, p.282

어의 지리적인 경계를 다루는 역사지리언어학을 이론적 배경으로 참조할 필요가 있을 것이다.

본 장의 목적은 고대 프랑스 지중해지역인 나르보네즈 골(Gaule Narbonnaise)을 중심으로 토착언어(들)와 이민족들의 침입과 전쟁의 결과인 이언어 접촉양상을 고찰하여 언어를 통한 문화 교류 유형화를 발견하는 데 있다. 그 연구방법은 나르보네즈 골에서 발굴된 서판 기록 언어를 통해 당대 사회, 언어, 역사에 관한 충돌, 갈등, 융합의 교류과정을 짚어 볼 것이다. 프랑스 남부의 나르보네즈 골은 로마가 스페인으로 가기위한 도미티아 가도와 로마가 전체 골을 장악하기 위해 교두보로 삼은 아키텐느 가도의 교차점에 위치해 있어 이민족들의 이동과 교류가 다른 골보다도 더욱 활발했던 지역이므로 언어 접촉의 흔적이 많을 것이다.

언어의 역사성을 문헌으로 고증하는 선사학에서는 프랑스 선사시대를 할슈타트(Hallstatt) 문명이 보급된 기원전 850년경에서 700년으로 주목하고 있다. 이후 고대 그리스에 의해 프랑스 남부 마살리아(Massalia)[51]가 건설된 기원전 600년경을 고대 프랑스 지역 골(Gaule)의 초기 역사로 기록하고 있다. 구체적으로는 가론 지방까지 전파된 텐느(Tène) 문명(기원전 500년경), 카르타고에 대항하기 위해 결성된 마르세유와 이베리아 동맹(기원전 460년), 에트루리아인과의 전쟁에 맞선 마르세유와 고대 그리스의 연합(기원전 455년)이 역사적으로 남아 있다. 이러한 침입과 전쟁의 역사를 통해 여러 이민족들 간의 언어접촉에 따른 문화교류는 필연적이었을 것이다.

---

51) 마살리아는 기원전 479년에 마르세유로 개칭되었으며 새로운 해상 제국의 기틀을 다지게 되었음.

동일한 맥락에서 본 장은 골(Gaule) 지역에서 토착민과 여러 이민족들 간 문화 접촉 형성 과정이 전쟁과 침입을 통해 공통적으로 있었으며 특히 중요한 문화 교차로인 나르보네즈 골의 사회언어현상으로 여러 언어들 간 교차와 혼종의 결과를 이언어 교류에 대한 연구가설로 세워 역사문헌을 통해 고찰해 보고자 한다.

2. 골(Gaule)의 사회와 언어상황

1) 골 사회배경

골의 토착문화와 이문화인 로마 문화가 융합된 갈로-로마 골은 알프스 이편 골(Gaule cisalpine), 로마가 스페인으로 넘어가기 위해 거쳐야 하는 길이자 북부 골을 향한 통로인 나르보네즈 골(Gaule narbonnaise), 알프스 저편 골(Gaule transalpine)로 나뉘며 이는 지역적인 경계를 기준으로 아키텐느 골(Gaule aquitaine), 벨기에 골(Gaule belgique), 리오네즈 골(Gaule lyonnaise)로 다시 구분하고 있다. 기원전 27년 로마의 오귀스트에 의해 아키텐느 골이 명명되었고 벨기에 골은 토착세력인 켈트 족과 게르마니아 족의 혼합문화로 구성되었으며 리오네즈 골은 지정학적으로 골의 중심부에 위치해 있었으므로 로마에 대항하는 골 족 장들의 만남 장소이자 경제와 상업의 교류 역할을 했다. 갈로-로마 골 사회를 이루는 배경이 되는 토착문화는 골 족이 정주하던 시기 이전에 이미 또 다른 토착민들이 존재했었다. 그들은 켈트 족, 리귀리아 족, 에트

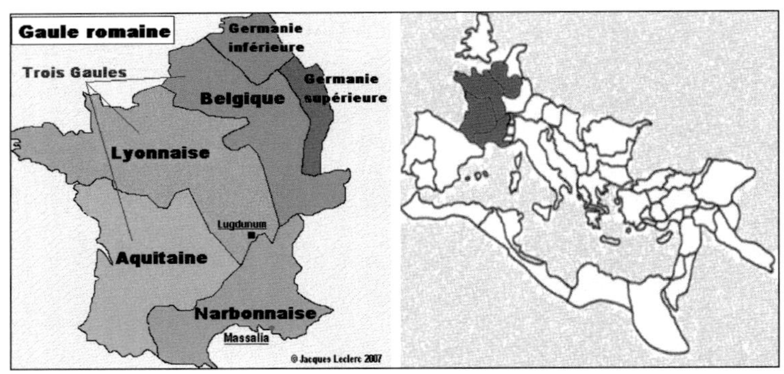

〈그림 1〉 골(Gaule)의 지도[52]

루리아 족, 고대 그리스인 등으로 독립된 고유 언어와 문화를 바탕으로 이문화, 이언어와의 접촉을 가졌으며 수용과 교류를 통해 발전해 나갔다.

골 지역의 문화 접촉 형성과정을 구체적으로 살펴보면, 알프스 이편 골에 거주하던 켈트 족[53]은 기원전 3세기에 로마를 침략하였으나 직접적인 문화 교류 없이 자신들의 지역으로 되돌아감으로써 오히려 로마화(romanisation)되었다. 이렇듯 골의 토착민은 일정한 지역에 정착하는 민족이 아니라 지역적 경계를 넘나드는 유목민이었으므로 로마를 지배하고자 하는 계획은 없었고 단순한 침략으로 인한 문화 약탈만이 이루어졌다. 이후 로마에서 지리적으로 멀리 떨어진 알프스 저편 골은 숲이 우거진 지형 때문에 토착민과 이민족들 간의 문화 접촉이 쉽지 않아 고유한 언어를 비롯한 토박이 문화가 전승되어 오던 곳이었기 때문에 로마의 침입으로 인한 이문화에 대한 갈등과 충돌이 부각되었다.

---

52) 그림출처 좌측 http://www.tlfq.ulaval.ca/axl/francophonie;
　　우측 http://fr.wikipedia.org/wiki/Fichier:REmpire–Gallia.png

53) 로마는 골에 거주하는 켈트 족을 골 족이라고 불렀음.

　따라서 갈로-로마시대 골은 침입과 전쟁으로 점철되는 이민족과의 만남이 잦은 지역으로서 선순환적인 교류만 있었던 것이 아니라 첨예한 혹은 격렬한 갈등과 토착민의 저항이 존재한 역사였다. 그 형태는 로마에 항거하는 양상과 골의 여러 종족들 간의 내전[54]으로 이어졌으며 발전된 하나의 국가 형태로 나아가기 위해서는 많은 난제들이 있었다. 골에는 오래전부터 거주한 여러 토착민뿐만 아니라 게르만에서 이동한 여러 종족들이 있었고 브리타니아와 로마로 가기 위한 통로로서의 역할이 강했으므로 어느 한 종족의 절대적인 권력 하에 총체적으로 집결되는 문화가 아니라 이민족들의 문화가 중첩되는 지역이었기 때문이다.

　행정적인 측면에서 골 사회배경을 살펴보면 세 골은 제국 골(Gaule imperiale)로서 로마제국의 국경과 멀리 떨어져 있는 이유로 로마에서 파견된 군대와 관료에 의해 행정이 이루어진 반면, 나르보네즈 골은 로마시민이 거주하는 원로원 골(Gaule senatoriale)로서 문화적으로 로마화된 지역이었다. 이는 지방 총독에 의해 직접적인 통치를 받고 행정에 관여하는 로마 속주를 의미하는 것으로 알프스 산맥 주변 속주들이 지방 세금 징세관리인으로서 행정에 가담하고 자신의 영토를 황제의 사유지로 취급받던 경우와는 다른 사회배경이었다. 이로써 골의 사회는 서로 다른 정치·행정 체제가 일부분 존재했음을 알 수 있다.

　전체 골은 지정학적 중심지이자 전략적 요충지인 리옹에 주둔했던 세 골을 총괄하는 교황특사의 영향력 하에 일반 행정이 진행되었다. 이후 도시의 성장으로 로마 골(Gaule romaine)의 수도가

---

54) 69년부터 70년까지 골의 세 수장들(Julius Sabinus, Julius Classinus, Julius Tutor)이 이끄는 전쟁이 지속되었음.

된 리옹[55]은 로마 동전을 주조할 수 있었다. 로마제국으로서는 다른 해외의 속주들에 비해 골 지역이 가장 인구가 많은 속주로서 세금을 많이 거두어들일 수 있는 중요한 곳이 되었다. 로마는 경제적 부를 이루기 위해 필요했던 거대한 속주를 활용한 팽창정책을 펼쳤는데 인구가 밀집되어 있고 상업의 영향력이 막강했던 골에 점진적으로 보상책이자 유인책으로 로마의 시민권을 부여하기 시작했다. 이는 골 사회의 변화를 야기하였으며 시민권 획득의 기본 자질이 구어 라틴어의 사용이었으므로 로마의 언어팽창주의와 맞물려 골 지역 언어들의 변화를 촉진시켰다.

2) 골 지역의 언어들

한 지역에서 통용되었던 여러 고대토착어들은 문자의 형태로 표기된 것이 아니라 의사소통을 위한 구술의 문화였다[56]. 구술 문화는 좀 더 세력 있는 이민족들의 침입을 받으며 이언어들의 영향을 주고받을 수밖에 없었다. 언어는 정확하게 규정되는 경계가 없으며 이동이 자유로운 문화이기 때문일 것이다. 그러므로 이민족들의 교류가 많았던 곳일수록 여러 언어들이 존재하는 것이고, 그 언어들이 하나의 언어로 통일되거나 발전되어 다른 형태의 언어로 진화되어 가는 이언어 접촉 양상을 살펴보는 데 중요한 사례연구가 될 수 있다. 이를 위해 역사·지리언어학은 주요 연구 방법이 되고 특히 고대와 중세 초기를 거슬러 올라가기 위해서는

---

55) 당시 Lugdunum으로 불림.
56) 월터 J. 옹, 이기우·임명진 역, 『구술문화와 문자문화』, 문예출판사, 2009. pp.24~25.

인류학과 선사학의 도움이 필요하다. 골 지역의 언어들은 고대와 중세 초기에 활용되었던 문화유산으로 역사적 틀을 중심으로 사회상을 살펴봐야 되기 때문이다.

갈로-로마시대 이전 골에 거주했던 여러 토착민들은 하나로 통일된 언어를 구사한 것이 아니라 골 어, 고대 그리스어, 이베리아어, 리귀아 어, 게르만 어 등을 사용하였다. 이는 골 지역의 언어들로서 여러 언어가 존재하였고 발견된 서판을 근거로 이웃 종족과의 의사소통을 위해 2~3개 언어를 구사했다고 알려져 있다. 이는 사회언어학에서 정의내리고 있는 이중언어 구사자의 사회적 환경인 양층언어현상(diglossie)이 골 지역에 이미 존재했으며 이언어와의 접촉에 따른 양상의 특징으로 삼을 수 있을 것이다.

골 지역의 언어들 중 오래 생존한 골 어는 지식을 전달하는 데 있어 문자가 아니라 구어의 특징을 갖고 있는 언어 체계였으며 표기방식은 사라졌으나 하나의 언어가 완전히 사장되기는 어렵듯이 골 어도 유럽에서 사용되는 여러 언어들 속에 지명[57]으로 존재하고 있다.

이후 로마의 언어 팽창주의하의 골 사회인 갈로-로마시대 언어문화 교류의 특징을 살펴보면 첫째, 골 족이 정착하기 이전 고대 종족들은 골 문화와의 접촉으로 부분적으로는 중첩되었으나 다양한 고유 언어, 종교, 관례 등 토착문화를 유지하고 있었다는 점이다. 둘째, 로마는 사회계층을 구분하여 소수 지배계층 골 족을 대상으로 문화를 전시(exposition)하여 직접적으로 이문화를 강요했다고는 볼 수 없으나 종국에는 로마 문화가 더 우월한 것으로 인식시켜 그들의 언어인 라틴어를 골에 전파했다.

---

57) 도시 이름으로 -euil, -jouls의 형태를 골 어의 잔재로 보고 있음.

여러 언어들이 동시대 골에 공존했다는 역사적인 근거를 현대 언어학자들은 오늘날 프랑스 전역에 남아 있는 지명과 지역어, 차용된 것으로 추정되는 어휘들을 연구함으로써 발견했다. 이 분야 전문가인 H. Walter는 구체적으로 어휘 목록을 제시하고 있다[58].

시대적으로 갈로-로마 골 이후인 로마제국 말에는 골 어를 제외하고는 대부분의 토착 언어들이 골 지역에서 사라졌으며 이언어 접촉현상으로 인해 로마화되어 버린 언어는 게르만 어들의 영향을 받게 된다. 특히 리귀아 어는 5세기 초기부터 골 어와 중첩되어 사용되었으며 이후는 더 이상 골 어와 구별되지 않았을 정도로 수용이 되어 버렸다.

앞서 언급한 바와 같이 골 지역의 언어들 간 접촉 결과를 살펴보면 첫째, 전체 골이 하나의 민족으로 이루어진 것이 아니라 여러 이민족의 결합이었으므로 실리적인 의사소통 차원에서 이웃의 언어들을 배우는 것이 급선무였을 것이다. 둘째, 골 지역의 넓은 영토는 대부분 숲으로 덮여있었으므로 교통이 불편하여 이동이 자유롭지 못하였고 사용되던 언어들은 지역에 따라 각기 다르게 변형되는 경향이 있었을 것이다. 셋째, 이민족들이 사용한 이언어들의 어휘 차용과 통사를 포함한 언어적 특성은 골 지역에서도 서로 공유되는 부분이 많지는 않았을 것이다. 이에 대한 근거로 세자르가 기록한 『골 전쟁기』를 보면 골 지역은 민족이 상이한 영토이자 다른 언어와 제도가 존재한다고 기록되어 있으므로 이언어 접촉현상이 있음을 추정할 수 있다.[59] 주변 언어교류를 포함한 프랑스어 역사

---

58) Walter H, *L'aventure des mots français venus d'ailleurs*, Walter H,et Walter G., *Dictionnaire des Mots d'origine étrangère*, 상기 두 권을 참조할 것.

59) 장 이브 보리오, 박명숙 역, 『로마의 역사』.

를 전하는 저서들을 보면60) 북부 골 지역은 골 어, 고대 그리스어, 이베리아어, 리귀아 어, 게르만 어들이 주로 사용되었고 남부 골에는 고대 그리스어, 라틴어, 골 어가 통용되었다. 특히 지중해 해안가에서는 마르세유와 이탈리아 제노바(Gènes)까지 통용된 리귀아 어가 있었는데 이는 언어교류의 지중해성을 뒷받침해 주고 그 중심엔 남부 골인 나르보네즈 골이 있음을 알 수 있게 한다.

3. 나르보네즈 골(Gaule narbonnaise)의 언어 환경변화

1) 이민족들의 침입과 전쟁

전체 골 중에서 이민족 문화가 일찍 공존한 지중해의 중요 교차로인 나르보네즈 골과 그 주변을 중점적으로 살펴보면 로마가 골을 침입하게 된 배경을 알 수 있다.

기원전 125년 고대 그리스문화의 영향으로 독자적인 노선을 취하던 마살리아가 주변 이민족들의 침입에 대항하기 위해 로마에게 병력을 요청했기 때문이다. 기원전 124년 로마인들은 엑상프로방스를 시작으로 이 지역에 침입한 게르만 일파인 여러 민족들을 몰아내며 협정을 맺는다는 명분으로 골을 향한 침입을 가속화

---

60) Hagège C., *Combat pour le français: au nom de la diversité des langues et des cultures*, *Le Français et les siècles*, Walter H., *L'Aventure des langues en Occident*,를 참조할 것.

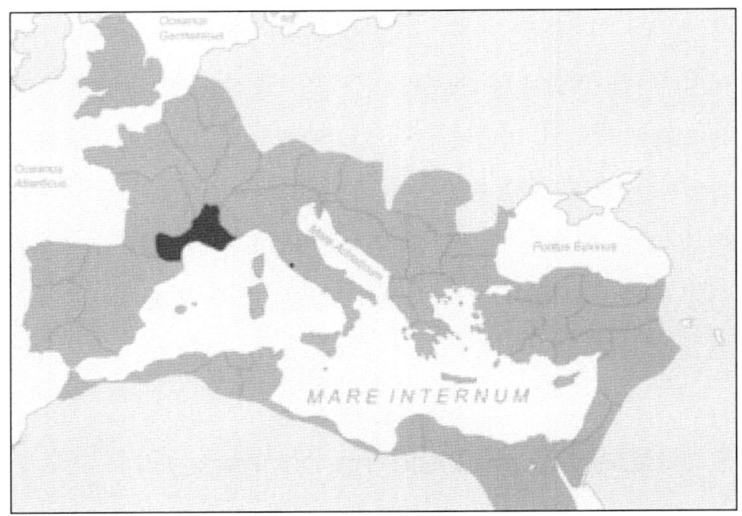

〈그림 2〉 나르보네즈 골의 지도⁶²⁾

하였고 기원전 118년에는 나르보네즈 골의 나르본⁶¹⁾이 로마의 식민지가 되기에 이른다. 이후 지중해지역은 급속도로 로마화되어갔으며 침입과 전쟁으로 여러 토착민들과 이민족들 간의 문화접촉이 이루어지게 된 것이다.

그러나 이러한 문화 접촉이 순조롭기만 한 것은 아니었다. 문화교류의 충돌과 거부는 로마가 이 지역에 집정관을 파견하면서 가속화되었는데 결국 전쟁으로 확대되기에 이른다. 기원전 107년 툴루즈지역에서 발생된 저항을 시작으로 기원전 104년 나르보네즈의 중심지 나르본은 지중해와 론 강 간의 운하 건설에 강제 동원되어 불만이 고조되었다. 기원전 101년 킴브리 족(Cimbres)은 로마와의 전쟁에서 패배한 뒤 엄청난 희생⁶³⁾을 감행하여 로마에 항

---

61) 당시 명칭으로는 Narbo Martius임.

62) 그림출처 http://fr.wikipedia.org/wiki/Fichier:Narbonensis_SPQR.png

63) 로마에 패배한 후 100,000명의 성인 남자, 여자와 아이들이 자살한 것으로 전해지고

거한 것으로 역사는 말해 주고 있다. 이후로도 로마에 맞선 여러 골 족들의 저항은 지속적이었으며 골에 거주하는 이민족들 간 동맹을 통해 로마와 전쟁을 준비하기도 했다. 이후 기원전 58년 세자르가 전체 골의 총독으로 부임한 후 골 전쟁은 발발되었고 기원전 50년까지 이어지게 되었다. 긴 전쟁기간 동안 로마의 부분 승리와 토착민들의 치열한 저항은 계속 전개되었고 기원전 52년 나르본은 로마에 점령된다.

이로써 나르보네즈 골 지역은 지중해를 통해 이문화의 유입과 생성, 전파가 용이했던 문화교류 교차로였으므로 여러 민족의 각축전이 되어 언어 환경변화에도 큰 영향을 끼쳤다. 첫째, 고대 그리스인은 기원전 650년경 마살리아를 통해 이곳에서부터 지중해 연안까지 고대 그리스문화가 수용되고 전파되는데 큰 역할을 하였으며 더 나아가 전체 골에서 통용되었던 고대 여러 언어들 중 고대 그리스어 표기가 서판에 존재한 것으로 보아 북부까지 진출한 것으로 이해할 수 있다. 둘째, 고대 민족인 리귀아인은 로마가 나르보네즈 골을 진출하기 이전에 이미 프로방스 전역과 알프스, 이제르 지방, 이탈리아 일부에까지 거주했다고 전해 오고 있다. 이들도 고유 언어를 사용하고 있었으며 여러 골에서 그 언어흔적을 찾아볼 수 있다. 셋째, 이곳은 켈트 족인 골 족만이 지배적으로 거주했던 곳이라기보다는 지중해라는 특수성으로 인해 상권이 형성되었던 곳으로 여러 이민족들이 왕래하고 거주했던 문화 교류의 장소였다. 넷째, 나르보네즈 서쪽인 스페인에 주로 살았던 이베리아인 역시 갈등과 융합 속에 상호 교류하였다.

나르보네즈 골의 언어 환경 변화를 촉진한 것은 이민족들의 침

있음.

입과 전쟁이었음이 분명하다. 이 지역에 거주한 이민족들은 각 종족 고유한 언어를 사용하였고 로마의 침입 후에는 급속도로 로마화되었으며 토착어인 골 어를 제외하고는 점차적으로 사라진 것은 사실이다. 통용되던 여러 언어들의 특성은 로마가 사용한 문자성과 달리 구술성으로 인해 한 언어를 이해할 수 있는 문법통사적인 부분이 뚜렷하게 남아 있지 않지만 언어적으로 볼 때는 지역명, 인명 등의 어휘가 서판에 기록되어 남겨져 있으므로 이 지역에서 언어환경변화가 있었다고 추정할 수 있을 것이다. 여러 세기를 거쳐 오며 사용된 언어들은 이민족들의 침입과 전쟁으로 인해 서로 수용되고 차용되어 교류를 통한 유형화를 가져오게 되며 이는 나르보네즈 골의 문화교류 교차로로서의 지정학적 위치를 간과할 수 없을 것이다.

2) 문화교류 교차로

앞서 살펴본 바와 같이 나르보네즈 골은 지중해를 중심으로 문화 이동의 교차점인 지정학적 이유로 이민족과의 만남이 다른 골보다도 더욱 빈번했을 것으로 추정되며 다양한 문화교류가 가장 활발했던 곳이다. 골 전체에서 가장 먼저 로마 속주가 된 곳으로 로마문화의 영향이 많았고 지중해 연안 무역의 관문으로 상업이 발달하여 당대 여러 민족들의 문화가 집결되고 이동되는 곳이었기 때문이다. 기원전 118년 지중해 오드(Aude) 해안가를 중심으로 로마인들이 진출하게 되고 나르보네즈 골의 나르본은 가장 큰 두 교류 로드의 교차로였다. 기원전 120년 로마와 스페인을 연결하는

도미티아 가도(voie Domitienne)와 툴루즈와 보르도를 연결하는 아
키텐느 가도(voie Aquitania)는 문화교류의 교차로였고 그 중심에
나르보네즈 골이 있었던 것이다. 나르본은 당대 지중해 거대 무역
항 중의 하나로 인식되었으며 두 가도의 지리적 요충지로서 기원
후 1세기에서 2세기까지 문화교류 명성을 유지했던 지역이었다.

　　로마는 전체 골에 의존해야 되는 상황 하에 직접 로마의 귀족
들을 파견하고 싶었으나 로마 귀족들은 가족을 로마에 남겨 두고
거주지를 옮기는 것에 대해 부정적이었으므로 골에 거주하는 다
양한 토착민들과 로마 군인으로 참여했던 이민족들에게 로마 시
민권을 주며 골에 정착시켜 점차적으로 하나의 통일된 문화를 전
파하기 위한 정책을 펼쳤다.[64] 그러나 역사 인류학자의 설명에 따
르면[65] 문화 전파는 지배적인 것과 종속적인 것 사이의 위계적인
차원을 동반하는 상호작용이 존재한다. 이에 대해 한 지역에서의
두 위계 사이의 충돌과 대립은 자연스러운 일이었을 것이다. 필자
는 로마가 지리적으로 가까웠던 나르보네즈 골을 우선적으로 로
마 지역으로 만들고자 하는 야망으로 인해 가장 먼저 속주화했고
지중해를 통과하는 중요 가도로서 나르보네즈 골을 문화교류 교차
로로서 활용했던 것으로 생각된다.

　　이 지역 문화 교류의 경제적 배경에서 중요한 점은 나르본을
중심으로 골의 다른 중요 지역인 툴루즈, 보르도를 연결하는 지리
적 위치로 인해 여러 문화가 유입되고 다시 전파되었다는 점이다.
대표적인 지중해생산물인 포도재배와 장인들의 여러 민속공예품
은 이곳에서 자체 제작되어 전체 골과 멀리 브리타니아, 이탈리

---

64) 이경윤(편저), 『로마제국의 역사』, pp.48~50.
65) 잭 구디, 김지혜 역, 『역사인류학 강의』, p.297.

아, 게르마니아까지 전해졌다. 이러한 상업 유통은 이곳을 부유하게 만들었고 주변의 이민족들을 불러들이게 되었으며 일시적인 체류뿐만 아니라 영구적인 거주를 위해 침입과 충돌이 있게 된 것이다. 이로써 문화교류의 교차로인 나르보네즈 골에 여러 언어들이 집합을 이루게 되고 언어들 간 교류 흔적이 남게 된 것이다.

4. 서판을 통해 본 이언어 교류

1) 서판의 분석

골 지역은 공통적으로 여러 언어를 사용했고 고대 언어들의 특징인 구술성으로 인해 표기할 언어가 필요했으므로 고대 그리스어와 라틴어를 차용했던 사회언어배경이 있었다. 그들은 일상생활 속에서 당대 사회와 문화를 알 수 있는 글들을 서판에 기록하여 남겼으며 이는 골 어휘의 이언어 표기방식으로 이언어 교류의 근거가 되고 있다. 서판은 골 전체에서 발견되었으나 특히 나르보네즈 골 지역의 서판이 많았으며 여러 언어의 교류를 살펴볼 수 있는 중요 자료가 되었다.

골 어 전문가인 Dottin에 의하면 발굴된 서판[66]은 표기 방식, 서판의 재질, 발굴 장소와 날짜, 보존 장소를 기록하였으며 그 내용은 골 문예를 알 수 있는 것이 아니라 언어사회를 볼 수 있는 구어체라는 특징이 있었다. 서판의 기록자가 주로 골 지역의 종교인

---

66) Dottin G., *La langue gauloise: grammaire, textes et glossaire*, pp.145~213.

드루이드파, 음유시인,[67] 예언자들의 말이었던 것이다. 드루이드
파에게 죽음이란 영혼이 이동하여 불멸한다는 사상이었으며 이
러한 교리를 외워서 기록하고 있다. 서판의 표기는 주로 두 가지
언어를 교차로 적는 방식으로 특히 동사를 표현할 때 고대 그리
스어 표기와 라틴어 표기를 차용했다.

SVBRON
SVMELI
VORETO
VIRIVS · F
(Vaucluse 서판; 석판, 1847년 발굴; M.Chastel 보관)[68]

〈그림 3〉 라틴어 표기 서판

위 서판은 골 어휘의 라틴어표기 서판으로 고문헌 학자들의 해석을 거
쳤는데 Deloye는 IVBRON 어휘를 찾아내고 Stokes는 라틴어 jubar를,
Belloguet는 아일랜드 어 ibar를 추정했다. 이후 Pictet는 '나무로 된 그릇'의
아일랜드 어 inbhrach와 유사하다고 밝혔다.

OYENITOOYTA
KOYAΔPONIA
(Bouches – du – Rhône 서판; 무덤위에 새겨진 형태; 1902년 발굴;
마르세유 고고학 박물관 소재)[69]

〈그림 4〉 켈트 – 리귀아 어 표기 서판

언어학자 H. d'Arbois는 골 어 Petionia와 일치하는 리귀아 어 형
태로 KOYAΔPONIA를 해석하고 이 표기는 켈트 – 리귀아 어 표기

---

67) 켈트 족의 음유시인인 barde(s).

68) pp.147~148.

69) p.149.

임을 밝혔다.

MITIECI · MIT
IC · MATOY
TI · ONNA
KOYI
(Cavaillon 서판; 묘비; 1909년 발굴; Cavaillon 보관)[70]

〈그림 5〉 오감문자로 이중 표기한 서판

J. Loth에 의하면 묘비명의 서판으로 'Mitiesos의 딸 Mitis, Magutios의 딸 Onna 여기에'라는 의미이며 χovi는 오감문자 koi로 이중 언어 표기로 되었다고 해석했다.

EI · VRNVM
OISIS DRVTI · F
RATER · EIVS
MINIMYS · LOCAV E
STATVITQVI
eknati trutikni
nitu · lokan · ko
utiknos
(Vaucluse 서판; 기둥의 파편; 1882년 발굴;
Avignon의 Calvet 박물관 보존)[71]

〈그림 6〉 이중언어 표기 서판

위 서판은 Todi의 이중 언어로 표기된 서판으로 유명하다. 나르보네즈 골 지역인 몽펠리에 고고사협회 박물관에 보존되어 있는 1840년 발굴된 성의 머리판에 새겨진 서판에서 IΛ(한 면), INOYCIΔ (다른 한 면)은 부분적으로 남겨 있으나 그리스어 표기를 차용한

---

70) p.152.

71) pp.153~154.

흔적임은 분명하다.

ΚΑΡΤΑΡΟΣΙΛΛΑΝΟΥΙΑΚΟΣΔΕΔΕ

ΜΑΤΡΕΒΟΝΑΜΑΥΣΙΚΑΒΟΒΡΑΤΟΥΔΕ

(Diane의 무덤, Nîmes; 흰 대리석에 새겨진 서판;

1742년 발굴; 님 박물관 소재)[72]

〈그림 7〉 이중언어 표기 서판; 대리석

발굴된 지역을 살펴보니 님, 몽펠리에 등 나르보네즈 지역에서 이중언어 서판이 많이 발견되었다. 재질로는 석판, 동판, 대리석에 새겨진 경우가 주였는데 위의 서판처럼 흰 대리석에 새겨진 서판은 많지 않았다.

Premier mois de la première année

MID SΛMM ΛTENOVX

ρ　D　DVMΛNNI IVOS　　I　D　DVMΛNNI

MD IVOS　　II MD TRINOSΛM·SINDIV

III　+II D EXINGIDVM IVOS　　III D　AMB[73]

〈그림 8〉 콜리니 달력의 일부

Dottin의 연구 코퍼스 중 발굴된 텍스트로 Coligny 달력[74]이 대표적인 역사문헌인데 로마 숫자, 골 어휘 라틴어-그리스어 표기 방식을 나타내고 있어 필자의 생각으로는 이언어 교류의 상징처럼 보인다. 위와 같이 몇 개의 어휘로 구성된 서판은 골 어휘 학자들에 의해 연구되어 해석되어지고 어휘 분석을 중심으로 골 지역의 언어상황을 유추할 수 있었다.

---

72) p.155.

73) 첫해 첫 달의 일부, p.176.

74) pp.174~208.

2) 서판의 특징

Dottin의 저서에 기록된 서판의 코퍼스를 살펴보면 주로 무덤, 기둥, 피라미드형 소 제단과 석판에 새겨져 보존이 되었으며 글자가 부분적으로 사라진 경우도 있었다. 그 내용은 지명에 대한 부분과 인명 등 고유명사가 많았다. 특히 콜리니 달력, 롬의 주술 상판 발견을 시작으로 골 어에 대한 연구가 진행되었으며 골 어는 구어였으므로 표기문자로서 라틴어와 고대 그리스어를 차용했다는 점이다.[75] 위의 서판 특징을 통해 언어는 언어들 간 접촉, 교류에 힘입어 언어적 영향과 기여를 통해 발전했음을 알 수 있다. 특히, 서판의 표기방식이 하나의 언어가 아니라 여러 언어로 기록되었다는 점은 골 사회가 여러 언어를 사용하던 양층언어사회였음과 이언어 교류가 있었다는 점을 고찰할 수 있을 것이다.

서판 속의 골 어휘 특징은 세 범주[76]를 포함하고 있다. 첫째, 선조들에 의해 골 어휘로 인식된 단어와 골 표기 방식에 포함된 어휘다. 둘째, 서판에 기록된 골 이름들은 명확하게 역사적으로도 기록되어 있다는 점이다. César, Tite Live, Florus, Velleius, Paterculus, Tacite, Polybe와 같은 역사가들의 기록에 의해 밝혀진 사실로 골 이름의 대부분은 시인들의 글 속에서 남아 있었다는 점에서 서판의 특징이 문학적인 글이 아니라 실제 생활의 보고였음을 추정할 수 있다. 셋째, 인명, 지명의 고유명사로 추정되는 골 어휘는 갈로-로망어로 전승되어 골 지역 어원을 밝혀 주기도 했다.

---

75) pp.6~9.

76) pp.217~218.

> aballinca - : 알프스의 모과; 프로방스어 abelanco, 프랑스어 amélangier
> ad - : 고유명사의 어미; 아일랜드 어 ad - , 웨일스어 ad -
> bello - : 골 이름의 어미
> gabalus: 교수대, 십자가; 아일랜드 어 gabul, 웨일스어 gaft, 브르타뉴 어 gavl
> sacro - : 골 이름 어미; 웨일스어 hagr, 브르타뉴 어 hacr

<그림 9> 골 어휘 예[77]

위와 같이 서판에 새겨진 골 어휘는 현존하는 여러 언어에 그 흔적을 남김으로써 언어의 생명력이 지속되는 근거를 나타내 준다. 언어의 내적인 특징으로 볼 때 기록된 골 어는 운문의 형태로 몇 편 남겨져 있기에 골 어의 형태를 재구성하기에는 어려움이 있다. 그러나 어휘를 통해서 여러 언어에 그 흔적을 남기고 있는데[78] 첫째, 골 어의 -o와 -a로 마치는 어미변화가 고대 그리스어와 라틴어의 형태임을 파악할 수 있다. 둘째, 골 어의 -i/-ia는 산스크리트어에 남아 있고 셋째, 반모음의 형태인 i/u는 라틴어와 유사하다고 알려져 있다. 골 어의 동사 변화도 어휘만큼이나 자료군이 많이 남겨져 있지는 않지만 고대 그리스어의 영향을 가장 많이 받은 것으로 알려져 있다. 특히 고대 그리스어와 같이 직설법, 접속법, 희구법, 명령법, 동사원형의 양태를 갖고 현재, 미래, 과거형이 존재했다. 현대 프랑스의 지역어들 중 브르타뉴 어(le breton)가 켈트어 계열이므로 골 어와의 유사한 통사를 발견할 수 있는 것이다.

나르보네즈 골 서판 어휘에서 보이는 골 어는 이언어들과의 접촉을 통해 고유의 알파벳이 아니라 고대 그리스인, 에트루리아인, 로마인들의 알파벳을 차용하여 표기했다는 점에서 필자는 당대

---

77) pp.223~302에서 발췌.

78) Walter H. *L'aventure des mots français venus d'ailleurs*, 전체 참고.

이언어 교류현상을 추정할 수 있다.

당시 언어사회배경을 역사적 근거로 살펴보면 갈로-로마시대에는 구어 라틴어가 점차적으로 보급되어 라틴어와 다른 토착어들이 이중으로 통용되었다. 문자가 없었던 토착언어인 골 어를 문자로 표기하기 위해 고대 그리스어와 라틴어를 차용했던 것이다. 이로써 갈로-로마시대의 이언어 접촉 양상은 문자로 표기하기 위한 이언어의 차용 강화로 대변된다.

5. 전쟁·정복의 사회언어적 결과: 언어 교류를 통한 유형화

이언어 접촉양상은 지리적 다양성이 중요한 변수고 고유한 언어를 사용하던 이민족들의 이동으로 인해 서로 다른 언어가 교류하여 영향을 주고받는다고 해석할 수 있다. 이는 지리언어학에서 보는 새로운 주민의 언어가 토착민의 언어에 중첩되는 경우로서 대체로 보다 더 힘센 민족의 침입과 전쟁에 의해 야기된다[79].

따라서 더 힘센 민족의 침입이었던 로마와의 전쟁이 끝나고 전체 골이 로마의 속주화된 기원전 50년부터 시작된 갈로-로마시대에 나르보네즈 골은 언어 팽창주의를 내세운 로마의 구어 라틴어가 토착어들과 중첩하고 응집하는 언어사회적 상황에 직면했던 것이다. 이는 당대 이민족들의 특징인 일정한 지역에 정착하는

---

79) 샤를 바이, 알베르 세슈에 엮음, 최승언 역, 『페르디낭 드 소쉬르 일반 언어학 강의』, pp.271~273.

농경성이 아니라 이동이 흔한 유목민의 특징으로 인해 그들이 사용하던 언어 역시도 경계를 넘어서는 교류가 이언어 접촉의 원인이 됨을 살펴보았다.

결국, 로마의 골 정복은 언어 현상에 막대한 영향을 끼친 역사적 사실로 하나의 고유 언어가 여러 지역에 전파되고 여러 지역의 토착언어들과의 중첩 현상을 일으켜 이중 표기로 발전되는 접촉양상의 실현인 것이다. 또한 갈로－로마시대가 끝난 후 프랑크 왕국이 건설되고 나르보네즈 골은 새로운 이민족들의 침입을 받게 되어 이언어들의 접촉상황에 다시 놓이게 된다. 그것은 단순한 언어의 중첩이 아니라 새로운 언어로의 탄생을 실현하게 된다는 점에 주목해야 하며 이는 후속 연구의 주제가 될 것이다. 언어는 어느 시기의 단절성이 아니라 계속 이어지는 역사이자 문화유산으로서 가치가 있기 때문이다.

이상과 같이 지중해 연안 지역은 고대로부터 이민족들의 침입이 빈번하였으므로 단일 언어만 사용된 시기는 없었다. 특히 고대 프랑스 지중해지역인 나르보네즈 골 역시도 여러 민족들이 정주하던 곳으로 이언어들의 접촉이 있었고 그러한 양상의 특징은 언어 중첩 이언어의 수용으로 판단된다. 본 장을 통해 첫째, 언어 중첩의 요인은 한 지역의 경계 구분 없는 이민족들의 교류로 인한 요인이라는 점이다. 둘째, 이언어 교류 양상을 다루기 위해 언어의 외적인 요소들을 참조하여[80] 언어의 역사와 종족, 문화사에 존재할 수 있는 모든 상호 관계를 고려하는 연구는 사회언어학이 민속학과 만나는 지점으로 풍부한 연구 자료가 된다. 본 장에서는 언어교류를 연구함에 토착민족을 염두에 두고 언어의 지리적 확

---

80) pp.29~30.

장과 이동이 외적 언어학의 분야인 외부 언어 현상을 중요 요인
으로 삼아 살펴볼 수 있었다.

끝으로, 지중해 문화 교류 유형화는 지중해를 배경으로 존재하
는 개별 언어, 사회를 하나의 전체로 보는 시각의 한계를 벗어나
개별 문화들 안에서의 특질들을 유추하여 개별적으로 보는 시각
을 종합화할 필요가 있다고 본다. 복합문명의 산실이자 갈등과 교
류가 공존한 지역이므로 하나의 단일한 사고로 집결되기보다는
다양한 시각에서 유형화를 추구하면 어떨까 생각한다. 이는 언어
가 단순한 의사소통의 기능만 있는 것이 아니라 한 민족의 문화
와 가치체계를 포괄적으로 담고 있는 현상이기 때문이다.

참고문헌

Bonnet C. et Descatoire C., *Les Carolingiens et l'Eglise(VIIIe −Xe siècle)*, Ophrys, 1996.

Brun J. −P. et Jockey Ph., *Techniques et sociétés en Méditerranée*, Maisonneuve & Larose. 2001.

Boyer H., *Introduction* à *la sociolinguistique*, Dunod, 2001.

Calvet L. −J., *La sociolinguistique*, PUF, 2009(6ème édition).

Cameron A., The Mediterranean World in late Antiquity, Routledge, 2000.

Coulon G., *Des Gaulois aux Gallo −Romains*, Gallimard, 2008.

Dottin G., *La langue gauloise: grammaire, textes et glossaire*, Librairie C. Klincksieck, 1918.

Hagège C., *Combat pour le français: au nom de la diversité des langues et des cultures*, Éditions Odile Jacob, 2006.

__________, *Le Français et les siècles*, Éditions Odile Jacob, 1987.

Walter H., *L'Aventure des langues en Occident*, Robert Laffont, 1994.

__________, *Mille ans de langue française: histoire d'une passion*, Perrin, 2007.

__________, *L'aventure des mots français venus d'ailleurs*, Robert Laffont, 1997.

__________, et Walter G., *Dictionnaire des Mots d'origine étrangère*, Larousse, 2009.

루이 − 쟝 칼베, 김병욱 역, 『언어와 식민주의』, 유로서적, 2004.

샤를 바이, 알베르 세슈에 엮음, 최승언 역, 『페르디낭 드 소쉬르 일반 언어학 강의』, 민음사, 2009(신장판 3쇄).

월터 J. 옹, 이기우 · 임명진 역, 『구술문화와 문자문화』, 문예출판사, 2009.

윤선자, 『이야기 프랑스사』, 청아출판사, 2008.

이경윤(편저), 『로마제국의 역사』, 삼양미디어, 2010, (pp.48~50).

이창순, 『프랑스어사 개요』, 신아사, 2000.

장 이브 보리오, 박명숙 역, 『로마의 역사』, 궁리, 2007.

장 카르팡티에, 프랑수아 르브룅 엮음, 강민정, 나선희 역, 『지중해의 역사』, 한길사, 2006.

잭 구디, 김지혜 역,『역사인류학 강의』, 산책자, 2010, (10장 지중해의 위대한 전통과 사소한 전통들 pp.281~304).

존 줄리어스 노리치, 이순호 역,『지중해 5000년의 문명사 상』, 뿌리와 이파리, 2009.

골 어와 골 주변 언어 간 혼효 현상 연구: 고대 및 중세 초 골 지역을 중심으로[81]

장니나 · 최춘식 · 최자영

1. 골 어와 주변 언어 교류 연구사

이탈리아 언어학자인 본판테(G. Bonfante)는 언어의 교류를 지속적 접촉의 결과로 간주하고 그 접촉 혹은 격리를 결정하는 데 두 가지 요소를 중시한다. 하나는 산이나 강 혹은 바다 등 지리적 장애이다. 본판테는 산이나 강보다는 바다가 교류에 더 큰 장애물이 되었던 것이라고 하고 지속적인 접촉은 주로 육지에 사는 사람들에게 해당하는 것으로 바다에는 같은 정도로 적용되는 것이 아니라고 보았다. 즉 포강, 론느강, 세느강 지역들은 서로 연결되나, 피레네를 사이에 두고 있는 스페인, 알프스의 장벽으로 막혀 있는 라에티아는 격리된 가운데 고유의 언어가 간직되었고 포강, 론느강, 세느강을 풍미한 언어 변화의 전파 영향을 받지 않았다는 것이다. 같은 맥락에서 이탈리아 반도의 언어가 프랑스 프로방스를 거치지 않고 스페인 이베리아로 건너가는 경우는 드물다는 것

---

81) Cf. 『프랑스학 연구』 61 (2012.08), pp.153–180에 게재.

이다.

또 본판테는 언어교류의 또 다른 장애가 정치적·행정적 경계라고 하면서, 이런 경계의 예로 로마를 든다. 즉 로마는 마그라와 루비코 강을 경계로 로마와 고대 프랑스지역인 골(Gaule)을 포함한 북부 '속주(province)'로 구분되며 후대로 갈수록 점차 그 차이가 약해져가지만, 여전히 루비코 강은 서부와 동부 로마 속주들의 경계를 이루고 있다고 한다. 나아가 고대 이탈리아 지역과 북부 이탈리아(마그라, 루비코 강 이북)는 언어상으로 분명히 구분된다고 주장한다.

본판테는 주로 라틴어가 이탈리아 자체는 물론 골과 스페인 등에 미친 영향을 대상으로 다루었다.[82] 이런 그의 이론은 높은 산과 강이 언어교류에 장벽이 되는 것이나 바다가 그보다 더 큰 장애가 된다고 하는 생각에 기초하여 주로 프랑스의 프로방스와 골, 스페인 등 이탈리아와 육지로 인접한 지역과 이탈리아 간 관계에 중심을 둔 것이다. 그러나 사실은 인접한 육지에 못지않게 혹은 그보다 더 빈번하게 바다를 통해 상권이 연결되고 그에 따라 문화 및 언어의 교류가 이루어졌다는 사실은 고금을 막론하고 지중해세계를 이해하는 데 빼놓을 수 없는 중요한 요소이다. 기원전 천 년경 이후 페니키아 인, 그리고 약 800년 경 이후 그리스 인은 각각 지브롤터 해협에서 흑해에 이르기까지 지중해의 동서를 상

---

82) H .F. Muller (A chronology of Vulgar Latin [Halle, 1929], p.122 이하)는 로망어를 이탈리아어, 프랑스어, 프로방스어, 스페인어라고 정의하는 한편, 속어 라틴어는 이탈리아, 스페인, 골의 라틴어라고 정의한다. 본판테는 로망어의 범위를 더 확대하여 동유럽의 라에티아 등 라틴어의 영향을 받은 지역의 언어를 포함하는 것으로 하고, 라에티아는 기원후 3세기 로마의 지배를 벗어남으로써 그 후 이탈리아의 라틴어 및 로망어의 영향을 받지 않고 그대로 보수적인 경향을 유지했다고 한다. Cf. Bonfante G.(1999), p.137

권으로 연결하고 있었으며, 자신들의 언어를 각 지역에 전파했고 상호간 복합문화를 이루어냈다.

여러 가지 언어와 문화가 복합된 지역의 한 예를 골(Gaule)에서 볼 수 있다. 이 지역의 언어 연구사를 살펴보면, 켈트 어, 로마 어, 게르마니아 어 뿐 아니라 멀리 서북쪽의 웨일즈, 동부 지중해의 히브리어, 그리스어 등과도 관련이 있음을 보게 된다. 고대 프랑스 언어학자인 도탱(G. Dottin)[83]에 의하면 일찍이 1586년에 역사학자 캉댕(Camden)은 골 어와 같은 켈트 어 계통인 웨일스 어의 비교연구를 통해 그에 상응하는 골 어휘 50여개를 소개했고, 이어서 이삭 퐁타뉘(Issac Pontanus)는 골 어휘 사전(1606년)을 출간했다. 그 후 퀼비에(Culvier)는 『고대 게르마니아』에서 30여개의 골 어휘를, 그리고 보샤르(Bochart)는 장소를 나타내는 지명을 포함한 골 어휘 80여개를 발견하는 성과를 이룩했다. 이렇듯 골 어휘에 대한 연구가 진척되면서 그 기원에 관해서도 관심을 갖게 되었다. 보소라(Boxhora)는 약 80여개 어휘의 어원을 웨일스어와 히브리어에서 찾는 한편, 356개의 어휘는 게르마니아 어와 이베리아어와 연관된 것이라고 주장하게 되었다.

한편, 로제 드 벨로게(Roget de Belloguet)는 골 어 기원에 대한 『어휘사전』(1858년)을 발간하면서, 그리스어가 로마인을 통해서 고대의 골 지역으로 들어와 차용된 사실이 있음을 주장했고, 그 차용된 어휘를 두 범주로 구분했다. 하나는 일정한 의미를 가진 어휘가 골 어에 맞게끔 그 뜻이 전용된 것이고, 다른 하나는 서판의 기록과 동전 등에 적힌 어휘들로서 인명, 종족명, 지명, 사회상황을 나타내는 고유명사인데, 이렇게 수집된 총 단어는 430개였다.

---

83) Dottin G.(1918), pp.133-141.

골 어휘에 관한 이런 연구들은 베를린에서 출간된 『라틴어 금석문 집성 Corpus Inscriptionum Latinarum』(1863년)에 실리게 되었다.

골 지역 로망어에서 보이는 이런 언어의 혼효 현상은 반드시 본판테가 중시하는 로마의 정복 및 정치적·행정적 요소를 중심으로 해서만 이해될 수 있는 것이 아니다. 오히려 평화적으로 이루어지는 경제적, 학문적, 문화적, 종교적 교류를 통해 언어의 상호작용이 일어났다는 점을 무시할 수가 없겠다. 이 두 가지 상반된 측면은 언어 뿐 아니라 인간의 모든 생활 측면에서 상호보완적으로 검토되어야 할 사항이다.

이 글에서는 본판테의 주장을 보완하는 입장에서, 로마의 정복과 무관하게 다소간에 평화적인 교섭을 통한 언어의 혼효, 또 바다를 통해 고대 그리스어 혹은 히브리어가 어떻게 고대 프랑스지역인 골 지역의 언어에 영향을 주었는가를 살펴보도록 한다. 철학을 비롯한 여러 학문은 물론 신약성경이 그리스어로 적혀졌으므로, 그리스어는 학문과 종교의 영역에서 고대는 물론 중세에도 서유럽 세계에 영향을 미쳤다. 뿐만 아니라 지중해를 상권으로 연결한 히브리인들의 언어 영향은 멀리 카르타고-페니키아의 상업 활동으로까지 거슬러 올라가는 것이라고 할 수 있겠다.

2. 라틴어 및 로마를 중심으로 한 언어 교류 견해의 지양

본판테는 로망어와 라틴어의 관계에 중심을 두고 각 지역의 로마어가 로마의 정복 시기에 따라서 다른 형태로 전개되었다고 하고, 골 지역의 경우는 세자르가 골을 정복하던 기원전 1세기의 라틴어 잔재를 간직하고 있다고 한다.[84] 또 동부의 라에티아는 시기적으로 그보다 더 늦게 로마에게 정복되었으므로 더 후기 라틴어의 영향을 받았으나, 기원후 3세기 로마의 지배로부터 이탈되어 나왔으므로 그 후에는 3세기의 라틴어 풍을 그대로 지니게 되었다는 것이다.

바르톨리(M. Bàrtoli)는 로마가 라틴 세계 가운데서 큰 변화의 중심지라는 견해를 표방하고, 또 이곳이 그리스 인, 에트루리아 인, (이탈리아 남부의) 오스칸 인 등으로부터 영향을 받은 사실을 거론한다.[85] 본판테는 한편으로 이런 바르톨리의 견해를 지지하면서, 로마는 바르톨리가 언급한 제국의 정신적, 경제적 중심지였던 사실에 본질적 핵심이 있는 것이라고 한다. 정치, 경제, 문화의 중심인 큰 도시들을 바탕으로 새로운 형태, 단어, 소리가 생성되었고, 상업, 문화, 지적인 활동 등 지속적인 접촉을 통해 변화가 일어났다는 것이다. 반면, 접촉이 적은 외지는 전통적인 것이 간직되는데, 바스크나 알바니아가 그 한 예라고 한다. 다른 한편으로 본판테는 이탈리아의 민중 어는 바르톨리가 생각한 것 이상으로 변화와 개혁의 중심지가 되었다고 생각한다.

한편 지역에 따라서도 라틴어는 상이하다는 견해가 있다. 뮐러(H.F. Muller)에 따르면, 단테(Dante)는 라틴어를 두 가지로 구분했다고 한다. 하나는 라틴어의 영향을 받아 만들어진 속어 라틴어이며, 다른 하나는 사르디니아에서 보이는 특징으로 원숭이같이 모

---

84) Bonfante G.(1999), p.134

85) *Ibid.*, p.129

방하는 데 그친 종속적 라틴어이다.[86]

또 본판테는 이베리아 및 사르디니아, 시실리, 남부 이탈리아, 다키아는 공통된 어휘들을 가지고 있으며, 이들 지역을 골 및 북부 이탈리아 지역과 구분한다.[87] 괄목할 만한 사실은 공통의 어휘가 이들 상당히 광범한 지역에 같이 쓰이고 있다는 사실이 아니라, 같은 어휘들이 인접한 일부 지역, 즉 중부 이탈리아와 골 지역에서 쓰이지 않고 있다는 사실이다. 그 이유에 대해 본판테는 중

---

86) 여기서 본판테는 각 지역이 갖는 언어변화의 동인과 전성기가 시대별로 차이가 있음을 지적한다. 즉, 뮐러가 말한 것과 같은 이유로 8세기 이후의 '로마' 시대에는 이탈리아가 다른 세 개 지역보다 더 변화가 적어지고, 라틴어는 더 이상 로마의 언어가 아니라 중심이 결여된 죽은 언어가 되었다는 것이다. 그리고 카롤링거 르네상스 때는 오히려 프랑스어가 라틴어의 지위를 대신하고(cf. M. Bàrtoli M.(1925), pp.65-74), 프랑스는 정신, 문화의 중심지가 되었으며, 르네상스 시대에는 다시 이탈리아 언어와 문학이 득세했다가 18세기에는 또다시 프랑스의 영향이 확산되었다고 한다.

87) G. Rohlfs, *Z.R. Ph.[Zeitschrift for Romanische Philologie]* 46 (1926), p.162ff. 남부와 동부의 로망스(Romance) 지역에 공통된 언어는 beta, cras, gleba, gremia(gremium), petere, ninguere, calabrix, feruere, furfur, horreun, ianus, oppilare, pollen, pastinum, pecus, subare, sarcina, saturare, siliqua 등인데, 이들 어휘는 라틴어이며 특수한 지리, 역사적 상황으로 이들 지역에 남아있다. 그런데 몇 개 어휘(27개 중에서 6개 : uxorare, pinnes, ciribrum, timpa, murru, pentima)는 라틴어에 보이지 않는 것이 있다. 본판테에 따르면, 이들 어휘는 민중의 언어에 있었을 것이라고 말한다. 그 예로, Bonfante는 plicare (도착하다)와 afflare(발견하다)의 경우를 든다. 이 단어들은 라틴어에 있었으나 다른 의미를 가진다는 것이다. plicare의 경우는 cf. M. Niedermann, Neue Jahrb., 1912, p.315 ; Densuşianu O.(Paris, 1901/Bucharest, 1929), p.193f. ; Thesaurus, s.v. applico. 프랑스와 중부 이탈리아에 풍미했으나 라틴어에는 전혀 없다. tropare와 arripare 중 전자는 그리스어의 tropos (cf. [Provence] trobar 시를 쓰다; cf. Meyer-Lübke W.(3rd ed. 1935/5th ed. 1972), s.v. tropare)에서 온 것으로 생각된다. 이렇게 이베리아-남부 이탈리아-다키아 집단은 골-투스카니 집단보다 더 이른 시기의 언어를 지니고 있는 것으로 보인다.
'afflare (to find)발견하다'에 대해서는 cf. J. Jud, *A.St.N.Spr.*, 122 (1909), p.433 ; W. Meyer-Lübke & A. Castro, *Introducción a la linguistica románica. Translation of Einfürung*, 3rd. ed. by A Castro (Madrid, 1926), p.175, § 90 ; O. Densuşianu, *Histoire de la langue romaine*, p.186. 그에 따르면, afflare는 고전 라틴어에서 단순히 '생기를 불어넣다'('souffler' 'inspirer')란 뜻이나, roumain에서는 dr. <u>aflare</u>, mr. <u>aflu</u>, ir. <u>aflo</u>, r[heto] r[oman]에서는 <u>afflar</u>, nap. <u>axiare</u>, sic. <u>asciari</u>, esp. <u>hallar</u>, port. <u>aflar</u> 등이 'trouver' (cf. vegl. <u>aflatura</u>)의 뜻으로 쓰인다. 이런 의미의 확대와 관련하여 afflare는 라틴 속어에서 그 의미를 끌어냈을 것이라고 생각할 수 있다. 또 cf. J. Brüch, *Z.R.Ph., [Zeitschrift for Romanische Philologie]* 41(1921), p.578 [이상의 내용은 G. Bonfante (1999), p.126이하에서 재인용한 것임]

부 이탈리아와 골 지역의 언어변화 때문인 것이라고 한다.[88] 로마의 변화가 골 지역으로 확산되고, 또 갈로-로마의 변화가 로마로 들어왔으나, 이것이 스페인, 사르디니아, 남부 이탈리아, 시실리, 다키아에는 대체로 영향을 주지 않았다는 것이다. 그 이유는 (중, 북부) 이탈리아와 골 지역 간에는 상호접촉이 잦았으나, 이 지역들은 접촉이 어려웠다는 것이다. 골이 이탈리아에 준 언어적 영향의 한 예로 8-10세기 사이에 프랑스어에 기원을 둔 'mangiare'가 이탈리아 반도 전체에 쓰였던 것(manicare, manicaretto)인데, 시실리, 사르디니아(Gallura를 포함하여)에는 쓰이지 않았다.

나아가, 골지역의 로망어가 언제 어떤 형태로 변했는가 하는 데 대해서도 상이한 견해들이 있다. 마이어-리브케(W. Meyer-Lübke)에 따르면, 4-6세기는 각 로망어의 변화, 특히 모음에서의 변화가 발생했다.[89] 그리고 그는 이런 변화들은 이탈리아어의 영향을 받는 가운데 일어났으며, 그 시기는 4-6세기보다 더 오래된 것이라는 점을 증명해냈다.

한편, 뮐러는 동유럽 지역의 로마(즉, Romania)가 분리되어나간 다음 '서부 유럽의 로망화'가 이루어지게 되었다고 한다.[90] 여기서 뮐러는 더 나아가 그 특징으로 개모음 음절(open syllable)의 장음화, 미래형 cantare habeo, (합성)수동형 amatus sum, construction <faire faire quelque chose à quelqu'un '누구에게 무엇을 하도록 시키다'>, 명사나 형용사 앞에 관사 ille를 두는 것, 복수 존칭 형태(pluralis reverentiae)를 든다. 본판테에 따르면, 그 외에도 ŭ에서 o로의 변화, 어미 i, u에 의한 모음 변형(inflection), au에서 o로의 변화,

---

88) Bonfante G.(1999), p.127.
89) Meyer-Lübke W.(1925), p.188.
90) Cf. Bonfante G.(1999), p.138 이 시기를 본판테는 3세기경으로 잡는다.

ð가 uo, ue로 변하는 이중모음화, homo dicit 형태 등의 언어현상이 여기에 첨가될 수 있다고 한다. 본판테는 이런 뮐러의 분석은 그전에 한 번도 이루어지지 못했던 것이라는 점을 인정하면서도, 다른 한편으로는 여전히 동부 집단(이탈리아, 로마)과 서부집단(프랑스, 프로방스, 스페인 등)을 구분하는 고래의 분기점을 파괴하지는 못하고 수정하는 데 그쳤다는 점에서 뮐러가 이런 언어적 변화 현상의 중요성을 과장했다고 생각한다. 그 분기점은 이탈리아 중북부 스페치아(Spezia)와 리미니(Rimini)로서, 모든 로망어 연구자들이 많은 역사적 변천에도 불구하고 아직도 중요한 분기점으로 인정하고 있는 것이다. 여기서 본판테는 뮐러의 견해는 입증되지 않은 자의적인 것으로 실현가능할 뻔 했던 로망어의 경향성을 이야기할 뿐 현실화된 것은 아니라는 입장이다. 즉, 본판테는 새로운 외부적 요소, 즉 9세기에 '로망스 민족(Romance people)'이 형성됨으로써 그런 경향성은 현실화되지 못했기 때문이라는 것이다.

본판테는 뮐러가 프랑스, 이탈리아, 스페인의 로망어 형성을 같은 잣대로 재단하려 한 점에 반대하면서, 프랑스의 로망어는 이탈리아 등과 달리 세자르가 그곳을 정복하던 시기의 고전적 라틴어의 영향 하에 있다고 한다.[91] 뮐러는 격변화가 6세기에 거의 사라졌다가, 학문의 영향으로 자음을 동반하는 격변화가 부활되었다고 한다.[92] 뮐러가 말하는 이 격변화에, 본판테는 뮐러가 강조하는 어미 s-, t- 격변화도 포함되는 것으로 본다. 뮐러는 메로빙거 시대에 사용된 문어체와는 아주 다른 것으로, (명사)격변화나 수동형

---

91) *Ibid.*, p.134.
92) Cf. *Ibid.*, p.139.

(synthetic passive)이 없는 한편, 관사, 지시 사(compound demonstrative), 새로운 동사 변화(new conjugation)를 수반한 로망어는 6세기가 아니라 9세기에 이르러서야 존재하게 된 것이라고 주장한다.[93] 나아가 본판테는 뮐러의 견해에 반대하는 입장에서, 그런 현상은 상류층의 라틴어에 묻혀서 드러나지는 않으나 이미 그 전부터 민중의 속어에 이미 존재했을 가능성이 있다고 본다.[94]

다른 한편, 본판테는 또 언어의 변화에서 예외적인 곳은 골, 특히 북부 골 지역으로 이곳은 중세 초기에 중요한 혁신이 일어났다고 본다. 그리고 ct가 yt로, u가 ü로, ca가 ča로 변화하는 등의 변화는 아마도 골에서 일어났을 개연성이 있으나, 대상이 되는 현상들이 대부분 라에티아, 알프스 이편 골(Gaule Cisalpine), 프로방스, 이베리아 등 변경지대에 한정되며, 또 후기의 변화인 것이 확실하여 중세의 것으로 생각될 수도 있다고 하면서, 이런 사실은 바르톨리가 정의한 '로마나(romana) 시대의 변화' 이론에 들어맞지 않는다고 한다.[95]

본판테는 이탈리아가 로망어 변천의 가장 큰 중심지로서, 바르톨리가 생각했던 것 이상으로 '급진적'인 언어의 변화를 가져왔음을 강조한다. 동시에 그는 이탈리아-프랑스(Italo-French), 이탈리아-라에티아(Italo-Rhaetia), 이탈리아-달마티아(Italo-Dalmatia), 이탈리아-루마니아(Italo- Romania)어는 상호연관성을 가지며, 또 드물지만 이탈리아-프로방스(Italo-Provence), 이탈리아-스페인(Italo-Spain)[uncle 'zio']도 연관을 가질 수가 있으나, 프랑스-루마니아(Franco- Romania), 이스

---

93) *Ibid.*, p.139 이하.
94) *Ibid.*, p.140.
95) *Ibid.*, p.135.

파니아-루마니아(Hispano-Romanian), 프랑스-스페인(Franco- Spanish)의 상호관계는 존재하지 않거나 아주 드물다고 주장한다.[96]

그러나 언어의 상호교류를 본판테가 집중적으로 조명했던 라틴어 및 로마와의 관계, 육지를 통한 교류, 정치적 지배-피지배 관계 등에 한정하지 않고 시야를 넓힌다면, 여러 가지 측면에서 다양한 관계를 형성할 수 있고 결국 지중해는 다소간에 서로 관계를 갖는 교류의 장으로 변하게 되는 것을 알 수 있다. 지역적으로 이탈리아가 중심이 되는 것이 아니라 다핵적 교류의 중심을 설정할 수 있고, 육지만 아니라 바다를 통한 교류의 범위가 확대되며, 정치 군사적 정복만이 아니라 평화적인 상업, 종교, 학문, 교육 등을 통한 다양한 언어 간 교류의 장이 설정되는 것이다.

다음 장에서는 이런 열린 시각에서 프랑스 고대지역인 골 지역 고대어 및 로망어의 변화를 그 주변 민족들과의 다양한 관계 속에서 이해해야 한다는 점을 논하게 되겠다. 골 지역의 언어교류에 의해 나타나는 모음변화, 차음표기, 어휘의 차용 등 다양한 현상들이 멀리 고대 켈트 어인 골 어로 거슬러 올라가며, 로마가 등장하기 오래전인 기원전부터 끊임없이 변화와 창조가 있어왔음을 일견하게 되겠다.

---

96) 본판테는 바르톨리와 메를로(Merlo)의 견해에 찬성하여, 발칸의 라틴어(Romanian, Albano-Roman)를 남부 이탈리아의 방언(때때로 사르디니아와 이베리아의 두 개 언어도 포함)과 연결시키는 공통된 어휘들이 있음을 인정한다. 그러나 이것이 동일 집단의 존재를 의미하는 것은 아니라고 한다. 이탈리아의 luna와 스페인의 luna, 혹은 그런 같은 것이 수백 가지가 있다고 해도 Italo-Spnish의 집단이 존재했음을 뜻하는 것이 아니다. 프랑스어의 lune도 이탈리아와 스페인의 luna 같이 라틴어의 luna에서 어원을 갖기 때문이다. 결론은 이탈리아와 스페인이 음가를 유지한 반면 프랑스어에서는 음가가 변화했다는 점이다.

3. 고대 그리스인과 골의 켈트 인 간 교류

켈트인(keltoi)과 그리스인은 지중해와 발칸반도 등 광범한 지역에서 교류했다. 이런 교류는 기원전 4세기 켈트인들이 대거 침공으로 들어오기 전에 이미 이루어졌다. 증거는 많지 않으나, 그리스인은 서유럽의 끝 브리타니아까지 주석과 청동을 구하러 갔던 것으로 추측되기도 한다. 기원전 6세기 헤카타이오스에 따르면, 골 남쪽의 마살리아(Massalia), 나르본(Narbon), 니락스(Nyrax) 등은 켈트 인의 것이라고 하고, 그 중 마살리아는 포케이스 인의 식민지라고 한다.[97] '갈라타이'인이란 명칭은 기원전 4세기 켈트인이 공격해 들어올 때 처음으로 쓰인다. 나중에 '갈라타이'란 명칭은 동부지역은 물론 북부 이탈리아, 골의 켈트인을 지칭하는 것으로 쓰인다. 훗날 그리스 인 저술가들은 Gallo-Graikoi 혹은 Helleno-Galatai 란 명칭을 서부 인들에게, 그리고 동부인들에게는 '동부의 갈라타이(Galatai eooi)'라고 했다. 이는 골의 시각에서 갈로-로마 이전의 갈로-그리스(Gallo-grecque)문화 시기를 지칭하는 것이다.

초기 역사가들은 골의 켈트 인은 '그리스인과 친분을 가진 사람들'(philelenes)이라고 정의했다. 이것은 초기 양 민족의 접촉이 평화적이었음을 의미한다. 골 남부의 그리스 인이 식민한 곳은 켈트 인과 직접 접촉한 것이 아니라 리구리아 인(Ligyres)과 이베리아 인(Iberes)과 이웃한 곳이었다. 유스티노스(Ioustinos)에 의하면, 포케이스 인의 식민지 마살리아는 세고브리기오이(Segobrigioi) 인의

---

97) Hekataios (F. Jacoby ed. FGH [Die Fragmente der Griechischen Historiker], IA, 1), F.54–56.

땅에 세워졌다고 하는데, 이것은 켈트 식 명칭이다. 그런데 헤카타이오스에 따르면, 마살리아는 켈트의 리구리아 인의 땅이라고 하고,[98] 그 후 '켈토리구리아 인(Keltoligures)'이라는 명칭도 사용된다.[99]

여러 토착민이 공존한 이곳에 기원전 4세기 켈트인이 대거 이동했으며, 이 때 골 인(Galates)이 북부 이탈리아로 들어왔던 것이 확실하며, 로마까지 들어와 기원전 388년 이곳을 약탈했다. 또 다른 켈트 인은 골 남부 프로방스와 랑그독에 정주했다.

마살리아 등[100]의 포케이스 종족은 그리스 인에 속하는데 처음에는 리구리아 인, 나중에는 골인과 접촉했으며, 이에 관한 증거는 적지 않다. 기원전 1세기 로마의 역사가 리비오스는 골 인 중 무장보병이 마살리아에서 활동했다고 전한다. 파리 국립도서관 (Bibl. Nat. Cabinet des Médailles)에 소장되어 있는 '영접의 상징 (tessera hospitalitatis)'이 있는데, 거기에는 <'Oulaunioi'를 위한 상징>이라는 글이 적혀있다.[101] 이것은 알프스의 Velaunii (골 인의 도시 세노노이 Senonoi) 지역으로 왕래한 마살리아 인들을 우호적으로 영접한 것과 관련이 있는 것으로 보인다. 이시도로스가 전하는 바에 따르면, 바론은 자신의 지역에 있는 마살리아 인이 3가지 언어, 즉 그리스어, 라틴어, 골 어를 동시에 사용했다고 한다.[102] 다른 한편, 스트라본(4.1.5)은 마살리아 인이 인접 지역에 문화적

---

98) Hekataios (Jacoby, FGH, IA, 1), F.55 'polis tes ligystikes kata ten Keltiken.'

99) Cf. P.-Y. Lambert, "Elliniki kai Keltikes Glosses", in A.Ph.. Christidis, ed., *Istoria tis Ellinikis Glossas: Apo tis Arches eos tin Ysteri Atchaiotita* [Dentro Ellinikis Glossas](Idryma Manoli Triantaphyllidi) (Thessaloniki, 2001/2008), p.616

100) 그 외에도 작은 상업기지 아가테 등이 있다.

101) Cf. P.-Y. Lambert, "Elliniki kai Keltikes Glosses", p.619

102) Cf. *Ibid.*

으로 영향을 미쳤음을 언급하고 있다. 골인들은 마살리아의 학교에 자신의 아이들을 보냈고, 흔히들 그리스어로 적고 계약서를 만들었다. 오스트라카(사금파리)에 그리스어로 적힌 것이 발견되는데, 이것은 학생들이 그리스어를 연습한 공책이었을 것으로 추측된다.103)

르젠(Lejeune:1985)은 골 어에 그리스어가 병용 표기된 금석문을 다수 수집했다. 이 '갈로-그리스어'(gallo-grecque)의 글은 기원전 3세기에서 예수 그리스도 시대까지의 것으로 추정된다. 이들 금석문의 내용은 아주 간단한 것으로, 비문에 죽은 자의 이름과 그 아버지의 이름, 봉헌물이나 그 재산 목록을 표시한 글들이다. 이 그리스어는 대체로 헬레니즘시대 그리스어의 음가를 가졌다. 'ou'는 'u'(장음/단음) 혹은 한 개 자음 'w', 혹은 이중음 중 마지막 글자의 음가를 가진다. 'ei'는 'i'의 장음, 'th(θ)'는 전치음(ts), 그리고 'χ'는 후대의 그리스어처럼 'x' 연속음으로 발음된다.104)

이들 비문에는 그리스 어 단어가 보이지 않으나, 몇 개의 이름들은 그리스 식 이름을 닮았다 (Kabirios, Makkarios). 일부 봉헌 금석문의 내용은 그리스의 종교와 정치적 이념을 원용한 것이라는 견해가 있다. 그래서 'Rokloisia'라는 신의 이름은 '들어주는 존재'라는 뜻으로 그리스어의 'epikoos'에서 왔을 것이라고 하고,105) 또

---

103) M. Bats, "La logique de l'écriture d'une socété à l'autre en Gaule Méridionale protohistorique". *Revue Archéologique de Narbonnaise* 21(1988), pp.127-128, sch.4, 5; M. Py, "Les céramiques d'époque aroto-historique (VIe-VIIe s.av.n.è)", in *Exploration de la ville portuaire de Lattes: Lae îlots 2, 4-sud, 5, 7-est, 7-ouest, 8, 8 et 16 du quartier Saint-Sauveur.* supervised M. Py, A. Adroher-Auroux, C. Sanchez, & J.-C. [Lattara 7] (Roux, 1994.), p.280, sch.77. [P.-Y. Lambert, "Elliniki kai Keltikes Glosses", p.619에서 재인용]

104) Cf. P.-Y. Lambert, "Elliniki kai Keltikes Glosses", p.619

105) J. de Hoz, "Lepontic, Celt-Iberian, Gaulish and the archaeological evedence". in

Vaison의 금석문 봉헌자를 가리키는 호칭 명사 'tooutios'는 그리스어의 '촌장 komarches' 혹은 '시민 polites'를 가리키는 것이 아닌가 한다. 'touta'란 어휘는 골인의 정치적 단위, 즉 도시(polis) 혹은 부족(phyle)을 가리키며, 어미 'io'는 그 어원을 확인할 수가 없다. 또 하나 많은 논의의 대상이 되는 어휘가 'dekantem'인데 이것은 일부 봉헌 금석문에서 동사 'dede', 즉 'edose'의 목적어로 간주된다. Szemerényi(1974)는 그리스어 'dekates (1/10)'를 차음한 것으로 보면서, 이런 뜻은 금석문에서 '1/10세'의 언급이 있는 것에서 충분히 증명된다고 한다. 그러나 'dekantem'은 합성어 'bratoudekantem'의 두 번째 요소이며, 어미 'em'의 의미가 설명되지 않는다는 문제점이 있다.[106)]

그리스어는 골 남부 지역, 그리고 로다노스에서 알레시아와 미브락티 등에 널리 소개되었다. 골 어가 그리스어로 적혀진 것으로, 성스러운 숲(alsos / 라틴어로는 lucus)을 조성하는 것을 기린 금석문이 있다.[107)]

출처: P.-Y. Lambert, "Elliniki kai Keltikes Glosses", p.620.

Actes du IXe Congrés international d'études celtiques (Paris, 7–12 July 1991) [*Études celtiques*, 29], II (1992). pp.223–240.

106) P.-Y. Lambert, "Notes fauloises (1. bratoudekantem $\beta\rho\alpha\tau\sigma\nu\delta\varepsilon\kappa\alpha\nu\tau\varepsilon\mu$)". in *Die grössern altketischen Sprachdenkmäler* (Praktika synedriou, Innsbruck, 29 April– 3 Mai 1993). supervised by W. Meid & P. Anreiter. Innsbrucker Beiträge zur Kulturwissenschaft 95. Innsbruck, 1996. pp.86–106 [P.-Y. Lambert, "Elliniki kai Keltikes Glosses", p.620에서 재인용]

107) Cf. P.-Y. Lambert, "Elliniki kai Keltikes Glosses", p.620

Vaison-la-Romaine (Vaucluse)
Villu의 아들, Nimes의 시민인 Segomaros가 여신 Belesama를 위해
이 신성의 숲을 바친다.

사실 그리스어는 물론 골 어로 적혀진 금석문(graffiti)이 많이 발
견된다. 이 사실은 골인이 글을 쓰는 것은 세자르 정복이 이루어
지던 시대 이미 발달되어 있었음을 증명한다. 골의 사회와 언어를
묘사한 세자르의 저서(De bello Gallico)에 따르면, 휘하 군대가 이
주해온 엘베토이 인(Helvetii 스위스인)의 짐 안에 그리스어로 적혀
진 문서집이 발견되었다고 한다. 이 문서 집에는 이주해온 사람
(전사, 아이들, 노인, 여인들)들의 목록이 들어있었다고 한다. 또
세자르(De bello Gallico, 6.14.3)는 공적·사적 회계장부(...publicis
privatisque rationibus)에 그리스 글자가 사용되었다고 적고 있다. 또
로마의 골 정복으로 말미암아 그리스어 대신 라틴어가 사용되게
되었으나, 그리스어의 영향이 살아진 것이 아니라 남아있었다. 그
것은 그리스어의 'θ (th)'가 'ts'의 음가를 가진 'Đ (라틴어의 D에
중간 가롯대를 친 것)'로 변하여 사용된 것, 그리고 그리스어의
'x (ξ)'의 음가를 가진 'X'가 쓰인 것이 그것이다.[108]

골인은 그리스 글자 외에도 문화적 영향을 받았다. 독립해있었
던 골인은 필리포스의 드라크메를 딴 화폐를 사용했다. 또 마살리
아 지역에서는 적어도 건축, 비문 등의 높은 무덤의 기둥 등을 전
수받았다. Glanum과 Nemausus(Nîmes)에 있는 무덤의 높은 기둥,
제단, 신전, 성역 등은 그리스의 영향을 보여준다. 골의 표기 금석
문에서 매우 중요한 요소인 콜리니(Coligny)의 골 달력은 그리스

---

108) Cf. *Ibid.*

달력의 영향을 받은 것이다. 드루이드 종교가 성행했던 골 사회에서 골 인 신관은 그리스 철학으로부터 얼마나 영향을 받았는지는 불확실하나, 그리스 역사가들, 특히 아파메이아 출신 포세이도니오스의 영향을 받은 것은 사실이다.[109]

현재 프랑스어는 라틴어의 영향을 더 많이 받은 것이므로, 그리스어의 흔적을 추적하기 어려우며, 확실한 것은 아니나 신발을 만드는 연장인 roinette (rainure 등)는 라틴어 runcina보다는 그리스어 rykane에서 유래한 것으로 추정되기도 한다(Wartburg). 저명한 사회언어학자인 발터(H. Walter), 칼베(L.-J. Calvet), 아제즈(Cl. Hagège)는 공통적으로 프랑스어의 역사를 추적하는 데 있어 한 언어의 문법적 체계성을 말하는 통사의 흔적뿐만 아니라 어휘의 근거를 들어 라틴어 이전의 언어들에 주목한 바 있다. 바로 전체 골에서 사용된 골 어를 비롯하여 이전의 리구리아어, 그리스어, 히브리어 등에서 차용 표기 혹은 어휘의 변천 등에 주목하여 연구되고 있다.[110]

중세에 그리스어는 라틴어를 통해 골 어에 영향을 미쳤다. 그리스어는 스콜라철학, 정신적, 종교적 주제와 관련하여 주로 쓰였다. presbyter, episcopus, monachus와 같은 기독교회의 종교적 위계와 Agia Graphe(성경)과 같은 어휘들이 그러하다. 예외적인 것으로 고대 아일랜드 어휘로서 'Euangelio(n)'(좋은 소식)에 해당되는 'soscél'이 쓰였다.[111] 골에서 골 어와 그리스어가 함께 쓰인 금석문으로 Nîmes G-203[112]에는 다음과 같은 글이 씌어져 있다.

---

109) Cf. *Ibid.*, p.620 이하

110) Cf. *Ibid.*, p.621

111) Cf. *Ibid.*, p.621.

112) Cf. Lejeune M, *Texts Gallo-grecs, in Recueil des inscriptions gauloise,* I,

[k]ATAR[OSI]LLANOUIAKOS DEDE
MARTREBO NAMA USIKABO BRATOUDE(KANTEM)
Illanouiou의 아들 Kartaros는 Mamausos의 샘에 관련된 어머니들에게 봉헌물을 만들어 바쳤다.[113]

다음 장에서는 위의 금석문처럼 고대 프랑스 남부 지역인 나르보네즈 골을 중심으로 발견된 여러 언어 간 교류 현상을 고찰해 보고자 한다. 나르보네즈 골은 지중해를 통해 여러 세력이 침입하여 전쟁과 정복의 흔적을 남긴 곳이다.

4. 로마 정복 이후의 나르보네즈 골(Gaule narbonnaise)에 보이는 언어 간 교류현상

1) 로마 정치적 세력 성쇠에 따른 다양한 언어들의 만남

나르보네즈 골은 현 프랑스 남부 지중해에 연한 지역으로 알프스와 피레네 사이에 있다. 이곳은 그리스 인이 세운 식민지가 있었으며, 기원전 118년 로마의 식민지가 되었다. 고대 이곳에서 사

---

supervised by P.-M. *Duval, Gallia* 45 (supple) (Paris, 1985).

113) Cf. P.-Y. Lambert는 여기서 샘의 이름인 Nemausos는 골 어 Nîmes와 Nemours와 관련이 있을 수 있다. 'Bratoudekantem'은 그 뜻이 분명하지 않다. O. Szemerényi는 gratia란 뜻의 라틴어인 decumam을 연상하나, P.-Y. Lambert는 '전체 봉헌물'을 의미할 가능성이 있다고 한다. 또 섬의 켈트 어에서 bratu는 'krisi'이라고 한다 (cf. P.-Y. Lambert, "Elliniki kai Keltikes Glosses", p.622).

용된 어휘에 대한 연구[114]로는 이미 16세기 이후 지속적인 관심의 대상이 되어 현재까지 많은 연구가 이루어져왔다.

이곳에는[115] 고대 지중해 상업 기지로서 가장 큰 항구인 나르본이 있는데, 그 기원은 기원전 6세기 이전부터 고대 그리스 인의 식민지였던 것으로 전해진다. 또한 로마가 만든 큰 두 길, 즉 도미티아 가도와 아키텐느 가도가 마주치는 곳으로서, 밀, 올리브, 유명 포도주를 생산하는 풍요로운 농업지역인 동시에 문화의 교차로 역할을 하는 곳이다.[116]

위에서 언급한 골의 해안지역인 니스, 안티폴리스(앙티브), 마살리아(마르세유), 아가테(아그드) 등은 그리스인이 건설한 도시들이다. 이 중에서 로마인이 들어올 때까지 가장 오래 그리스 인의 도시로 남아있었던 것이 마살리아이다. 로마는 이 지역과 함께 스페인과 이탈리아의 일부분을 지배했던 카르타고를 없앤 다음 Domitius Ahenobarbus를 통해 이 길을 정복(기원전 125년-121년)하여 도미티아 가도로 삼고 기원전 118년에 나르본(Narbo Martius)[117]을 군사적 요충지로 삼아 식민지로 건설하였다. 이곳은 이탈리아와 스페인을 연결하는 동시에 상업의 중심지로 부유한 그리스 도시인 마살리아와 경쟁하기 위해 로마인들이 건설했다고 한다.

---

114) 골 어휘 연구사에 대해서는 cf. Dottin G.(1918), pp.133-141.

115) 기원후 4세기 나르보네즈 지역은 세 단위로 구분된다. 나르본을 제 1 나르보네즈(la Narbonnaise première), 비엔느(Vienne)를 중심으로 한 비엔노아즈(la Viennoise), 엑상-프로방스를 수도로 한 제 2 나르보네즈(la Narbonnaise seconde)가 그것이다. 이 중 비엔노아즈는 5세기에 와서 다시 제1 비엔노아즈(La Viennoise première)와 제2 비엔노아즈(La Viennoise seconde)로 나뉘게 된다.

116) 한편으로 이탈리아에서 골을 지나 스페인까지 이어지는 도미티아 가도가 지나가는 곳이며, 다른 한편으로 툴루즈와 보르도로 연결되는 아키텐느 가도가 이곳 나르본에서 시작된다.

117) 스페인 해안에서 멀지 않은 곳 항구에 입지한 나르보 마르티우스는 전쟁의 신 마르스(Mars)의 보호아래 군사적 목적으로 건설된 식민지라는 의미임.

그 후 골 지역은 세자르의 골 전쟁(기원전 52년)[118]에서 비롯하여, 기원후 21년과 68년의 로마에 대한 저항을 거쳐, 수와송 전투(486년)까지를 일컫는 고대의 갈로-로마 시대(Gallo-romain), 그리고 그 후 메로빙거 왕조를 기점으로 중세에 진입한다. 남부에 있는 나르보네즈 골은 로마 세력이 확산되기 전에 이미 지중해를 통해 그리스인을 비롯한 여러 민족이 정주했으며, 그 주변의 카르타고-페니키아 인(히브리어)의 영향을 받았다.

알렉산드로스의 동방원정 이후 개막된 헬레니즘 시대에 그리스어는 지중해와 동방에 널리 통용되었고, 각 지역에는 그리스를 포함하여 2중 혹은 3중의 언어가 유통되었다. 특히 상류층은 그리스어를 사용했고 그리스 식 교육이 이루어졌다. 유대인들은 성경과 역사를 그리스어로 번역했다. 이 그리스어는 전통의 고전어는 아니고 코이네 계통의 한 방언이다. 율리아노스라는 이름의 저자가 쓴 『칼다이아의 변(辯)[Logia ton Chadaion]』은 종교적 주술에 관련된 것으로 육각 운으로 적혀진 시인데 그리스어로 되어있다. 바빌론의 천문학이나 다양한 동방의 우주론도 흔히 그리스어로 적혔다.

로마가 지중해 세계를 정복함으로써 상황이 변화한 다음에도 종교와 교육 등 정신적 분야에서는 그리스어가 사용되었다. 로마는 물론 전 서유럽 기독교 교회에서도 2세기말까지 미사에 그리

---

118) 로마와 골의 관계는 기원전 109년 킴브리(Cimbres)족과의 전쟁 시기 게르만족의 일파인 킴브리(Cimbres), 튜톤(Teutons), 암브론(Ambrons) 족 등이 골의 남동쪽을 위협하면서 본격화되었다. 골인은 이들 게르만 족의 침략을 막기 위해 로마와 동맹을 맺고 그 군사적 개입을 허용하게 되었다. 이를 계기로 엑상-프로방스를 중심으로 하여 레만 호수부터 툴루즈에 걸치는 땅이 '프로방스', 즉 로마의 행정구역(Province romaine)이 되었다. 그 후 로마는 아를르에 운하를 만들면서 론강을 지중해와 연결하여 상품 및 인력을 골 전체로 확대할 수 있게 되었고, 세자르는 로마의 행정구역 보호를 명분으로 골 전쟁을 일으켜 대부분 골 지역을 장악하게 된다.

스어를 사용하다가, 그 후 라틴어로 바뀌었다. 그런 가운데서도 그리스 철학은 신플라톤주의를 통해 기독교세계에 영향을 미쳤다. 4세기 이후 비잔티움 제국 하에서는 각 지역이 고유의 언어를 사용하면서도 제국의 중심 언어는 아티카 식의 변형된 코이네 (공동) 그리스어였다.[119]

5세기에 이르러 마침내 서로마가 멸망하고 그 세력을 잃게 될 즈음 나르보네즈 골에는 게르만 인의 지파인 서고트족, 부르군트족 등이 들어서고 이어서 7세기 이후 프랑크 인이 골 지역으로 세력을 확대하면서 골은 게르만 어와도 교류를 갖게 되었다.

2) 나르보네즈 골에서 보이는 상이한 언어 접촉에 따른 현상

중세 초기 사회적 상황은 상이한 언어 접촉을 통한 이중 언어 사용이 불가피했다.[120] 라틴어와 로망어 초기 형태의 여러 언어들이 공존하던 시기였으며 이에 대한 선행연구들은 문학 작품과 금석문의 발견을 통해 음성학, 형태론, 통사, 어휘, 문체 등을 확인할 수 있다. 골의 라틴어 표기 언어 연구자인 피르슨(Jules Pirson)에 따르면[121] 발견된 골의 비문을 포함한 문서는 12000개 이상으로 주로 공문서, 종교문서, 장례문서들이다.

문서들은 토착문화인 이교도 문서와 종교적인 기독교 이문화

---

119) Cf. Michel Christol(*Une histoire provinciale La Gaule narbonnaise de la fin du IIe siècle av. J.-C. au IIIe siècle ap. J.-C.* [Publications de la Sorbonne, 2010])
120) Roger W.(1991), pp.7-8
121) Pirson J.(1901), p.9.

문서로 나누어진다. 이런 구분은 4세기를 중심으로 골에 기독교가 적극 전파되면서 이런 두 부류의 문서가 공존한 것으로 추정된다. 기독교 비문은 4세기에 출현하기 시작하여 5-6세기를 거치면서 많아졌다가 7세기까지 발견되며, 프랑스적 특색을 갖춘 로망어가 대두되는 시기인 8세기에도 존재했다. 12세기에는 라틴어에서 로망어로 완전히 전환되는 시기이다.

골 지역에서 이루어진 상이한 언어들 간의 접촉은 문법적으로 복잡하고 엄격한 문어체인 고전 라틴어(latin classique)보다는 구어체 라틴어를 통해 이루어졌던 것으로 보인다. 라틴어와 고대 그리스 어휘가 텍스트에 차용되었음이 밝혀지게 된 것이다.

골에서 사용된 언어는 라틴어의 영향을 받았는데 라틴어를 통해 그리스 어의 영향을 함께 받게 된다.[122] 그 영향은 인명 등의 명사나 형용사의 접미사를 통해 볼 수 있다.

〈골 지역 비문 언어의 접미사에 보이는 골 어와 라틴어 및
그리스어의 교류 흔적〉[123]

접미사	고유명사의 예	파생 흔적의 종류
–io –o	Buccio Poppo(그리스어 기원)	인명
–osus	Pattosus	인명
–illus	Adgubillus(혼종 어휘)	인명
–itus –issa / –itta	Nonnitus/ Germanissa(그리스어 기원)	남성/여성 고유 명사의 애칭
–ensis (–iensis)	Anensis	지명

어미뿐 아니라 골 지역 비문에 쓰인 어휘들은 그리스어와 라틴

---

122) *Ibid.*, pp.219-220.

123) *Ibid.*, pp.219-228.

어의 영향을 함께 받았고, 특히 로마의 정복이 이루어지고 난 다음 그리스어의 영향은 라틴어를 통해 들어오게 된다. 헬레니즘 시대의 영향으로 그리스어가 라틴어에 유입되었는데[124] ecclesia, martyrium, diaconus, dogma, Elemosyna, presbyter, sarcophagus, stemma 등이 그것이다.

한편, 갈로-그리스, 갈로-로마 시대를 거치면서 작성된 골의 비문에 표기된 언어는 라틴어 혹은 그리스어만이 아닌 게르만 어, 다른 켈트어의 흔적도 있었다. 켈트어로는 Arepennis, Cantalon, 게르만 어 계열 언어들의 예[125]로 Brut, Burgus, Faraburem, Aliberga 등이 있다.

3) 언어 교류를 통한 접미사와 발음의 전환

골 어휘와 차용된 당대 문자 표기를 통해 어휘의 파생, 쇠퇴, 변화와 언어의 문법적 구조를 알기는 어려우나 고유 명사로 대표되는 각각의 어휘들의 나열을 통해서 골 어의 흔적을 유추할 수 있다. 이런 연구는 흔히 골 어 구술성의 특징으로 골의 종교인 드루이드 신관의 주술이나 비문의 분석을 통해 이루어진다.

도탱에 의하면[126] 골의 고어사전을 통해 밝혀진 사실로 낱말의 범주는 크게 세 가지인데 첫째, 고대인들에 의해 골 어로 지칭되거나 골 비문에 표기된 단어들, 둘째 당대 시인들에 의해 증명된 골 족의 이름들, 셋째 갈로-로마 시대에 유지된 골 기원 단어들과

---

124) *Ibid.*, p.229.
125) *Ibid.*, p.236.
126) Dottin G.(1918), p.217.

골의 고유명사로 추정되는 인명, 지명에 관한 켈트어 어휘들이다.

한편, 피르슨에 따르면127) 골 지역의 라틴어 비문은 세 범주인 속어(vulgarisme), 고어(archaïsme), 이방어(barbarisme)로 해석한다. 이 세 범주는 서로 복합적으로 영향을 미치기도 한다.

첫째, 속어(vulgarisme)는 음성학에서 강세 모음, 이중 모음, 무강세 모음, 자음(B, P; V, B; V, F의 치환)현상과 여러 인칭의 동사 변화는 단수, 관련 명사와 일치하지 않는 형용사의 통사, 속어 접미사인 -o, -onis의 사용, 문체에서 묘지, 나이, 죽음에 관한 다양한 표현, 공동의 이름 뒤에 고유 이름의 위치, 표현의 애매모호함과 구조의 단순함을 들 수 있다.

둘째, 고어(archaïsme)의 증거는 어중음 손실의 예로 th, ch, ph 대신에 t, c, p 의 표기이다.

셋째, 라틴어 이외의 주변 언어의 영향을 받은 이방 어는 그리스 식(Grécisme), 골 식(Gallicisme), 게르만 식(Germanisme)으로 나뉜다. 그리스 식은 라틴어 철자 대신에 그리스 철자 사용(η>i), on으로 끝나는 남성 고유 명사, en으로 끝나는 여성 고유 명사, 그리스 접미사 issa 사용이 그 예이다. 골 식은 켈트어의 흔적인데 남성 고유 명사 us대신에 u의 사용을 들 수 있다. 끝으로 게르만 식의 영향은 이중모음 eu(eo), 기식음(氣息音) 및 게르만 어휘의 사용이다.

골 어와의 접촉을 통한 변용으로 보이는 예로 nd에서 nn으로의 변화인데, 이것은 아주 흔하게 보이며 남부 프랑스 방언에서 그 흔적을 찾을 수 있기도 하다. 또 a대신에 e를 사용하는 것이 그러하다.

결국 골 어를 중심으로 여러 언어 간의 교류 현상은 그리스어,

---

127) Pirson J.(1901), pp.321-325.

라틴어, 게르만 어, 켈트 어가 중심이 되었으나 카르타고-페니키아 시대부터 지중해 연안에 영향을 미친 역사적 사실로 히브리어의 혼효 현상에도 주목해야 할 것이다.

5. 골 지역에 확산된 히브리어와 그리스어의 관계

앞서 살펴본 바와 같이 골 지역의 고대 및 중세의 언어 사회현상은 여러 토착문화의 영향을 받았고 라틴어로 대변되는 이(異)문화뿐만 아니라 그리스와 히브리어의 영향을 받았다.

유대인들은 구술 어는 물론 문어체 그리스어를 광범하게 사용했다. 지역적으로도 동부 지중해 뿐 아니라 흑해와 이탈리아, 이스파니아 등지까지 퍼져있었다. 이스파니아에서는 그리스 글자로 쓰인 유대인의 비문이 발견되고, 브리타니아, 발칸 내지, 파르티아 및 더 먼 동쪽에서도 그러하다. 유대인들이 그리스어를 사용한 지역은 다른 민족이 그리스어를 사용한 지역과 동일하다.[128] 여러 지역에서 그리고 여러 시대를 통틀어 그리스어만 사용한 유대인들도 적지 않았으며, 두 가지 혹은 세 가지 언어를 동시에 사용한 경우도 흔했다. 소수 잔존한 금석문이나 파피루스를 보면, 동부 지중해에서는 그리스어와 함께 유대어 혹은 아람어, 서부 지중

---

128) N. de Lange("Ellinikes Epidraseis stin Ebraïki", in A.Ph.. Christidis, ed., Istoria tis Ellinikis Glossas, p.599)에 따르면, 그리스어가 랍비의 히브리어에 영향을 미친 정도는 오늘날 프랑스어가 영어에 미친 영향, 혹은 오늘날 영어가 그리스어에 미친 영향에 비유할 수 있다고 한다. 또 유대인들이 그리스어를 사용한 것은 스페인에서 쫓겨나 테살로니키에 정착한 세파라딤 유대인들이 라틴어 혹은 유대-스페인어가 복합된 방언을 쓴 것과 유사한 것으로 볼 수 있겠다. Cf. N. de Lange, "Ioudaïki Elliniki", in A.Ph.. Christidis, ed., Istoria tis Ellinikis Glossas, p.473.

해에서는 라틴어와 유대어가 함께 사용되었다. 또 서부에서는 그리스어와 라틴어가 함께 쓰인 마법의 주문도 발견된다. 유대어가 그리스어와 함께 쓰이기 시작한 연대는 미상이나, 현재 모세 5경이 그리스어로 번역된 것이 기원전 280년경인 것으로 추정되고 있다.[129] 또 프톨레마이오스 3세 시기로 추정되는 두 개의 봉헌물에 새겨진 금석문(ca. 246-221 B.C.)이 있다.[130]

그 후 히브리어 기록이 그리스어로 번역되는 사례가 점점 더 많아져, 기원전 1세기에는 그 전성기를 이루었고 이것은 유대인들과 비(非)유대인들 독자 모두를 대상으로 하는 것이었다.[131] 2세기 이후에는 그 수가 적어지나, 팔레스틴 해변의 도시들과 남부 이탈리아 등 일부 지역에서는 6세기까지 계속된다.『시빌 신탁(Sibyllikoi Chresmoi)』은 그리스어로 된 닥틸로스(段段長) 각운의 시인데, 그 14권 째에는 기원후 640년 아리비아 인이 이집트를 장악한 사실을 적고 있다. 아라비아 인의 지배 시기 그리스어가 사용된 정도에 대해서는 아직 연구가 많지 않다.

그리스어로 기록된 성경은 다양하다. 개념, 유대어와 그리스어가 혼합된 정도, 세미티즘(semitismos)[132]과 솔로이키즘(soloikismos)[133] 등에서 그러하다. 그리스어로 기록된 '모세5경'은 히브리어

---

129) M. Harl, G. Dorival & O. Munich. *La Bible grecque des Septante* (Paris, 1988), pp.56-58. 이 금석문에는 고어체 히브리어가 사용되고 있다.

130) W. Horbury & D. Noy. *Jewish Inscriptions of Graeco-Roman Egypt* (Cambridge, 1992), n.22: 117.

131) 알렉산드리아 출신 필론과 플라비오스 요셉의 단편들, 구약성경의 위서들, 신약성경의 단편들(cf. ⊿.9), 그 외에도 금석문과 파피루스 등이 있다. Cf. N. de Lange, "Ioudaïki Elliniki", p.474.

132) 히브리어가 그리스에 영향을 미치는 경향.

133) '솔로이'는 소아시아 킬리키아의 한 도시로 여러 언어의 영향을 받아서 그리스어가 발음이나 형태가 변화하는 것을 뜻한다.

로부터 상당히 독립적이나, 후대의 번역이나 주해는 히브리어의 영향을 많이 받았다. 이런 경향은 기원후 2세기 하드리아누스 황제 시대에 살았던 아킬라스(Akylas)의 수정본에서 극단적으로 나타난다(cf. text [1]). 단편으로만 전하는 그의 작품은 히브리어에 가까운 것이 많고 히브리 문법을 차용하고 있다. 예를 들면, 'syn+목적격'의 문장구조에서 히브리어 조사 <et>가 직접목적을 뜻하는 것으로 쓰인다. 또 뜻이 모호한 곳, 예를 들면 같은 어원에서 나오나 상이한 뜻으로 쓰이는 어휘의 경우에서 히브리어의 원 뜻을 밝히기 위해 그리스어를 사용한다. 이렇게 아킬라스의 번역은 특별한 소양이 없으면 읽어서 이해하기가 곤란한 것으로, 그리스어를 아는 유대인들을 위한 것이었다.[134]

성경의 그리스어에 보이는 히브리어의 영향은 통사와 어휘 두 분야에서 나타난다.[135]

---

134) Cf. N. de Lange, "Ioudaïki Elliniki", p.475이하.

135) 그 외에도 형태, 철자법 등에서도 보이며, 성경 이외에도 다른 코이네(헬레니즘 시대에 쓰인 공동의 그리스어) 작품에서도 나타난다. 문장구조에서는 종속문보다 병치문 선호, 동사를 생략하고 주격으로 뜻을 표현, 동사–주어–목적어 순서 등의 현상이 그리스어로 번역된 성경에 흔히 나타나며, 'kai (그리고)'를 많이 사용하는 것, aischynesthai, prosechein, phobeisthai 등의 동사 다음에 전치사 'apo (from)'를, 그리고 동사 airetizein, thelein 다음에 전치사 'en'을 사용하는 것, 그리고 독특한 표현으로 'apo anatolon (동방에서)'라는 표현을 'pros ta anatolika (동방으로부터)'라는 뜻으로 사용한 것, 또 동사의 부정형이 동사와 함께, 혹은 동사와 그에 상응하는 명사가 같이 사용되는 것 등이다.
그리스 번역에 쓰인 히브리의 단어로는, amen(아멘), sela, allelouia(할렐루야)(기도문에 쓰이는 감탄사들), ephoud 혹은 ephod (의사가 입는 옷), man 혹은 manna(용한 음료), nebel(포도주 푸대 혹은 그 단지), sabaoth(dynamis 힘), sephela(koilada 계곡) 등이다. 이 가운데는 히브리어에서 직접 온 것이 아니라 당시에 쓰이던 아람어에서 온 것들이 있다. 예를 들어, pascha(파스카, 부활절), sabbata(sabbath) 등. cf. Pelletier 1971. 또 그리스어가 변형되어 쓰였는데, 예를 들면, didonai (topotheto의 tithenai), 또 편안을 기원하는 인사에서, eirene soi (=chaire), erotan ⟨ta⟩ eis eirenen (chaireto [아직도 'perotan … eis eirenen tou polemou!'의 표현으로 쓰인다]). 다른 한편, 그리스 단어가 셈어에 상응하는 뜻을 표현하기 위해 사용되었는데, 예를 들면, agios는 히브리어의 qdš, 새로운 단어로 agiazein은 '상세히 설명하다(prodiagrapho)'(cf. Z.Γ.4), 또 'ekousios'에서 동사 'ekousiazesthai' (자발적으로 봉사하다), agathos에

출처: N. de Lange, "Ioudaïki Elliniki", p.477.

　　로마의 외항 오스티아(Ostia)의 유대교회에 있는 봉헌 금석문은 라틴어와 그리스어가 석여있다 (금석문 n.8978).[136] 이 교회는 1세기 후반에 1차 조성되었다가, 상당부분이 4세기에 다시 조성되었다. 금석문은 2세기말의 것으로 추정되며, 맨 아래 2줄은 1세기 이후 지워서 다시 쓴 것이다. 유대인들은 비(非)유대인들보다 더 많이 그리스어를 썼는데, 그 이유는 종교적인 것으로 추정된다. 이 금석문에서 흥미로운 것은 유대어휘 'κειβωτόν'이 그리스 글자로 기록되어 있는 점이다. 이것은 신성의 법을 보관하는 상자(ark)를 뜻한다.[137]

　　유대인들이 종교와 관련되어 그리스어를 사용한 예로는, diaspora(離散), synagoge(교회), skenopegia, azyma, eucharistia(의식에 쓰이는 찬사), nomos(모세 5경), nomodidaskalos, 그 외에도 hosios, philosynagogos, philolaos, philentolos, philonomos 등이 있다.[138]

　　아제즈는 최근 히브리어에 기원을 둔 프랑스어 사전을 발행했는데, 히브리어와 그리스어가 상응하는 예로 다음과 같은 어휘가 나온다.[139]

서 동사 'agathyein'(즐겁게 하다) 등이 만들어져 쓰였다. 또 그리스어가 히브리어의 뜻에 맞게 더 확대된 의미로 쓰이므로 이해하기 곤란한 경우가 있다. Cf. N. de Lange, "Ioudaïki Elliniki", p.475 이하.

136) Cf. N. de Lange, "Ioudaïki Elliniki", p.477.

137) *Ibid.*, p.477.

138) Cf. N. de Lange, "Ioudaïki Elliniki", p.478.

139) Cf. Patrick Jean-Baptiste, *Dictionnaire des mots français venant de l'hébreu et*

nike (그리스어: 승리) = niqqa (히브리어: '정화하다'란 뜻, 즉 승리는
'청정(niqqāyōn)'의 상태를 수반함.)
sycophantes (그리스어: '험담꾼'의 뜻으로 신성의 열매 '무화과(sykos)'
를 불법적으로 가져가는 사람을 적시하는 사람(phnates)을 뜻함) =shəqūfim
(히브리어: '철망으로 된 창'의 뜻으로 이것을 통해 자신을 드러냄이 없
이 보는 것, 즉 간첩같이 은밀하게 험담하는 것을 뜻함.)
iambos(그리스어: '단단장(短短長 ∨∨—)'의 육각운을 뜻함): yabābā
(히브리어에서 비탄의 통곡)140)

나아가, 파트릭(Patrick Jean-Baptiste)이 가나안 어에서 유래한 프
랑스어로 들고 있는 어휘로는, amer(쓰라린), antique(고대의),
Aphrodite(미의 여신 아프로디테), Ashkénaze, Bacchanales(주신 바쿠
스 제전), bronze(청동), cuivre(구리), Espagne(에스파냐), goujat(상놈,
심부름꾼), machaon(산호랑나비), marché (시장: [그리고 Mercure
(Mercurius 전령의 신, 중개자)]), océan(대양) 등이 있다. 더구나 그
리스에 어원을 두고 있는 것으로 공인된 접두사 어휘 및 접두사
gé[o] (땅 terre), héma (피 sang), noo[s](정신 esprit), noso (병 maladie)
가 히브리에서 유래한 것이라는 점을 상당히 비중있게 다루었
다.141)

따라서 아제즈의 연구를 통해 프랑스어에 나타나있는 히브리
어 기원의 어휘들은 히브리어가 카르타고-페니키아 이후 고대 지
중해로 확산된 사회배경 하에 그리스어와 동일한 맥락에서 골 전
체에 큰 영향을 미쳤고 이는 골의 지중해 연안이 그 언어 접촉과
교류의 출발점이 되었을 것으로 추정할 수 있다.

---

des autres langues du Lavant pré-islamique (Paris, 2010) [Préface de Claude
Hagège], p.X

140) *Ibid.* 이 두 단어의 연관성은 증명된 것은 아니라 한 가설로 제시되고 있다.

141) *Ibid.*, p.XI.

6. 전쟁 · 정복의 사회언어적 결과: 골 어와 주변 언어 혼효 현상

언어의 교류는 높은 산이나 강 혹은 바다 등의 지리적 장애에도 불구하고 이루어질 수 있다. 오히려 이탈리아 반도가 마그라와 루비코 강을 경계로 고대 '로마'와 북부 '속주(province)'로 구분되었고, 후대로 갈수록 점차 그 차이가 약해져가지만, 양 지역이 언어상으로 분명히 구분되는 사실은 지리적 장애요인이 크지 않아도 상호교류가 여의치 않는 경우도 있음을 보여준다.

언어 교류에 영향을 미치는 것으로 크게 대조적인 두 가지 요소를 들 수 있다. 한편에 정치적, 행정적인 강제성이 있다면, 다른 한편에는 그와 대조적인 평화적, 교역의 필요, 교육적, 종교의 전파 등 다양한 요인을 들 수 있다.

로마가 지중해 세계를 정복하기 전, 이미 기원전 천년 경 이후 페니키아-카르타고 인, 그리고 약 800년 경 이후 그리스 인은 각각 지브롤터 해협에서 흑해에 이르기까지 지중해의 동서를 상권으로 연결하고 있었으며, 자신들의 언어를 각 지역에 전파했고 상호간 복합문화를 이루어냈다. 페니키아 인은 히브리어 계통에 맥을 잇고 있는 것으로 간주된다. 특히 기독교가 지중해 세계에 전파되면서, 신약성경을 기록한 그리스어가 종교계에 널리 쓰이고, 또 고대와 중세를 점철하여 지중해를 배경으로 무역에 종사한 유대인들은 그리스어만을 사용한 경우가 드물지 않았다.

나르보네즈 골 지역은 일찍이 그리스의 식민도시가 성립되어, 인접한 켈트 인, 골인들과 교류했고, 세자르가 골을 정복하던 기원전 1세기 이후에는 라틴어의 영향을 받게 된다.

앞서 살펴본 바와 같이 바르톨리는 로마가 라틴 세계 가운데서 큰 변화의 중심지라는 견해를 표방하고, 또 이곳이 그리스 인, 에트루리아 인, (이탈리아 남부의) 오스칸 인 등으로부터 영향을 받은 사실을 거론한다. 본판테는 이런 바르톨리의 견해를 지지하는 한편, 더 나아가 로마가 바르톨리가 언급한 제국의 정신적, 경제적 중심지였던 사실에 본질적 핵심이 있는 것이라고 한다.

한편 지역에 따라서도 라틴어 및 로망어는 상이한 점이 있다. 본판테는 이베리아 및 사르디니아, 시실리, 남부 이탈리아, 다키아는 공통된 어휘들을 가지고 있으며, 이들 지역을 골 및 북부 이탈리아 지역과 구분한다. 이들 지역에 같이 쓰이는 본판테는 이런 현상이 중부 이탈리아와 골 지역의 언어가 변화했기 때문이라고 한다. 즉, 이탈리아의 변화가 골 지역으로 확산되고, 또 갈로-로마 변화가 이탈리아로 들어왔으나, 이것이 스페인, 사르디니아, 남부 이탈리아, 시실리, 다키아에는 대체로 영향을 주지 않았다는 것인데, 그 이유가 (중, 북부) 이탈리아와 골 지역 간에는 상호접촉이 잦았으나, 이 지역들은 접촉이 어려웠다는 것이다.

나아가, 골지역의 로망어가 언제 어떤 형태로 변했는가 하는 데 대해서도 상이한 견해들이 있다. 마이어 리브케(Meyer-Lübke: p.188)에 따르면, 4-6세기는 각 로망어의 변화, 특히 모음에서의 변화가 발생했다. 마이어 리브케는 이런 변화들이 이탈리아어의 영향을 받는 가운데 4-6세기보다 더 오래된 것이라는 점을 증명했다.

이미 그리스어와 히브리어 등이 골 지역 골 어와 상호교류하면서 모음변화, 차음표기, 어휘의 차용 등 여러 가지 현상이 나타나는 것을 볼 수 있으며, 로마가 이 지역으로 진출한 다음에는 라틴어가 그리스어의 지위를 대신하는 경향이 있으나, 그리스어 등은 여전히 종교, 상업, 문화 등에 영향을 미쳤다. 갈로-로마 복합문화 시기에도 라틴어 및 로마가 언어교류의 중심이 되는 것이 아니라 다핵적 교류의 중심을 설정할 수 있고, 육지만 아니라 바다를 통해서 교류의 범위가 확대되며, 정치 군사적 정복만이 아니라 평화적인 상업, 종교, 학문, 교육 등을 통한 다양한 언어 간 교류의 장이 설정되는 것이다.

참고문헌

고대사료

Caesar, De Bello Gallico

Commentaria in *Evangelium Iohannis* [P.-Y. Lambert, "Elliniki kai Keltikes Glosses", p.622에서 재인용]

Hekataios (F. Jacoby ed. FGH [Die Fragmente der Griechischen Historiker], IA, 1)

일반 참고문헌

Ahlqvist, A., "Note on the Greek materials in the St. Gall Priscian (Codes 904)", In *The Sacred Nectar of the Greeks : The Study of Greek in the West in the Early Middle Ages*, supervised M.W. Herren & S.A. Brown, King's College London Medieval Studies 2. London, 1988. pp.195-214

Bàrtoli, M., *Introduzione alla neolinguistica*. Archivum Romanicum ser. II. Linguistica, vol.12. Florence/Geneva, 1925.

Bats, M. "La logique de l'écriture d'une socété à l'autre en Gaule Méridionale protohistorique". *Revue Archéologique de Narbonnaise* 21(1988), pp.121-148.

Bonfante, G., *The Origin of the Romance Languages : Stages in the Development of Latin*(ed. L. Bonfante), Heidelberg, 1999.

Bonnet C. et Descatoire C., *Les Carolingiens et l'Eglise(VIIIe-Xe siècle)*, Ophrys, 1996.

Brüch, J., Z.R.Ph., [*Zeitschrift for Romanische Philologie*] 41(1921). [G. Bonfante, *The Origin of the Romance Languages*, p.126이하에서 재인용]

Christidis, A.Ph.. ed., *Istoria tis Ellinikis Glossas: Apo tis Arches eos tin Ysteri Atchaiotita* [Dentro Ellinikis Glossas](Idryma Manoli Triantaphyllidi). Thessaloniki, 2001/2008.

Christol M., *Une histoire provinciale La Gaule narbonnaise de la fin du IIe siècle av. J.-c.*, Publications de la Sorbonne, 2010.

Dottin G., *La langue gauloise: grammaire, textes et glossaire*, Librairie C. Klincksieck, 1918.

Esposito, M. "The Knowledge of Greek in Ireland during the Middle Ages". Studies 1(1912), pp.665-683

Favier J., *Histoire de France tome 2 Le temps des principautés*, Fayard, 1984.

Ferdière A., Malrain F., Matterne V., Méniel P. & Nissen Jaubert A., *Histoire de l'agriculture en Gaule 500 av. J.-C.-1000 apr. J.-C.*, Editions Errance, 2006.

Grosjean, J., *The Cathedral School of Laon from 850 to 930: Its Manuscripts and Masters*. Münchener Beiträge zur Mediaevistik 29. München, 1978.

Hagège Cl., *Combat pour le français: au nom de la diversité des langues et des cultures*, Editions Odile Jacob, 2006.

Harl, M., G. Dorival & O. Munich. *La Bible grecque des Septante*. Paris, 1988.

Hermary A., Hesnard A., Tréziny H., *Marseille grecque*, Editions Errance, 1999.

Herren, M.W., *The Hisperica Famina: The A-Text*. [Pontifical Institute of Medieval Sudies]. Toronto, 1974.

Hofman, R., *The Sankt Call Priscian Commentary*. 1o part., v.2. Münster, 1996.

Horbury, W. & D. Noy. *Jewish Inscriptions of Graeco-Roman Egypt*. Cambridge, 1992.

De Hoz, J., "Lepontic, Celt-Iberian, Gaulish and the archaeological evedence". in *Actes du IXe Congrés international d'études celtiques* (Paris, 7~12 July, 1991) [*Études celtiques*, 29], II (1992). pp.223-240

Jud, J., A.St.N.Spr., 122 (1909). [G. Bonfante, *The Origin of the Romance Languages*, p.126이하에서 재인용]

Kenney, J.F., *The Sources for the Early History of Ireland: Ecclesiastical*. N.Y., 1929.

Lambert, P.-Y., "Elliniki kai Keltikes Glosses", in A.Ph.. Christidis, ed., *Istoria tis Ellinikis Glossas*, pp.616-622.

__________, "Notes fauloises (1. bratoudekantem βρατουδεκαντεμ)". in *Die grössern altketischen Sprachdenkmäler* (Praktika synedriou, Innsbruck, 29 April.-3 Mai 1993). supervised by W. Meid & P. Anreiter. Innsbrucker Beiträge zur Kulturwissenschaft 95. Innsbruck, 1996. pp.86-106.

De Lange, Nicholas, "Ellinikes Epidraseis stin Ebraïki", in A.Ph.. Christidis, ed., *Istoria tis Ellinikis Glossas*, pp.598-602.

__________, "Ioudaïki Elliniki", in A.Ph.. Christidis, ed., *Istoria tis Ellinikis Glossas*, pp.473-479.

Lejeune, M. *Texts Gallo-grecs. in Recueil des inscriptions gauloise*, I. supervised by P.-M. *Duval. Gallia* 45 (supple). Paris, 1985.

Mandet F., *Histoire de la langue romane*, Chez Dauvin et Fontaine, 1840.

Meyer-Lübke, W. *Das katalansche*, Heidelberg, 1925.

Muller, H.F., A chronology of Vulgar Latin. Halle, 1929.

Niedermann, M., *Neue Jahrb.* (1912) [G. Bonfante, *The Origin of the Romance Languages*, p.126이하에서 재인용]

Pirson J., *La langue des inscriptions latines de la Gaule*, Bruxelles: Sociètè belge de librairie, 1901.

Py, M., "Les céramiques d'époque aroto-historique (VIe-VIIe s.av.n.è)", in *Exploration de la ville portuaire de Lattes: Lae îlots 2, 4-sud, 5, 7-est, 7-ouest, 8, 8 et 16 du quartier Saint-Sauveur.* supervised M. Py, A. Adroher-Auroux, C. Sanchez, & J.-C. [*Lattara* 7] Roux, 1994. pp.205-332).

Roger W., *Latin and Romance Languages in the early middle ages*, The Pennsylvania State University Press, 1991.

Rohlfs, G., *Z.R. Ph.*[*Zeitschrift for Romanische Philologie*] 46 (1926). [G. Bonfante, *The Origin of the Romance Languages*, p.126이하에서 재인용]

Sartre M. et Tranoy A., *La Méditerranée antique IIIe siècle av. J.-C./IIIe siècle apr. J.-C.*, Armand Colin, 1997.

Szemerényi, O., "A Gaulish dedicatory formula". *Zeitschrift für vergleichende Sprachforschung* 88(2), pp.246-286.

Theis L., *Chronologie commentée du Moyen Age français: de Clovis à Louis XI(486-1483)*, Perrin, 1992.

Traube, L., "O Roma Nobilis, Philologische Untersuchungen aus dem Mittelalter", *Abhandlungen der königlichen bayerischen Akademie der Wissenschaften* I. Classe, 19(2), München, 1891, pp.332-392.

Walter H., *L'aventure des langues en Occident: leur origine, leur histoire, leur géographie*, Robert Laffont, 1994.

윤선자, 『이야기 프랑스사』, 청아출판사, 2008.

이경윤(편저), 『로마제국의 역사』, 삼양미디어, 2010.

장니나, 「골 어(la langue gauloise)를 통해 본 토착문화의 이문화 융합 현상 분석 연구」, 『프랑스학연구』, 57, 2011, pp.317-341.

장니나, 「나르보네즈 골(Gaule Narbonnaise) 서판 어휘에서 보이는 이언어 교류」, 『프랑스문화연구』, 23, 2011, pp.541-563.

장 이브 보리오, 박명숙 역, 『로마의 역사』, 궁리, 2007.

장 카르팡티에, 프랑수아 르브룅 엮음, 강민정, 나선희 역, 『지중해의 역사』, 한길사, 2006.

CHAPTER 04

현대 **아랍세계**의 갈등과 전쟁

중동·이슬람사회의 분쟁

최재훈

1. 들어가며

21세기에 들어와서 세계화와 정보화의 심화 현상으로 세계에서의 지역개념이 점차 약화되고 있는 가운데 세계는 기독교 문화를 바탕으로 한 서구 문명의 영향력이 확산되어 가고 있다.

여타 문명과는 달리 중동·이슬람 문명은 발생 이후부터 현재까지 약 1400년간 지속된 이슬람이라는 종교·문화적 특성을 기초로 하기 때문에 기독교에 바탕을 둔 서구 문명과 대립의 양상이 나타나게 되었다. 두 문명 간 이러한 구별은 2001년 9·11테러 이후 발발한 아프간 사태와 팔레스타인·이스라엘 간의 분쟁, 그리고 2003년 미국의 이라크침공 이후 극명해지고 있다.

그러나 이슬람 문명과 서구 문명 간의 접촉을 보다 심도 있게 고찰해 보면, 양 문명 간 관계를 단순히 대결구도로만 인식하기는 어렵다. 오히려 근대 이후 이슬람 문명은 도입된 서구 문명의 영향 하에 변화와 발전을 가져온 측면도 있다. 이것은 근대 초 서구 문명이 본격적으로 중동·이슬람세계에 유입되면서 시작되었고, 이후 정치, 경제, 사회 및 문화 등 사회 전반에 걸쳐 적지 않은 변화가 발생하였다.

　정치 분야에서는 이슬람의 전통적인 정치구조와 마찰을 빚기도 하였지만, 근대식 서구 정치제도를 도입하였으며, 경제 분야에서는 서구식 경제발전 모델을 채택하였다. 한편 문화 분야에서는 이슬람 과격 세력의 비난에도 불구하고 상당수 국민들이 서구문화를 수용하였다. 이러한 대립과 조화의 양면성으로 인해 국내외에서는 중동·이슬람 문명권 자체에 대한 관심 및 중동이슬람 문명과 서구 문명 간의 관계에 대한 관심이 고조되고 있으며 이 문제에 대한 학자들 간의 의견은 다양하다.

　근대 서구식 정치제도를 도입한 대부분의 중동국가들에서는 전통과 서구화의 대립현상이 일어났으며, 국가정립과정에서 국가 내부, 인접아랍국가, 그리고 비아랍 국가 간의 충돌이 있어 왔다.

　평화의 종교라고 알려져 있는 중동의 이슬람국가에서 분쟁과 갈등이 끊이지 않는 이유는 국가발전 단계에 있어서 계급, 계층 간의 대립인 것인가? 전통과 서구와의 충돌인가? 아니면, 사무엘 헌팅턴의 문명 충돌론으로 이해하여야 하는가라는 의문점이 제기된다. 이러한 맥락에서 과연 어느 시각이 중동·이슬람 지역의 분쟁과 갈등의 요인이 되고 있는가에 대한 조망과 검증이 요구된다.

　오스만 터키의 붕괴와 서구의 식민지 침탈 이후 중동사회는 끊임없는 분쟁과 갈등이 점철되어 왔다. 서구식 국가체제가 성립된 이후에도 국제정치의 각축장이 되어 왔으며, 냉전체제에 이르러는 국지전이 끊이지 않았다. 1990년 걸프전 이후 국제질서가 재편되는 과정에서 이스라엘과 팔레스타인 문제는 국제정치의 주요 이슈로 부상했으며 현재까지도 해결의 실마리는 보이지 않고 있다. '분쟁과 갈등'은 현대 중동 정치사를 단편적으로 표현할 수 있는 화두가 된 것이다.

이 장에서는 분쟁의 기원과 정의에 대한 제반 이론을 바탕으로 중동 지역에서 발생하였던 분쟁사례들을 도출하여 기존의 이론들이 분쟁의 과정에서 나타난 주요 변수들을 설명하고 있는가에 대한 검증을 시도하고자 한다.

종교이자, 아랍인들의 생활방식인 '이슬람'이라는 요소는 기존의 분쟁에 대한 이론에 어떠한 변수로 작용할 것인가에 대한 점이 선행되어야 한다. 이를 위해 중동사회를 이끌어 온, 아랍민족주의와 이슬람부흥주의(이슬람원리주의), 그리고 최근 부각되고 있는 이슬람극단주의에 대한 정의와 이들의 공통점과 차이점을 구분하여, 이들이 각기 다른 변인들로서 분쟁과 갈등의 요소로 작용하였다는 점을 밝히고자 한다.

현재 중동·이슬람 지역에서 발생되는 분쟁의 범주는 크게 국경분쟁, 종교분쟁, 민족분쟁, 자원분쟁(물분쟁, 석유분쟁), 중동 내 패권분쟁으로 나뉠 수 있다. 또한 대부분의 분쟁의 주체 및 행위자가 국가임을 감안할 때, 국제분쟁과 중동 지역 내 분쟁으로 구분할 수 있겠고 소수민족, 소수 종교 분쟁 등의 국가 내 분쟁으로 구분할 수 있다. 아울러 분쟁에 따른 난민 문제와 이의 해결문제가 대두된다.

주요 분쟁사례 중의 하나인 레바논분쟁의 경우 여러 가지 범주가 결합된 복잡한 분쟁이었다. 일찍이 레바논은 중동 지역의 모자이크 사회로서 중동·이슬람사회의 축소판으로 중동·이슬람사회의 여러 요소들을 함축하고 있기 때문이다.

2. 분쟁에 관한 이론

오스만 터키의 붕괴와 서구의 식민지 침탈 이후 중동사회는 끊임없는 분쟁과 갈등이 점철되어 왔다. 서구식 국가체제가 성립된 이후에도 중동 지역은 국제정치의 각축장이 되어 왔으며, 냉전체제에 이르르는 국지전이 끊이지 않았다. 1990년 걸프전 이후 국제질서가 재편되는 과정에서 이스라엘과 팔레스타인 문제는 국제정치의 주요이슈로 부상했으며 현재까지도 해결의 실마리는 보이지 않고 있다. 더욱이 9·11 이후 극심해진 이슬람권에 대한 왜곡된 이해와 미국의 신 패권주의는 국제사회를 불안하게 하는 요인이 되고 있으며, 2003년 걸프전 이후 이라크에서는 서구식 민주주의가 시험대에 오르고 있다. 우리의 중동·이슬람사회에 대한 반응 역시 서구의 시각으로 필터링된 것이었다. 이에 대해 분쟁의 기원과 분쟁에 대해 설명될 서구의 기존이론을 정리하였다.

세계사는 분쟁으로 점철되고 있으며, 현대에 들어와서 이 분쟁을 규제(Regulation)하는 방법과 그 폭력을 극소화시키는 방법 개발의 긴요성이 고조되고 있다. 이 분쟁규제는, 일반적으로 정의된 것보다는 훨씬 더 광범위한 뜻을 지닌 것으로 이해되어야 한다. 공공연한 분쟁이나 논쟁의 관리나 해결은 물론, 분쟁에 대한 예측과 방지 역시 그 규제과정의 일부인 것이다. 분쟁을 해결함에 효과적으로 개입하기 위해서는 이 분쟁을 올바르게 구분할 수 있어야 되며, 그러기 위해서는 거시적인 차원에서 사회적인 또 국제적인 분쟁의 기원과 'Dynamix'를 알아야 한다. 그러나 아직까지는 이 과정들에 대한 일반적인 이론이나, 학문내적인 또는 학술적인 합의가 미진한 실정이다. 따라서 후술될 이론들을 복합적으로 적용해서 분쟁을 분석하던지, 경우에 따라서 선택적으로 이론을 적용 분석해 볼 수도 있겠다. 분쟁분석의 과정에서 가장 기본적이며 중요한 것이 그의 기원연구라고 생각되며, 그 기원이 규제방법도출에 한 귀중한 요인이 된다고 본다. 왜 사회적인 또 나아가선 국제적인 분쟁이 일어나는가? 이 질문에 대한 과거 수십 년간의 이론적인 토의와 이들에서 나타난 "Paradigm"을 정리해 보면, 다음과 같은 이론들로 요약될 수 있겠다.

① 본능이론(INSTINCTUAL THEORY): 이 이론에 따르면 인간을 포함한 모든 사회적인 동물들에 있어서, 분쟁과 싸움을 본래적인 선천적인 것이라는 주장이다. 이 이론은 인성학자들이 명료하게 제시하고 있다.

② 압제이론(COERCION THEORY): 이는 사회적인 분쟁은 주어진 사회의 본질과 그 사회가 어떻게 구성되어 있는가에 기초한다는 것이다. 이러한 명제는 "압제이론가"들에 의해 주장되고 있으며, 가장 걸출한 이론가는 칼 마르크스라고 할 수 있으며, 자본주의 사회를 어떤 집단이나 계급이 압제로서 결합, 그 사회를 유지하며, 극도로 계층화된 구조를 지니고 있다고 보는 것이다. 위와 같은 마르크스주의자들의 사회계급 간의 필연적인 분쟁이 아닌, 사회내의 이익에 대한 필연적인 분쟁을 주장하는 압제이론가들도 있다. 예를 들면 재산이 아닌 "권위"가 사회적인 분쟁의 주된 근원이라는 것이다.

③ 통합이론(INTEGRATION THEORY): 이 이론은 분쟁을, 사회체제에 있어서 한 변장(變狀)이나 악기능적(惡機能的)인 과정으로 보는 것이다. 많은 이론가들은 사회를 "규범적인 합의"를 중심으로 결집된 한 체제라고 보고 있다. 이 사회적인 관점은, 사회체제구성들에 의해 인지된 사회체제 내에 있어서의 "역할과 위상" 및 그 "사회체제" 양자에 대한 정통성에 뿌리박고 있다는 것이다. 따라서 사회질서는 우월한 힘을 지닌 집단들에 의해 강요될 필요가 없고, 인정된 정통성이 사회질서를 유지한다는 것이다.

이 이론은 협력이란 어떤 사회에 있어서도 인간관계 집단관계에 있어서 정상적인 상황으로 보고 있다.

압제이론과 통합이론은 사회분쟁연구에 있어 지난 20여 년간 대립, 논쟁을 벌여 왔으나, 어떤 학자는 양자를 동전의 양면으로 설명하기도 한다.

④ 기능이론(FUNCTIONAL THEORY): 이 이론에 따르면, 분쟁은 사회압제들에 있어서 기능적이기 때문에 일어난다는 것이다. 즉 분쟁은 본래에 있어서 병적이거나 악기능적인 것이 아니라는 주장이다.

이러한 기능이론가들은 분쟁을 통해서, 사회가 어떻게 내적으로 강화될 수 있고, 사회들 간의 관계가 유지되고 또 보강되고 사회적 병리가 감소되는지를 설명하고 있다.

⑤ 현실주의이론(REALIST THEORY): 이 현실주의 이론자, 혹은 "힘의 정치론자"의 주장은, 사회들 간의 분쟁은, 각기 사회가 한 민족국가로서 상호 용납될 수 없는 국가이익을 이따금 추구하기 때문에 일어난다는 것이다.

경쟁적인 국가이익, 지도자에 의한 오판, 현 위치에 대한 과다한 권력집중들이 전쟁의 뿌리라는 것이 현실주의론자들의 주장이다. 비록 국제분쟁 분석에 있어서 "힘의 정치모델"이 아직까지는 우세하나, 세계가 "글로벌 체제"로 발전해 가며, 민족국가는 그 글로벌 체제 속의 오로지 일개부류의 행동자로밖에 보지 않는 이론가들의 강력한 도전을 받고 있다.

⑥ 미시적 분석이론: 이는 분쟁이란, 모든 사회에 공통된 한 동맹적인 과정으로 보고 있으며, 분쟁은 예측할 수 있는 다이나믹스를 가지고 있으며, 건설적인 관제(觀制)에 따르게 되어 있다는 것이다. 각 분쟁상황은 건설적인 개입을 위해 분석될 수 있다는 것이며, 이 미시분석접근법은 공동체에 연유된 분쟁에 대한 패러다임에서 시도되기 시작했다.

⑦ 행태주의이론: 행태주의 이론가들은, 분쟁에 있어서 행동자들에 초점을 맞추고 있다. 즉 정책결정자들의 스타일, 정책결정에 영향을 미치는 변수, 분쟁당사자들의 인식과 그들 간의 커뮤니케이션, 분쟁적인 행태에 영향을 미치는 가치관과 태도, 평화 지향적이냐 전쟁 지향적이냐에 영향을 미치는 개성변수 등에 시각을 맞추고 있다. 행태주의론자들은, 적어도 인간의 도산이나 오인이 경쟁적인 국가이익만큼, 전쟁의 기원이 될 수 있다고 보며, 분쟁당사자 간의 이익상충이란 때로는 환상적인 것이라고 보고 있다.

정책결정분석은, 정쟁지향이냐 정쟁회피냐를 판가름하는 회교정책결정의 과정이란 복잡함을 나타내고 있다. 이러한 접근은, 보통시민들의 이해나 영향을 초월한 일련의 원칙에 따라 충돌하던지 협력하는 행동자는 국가라는 가정에서 대치되는 것이다.[1]

선행한 여러 이론들을 바탕으로 중동 지역에서 발생했던 모든 분쟁을 완벽하게 설명하기는 어렵다. 선행된 분쟁에 관한 이론은 서구의 이론으로 중동·이슬람 지역에 지대한 영향을 미치는 이슬람이라는 주요변수를 상정하지 않은 이론인 것이다.

중동이슬람은 중동·이슬람 지역의 주요 지배 이데올로기 중 하나이다.

이슬람에 대한 이해 없이는 이들의 사고방식과 행동양상을 이해하기 곤란하다. 중동·이슬람사회에서 일어난 모든 분쟁의 기저에는 이슬람이라는 요소가 반드시 개입되어 있다.

분석의 틀을 구성할 때 이슬람이 가진 독특한 특징을 배제한다면 기존의 서구의 시각으로 중동·이슬람사회의 분쟁을 분석할 수밖에 없는 것이다.

이에 이슬람의 기본 교리와 이슬람의 여러 사상(이슬람부흥운동, 이슬람근본주의)에 대한 언급이 제시되어야 할 것이다.

3. 분쟁변인으로서의 이슬람원리주의

이슬람원리주의 운동은 초기 이슬람의 순수한 유일신 사상으

---

1) 유정렬, "紛爭의 起源研究; 걸프戰爭의 경우", 한국중동학회논총 제12호, 1991, pp.45
   ~48.

로 돌아가자는 데 그 목표를 두고 있으며, 초기 이슬람의 원리와 정신을 복원하고 이슬람사회의 정화를 주장하는 운동이다. 꾸란과 예언자의 순나, 그리고 초기 이슬람공동체의 생활상은 무슬림들에게 있어 열망으로 자리 잡고 있다.

18세기 말부터 시작된 서구식민제국주의는 이슬람세계의 분열과 사회변화를 일으켰다. 이 시기에 두 개의 상반된 조류가 발생하였는데 하나는 이슬람의 근본원리와 신앙에 입각해 사회와 종교를 정화하고 지키려는 수구적인 이슬람보수주의이고, 다른 하나는 서구 문명을 과감히 수용하자는 혁신주의다. 전자는 서구에 대한 거부와 회피현상으로 식민주의 세력과의 협력은 항복이나 반역으로 간주하였다. 현대식 서구교육은 이슬람에 대한 위협이었고, 무슬림의 반발과 공격의 촉매제였다.

수구적 이슬람보수주의는 이슬람원리주의의 원형이 되었다. 후에 이슬람원리주의운동은 조직의 목적과 운동 방향 때문에 다양한 여러 분파로 갈라졌지만 기본적·공통적 특징은 이슬람의 근본원리와 율법을 토대로 한 정교일치의 국가를 수립하고, 정통적인 이슬람의 생활규범을 복원하는 것이다.[2]

서구 문명을 수용한 세속적 민족주의 국가는 사회·경제 분야에 걸친 다양한 개혁을 통해 근대민족국가로서의 발전을 가져왔으나 범아랍, 범이슬람의 발전보다는 개별국가의 발전을 도모하는 한계점을 나타내게 되었고, 1990년 걸프전을 통해 이슬람정신과 아랍의 대의는 꺾이고 말았다.

이에 초기이슬람으로 돌아가자는 종교적 측면과 사회 개혁 측면의 욕구를 동시에 충족시켜주는 대안으로서 이슬람 원리주의

---

2) 손주영, "이집트 이슬람 원리주의 운동", 중동연구 제16권 제2호, 1997, pp.190~191.

는 자리 잡게 되었다. 서구의 틀에서 발전한 국가체계는 전통이슬람의 통치원리와 국가관과는 부합하지 않았다. 따라서 이슬람원리주의운동은 세속적 민족주의 국가체계 내에서 정치집단으로서의 정통성을 갖추지는 못하고 다양한 정치활동[3]을 보이게 된다.

이슬람원리주의 운동은 점차 정치 세력화되어 정부의 여러 정책결정과정에 있어 영향을 미치게 되었다. 초기의 종교적 사상에서 정치적 사상으로 발전하게 된 배경에는 근대국가의 성립 과정이 있었다. 사우디아라비아의 와하비즘과 수단의 마흐디즘은 이슬람 원리주의의 사상적 근간이 되었으며 이후, 자말 압두 알 아프가니와 핫산 알 반나와 같은 급진주의 사상가를 통해 이슬람 원리주의는 이론적 틀을 구성하게 되었다.[4]

서구식 국가체계를 갖춘, 중동의 세속적 민족주의 국가들이 점차 독재와 매너리즘에 빠지고 서구의 영향력이 증가함에 따라 이슬람 원리주의 운동은 급진·과격성을 표출하게 된다. 팔레스타인의 인티파다, 1990년 걸프전 이후 이스라엘과 서구, 특히 미국의 중동정책에 대해 이슬람세계를 지키겠다는 '지하드'운동이 이슬람원리주의자들을 중심으로 거세지게 되었으며 2003년 이라크전쟁으로 일부 이슬람원리주의자의 급진성은 최고조에 이르게되었다. 이러한 이슬람원리주의자의 급진성은 중동·이슬람사회의 분쟁에 있어 주요 변인으로 작용하게 된다.

---

3) 정치활동이란 정치적 상황의 개혁을 위해서 개인이나 집단이 행하는 직접적 압력행사를 말한다. 그 방법은 다양한 것으로서 서명운동에서부터 물리력을 행사하는 것까지 포함한다. 이러한 정치활동은 제도화된 절차를 통해서 행해지는 정치적 행위가 아니기 때문에 선거에 있어서의 투표 같은 것과는 구별된다.

4) 최재훈, "이슬람원리주의 운동의 정치세력화 과정연구", 한국외국어대학교 대학원 석사학위논문(1998), p.3.

1) 이슬람원리주의의 개념

1300여 년 이상에 걸친 기간 동안 이슬람은 보편적 이론이자
삶의 방식으로 지속되어 왔다. 아랍민족에게 가장 기본적인 공동
체 의식으로 자리 잡아 왔던 이슬람은 초기에는 국가와 이슬람이
일치했었던 정교일치의 지도이념으로서 강력한 정치체제의 근간
이 되어 왔다. 그러나 근세에 접어들면서 정치와 분리되는 경향을
나타내었고, 서구가치 지향의 정치이념이나, 아랍민족주의와 같
은 세속적 정치이념이 이 지역에서 영향력을 행사하였다. 이슬람
은 일정기간 종교적 범주에만 국한되어 유지되어 왔던 것이다. 아
랍민족주의가 실패로 귀결되면서, 아랍권에 이념의 공백상태가
발생하자, 이슬람은 새로운 지도이념으로 자리 잡게 되었고, 급격
히 정치화하기 시작하였다.[5]

이슬람원리주의의 가장 기본적인 구호는 '초기 이슬람으로의
회귀'이다. 전통이슬람이 정치현실에 무관심해지고 부패하면서
무슬림 공동체가 쇠락하게 되자, 이에 대한 반발로서 이슬람원리
주의가 등장하였다. 이슬람 사회가 서구열강의 침투와 압력에 적
절하게 대응하지 못하였고, 무슬림국가 대부분이 제국주의세력의
식민지가 되거나 그 영향권에 속하게 되어 사회적인 파탄을 가져
오자 이슬람원리주의는 더욱 강화되었다.[6] 냉전체제 이후, 1987
년의 팔레스타인 인티파다와 1990년 걸프전, 2003년 이라크 전쟁
을 거치면서 이슬람원리주의의 '지하드'정신은 급진성을 뛰어넘는

---

5) Fraksh, mahmud A. *Withered Arab Nationalism*, obis, 1993), p.425.

6) 김정위, "이슬람원리주의 사상과 이론", 김정위 外, 「국제 정치와 이슬람원리주의 운동」(서
울: 민맥, 1994), p.65.

과격성을 표출하게 된다. 일부 급진성향의 이슬람원리주의자들의 과격한 무장활동은 대다수의 이슬람원리주의자들을 테러리스트로 오해받게 만드는 결과를 가져왔으며, '이슬람극단주의(Islamic radicalism)'라는 신조어를 만들어 내기도 하였다.

2) 이슬람원리주의의 특성

(1) 종교부흥 측면

압둘 와합의 이슬람 부흥사상은 아라비아반도의 나즈드 지역 족장 이븐 사우드(Ibn Sa'ud)의 지지를 얻어 와하비 운동이란 이름으로 정치세력으로 급성장하자 오스만 터키의 술탄은 이집트 총독 무함마드 알리(Muhammad 'Ali, 1805~1848 재직)로 하여금 1810년대 초에 이 운동을 진압하게 했다. 그러나 이슬람 부흥운동은 군사적 패배에도 불구하고 무슬림 세계 도처로 파급되어 갔다. 당시 유럽열강의 무력침략에 무슬림 지배층이 부패 무능하여 적절히 대응하지 못했거나 또는 침략세력과 야합한데 대한 반발이었다. 부흥운동의 주도자들은 서구유럽의 문화나 교육과 접한 적이 전혀 없이 오직 이슬람 전통 속에서 자라나 외세나 이교도로부터 이슬람을 지켜 부흥시키겠다는 투지에서 지하드정신으로 저항했던 것이다. 즉 부흥주의자들은 이슬람공동체 이외의 존재는 인정했지만 그 문화, 사상체제 또는 제도를 이슬람공동체의 부흥에 비교, 참조할 생각조차 하지 않았다. 심지어 다른 문화의 우수성은 상상조차 하지 않았다.

이러한 운동은 본래의 이슬람으로 돌아가자는 구호를 통하여 이미 잠입한 이교도와 외래의 관행을 이슬람에서 제거하여 정화하는 데 목적을 두고 있다. 또한 8~10세기 동안에 확립된 대가들의 관행을 무조건 모방(taqlid)하기보다는 독자적인 연역적 판결(ijtihad)을 더 중시한 점이 이 운동의 특색이라 하겠다. 대체로 이 운동은 한 사람의 강력한 지도자의 열정에서 일어났기 때문에 그의 죽음으로 종말 내지 쇠퇴되는 현상을 보였다.[7]

(2) 사회개혁 측면

부흥적 성향의 운동이 이슬람 공동체의 내부모순에서 나왔기 때문에 서유럽 열강과 그 문화의 중동침투는 단순히 변혁의 촉진제적 역할을 하게 된 것이다. 서구 열강의 무력에 대한 저항의 무의미함을 무슬림 국가의 집권층은 이미 18세기 말 나폴레옹의 이집트 원정 때 인식했다. 즉 프랑스원정군은 불과 일주일 만에 오스만 제국수도인 이스탄불의 배후 깊숙이 있는 이집트를 정복했기 때문이다. 19세기 초두에 그 반응으로 등장한 것이 곧 오스만 터키제국의 개혁운동이다. 본래 이 운동은 오스만 제국의 기존 질서를 유지하면서 단순히 종래의 관료 조직체의 기능을 활성화시킬 수 있도록 참신한 인사를 등용하여 부정과 족벌주의를 제거하고 중앙정부를 강화하는 데 있었다. 그 중심도 군사적 기술적 분야에 국한되었다. 그때까지만 해도 이슬람의 정치체제는 건전한 것으로 전제되어 하등의 의심도 품지 않았으며 단지 그 기능에 흠집이 생겼다고 본 것이다. 그러나 19세기 초엽부터 밀어닥친 서

---

7) Y.M. Choueiri, *Islamic Fundamentalism*, (London, 1990), pp.23~24.

유럽 문물의 풍미로 오스만 제국을 비롯한 무슬림국가 모두가 유린당하게 되자 기존 지배층 차원에서도 각성이 일어났다. 즉 단순히 군대와 무기차원의 개혁으로는 서유럽의 침략에 대응하기 미흡하다는 생각에서 대수술을 거쳐야 한다는 목소리가 높아졌다.

이때(1839년)부터 오스만제국의 개혁운동은 탄지마트(Tanzimat, 재정비)운동이란 이름을 가지게 되었다. 따라서 광범위한 법률제정이 이루어 졌다. 그 결과 오스만제국의 모든 백성은 종교와 인종에 관계없이 법률 앞에서는 평등하다는 서유럽의 시민 개념이 도입된 것이다.

결국 유럽 기술도입의 영향을 받아 통신과 교통망의 급속한 발달과 중앙집권의 강화로 지방 호족들의 권위체제와 부속적 결속이 통제 받게 되었다. 그와 함께 유럽 각국의 발전에 기본이 된 자유, 헌정(憲政) 및 사회 공익 개념의 일반화가 곧 무슬림 공동체(Ummah)의 발전을 열어 주는 열쇠역할을 한다고 판단되었다. 그러나 시민의 자유의식과 공익개념의 일반화는 의식수준의 향상 없이는 실현 불가능했지만 우선 헌법제정은 가능했다. 따라서 19세기 말까지 유일한 독립국가로 남아 있는 오스만 터키는 1876년 헌정을 도입했으나 민주정치의 미숙으로 정정(政情)만 혼란하게 되었다. 이 혼란은 이란에서도 1906년 헌법제정 후에도 되풀이되었다. 그러나 헌정체제이든 아니든 관계없이 개혁도모의 물결은 지속되었다. 즉 정부차원의 개혁운동은 국가행정과 교육제도의 서유럽화로 이어졌다.

이와는 달리 민간차원에서도 이란의 알 아프가니(Jamal al－Din al－Afghani), 이집트의 압두(Abduh)등 선구적 사상가들이 나와 유럽 경제체제의 우수성은 과학에서 온 것이라 믿고 서유럽식 교육

제도의 도입으로 무슬림 세계의 과학, 기술향상을 도모했다. 그들은 또한 진정한 이슬람은 절대신의 성법(聖法), 즉 이슬람 율법을 복종(taqlid)하는 데 있는 것이 아니라 이즈티하드(ijtihad, 합리적 해석)에 있다고 보고 무슬림들에게 유럽문물을 침략에 이즈티하드의 활용으로 대응해야 한다고 보았다. 즉 이슬람부흥주의자는 非이슬람 세계의 상황은 도외시한 채 이슬람 공동체의 단점을 보완 개혁하라고 애쓴 것이다. 또 부흥주의자들은 이슬람을 원리, 원칙에 부합한 완벽한 체제로 보았으나 개혁주의자들은 세계도처에서 무슬림들이 군사적·정치적·기술적 또는 경제적 분야에서 낙후되어 있는 현실을 인식했다. 19세기 초에서 20세기 전반기에 이르는 150년 동안 유럽문화가 중근동으로 물밀 듯 밀어닥치자 무슬림들이 받은 충격은 실로 컸다. 즉 유럽의 과학과 기술을 수용하여 무슬림 사회를 개혁해야 한다는 생각은 너무나 당연시되어 국가, 사회단체 및 교육기관은 공공기관을 비롯하여 지식인, 관료, 군인, 학생 등등 모든 사회구성요원에 이르기까지 개혁, 즉 서유럽 문물과 제도의 수용과 모방에 급급하게 되었던 것이다. 그러나 오늘날까지 150년간에 걸친 노력에도 불구하고 무슬림 공동체의 사회·정치·경제 및 문화는 그 발전 속도가 느려 서유럽과의 격차는 줄어들지 않고 오히려 더 벌어지는 상황에 처하자 이슬람원리주의자들의 서유럽식 개혁이 더욱 강화되었다. 유럽의 물질문명은 받아들이지만 그 정신문화와 사회제도를 모방하는 수고는 이제 그만두고 이슬람 고유의 신학과 사상에 바탕을 둔 정치, 사회체제로 돌아가야 된다고 원리주의자들은 주장했다. 그들은 20세기 전반기의 부흥적·개혁적 원리주의 운동을 계승, 발전, 확산시키고 있는 것이다.

20세기에 들어와 현대적 의미의 개혁 운동을 대중적 바탕 위에서 본격적으로 추진한 세력은 무슬림 형제단(al-Ikhwan al-Muslimin)이다. 이집트의 청년교사 하산 알반나(Hasan al-Banna)가 1928년에 이 형제당의 조직에 착수하였으며 그 목적은 이집트의 이슬람적 사회 여건에 서유럽식의 자유민주주의적 정치이론은 적합지 못한 얼픈 주장이라 단정하고 와하비운동의 순수이슬람에서 영감을 이끌어 냈다. 반나의 주장도 개혁사상의 선구자인 무함마드 압두(Muhammad Abduh)와 그의 제자 라쉬드 리다(Rashid Rida)의 사상과 큰 차이는 없으나 민족주의, 애국사상, 민족국가, 헌법제정 및 사회주의 정의 용어를 이슬람의 틀 속에 넣어 다듬었다. 그의 창의성은 개혁사상의 내용쇄신에 있다기보다 개혁운동의 활성화에 있었다. 즉 현대적 정당을 창설하여 그 행동지침을 포괄적으로 마련하는 데 있었다. 이 운동은 1940년대 이후 무슬림 세계 여러 나라에 영향을 미쳤다.

약 10여 년 후인 1941년에 마우두디(Adul-A'la Maududi)는 자마아툴 이슬라미(Jama'atul Islami)라는 이슬람협회를 만들어 인도에서 유사한 운동을 폈다. 이들은 이집트나 인도와 같은 낙후된 국가에서 활동했고 당시 성황 했던 독일의 나치와 이태리의 파시스트들의 영향을 받았으므로 그 조직은 민주적이라기보다 지도자 중심적이었다.[8]

특히 무슬림형제단은 1939년에는 정치조직으로 재편성되어 팔레스타인 땅에 이주하는 유대인들에 대항했으며, 1948년 제1차 아랍 이스라엘 전쟁에서 아랍 측이 패하자 그들의 투쟁목표를 부패한 이집트 왕정타도로 돌렸다. 결국 국내가 소란해지자 1948년

---

8) Choueri, *Ibid.*, p.12.

무슬림형제단은 해체되었고 그 창시자 하산 알 반나는 암살당했다. 그 결과 무슬림형제단은 지하활동을 개시하여 이집트 사회는 더욱 혼란되어 변혁 분위기 조성에 크게 기여했다. 마침내 1952년 나세르(Gamal Abdul Nasser, 1970년 죽음)가 이끈 자유청년 장교단이 쿠데타로 왕정을 타도하고 아랍민족주의의 기치를 내세우자 무슬림형제단의 입지는 약화되었다. 강력한 지도자를 구심점으로 한 이 조직은 창설자의 암살로 분열되기 시작했다. 더구나 나세르 정권은 형제당의 분열을 교묘히 이용하여 그의 입장에서 보면 인종주의이며 또 외래적인 것이어서 형제당의 주류는 나세르의 아랍민족주의에 노골적으로 저항했다.

(3) 급진적 측면

1950년대와 60년대의 20년간은 제2세계의 여러 나라와 마찬가지로 무슬림 국가들도 경제구조, 정치기구 및 문화체계에 이르기까지 급격한 변화를 겪는 격동의 시기였다. 따라서 집권자들의 탄압대상이었던 과격과 이슬람개혁론자는 이슬람 급진주의적 사상을 발전시켰으나 당시 풍미하던 민족주의와 사회주의에 밀려 소강상태에 있었다. 따라서 이슬람급진주의는 혁명적 민족주의의 출현과 집권자의 세속적 정책에 반대하여 일어난 최근의 대중운동이었다. 부흥운동이 이슬람의 종교적 얼을 내세웠고 개혁운동이 토착적 요소와 유럽의 문화적 요소와의 혼합에서 나왔다면 급진주의는 독립국민국가(Nation State)의 출현에 대한 대응책으로 나온 것이다. 급진사상의 전투적, 배타적, 전통수호적 성격은 바로 이슬람의 부흥운동과 개혁운동을 창조적으로 통합하여 발전시킨 것이다. 따라서 이 사상은 이슬람의 정치생명을 구원해 보려는 최근의 시도인 것이다. 또한 이 사상은 1950년대부터 시작된 급격한 도시의 인구집중현상에서 나타난 서민층의 불만을 집약한 것이다.

1970년 이전에 이 사상은 정치운동이라기보다는 사상적·학구적 성격이 더 강했다. 이 사상의 시발점은 영국보호령이었던 인도에서 먼저 나타났다. 즉 정통적인 이슬람신조의 핵심인 절대 유일신의 주권과 지하드(Jihad, 성전)를 내걸고 세속에 물든 민족주의자의 사상에 대한 반발로 나타난 것이다. 그 대표적 주창자는 마우두디(Abu Ala' Maududi)이다. 그에 의하면 민족주의는 인류를 민족별 또는 언어별로 갈라놓아 인류의 단합을 깨뜨리는 불합리한 사상이다. 마우두디는 민족주의를 예언자 무함마드가 제거하려 애쓴, 이슬람 이전의 부족주의의 현대판으로 인식하였던 것이다. 이슬람에 투쟁의 대상은 무실론, 다신론 및 우상숭배이지만 그에 버금가는 것이 또한 인족주의와 인종주의인 것이다. 따라서 인류는 충성심을 영토, 인종 또는 언어에 바치기보다 영웅과 정신을 우위에 두고 물질적 측면을 다스리는 정치적 체계에 충실해야 한다는 것이다. 즉 그의 사상은 급진적 성향에 이혼을 완숙시키지는 못했지만 그 원형이라 보겠다.[9]

이슬람 급진사상을 보다 정화한 이는 무슬림 형제당의 사이드 쿠틉(Sayyid Qutb)이다. 특히 그는 자힐리야(Jahiliyya, 종교에 대한 無知)의 개념을 20세기에 세계적 상황에 확대 해석한 점이 독창적이다. 이슬람이전의 아라비아반도 상황을 초창기 무슬림들이 자힐리야라고 규정한 것을 오늘날의 무신론적 실태에도 적용하였

---

9) 김정위, "이슬람원리주의", 「한국 이슬람 학회논총」, 제3집, (1993), p.110.

다. 즉 자힐리야는 시간과 장소에 관계없이 절대신의 계시가 인간의 의식과 생활을 지배하지 못할 때는 언제나 다양한 모습으로 고개를 든다고 본다. 따라서 현대의 사상체계-자본주의, 공산주의 및 민족주의-도 자힐리야의 재현(再現)형태로 규정한다. 이 규정에서 보면 오늘날의 수많은 무슬림 공동체는 그래도 절대신의 유일성을 믿고 그분께 경배 드리고 있다. 그러나 절대신의 속성 가운데 가장 본질적인 입법적 권위를 다른 권위-세속주의-에게 넘기고 있다고 본다. 이 권위는 인간생활의 기본을 이루고 있으므로 절대신으로부터 이 권위를 빼앗는 것은 무슬림 공동체의 정체성에 금이 간다는 것이다. 이 운동은 1970년대 말에 이란에서 이슬람혁명이 성공하자 더욱 기세를 올리게 되었다. 처음으로 이슬람원리주의자들이 이란과 같은 큰 무슬림 국가에서 정권을 장악한 것이다. 그 결과 아랍민족주의를 내세우는 이라크와 8년간에 걸친 전쟁에서 원리주의자들의 기세는 꺾이지 않고 여전히 활발하게 움직이고 있다. 특히 시리아에서는 1970~82년에 걸쳐 전국 각지에서 무슬림형제단의 반체제 테러 활동으로 소란했으며 또 1982년 초 제3의 대도시 하마 시에서 일어난 폭동은 2,000명 이상의 사상자와 3분의 1 이상의 도시 건물이 파괴될 정도로 철저하게 탄압받았다.

1981년의 사다트 이집트 대통령의 암살도 무슬림형제단의 행위로 밝혀졌다. 알제리에서는 이슬람원리주의 정당인 구국전선(FIS)이 1992년 초의 총선에서 집권당인 민족해방전선(FLN)을 누르고 대승하자 FLN은 즉시 계엄령을 선포하고 구국전선을 해체시켜 정국이 극히 불안한 상태에 빠졌다. 튀니지에서는 1983년 식량폭동 이후 대량 실업과 생활고를 배경으로 이슬람원리주의, 특히 나흐다(Nahda, 부흥, 재생)라는 극렬단체의 활동이 활발했으나 튀니지 정부의 단속 또한 강화되어, 약화되어 있다. 수단에서는 1989년 6월, 오마르 알 바시르(Omar Al-Bashir) 중장의 지휘 아래 쿠데타가 일어나 야당인 국민 이슬람 전선(National Islamic Front)과 연합하여 정권을 세웠다. 이는 순니 무슬림세계에서 최초의 원리주의자 정권을 의미했다.

1987년 말 팔레스타인에서 인티파다(민중봉기)운동이 일어났고 그 여파로 이슬람 저항운동 단체인 하마스(Hamas)가 등장하였다. 결국 1992년 말에 이스라엘 정부는 하마스조직원 400여 명을 레바논으로 추방했으나 국제 사회의 압력으로 2개월도 못 되어 그 조치를 부분적으로 번복했다. 팔레스타인에서도 이스라엘의 존재를 이슬람세계의 존재를 위협한다는 시각의 이슬람원리주의자들의 세력이 점차 늘어나게 된다. 2000년 9월 28일, 당시 야당 당수이던 아리엘 샤론이 예루살렘에 위치한, 이슬람성지인 알 악사 사원을 강제로 방문하는 것이 계기가 되어 팔레스타인의 봉기는 다시금 시작되었다. 샤론 총리는 동 예루살렘이 팔레스타인독립국가의 수도가 되어야 한다는 팔레스타인주장에 대하여 전 예루살렘이 이스라엘의 주권 지역이고 수도라는 점을 강력하게 전달하는 정치적 메시지를 아랍과 전 세계에 보냈고, 집권 후 팔레스타인 자치정부에 대해 강경 정책을 취해 왔다. 한편, 2001년 9·11테러사건 이후 미국은 반테러 레짐을 내세워 아프가니스탄의 탈레반 정권을 붕괴시켰고 이라크에 대한 공격과 군정을 실시해 왔다. 이스라엘은 9·11 이후 미국의 반테러 레짐을 팔레스타인문제에 적용하여 근본적인 해결보다는 팔레스타인의 테러행위에 그 포커스를 맞춰 왔다. 아라파트 사망 이전, 강력한 하마스 지도자였던 셰이크 아흐마드 야신과 란티시의 암살은 팔레스타인 평화협상을 경색시켰고 많은 수의 이른바 '이슬람극단주의자'들을 양산해 내는 결과를 초래하였다. 즉 이스라엘의 팔레스타인 평화협정 과정에 대한 불이행과 팔레스타인의 소요에 대한 강경 진압은 일부 과격한 팔레스타인 무장 세력의 테러로 이어지고, 이에 대한 이스라엘의 강경 진압의 반복은 팔레스타인의 평화정착을 요원하게 하는 뫼비우스의 띠가 되고 있는 것이다.

이슬람원리주의운동이 1990년 이후, 세력이 강화되고 있는 현상은 세계정세와도 밀접한 관련이 있다. 1989년을 고비로 동유럽 공산권이 붕괴되자 사회주의와 공산주의는 무슬림 세계에서 크게 약화되었다. 또 1950년대, 60년대에 중동 지역에서 그 위세를 떨치던 아랍민족주의도 1980년대와 90년대에 들어와 시들고 있다. 그 이유는 민족주의자 정권이 이집트, 이라크, 시리아 등 여러 국가에서 수립되어 한 세대가 지났으나 그 성과는 외세로부터 정치적 독립을 쟁취하는 데 지나지 않으며 내실을 거두지 못하고 아랍민중의 기대에 부응하지 못했기 때문이다. 반면에 이슬람원리주의는 그 대안으로 이슬람의 부흥을 외치며 서구의 침입과 분쟁의 소용돌이에 휘말려 있는 아랍민중들에게 정신적 무장과 함께 돌파구를 제시하고 있어 중동·이슬람사회 분쟁의 가장 큰 변인이 되고 있다.

4. 레바논 분쟁10)

중동 지역 내의 가장 큰 분쟁인 팔레스타인 분쟁은 자원분쟁, 국경분쟁, 종교분쟁, 민족분쟁의 범주와 국제분쟁과 중동 지역 내 분쟁을 모두 충족하고 있는 대단히 복잡한 분쟁이다. 팔레스타인 분쟁은 팔레스타인과 이스라엘 그리고 미국이라는 주요 행위자가 개입된 분쟁이며 현재 평화의 길을 모색 중에 있다. 본 장에서는 이슬람이라는 주요 변인을 포함한 분쟁의 사례로 현재 진행 중인 사례를 제외하고 2000년 이스라엘의 철군으로 분쟁의 수준이 국내로 국한된, 레바논 분쟁의 사례를 대상으로 하였다.

1) 레바논 분쟁의 배경

레바논은 2008년 기준 인구 410만 명으로서 우리의 경기도 면적정도인 10,425㎢의 작은 나라이다. 정식국명은 The Republic of Lebanon이고 주민은 대부분 아랍족이며 기타 유럽 등 혼혈계 인종으로 구성되어 있다. 정부형태는 대통령중심제(임기 6년, 단임제)이나, 내전 이후 TAIF협약에 의거 대통령, 총리, 국회의장이 권력을 균점하는 TROIKA체제로 운영되고 있다.11)

레바논은 제2차 세계대전이 한창인 1943년 11월 다른 중동국가들보다 일찍 독립하였는데, 평온했던 것은 독립 후 불과 5년뿐인

---

10) 이 장은 지중해 문명의 다중성(2010, 한국학술정보) 중 '레바는 분쟁과 정치발전'부분 수정, 보완하였음.

11) 외교통상부, http://lbn.mofat.go.kr/kor/af/lbn/affair/opening/index.jsp

것으로 알려질 만큼 혼란이 반복되는 역사를 가지고 있다.

레바논 내전은 1943년 레바논 독립 이래 기독교세력과 이슬람 세력이 주도권을 놓고 갈등을 빚으면서 분쟁의 배경이 되었다. 1958년 기독교세력 정부의 친 서방정책에 이슬람세력이 반대를 함으로서 무력충돌이 발생하였다. 이후 1970년 9월 요르단에서 추방당한 팔레스타인 게릴라들이 레바논 남부 지역에 난민촌을 형성하면서, 대 이스라엘 무장활동을 시작하였다. 1975년 기독교 우파 Phalange 민병대의 팔레스타인 게릴라 습격으로, 기독교도 대 무슬림 간의 전면전 양상으로 발전하였다. 이 과정에서 시리아 가 1976년 4월 사태수습 명분으로 정규군을 투입하였고, 이스라 엘도 1978년부터 수차례에 걸쳐 레바논을 침공하여 레바논 분쟁 은 국제적인 양상을 띠게 되었다.

2000년 5월 이스라엘이 남부 레바논에서 철수함으로 레바논 내 에서의 무력 충돌은 약화되었으나 국경부근에서 이스라엘과 헤 즈볼라간의 충돌은 지속되고 있다.

레바논은 1992년 7월 기독교인들과 무슬림 간 50:50의 동수 배 분에 기초한 새 선거법을 채택하여 새 선거법에 의한 전후 제1차 국회의원 총선거 실시하는 등 정치발전을 이루어 내었고 Rafic Hariri 총리 취임 이후 경제 발전에도 노력을 경주하였으나, 시리 아와 방위 안보협정 체결, 남부 지역에서의 계속되는 이스라엘과 헤즈볼라 간의 교전과 이에 대한 통제권의 상실 등으로 주권국가 로서의 면모를 완전히 갖추지 못하고 있다.

1994년 이후 이스라엘의 공세가 지속되고 정파 간 무력충돌이 계속되는 가운데도 레바논은 정치발전을 위한 노력을 잃지 않았 다. 수많은 정파 간 이익으로 둘러싸인 레바논 국민들은 선거 메

커니즘을 통해 국민의 권리를 행사하였으나 빈번한 내분과 외침으로 레바논 국민의 정치적 열망은 퇴색하고 만다.

2005년 라피크 하리리 총리 암살에 뒤이은 이른바 백향목 혁명 이후 레바논은 시리아의 영향력 하에서 벗어나려는 노력을 보인 바 있다. 그러나 헤즈볼라와 이스라엘 간 각축으로 레바논 정국은 또다시 혼미에 빠지고 만다. 2009년 6월 총선 이후에도 여전히 불안한 국내 정국과 외압에 시달리는 것이 오늘날 레바논의 현실이다.

(1) 역사와 정체성

과거 30여 년 동안 레바논은 '끊임없는 분투 상황'을 지속해 왔다. 이 기간 동안 레바논에서의 여러 가지 정치이슈들은 세계의 관심을 끌었고, 중동의 정치발전에 대한 시금석이 되곤 하였다. 그러나 또한 이 시기는 레바논이 자멸하는 시기로, 국경의 범위를 넘어 많은 사건들이 발생하였다. 1975~76년의 팔레스타인-레바논에서의 분쟁의 발발과 시리아의 개입은 레바논 자멸의 절정에 달했다. 1982년 이스라엘의 침공과 베이루트에서 팔레스타인 해방 기구를 철수시킨 다국적 군대들의 도래, 1983년 10월 베이루트에서의 미해병 영내에서의 폭탄테러사건, 1990년 10월 레바논의 기독교 지역에 대한 시리아 군대의 점령 등 레바논은 세계 정치의 주변에서 고통을 겪어왔다. 1991년 걸프전 종전 이후 개최된 마드리드 평화 협상에서도 레바논은 외견상의 참여자일 뿐이었다. 이 시기의 시리아는 비록 이스라엘과 레바논 사이의 평화 조약에서 간접적 관계를 가지고 있었지만, 베이루트 정부를 효과적인 관리 하에 두고 있어, 실제 관계는 이스라엘-시리아 협상 구조를 이루고 있었다.

이 지역에서의 현실적, 항구적 평화는 발전하는 국가를 꿈꾸는 레바논 문제 처리를 무한적 연기시킬 수는 없게 만들었다. 게다가 계속된 내전과 외국의 점령에 의한 피해를 회복하려는 레바논 국민의 희망은 평화 진행의 성과에 깊이 내재해 있다. 그러므로 이 쟁점은 레바논 특이성의 근원인 정치적 독립, 영토의 주권과 개인과 사회의 자유를 어떻게 다시 얻느냐에 있다고 볼 수 있다. 이와 더불어 이스라엘과 시리아 양측의 안보 요구와 지역 평화를 위한 전반적인 요구들도 레바논이 조정해야 할 난제가 되고 있다.

레바논 내의 현 상황을 분석하기 위해서는 이스라엘-시리아 관계 중 예측 가능한 다양한 시나리오에서 레바논의 위치를 평가하고, 레바논의 자유와 독립 정립을 위한 구체적 정책을 제시하고, 전폭적인 지지를 해야 한다. 정의된 레바논의 특색 중 일부는 레바논 주체성의 다양한 개념들과 함께 고려되어야 한다.

"작고, 연약함"은 레바논을 총괄적으로 묘사할 때 주로 사용되는 많은 수식어 중에서도 으뜸이며, 레바논은 언제나 이러한 두 가지 특징을 나타내 왔다. 혹자는 이 국가의 구성 요소를 더 이상 단순화시킬 수 없다고 할 수 있다. 왜냐하면 레바논은 본질적으로 연속적으로 잦은, 폭풍우 같은 역사적 기간을 거치는 동안 뛰어난 회복력과 항구성을 증명해 온 17개[12]의 이질적인 종교 집단들의

---

12) 레바논의 종교분포는 크게 이슬람(59.7%)과 기독교(39%)로 나눌 수 있고 각각의 분파는 다음과 같다.
- 기독교: 마로나이트 가톨릭, 그리스정교, 멜카이트 가톨릭, 아르메니안정교, 시리아 가톨릭, 아르메니아 가톨릭, 시리아정교, 로마가톨릭, 칼데안, 아시리안, 콥트, 신교 등 약 12개 분파가 존재하며 마론파 기독교가 가장 큰 세력임.
- 이슬람: 쉬아, 순니, 드루즈, 알라위, 이스마일, 무사이리 등 약 5개 분파이며, 쉬아파와 순니파가 비슷한 규모 유지하였으나 헤지볼라의 활동으로 쉬아무슬림의 분포가 높아지고 있다.

집단체이기 때문이다. 이러한 공동체들은 바둑판같은 역사를 경험했고, 최근에는 그들의 특수성과 자주적인 공동 사회의 특징들을 절충 없이, 집단의 동일성을 위해 조화하며 노력해 왔다. 독특하게도 전성기의 레바논은 중동에서는 드문 '민주 연합 버전'을 나타냈고, 이는 나머지 지역으로부터 레바논을 자연스럽게 분리시켰다.

레바논은 사회 구조의 복잡성과 한계적·지역적·국제적 중요성을 지닌 국가이다. 레바논은 이스라엘과 시리아 사이에 위치하고 있기 때문에, 두 강대국의 이익충돌 지역이라는 환경을 가지고 있다. 2000년 이스라엘의 남부레바논에서의 철군과 2005년 라피크 하리리 총리의 암살 이후 시작된 백향목 혁명으로 레바논에서의 시리아의 영향력은 크게 감소되었다. 레바논을 구성하는 이익집단간의 상호 인정과 레바논이라는 모자이크 사회를 인정하는 정체성이 태동한 것이다. 중동 지역, 특히 아랍·이슬람 지역에서의 레바논이 지닌 가장 큰 다양성과 이질성은 기독교의 존재였다. 초기 기독교와 다양한 기독교 분파의 존재 그리고 이슬람사회와의 공존은 레바논의 독특함을 생성시킨 동시에 유일한 약점으로 작용해 왔다.

(2) 공동 사회의 협력

레바논의 역사는 외부 힘에 의한 사회 간의 상호 관계뿐만 아니라 공동 협력과 갈등의 예를 보여 주었다. 레바논의 험난한 지형은 박해받았던 소수 민족과 소수종교 분파 등 중심 지역으로부터의 추방자 집단에게 철벽같은 자연 피난처로 제공되어 왔다. 레바논의 산들은 많은 집단들의 피신처가 되어 왔고, 특히 드루즈파(이슬람교 쉬아파의 한 분파)와 마론파(주로 레바논에 거주하며 동방 의식을 채용하고 있는 로만 가톨릭교회의 일파)는 이 지역에서 자치적이며 강한 전통을 전개해 나갈 수 있었다. 그 시기에 이러한 공동 집단들은 종교적이고, 봉건적인 가족 상호 관계를 지닌 이질적인 집단의 집합체로 나타나게 되었고, 이 집단들의 총체가 오늘날 알려진 레바논이 되었다.[13]

16세기 말부터 19세기 중반까지, 마론파와 드루즈파의 봉건적 연합은 총괄적으로 레바논 산을 관리해 왔다. 마론파와 드루즈는 역사적으로 레바논 산과 관련된 레바논의 공동체로서 위치를 점해 왔다.

1590년에서 1842년 동안에는 레바논은 전통에 의한 자발적 분리로 정치적 자주 독립체로써 특별한 특색을 지니게 되었다.[14] 상호 집단 간의 대학살과 강대국의 개입 급증에 따라 또 다른 자치 시대가 1861년에 시작되었고, 이는 제1차 세계대전이 종결할 때까지 계속되었다. 이후 유럽의 강국들의 동의로 오토만 제국은 레바논 산에 행정 의회를 창설했다. 이에 대한 자문회의는 마을의 장로들에 의해 선출된 12명의 대표들로 구성되었고, 산악회의 모든 분야별로 비례 참여를 반영하였다: 4석 마론파, 3석 드루즈, 2석 그리스 정교회, 1석 그리스 카톨릭, 1석 쉬아와 1석 순니 무슬림. 비록 오토만의 통치 아래에서 의회의 힘은 제한되었었지만, 이는 지역의 사회에 큰 영향을 미치게 되었고, 공동 사회에서 합

---

13) Habib G. Malik, *Between Damascus and Jerusalem*, Washington, The Washington Institute for Near East Policy, 2000, p.3

14) Meir Zamir, *The Formation of Modern Lebanon*, Ithaca, New York, Cornell University Press, 1985, p.5.

의로 권력 분배에 성공한 초기의 예로 보여진다. 선출된 구성원들은 봉건가문 출신 이외에도, 상인, 재무관, 사업가들이 있었다. 정치적 특권을 유지하고, 개인사회의 이익을 최대화하기 위하여 레바논 정치의 특징이 된 정치적 타협 회선의 기술인 "정상에서 협정과 동맹의 진행"이 이 기간 동안 태동하였고, 조정되었다.[15]

제1차 세계대전의 종결로 프랑스는 레바논, 시리아 등의 지역을 다른 유럽강대국들과 분할 통치하게 되었다. 가톨릭 국가인 프랑스의 영향으로 기독교인들, 특히 마론파는 꾸준히 그 수가 증가하여, 중·북부 산에서 남부로 확장시키며, 막강한 경제력과 자신감을 획득했다. 마론 교회와 부권 사회는 전통적 봉건 가문을 견제하는 제도를 확고하게 정착시켰고, 이러한 보이지 않는 제도는 교육받은 성직자들에 의해 운영되었다. 마론 사회의 유럽 가톨릭에 대한 결속은 강했고, 그들의 민족적 염원을 구체화할 수 있었던 보다 큰 레바논 자주 독립체 창설을 위해 교회 지도자들이 강요한 민족적 정체성은 마론파의 생각과 결부되었다. 마론파 신도들이 베이루트, 파리와 바티칸 등지에서 많은 운동을 펼친 후 1920년에는 프랑스가 레바논 산을 중심으로 북부, 남부, 동부 지역들을 덧붙임으로써 大레바논안을 주창하였다.[16]

大레바논에 찬성하였던 마론파는 비록 산악회의 주체성이 희박해지더라도, 새로 통합된 사회가 유럽에 의해 분리된 기독교의 특색을 유지할 수 있다고 확신했다. 더 광대하고, 튼튼한 국가를 향한 그들의 욕구는 제1차 세계대전 동안 그들이 겪은 고통, 특히

---

15) Habib G. Malik, *op.cit.* p.4.

16) Albert Hourani, "Lebanon: The Development of a Political Society", in *Emergence of the Modern Middle East*, Ca., Berkeley, University of California Press, 1981, p.172.

자급자족을 강화하기 위해 산중에 농업 영토를 마련해야 했던, 기근 등의 정황에서 이해될 수 있다. 그러나 잠재적으로는 인구적·이데올로기적 경향의 불안정이 간과되거나, 적어도 확고한 낙관주의 아래 치명적으로 가려졌을지도 모른다. "그들의 확신은 너무 강해서 자주 독립체 안에 분포한 많은 무슬림 인구를 아예 무시했다."[17]

大레바논 안은 프랑스의 통치를 받던 상황 하에서 비교적 잘 진척해 나갔다. 프랑스 위임 통치는 1926년에 시작되었고, 레바논에 종파별 비례 대표제를 통한 공동체에 그리스정교를 수용하게 하는 의회 정치제를 승인했다. 레바논 관료 정치의 연속된 조직이란, 사회 노선에 따라 정부를 구별한 1930년대 설립된 합법화되지 않은 업무분장까지 의미한다―마론파 의장, 순니파 총리와 쉬아파 의회 의장.[18]

1943년 레바논은 정계 및 종교지도자 간에 국민협약(National Pact)을 채택하여, 독립국 정부의 각 종파 간 권력 배분에 대한 합의를 도출해 냈다. 여기서 무슬림들은, 시리아와의 통일요구를 포기하게 되었고, 기독교측은 프랑스에 대한 보호요구 포기하기로 하였다. 독립 국가를 이루기 위해 집단 간 이익의 조율과 타협이

---

17) Ibid., p.6.

18) 1920년의 종파분포, Francois, Massoulie, *Middle East conflicts*, NY, Interlinks Books, 1999, p.13.

1920년의 종파구분					
마론파 기독교	176,000	31%	순니무슬림	122,000	22%
그리스 정교	78,000	14%	쉬아무슬림	100,000	18%
그리스 가톨릭	40,000	7%	드루즈 무슬림	40,000	7%
기 타	4,000	1%			
계	298,000	53%	계	262,000	47%

이루어졌던 것이다. 이에 따라 대통령은 마론파 기독교 측에서, 총리는 순니 무슬림, 국회의장은 쉬아 무슬림 측에서 배출하도록 합의되었다. 국회의원 의석은 1932년의 인구조사에 의거, 기독교 대 이슬람교의 비율 6:5로 배분하였다. 이와 같은 종파 간 배분은 내각, 사법부, 행정기관에도 적용되었다.

레바논은 1943년 9월, Bishara Khoury가 초대 대통령으로 당선되었고 1943년 11월 22일 프랑스로부터 공식적으로 독립하였다. 1948년 5월, 이스라엘의 독립선언으로 발발한 아랍-이스라엘 전쟁 참전하였고 1949년 3월 이스라엘과 휴전협정을 체결하였다.

그러나 레바논 독립 후, 외부적 동요는 연약한 정치 구조를 불안정하게 하고, 종파 간의 잠재된 불화의 씨를 부추기게 된다. 예를 들어 1950년대와 1960년대, 가말 압둘 나세르의 범 아랍 이데올로기는 레바논의 순니 무슬림에게 호소되어, 이스라엘과의 휴전협정은 혹독한 시험에 놓이게 되었다. 1950년대 중반 아랍 민족주의 영향에도 불구하고 Chamoun 대통령은 친 서방 정책을 폈으며 이에 대한 무슬림들의 반발이 뒤따랐다.

팔레스타인해방기구(PLO)는 1970년 요르단에서 쫓겨난 이후 베이루트로 본부를 옮겼고, 레바논 내에 거주하는 팔레스타인 난민의 불만과 레바논의 무슬림의 동정과 지지를 정치적으로 이용하고자 하였다. 1980년대와 1990년대에는 급진적이고 투쟁적인 이슬람 근본주의운동이 1979년 이란의 이슬람 혁명에 의해 고무되어 헤즈불라를 통해 레바논에 유입되었고 레바논의 쉬아파 무슬림을 선동하게 되었다.

한편, 레바논의 국내 사회 경제와 인구의 불균형은 서서히 증가되어 무슬림 사회 내부의 양극화를 증가시키게 된다. 기독교도의 감소와 순니와 쉬아로 구분되는 무슬림 사회의 분열은 1943년에 채택된 레바논의 정치구조를 위협하는 요소로 작용하게 되었다.

(3) 레바논의 양대 교파

① 기독교

레바논은 전 중동과 아시아 전체에서 자유롭고, 토착적인 그리고 광범위한 기독교 사회가 존재하는 유일한 장소가 되어 왔다. 레바논의 기독교 사회는 집단의 엄격한 원칙을 고수하며 초기부터 정착했고, 이어져 왔다.

레바논의 기독교는 되풀이되는 박해를 겪어 왔으며 이는 자유의 방어 거점으로서 기독교 주민들이 신앙에 근접할 수 있는 환경을 만들었다.

이슬람시대에 이슬람은 소수 非무슬림에 대한 관용으로서 'dhimmi' 제도를 두었다. 무슬림은 압도적인 수로 정치적 통제를 가했고 하위 2번째 계급까지 "이슬람의 거주"에 현존하는 "규범의 민족"으로 포함시켰다. 수세기를 거쳐 하나 또는 다른 형태의 이슬람의 정복은 레바논 산에서 거주하는 이들을 제외하고는 중동의 기독교 인구를 점차적으로 감소시켜 왔다. 비록 이슬람의 관용은 dhimmi들에게 집단 내에서의 개인, 사회적 자아성취를 어느 정도까지 허락했지만, 정치, 법, 재정 면에서는 특히 한계를 두었다. dhimmi들은 힘을 버리고, 그들을 무력하게 하는 규제들을 수락하고, 어느 정도의 세금을 지불함으로서 무슬림의 우월성을 승인하고, 그들의 항복을 보여 주도록 요구되었다. 게다가 그들에 대한 박해도 산재했다. 남부 수단의 이집트 콥트 교도와 기독교인들은 이러한 비참한 삶의 예이다.

그러나 레바논의 기독교는 dhimmi의 어떤 요소도 허락하지 않았다. 더불어, 레바논 산의 울퉁불퉁한 정상과 좁은 계곡들은 "영적 소산을 위한 자유 지대"의 일종인 자치 단체의 상당수를 가까스로 유지할 수 있게 하였다. 마론파 신도와 수도사는 수세기 동안 기독교의 자유를 지지하고, 기독교 정신을 강화시키는 중심적 역할을 해왔다. 레바논에서 마론파의 지위는 북유럽의 루터파 교회, 러시아의 그리스 정교회, 폴란드와 아일랜드에서의 가톨릭과 비슷하다. 또는 이란에서의 쉬아 무슬림과 터키에서의 순니 무슬림과 같을 위치로 이해 될 수 있다.

마론파 기독교도들은 19세기 후반부터 레바논 해변을 따라 도심에 이르기까지 꾸준한 상업적·인구적 확장을 펼쳐왔다. 그러나 레바논의 기독교인들은 1943년 이후 그리고 레바논 전쟁 후와 전쟁 중에 기독교 지도자들의 개인적인 욕심으로 많은 기회들을 잃었으며, 끊임없는 내분과 타락을 경험하게 된다.

순니 무슬림은 1943년에 기독교도에게 국가적 협약을 위한 필수 조건으로 "아랍 얼굴을 가진 레바논"이란 점을 공식화하도록 요구했다. 이는 마론파들의 시각에서 레바논이 다른 모습도 가진다는 것을 암시하였으나 그 당시에는 합리적인 타협처럼 보였다. 1950년대와 60년대에 나세르의 범아랍주의는 레바논의 순니 무슬림들을 고무시켰고, 그들은 보다 단도직입적으로, 더욱 위협적으로 레바논이 아랍이라는 주장을 하기 시작했다. "아랍"과 "무슬림"을 동의어로 여기는 이러한 주장은 기독교도들의 저항을 불러일으켰으며, 독립 이후 최초의 종파 간 갈등 위기를 이끌게 되었다.

"아랍 레바논"이라는 주제는 레바논 무슬림의 PLO에 대한 지지상황에서 고무되었다. 1975년 레바논 내전의 발발은 레바논이 무슬림 국가라는 사실을 무슬림들로 하여금 노골적으로 요구하도록 했다. 또한 1979년 이란에서의 이슬람 혁명은 레바논 쉬아 무슬림들에게 불을 붙였고, 이는 이미 가난과 무시 아래 살아왔던 쉬아 무슬림들을 과격하게 만드는 원인이 되었다.

레바논 기독교인은 Taif 협정과 이스라엘의 남부점령, 레바논 북부에 대한 시리아의 점유 등의 사건을 이슬람과 시리아의 사악한 힘이 자신들을 표적으로 삼은 것으로 인식하게 되었다. 수년간에 걸친 분리와 갈등, 상호 간의 불화를 타개하기 위한 기독교와 무슬림 사이의 노력이 계속되었으나 권태와 혼란, 포기와 위협 등이 기독교도들 사이에 만연하게 되었다. 그들의 정치적·종교적 지도자들은 그들의 고통을 타개하기에는 충분치 못했던 것이다. 한편 이주를 통한 기독교인구 감소는 과거 레바논사회에서 그들이 누렸던 이점의 상실을 포함한 많은 손해를 가져왔다. 레바논에는 무슬림과의 실용적 공존을 추구하는 기독교인들이 이들의 최소한의 경제적 이익을 요구 조건으로 타협하고 있다.[19]

② 이슬람

레바논 정치의 두 가지 본질적 구성 요소 사이에 근심과 위협 인식의 부조화는 레바논 딜레마의 결정적 요소이다. 기독교인들의 궁극적인 근심이 구별된 사회·문화적 주체성을 유지하고, 하위 계급으로의 종속을 반대하는 것과 관계가 있다면, 무슬림의 염려는 사회적·경제적·정치적 범위를 넘지 않고, 운명과 생존의 문제는 아닌 것이다.

---

19) Habib G. Malik, *op. cit.*, pp.7~13.

1920년에 트리폴리, 베이루트, 시돈의 해안 도시들의 순니 무슬림 거주자들은 시리아와의 연합을 지지하면서 大레바논 창설에 격렬한 반대를 표해 왔다. 순니 무슬림들에게 있어 오스만 붕괴 직후, 프랑스-마론파의 大레바논 건립안은 순니파에 대한 모욕으로 비추어졌다.

무슬림들은 외부의 기독교 세력과 가까이 교류하는 레바논 기독교도들을 의심쩍게 여겼다. 긴장과 대립의 시기 동안 그들은 신문 칼럼에서 기독교인들을 新십자군과 제국주의의 대리인으로 묘사했다. 한편으로는 아랍의 명예를 훼손하는 서구 문화를 받아들이는 데에서 몇몇 기독교도들의 지나친 열정은 무슬림들의 심기를 자극하였다. 무슬림은 이것은 분리주의와 배타주의의 위험한 형태로 간주하였다. 레바논 무슬림의 눈에 비치는 이들의 가장 큰 죄는 미니 국가로 나라를 가르고, 종교적 성향을 배제하려는 분할이었다.

1943년에 체결된 정계 및 종교지도자 간의 국민협약(National Pact)은 무슬림에게는 기독교의 특권과 정치적 탁월함을 영속시키고, 유지하는 역할일 뿐이었다. 정치 종파를 거부하며, 오랜 기간에 걸쳐 수적으로 우세했던 무슬림의 자신감과 레바논 전쟁의 의지는 결국 레바논에서의 승자를 만들고, 레바논을 정복하는 것이 되고 말았다.

레바논에 있는 두 주요 무슬림 사회는 그들의 정치권력과 사회·경제적 설립을 위해 각기 고유한 방법을 전개해 왔던 순니 무슬림과 쉬아 무슬림이었다. 1943년 이후, 순니 무슬림들은 그들의 미래와 현재 상태에 대한 자신감을 갖게 된다. 수적 우위였다. 순니 무슬림들은 Taif 협약을 그들의 정치적 지위를 되찾기 위한 첫 번째 단계로 생각했다. 그 기대는 Sidon 출신의 부유한 사업가인 순니 무슬림 라피크 하리리가 사우디와의 강한 유대를 배경으로 총리가 되었을 때 더욱 커졌다. 수상이 되기 전부터, 하리리는 사회적·경제적 영역에서 순니 무슬림사회의 중역이 되어 왔다. 순니 무슬림 학생들을 위해 그가 기부한 장학금과 사회 전반의 복지를 향상시키기 위해 그가 설립한 재단의 사업들은 그의 지지를 광범위하게 했고, 하리리를 레바논 정치계에 뛰어들기 수월하게 만들었다. 비록 하리리의 급속한 부각은 전통적 순니 무슬림의 정치적 특색을 무색하게 했지만, 기반을 굳히게 된 순니 무슬림 사회는 서서히 레바논 사회를 주도하기 시작했고, 그들은 레바논과 레바논인이라는 사실에 자부심을 갖게 되었다. 이렇게 새롭게 생겨난 순니 무슬림의 애국주의는 부유층에게만 한정하지 않고, 통일된 레바논을 위한 절대적 지지와 Taif 협정을 야기한 기독교도들의 종속적 승인, 정치 종파의 이론 거부와 과격한 이슬람 투쟁의 경계까지 영향을 미치게 되었다.

이와 대조적으로 쉬아 무슬림들은 종교적 투쟁에 다소 소홀했다. 1970년대 초와 레바논 전쟁의 긴 세월 동안 쉬아 무슬림들은 완전한 소외감을 느꼈다. 그러나 이란 태생의 쉬아 무슬림 물라흐는 1959년에 레바논으로 이주했고, 억압받고 소외받는 쉬아 무슬림들의 지위를 급격하게 신장시켰다. "아말(희망) 운동"은 다른 종파의 무장단체에 대한 쉬아 무슬림들의 보복운동으로 나타났으며 후에는 무사 알 사드르로부터 내려진 정당의 통합과정을 거쳐, 레바논 내전 중에는 의회 조직을 시작하기도 하였다.

1978년 8월, 알 사드르는 리비아 여행 중에 행방불명되었다. 그러나 이 사건이 발생하기 전부터 이미 레바논 쉬아 무슬림들의 분노는 타오르기 시작했다. Foud Ajami는 그 상황의 비극적인 매서움을 포착했다. "사이드 무사는 폭풍을 부추겼고, 폭풍이 닥쳤을 때 그것의 희생자 중의 하나가 되었다."[20] 그 후, 일련의 사건들은 급격히 레바논 쉬아파를 과격화시켰다. 다음해인 1979년 아야톨라 호메이니는 이란의 샤왕조를 전복시키고, 이슬람 국가를 건설했다. 한편, 팔레스타인 무장단체의 공격에 대한 보복으로 이스라엘은 남부 레바논에 있는 쉬아 마을에 대한 포격을 감행했다. 이는 쉬아 무슬림들을 더욱 분노하게 하였다.

1982년, 이스라엘의 레바논 침공 이후, 쉬아의 정치적 활동은 헤즈볼라 민병대의 탄생과 더불어 전투적으로 변모한다. 쉬아 무슬림들은 이슬람근본주의자들과 함께 反서구적인 성향을 보이게 되었으며, 주로 미국과 이스라엘을 표적으로 하였다. 1960년대 이후, 호메이니는 이슬람의 모든 문제들은 미국과 이스라엘에서 기원한다고 간주해 왔었다. 그에게 있어 레바논, 특히 베이루트는 "이슬람이 중동에서 침략의 선봉인 미국과 이스라엘을 비롯한 서부의 침략과 맞서는 훌륭한 전쟁터"였으며, 서구 미국 문화가 중동에 유포되었을 때 주요 무대가 된 이슬람의 부패지도 베이루트였다.

쉬아 무슬림에 대한 헤즈볼라의 호소는 이스라엘과의 대립을 가능하게 했을 뿐만 아니라, 헤즈볼라는 불공평한 레바논의 쉬아 무슬림들에 대한 대우에 역점을 두어 사회, 교육, 의학 서비스 등 각종 구체적인 사안에 대한 발전을 도모하였다. 레바논이 순니-마론파의 공동 관리국으로 간주되는 것에 대한 불만이 깊이 내재

---

20) Fouad Ajami, The Vanished Imam: Musa al-Sadr and the Shia of Lebanon, New York, Cornell University Press. p.219.

된 쉬아 무슬림들은 헤즈볼라와 테헤란으로부터의 자금지원으로 훈련받고 발전되었다. 한편, 이슬람화의 외양적인 모습으로 '차도르'라 불리는 여성들의 베일 착용이 증가하고 있다. 차도르는 쉬아 무슬림 지역에서 더 널리 착용되고 있다. 하루에 5번의 예배와 라마단 기간 동안의 단식, 사원에서의 금요일 예배에 정기적으로 참석해야 하는 점도 헤즈볼라에 의해 장려되었다.

'드루즈파'는 이슬람의 이교(異敎)적인 분파로 11세기를 그 기원으로 본다. 신(新)플라톤파 철학을 특징으로 하고, '타끼야'를 비롯하여 비의(秘儀)적인 요소들을 지니고 있다. 드루즈파는 박해를 피할 피난처를 구하던 중 레바논 산 정착문제로 역사적으로 마론파와 경쟁하였다. 그들 최고의 관심은 생존문제였고, 그들의 전략은 지배, 또는 강한 당, 사회와 연합하는 것이었다. 마론파와의 끊임없는 경쟁은 때로는 유혈 사태까지 이르기도 하였다. 그들은 전형적으로 크게 두 가지 성향으로 나뉘었다. 하나는 비타협적 태도와 대항이고, 나머지 하나는 융통성과 회유성을 들 수 있다. 전자는 현재 Jumblat 부족이며, 후자는 Arslans 부족이 대표적이다. 레바논 내전의 종결로 드루즈파는 Suuf산과 레바논 중심에 인접해 있는 지역에 있는 그들 소유의 작은 구획들을 효과적으로 지배하고 있다.

2) 레바논 분쟁에 대한 시각

1970년대부터 레바논에서는 개별적이지만 서로 관련된 위기들이 태동하였다. 1958년보다 더욱 장기간이며, 소모적이고, 악화된 내전이 발생한 것이다. 이 장기간의 분쟁은 다음과 같은 다양한 시각으로 해석될 수 있다.

(1) 종교적 시각

이 분쟁은 앞서 언급한 바와 같이 기독교도와 무슬림 사이의 분쟁이었다. 레바논은 다양한 종교적 정체성으로 나누어진 국가이다. 단일 기독교 종파로서 마론파는 그들의 실질적인 교인 수와는 어울리지 않게 오랜 기간 동안 권세를 누리고 있었다. 사실상 국민의 대다수를 차지하고 있던 레바논 무슬림들은 기독교인들과의 동등한 권리를 주장하였다. 그러나 모든 기독교인들이 마론파 측에 있는 것은 아니었고, 모든 무슬림들도 그와 같은 관심을 가진 것은 아니었다. 역사적으로 우세하였던 순니 무슬림에 비하여 쉬아 무슬림의 수는 증대되었고, 전쟁이 지속되자, 그들의 위치에 대한 요구를 주장하게 되었다. 또한 무슬림 진영의 첫 번째 대변인이 쉬아 드루즈파 지주 출신인 Kamal Jumblat이었던 것은 매우 설명하기 힘들었던 사실이다. 얼마 후 기독교와 무슬림 양측 모두 파벌 싸움으로 인한 전쟁으로 나누어지게 되었다. 종교문제는 분명 레바논 분쟁의 한 원인이었지만 레바논을 분리시킨 데에는 종교 이외의 다른 문제들도 있었다.

(2) 민족주의 시각

몇몇 전문가들은 레바논 내전을 서방 대 중동 사이의 관계 결속으로 보는 레바논 민족주의자들과 시리아와 다른 아랍 국가들과의 유대를 강조하는 아랍 민족주의자 사이의 전쟁으로 해석하였다. 물론 이러한 대립의 개념은 다른 중동국가들을 개입시키게 만들었다.[21] 마론파가 대부분인 이스라엘 지지자들은 이스라엘의 레바논 침공에 대한 책임을 팔레스타인에게 물었다. 레바논에는 당시 50만 명 정도의 팔레스타인이 거주하였는데, 이들은 주로 남부와 베이루트 주변의 난민촌에 거주하고 있었다. 많은 팔레스타인들은 그들이 레바논의 정치·경제적인 생활로부터 제외되고 있다고 느꼈다. 팔레스타인 기독교 신자들은 1948년 이후 레바논 사회에 빠른 속도로 동화되었지만, 무슬림들은 그렇지 못하였기 때문에, 난민촌 생활을 계속하게 되었다. 1970년 이후 요르단으로부터 추방된 PLO는, 그들의 본거지를 레바논으로 옮겨 활동을 계속하였다. PLO는 레바논 내전에 개입하지는 않으려 했지만 아랍민족주의를 표방하는 단체들을 지지하고 팔레스타인 독립을 원하였다. 이러한 가운데 1975년 4월 마론파 무장세력인 Palange가 팔레스타인들이 타고 있던 버스에 군사적 공격을 가함으로써 레바논 내전을 불붙게 하였고, PLO가 아랍민족주의 진영으로 참전하게 되는 결과를 낳았던 것이다.

(3) 경제적 시각

레바논 분쟁은 또한 지주 및 상인들의 특권 계급층이 현 상태를 유지하려고 하는 것과, 다수를 형성하고 있는 빈곤층(주로 무슬림)들이 그들의 삶의 질을 향상시키고자 하는 데에 대한 대립으로 해석될 수도 있다. 빈부의 격차는 특히 베이루트에서 심했다.

---

21) Arthur Goldschmidt, *A Concised History of Middle East*, Cairo, AUC Press, 1997. p.297

콘크리트 블록과 함석으로 만들어진 판잣집 주변에는 고층 아파트 건물들이 인접하고 있다. 정부는 부유층의 수익에 대한 세금 징수를 못하게 되자, 빈곤층이 소비하는 담배와 다른 상품에 대한 소비세를 증가하여 그 손실을 만회하려 한 것이다. 또한 많은 고용주들이, 일자리가 급했던 난민이나 지방 이주민들을 값싼 비용으로 고용할 수 있었기 때문에 최소임금을 지불하지 않게 된 것도 부유층과 빈곤층의 대립관계를 성립하게 된 요인으로 작용하였다.

(4) 이념적 시각

이러한 환경 하에, 몇몇 언론인들과 학자들은 레바논 내전을 우익(현 체제 유지 세력) 대 좌익(현 체제 변화를 추구하는 세력)의 대립으로 보았다. 부유층이 기독교인들은 우익을 선호하는 경향이 있었고 그들 대부분은 좌파가 되지 않았다. 일부 마르크스주의자(일명 '진보주의자')들이 이 논쟁에 개입되어 있었다.[22] 좌익 진영에 사용했던 소총이나 유탄발사기 등이 주로 소련제였던 반면에 우익진영들은 주로 미제 또는 유럽제 무기들을 사용하였다. 대다수의 중동국가들은 수년 동안 무장을 강화해왔고, 레바논은 평화 시에도 무기밀매가 성행했던 상황이었다.

(5) 통합의 시도

인간사회에는 종교, 민족, 계층의 관심, 또는 이념 이외에도 대

---

22) Ibid, p.298.

립하는 원인들이 존재한다. 레바논 인들의 충성심은 가족, 보호, 습관 심지어는 종교적이거나 이웃으로서의 위치에 따라 좌우되곤 했다. 오래된 원한과 고정적인 대립관계가 부활한 것이다. 과거의 선호 또는 경멸들도 해결되거나 악화되었다. 레바논에는 길거리 폭력배서부터 개인 군대까지 많은 무장단체들이 존재하고 있었다. 일반적으로 레바논 분쟁에서의 가장 큰 두 단체는 마론파 무장단체인 Phalanges와 Jumblat에 의해 운영되고 대다수가 무슬림이었던 레바논 민족운동(Lebanon National Movement)이었다. Sulayman Franjiyah 레바논 대통령은 공개적으로 기독교 진영의 편을 들어주었다. 이에 무슬림 진영은 PLO 의장 Yasir Arafat의 지원을 얻는데 성공하였다. 양측 간의 전투는 18개월 동안 불안정한 장기전으로 변모하였고, 호텔 부근, 항구, 주거 지역 등 베이루트 전역이 전쟁터로 돌변하였다. 양측 진영은 박격포와 수류탄을 쏘아대며 건물들은 잿더미로 만들었다. 레바논 내전을 통하여 약 7만 명(대부분 민간인)이 사망한 것으로 추정되며, 50만 명 이상이 주거지를 잃었고, 1975~1976년 동안의 재산 손실은 1억 달러가 넘어섰다.

(6) 시리아의 역할

레바논 내전의 가장 큰 난제는 1976년부터 시작된 시리아의 정책 변화이다. 시리아는 위임통치 시절에, 프랑스의 레바논 분리안에 대하여 크게 불만을 가지고 있었고, 독립이후 언젠가는 두 국가가 다시 통일될 것이라고 기대하고 있었다. 국민 대다수가 무슬림이고 아랍민족주의의 주된 선도자였던 시리아는 서방과 관계 깊은 마론파를 약화시키려는 목적으로 파벌분쟁 시 반마론파의 입장을 견지해 왔다. 그렇다면 자연적으로 Hafiz al－Assad 시리아 대통령은 레바논 내전 도중 반란군을 지원할 수 있었을 것이다. 처음에 그는 감정적으로나, 물리적으로나 모두 도움을 주었다. 그러나 1976년 1월 그는 Franjiyah와 그의 상대들의 휴전에 응하고 무슬림 우위 하에 레바논의 힘의 균형을 분산시키려는 정치적 합의를 이끌어냈다. 그러나 PLO에 의해 선동된 레바논 무슬림들은 Assad가 제안한 타협안을 거절하였다. 시리아는 그들의 합의를 실행시키기 위하여 탱크와 군대를 파견하였고, 레바논 무슬림과 PLO를 공격한 결과, 1976년 가을까지 항복을 얻어 낼 수 있었다. 그해 10월 리야드에서 개최된 아랍 정상회담에서 시리아 군대로 주로 구성된 아랍저지군을 레바논에 주둔시키는 방식을 고안되었다. Assad가 레바논에서 기독교를 보호하는 데 관심을 둔 이유는 레바논에서의 PLO의 영향력을 약화시킴으로써 레바논을 조종할 수 있기를 원했기 때문이다. 레바논은 불안한 상태로 진정되었지만 내전을 통해서 레바논, 특히 베이루트는 기독교도와 무슬림 지역으로 크게 양분화 되었다. 비록 몇몇 기독교인들은 서 베이루트와 같은 무슬림 지역에서 평화롭게 지내고 있었지만, 마론파 기독교도들은 베이루트 북부에 새로운 항만과 공항을 건설하기 시작하였다. 1976년 이스라엘 군은 팔레스타인 기지들을 파괴하기 위해 남부 레바논으로 들어왔고, 시리아에게 레바논 남부 국경으로부터 철수할 것을 촉구하였다. 남부의 레바논 기독교인들은 국가 내의 타 지역 기독교 신자들로부터 멀어져 갔고, 그들이 생산한 물품을 팔고, 구직 및 의료혜택을 받기 위하여 이스라엘로 왕래하기 시작하였다. 아랍인들은 보수적 시온주의자들을 거론하며, 이스라엘이 레바논을 이용하는 것은 중동에서 다종교 국가가 존립할 수 없다는 것을 증명하는 사실이라고 비난하였다.

3) 레바논 분쟁의 전개과정

레바논은 마론파 기독교, 그리스정교, 그리스가톨릭, 아르메니아공동체, 순니 무슬림, 쉬아 무슬림, 드루즈 무슬림 등 다양한 집단들로 구성되어 태생적인 분쟁의 가능성을 안고 있었다. 이러한 집단들은 각각 고유의 특성과 정체성을 가지고 있으나 크게 기독교 세력과 이슬람 세력으로 구분된다. 이 두 세력은 레바논이 프랑스로부터 독립한 이후 상충된 정치관으로 대립하였다. 기독교 세력은 레바논주의(Lebanism)를 주창하면서 완전한 독립국가로서의 레바논을 건설하려 하였고, 이슬람 세력은 아랍주의(Arabism)를 주창하면서 레바논을 아랍세계의 일부로 편입시키려고 하였다. 그러나 이 두 세력은 1943년 국민협정(National Pact)에 합의함으로서 일단 갈등과 대립을 종식시키기에 이르렀다. 이 협정에 따라 대통령은 기독교 마론파, 수상은 이슬람 순니 무슬림, 국회의장은 쉬아 무슬림 측에서 맡는 정부를 구성하며 레바논은 분열과 갈등의 가능성을 안고 출범하였다.

최초의 본격적 내전은 1958년 발생되었다. 이는 기독교 세력의 샤문 대통령이 서방에 접근하는 것에 대해 이슬람 세력이 반발하면서 촉발되었다. 당시 중동 지역에서는 1952년의 이집트 나세르 혁명과 1956년의 수에즈 전쟁 등에 자극받아 아랍민족주의운동이 고조되었는데, 바로 이러한 상황에서 샤문 대통령이 자신의 입지 확보를 위해 서방에 접근하자 이슬람 민족주의 세력이 반발한 것이었다. 샤문 대통령은 1957년 미국 아이젠하워 대통령이 추진한 지역방위 계획에 적극적으로 참여할 자세를 견지하였고, 이러한 친 서방 정책은 불가피하게 아랍 민족주의 세력들의 반감을 불러일으키게 되었다. 더욱이 그는 1957년의 의회선거에서 기독교 진영의 확대를 노리면서 재선을 시도하였다. 이에 이슬람 세력은 국민통일전선을 결성하고 1958년 5월 전국에서 반란을 일으켰다. 그 반란은 1개월 후 수도 베이루트까지 파급되어 정부 지지파와 반대파간의 시가전으로 확대되었다.[23)

내전 상황이 악화되자 샤문 대통령은 1958년 7월 15일 미국의 개입을 요청하였고, 미국은 영국과 터키 주둔 병력 15,000명을 베이루트에 상륙시켰다. 미국의 이러한 개입은 사태를 수습할 수 있었으나 아랍 여러 국가들의 반발을 사게 되었다. 당시 아랍연맹에 가입하고 있던 10개 국가는 유엔에 '중동평화결의안'을 제출하고 미군의 철수를 요구하였다. 미국은 각 종파 간의 화해와 새로운 연립정권의 출범으로 내전이 진정국면에 들어선, 1958년 10월 중순부터 병력을 철수시키기 시작하였다. 3개월간 계속된 내전의 사망자는 2,700명이고, 미군도 240명의 사상자를 내었다.

레바논의 정치, 사회적 불안정은 팔레스타인 게릴라들이 유입되어 베이루트와 남부 지역에 난민캠프를 설치하면서 새로운 국면을 맞게 되었다. 요르단의 후세인 국왕은 1970년 9월 자국의 정치, 사회적 불안을 가중시키고 있던 팔레스타인 게릴라들을 추방하는 군사작전을 전개하였는데, 그때 팔레스타인 게릴라들이 인접 레바논으로 피난하여 그곳에서 대 이스라엘 무장활동을 벌이게 된 것이다.

1967년, Fatah(팔레스타인 민족해방운동 정치·군사기구) 설립

---

23) http://kida.re.kr/woww/update/me-conf-main.htm

이후 베이루트 주변에 위치한 팔레스타인 난민촌[24]은 팔레스타인 게릴라의 훈련기지가 되었다. 1968년 이후 팔레스타인 게릴라는 남부레바논에 군사기지를 설치하여 북부 이스라엘을 공격하기 시작하였다. 이스라엘의 남부레바논 팔레스타인 기지 보복공격과 관련하여, 레바논은 기독교계의 팔레스타인 기지 분쇄지지, 대다수 무슬림계의 팔레스타인 지지로 국론이 양분되었다. 1970년 10월 PLO일파는 요르단으로부터 추방되어 레바논으로 유입되었다. 레바논 내 팔레스타인 난민 수는 30만 명으로 증가하여, 팔레스타인 난민촌 일대 및 Arqub 지역은 작은 팔레스타인 국가화되었다. 레바논의 집권 세력과 기독교 세력들에게는 팔레스타인 게릴라들의 존재가 눈에 가시로 보일 수밖에 없었다. 이에 기독교 우파 팔랑헤 당 민병들이 1975년 4월 베이루트 교외에서 팔레스타인 게릴라들이 탄 버스를 습격하여 27명을 사망케 하였다. 이로 인하여 레바논은 1976년 11월까지 내전에 휘말리게 되었다.

레바논에서의 무장폭력사태 일반화되었지만, 팔랑헤 소속대원이 Ain al-Rummaneh 교외에서 팔레스타인인 탄 버스를 공격하여 27명을 학살한, 1975년 4월 13일에 레바논 내전이 시작되었다고 보는 것이 일반적인 견해이다.[25] 하지만 레바논 내전의 양상과 배경은 이미 레바논이라는 국가가 태동할 때부터 내재되어 있다고 보아야 할 것이다. 공격에 대한 보복의 소용돌이가 뒤따랐고 12월, "Black Saturday"라고 불리는 하루 동안 300여 명이 목숨을 잃었다. 한 달 후 팔랑헤는 다른 민병대 조직을 규합하여 Qarantina와

---

24) 1948년 아랍-이스라엘 전쟁의 결과로 15만여 명의 난민들이 베이루트주변의 난민촌에 거주하게 되었다.

25) Habib C. Malik, *Between Damascus and Jerusalem*, Washington: The Washington Institute for Near East Policy, 2000, p.1.

Tell al-Zaatar의 팔레스타인 난민촌을 포위, 난민들을 학살하였다. 이에 팔레스타인인들도 베이루트 남부의 Damour를 공격하여 기독교계 주민들을 보복 학살하였다. 크고 작은 전투가 계속되며 베이루트는 'Green Line'으로 서부의 무슬림 지역과 동부의 기독교 지역으로 나뉘게 되었고 이러한 국면은 17년간이나 계속되었다.

내전이 진행되는 동안 시리아 정규군이 사태 수습 명분으로 국경을 넘어 개입함으로써 상황은 제3국이 개입되는 양상으로 확대되었다. 1976년 시리아가 레바논 분열에 대한 가능성과 이스라엘의 점령에 대한 우려를 표명하며 전쟁을 종식시키려 레바논 사태에 개입하였던 것이다. 5월까지 약 40,000명의 시리아 군이 레바논으로 진주해 왔다.

시리아는 초기에는 팔레스타인 문제에 호의적이었지만, 민족주의 진영의 리더인 Kemal Jumlatt 와 이견을 보이게 되자, 입장을 바꾸어 팔레스타인 게릴라 단체를 몰아내고 친 시리아 정부를 세우려 하였다. 그러나 아랍민족주의자들의 세력이 대단하였기에 시리아의 마론파와의 연합은 다른 아랍국가들의 비난을 받게 되었다. 아랍 평화유지군(Arab Deterrent Force; ADF)이 창설되었으나 대부분의 병력은 시리아군으로, 이는 레바논의 평화에 효과적이지 못했다. 폭력사태는 계속되었고 1977년 Kemal Jumlatt는 암살되었다. 이에 대해 Chouf 산악 지역의 드루즈파 병사들은 기독교 마을에 대한 보복학살을 단행하였다.

시리아의 군사개입은 또다시 이스라엘의 개입을 가져왔다. 시리아의 개입에 불안을 느낀 이스라엘은 팔레스타인 게릴라의 텔아비브 습격에 대한 보복을 명분으로 1978년 3월 레바논을 침공하였다.

1978년, 이스라엘에 대한 빈번한 팔레스타인인들의 공격은 이스라엘로 하여금 남부 레바논에 대한 공격과 레바논에 거점을 둔 PLO에 대한 공격을 단행하는 구실을 제공하게 되었다. 안보리의 철군요구에 따라 UN은 레바논에 UN잠정군(United Nations Interim Force in Lebanon; Unifil)을 파견해 이스라엘의 철군 감시와 '국제적 평화 회복'을 도모하려 하였다(Unfil은 이후 22년간 더 '잠정적'으로 주둔하게 되었다).

이스라엘군은 철군하였으나 Saad Haddad를 리더로 남부레바논군(South Lebanon Army; SLA)이라는 친 이스라엘 무장단체를 구성하였고, SLA는 Litani 강 남부 지역을 '자유 레바논'이라고 선포하였다. 그동안 시리아의 ADF군과 기독교계 민병대간의 교전이 베이루트 등지에서 기세를 더해갔다.

시리아는 1981년에 이르러 팔레스타인인들과 연합하여 베카에 위치한, 팔랑헤 영향하의 Zahlé를 포위하였다. 팔랑헤의 이스라엘과 연합 가능성을 우려해서였다. 팔레스타인의 빈번한 기습을 막는 과정에서 이스라엘군이 시리아의 헬기를 격추하자 긴장은 고조되었다. 시리아는 베카 계곡에 대공미사일을 배치하였고 전면전의 조짐이 나타나기도 하였다.[26]

레바논으로의 팔레스타인 난민 수가 증가하자 이스라엘 극우 정부는 PLO를 레바논에서 완전히 철수시기로 결정하였다. 레바논에서의 팔레스타인 난민의 존재는 West bank, Gaza 등의 점령지 내의 팔레스타인인들을 고무시키는 형국이라는 것이 이스라엘의 일반적인 견해였던 것이다. 이에 1982년 6월 6일, 이스라엘 군은 '갈릴리의 평화'라는 작전명으로 레바논으로 진격하였다. 이스라

---

26) Francois, Massoulie, *Middle East conflicts*, NY, Interlinks Books, 1999, p.148.

엘군의 목표는 베카 계곡의 시리아군을 밀어내는 것이고 또 다른 하나는 베이루트 남부까지의 진격이었다. 티레, 시돈, 다무르, 나바티에 등지에도 이스라엘군의 맹렬한 폭격이 가해졌다.

이스라엘군은 레바논침공 일주일 후에 PLO본부가 위치한 서부 베이루트를 포위했고 이 후 두 달간 각종 포화를 집중 운용하였다. 서부 레바논은 폐허가 되었고 18,000명의 사망자와 30,000명의 부상자가 속출하였다.

결국 PLO는 미국의 중재로 8월 21일, 다국적군의 감시 아래 베이루트에서 철수하였고 이틀 후 팔랑헤의 지도자, Bashir Gamayel은 이스라엘의 후원 하에 대통령으로 선출되었다. Bashir Gamayel은 3주 만에 60여 명의 지지자들과 함께 폭탄테러로 사망하였다. 이스라엘과 팔랑헤는 암살에 대한 복수로 베이루트 외곽에 위치한 Sabra와 Chatila의 팔레스타인 난민촌을 습격하여 '테러리스트'를 색출하려 하였다. 이 과정에서 2,000여 명이 넘는 사상자가 발생하였는데 대부분이 여자와 아동들이었다. 이후 이에 대한 이스라엘의 조사가 이루어졌다. 당시 국방장관이었던 Ariel Sharon의 부인에도 불구하고, 대부분의 이스라엘 군은 팔랑헤 연합의 소행이라는 것을 인지하였으며, 사상자 매장을 위한 불도저대여와 팔랑헤 무장군이 표적을 찾기 용이하도록 조명탄을 투하하는 병참지원을 아끼지 않았다. 난민촌 학살소식에 전 세계는 충격을 금치 못했고 국제적인 비난이 뒤따랐다. 이에 프랑스, 영국, 미국과 이탈리아로 구성된 다국적 평화유지군이 결성되어 베이루트로 진주하여 평화를 유지하려 하였다.

이후, Bashir Gamayel의 동생 Amin이 대통령으로 선출되어 베이루트와 레바논 산 일부를 통제하였다. 이스라엘 군은 베이루트 수

마일 남부로 퇴각하여 주둔한 반면, 레바논 북부는 시리아의 영향
하에 놓이게 되었다. 트리폴리에서는 소규모 무장그룹과 함께 레
바논으로 되돌아온 Yassir Arafat가 시리아의 후원을 받는 레바논
측과 조직에서 이탈한 팔레스타인들을 상대로 맹렬한 전투를 벌
이고 있었다. 팔레스타인 난민촌은 다시금 정치적 패권의 각축장
이 되었다.

Choup 산에서도 전투는 번져 나갔다. 이 지역의 주민들인 드루
즈파 무슬림들과 기독교도들은 전쟁 중에도 비교적 평화를 유지
하고 있었지만 이스라엘이 이곳을 점령하자 1982년 팔랑헤 무장
군이 침투하게 되었다. 팔랑헤의 드루즈 무슬림에 대한 박해는 보
복을 가져왔고, 점차 종파 간의 분쟁으로 확대되었다. 이 전투로
베이루트만(灣)이 위협받게 되었고 드루즈 지도자 Walid Jumblatt
가 베이루트 공항과 베이루트의 레바논군을 공격하자 이스라엘
군은 Choup Mountain 지역에서 철군하였다.

쉬아계 무장단체인 Amal의 후원 하에 드루즈 무슬림들은 시리
아와 연합했고, 당시 냉전 분위기를 이용해 모스크바 측과도 관계
를 유지했다. 미국함정은 이에 드루즈 지역을 폭격하기도 하였다.
미국은 이제 전쟁의 소용돌이에 휘말리게 되었다.

베이루트에 다국적 평화유지군이 진주하였을 당시에는 평화가
유지되는 듯하였으나 이내 무력해지고 말았다.

1983년 4월 강력한 폭탄테러로 미국대사관이 폭파당해 60명의
사상자와 100여 명의 부상자가 발생하자 더 이상 다국적군이 평
화를 가져다준다는 환상은 사라지고 말았다. 자살테러의 수법과
같은 계속되는 공격으로 1983년 10월 미국과 프랑스군은 각기
265명의 해병과 56명의 병사의 전사자를 내었다.

이스라엘은 쉬아 무슬림과 팔레스타인들에 대한 박해로 게릴라나 자살특공대의 표적이 되곤 하였다. 이에 이스라엘은 레바논 남부에서 철수하고 이 지역을 Haddad의 SLA의 통제 하에 두게 하였다. 이스라엘의 철수가 있자 드루즈와 쉬아 게릴라들은 남부 Sidon 등지에서 분규를 일으켰다. 한편 서부 베이루트에서는 순니 무슬림, 쉬아무슬림과 드루즈파 무장세력들은 교전을 시작했다. 이 혼란의 와중에 PLO는 레바논으로 잠입하여 난민촌을 전전하며 전투를 이끌었다.

공격은 쉬아파 아말 무장세력이 주도했는데 팔레스타인 게릴라들의 귀환은 이스라엘의 간섭을 일으킬 것이고 이는 남부의 주민들에게 감내하기 힘들 것이라는 이유에서였다. 1985년과 1986년 동안 팔레스타인 난민촌에서의 전투는 천여 명이 사상자를 내었다. 1986년 시리아군은 서부 베이루트로 재진입하였고 그 수를 증가시켰다. 시리아는 레바논의 가장 영향력 있는 외국세력임에도 전투를 중지시킬 수 없었다. 남부 레바논의 팔레스타인 난민촌은 1988년 초까지 Amal의 영향에 놓이게 되었다.[27]

한편, 미국이 이스라엘과 기독교 우파를 지원하고 소련이 시리아와 이슬람 좌파를 지원함으로서 레바논 내전은 국제화의 양상을 띠게 되었다. 이처럼 레바논 내전은 기독교 민병대, 이슬람 민병대, 레바논 정부군, 시리아군, 이스라엘군이 접전을 벌이는 복잡한 국면을 맞게 되었다.

실질적인 권력이 각 무장 세력에게 있음에도 불구하고 레바논 정부는 그 명맥을 유지하고 있었다. 1988년 9월 Amin Gemayel 대

---

27) Beverley Milton-Edwards & Peter Hinchcliffe, *Conflicts in the Middle East*, New York, Routledge Press, 2001, pp.61~63.

통령의 임기가 끝나게 되어 있으나 무장 세력들로 인하여 선거가
실시될 수 없게 되었다. 임기만료 몇 시간을 남기고 Amin Gemayel
대통령은 참모장 Aoun 장군을 임시군사정부의 수반으로 지목하
였다. 이에 전직 수상이었던 Selim al-Hoss는 서부 베이루트에 대
항 정부를 구성하였다. 1988년 말 까지 레바논은 무슬림-기독교
도로 구성된 정부로 양분되었다. 다시금 'Green Line'을 사이에 두
고 격전이 피할 수 없게 되었다.

1989년 가을, 레바논의 평화정착을 위한 외교적 노력이 이루어
졌다. 모로코의 핫산 국왕, 사우디아라비아의 파흐드 국왕, 그리
고 알제리의 챠들리 대통령은 포괄적인 정전과 '국민화해 헌장
(Charter of National Reconciliation)' 논의를 위한 의회구성을 제안했다.

9월 23일 정전이 이루어졌고 국민의회는 사우디아라비아의
Taif에서 회합을 가졌다. 1989년 11월 5일 Taif협정이라고 알려진
조약이 정식으로 비준되어 René Mouawad가 대통령으로 선출되었다.
René Mouawad는 17일 만에 암살당하여 정국은 일촉즉발의 위기로
흐르는 듯했으나 Elias Hwrawi는 대통령직을 승계하였다.

Aoun 장군측은 계속해서 협정에 반대하였고, 그와 입장을 달리
하는 기독교무장단체와의 교전이 벌어졌다. 또한 헤즈볼라와
Amal계 민병대와의 교전이 베이루트와 남부 지역에서 벌어졌다.

1990년 의회는 Taif협정의 합의사항을 채택하는 헌법을 제정하
였다. 당시 시리아는 미국주도의 다국적 군 작전에 참여하고 있었
고, 미국의 이해 아래 시리아군은 레바논 군과 연합하여 Aoun을
제거하였다. 이로서 레바논은 비록 남부 지역이 점령당한 상태이
지만 15년 만의 평화를 맞이하게 되었다.

시리아는 '형제, 협력, 조정조약'으로 레바논의 제반문제에 걸

친 지배를 구상하였고 1992년에는 방위조약을 체결하였다. 시리아는 Taif협정에 의거 1992년 3월 레바논으로부터 철수하게 되어 있으나, 시리아-레바논 방위조약으로 시리아군은 현재까지 레바논에 주둔하고 있는 것이다.[28]

가까스로 평화가 회복되었지만 많은 무장단체들이 무장을 해제하지 않고 있었다. 1991년도에 무장해제와 정부의 주권을 확대키는 움직임이 시작되었다. 시리아군과 레바논군은, SLA에 의한 이스라엘의 남부지역 점령지를 제외한, 레바논 대부분의 지역을 장악하였다. 팔레스타인 기지는 시돈 주위에 잔존하였고, 헤즈볼라의 전사들은 점령지에서의 전투를 위해 무장이 허용되었다.

남부국경을 따라 화염과 폭력이 계속되었고 1991년과 1992년 이스라엘의 공세에 따른 대응공격이 계속되었다. 92년의 이스라엘 군의 공격은 팔레스타인과 헤즈볼라 기지를 파괴하기 위한 공격으로 300,000명의 레바논인들을 강제 퇴거시켰다.

1992년 7월, 크리스천과 무슬림 간 50:50의 동수 배분에 기초한 새 선거법이 채택(의석 128석)되었고, 8월에서 9월 사이 새 선거법에 의한 전후 제1차 국회의원 총선거가 실시되었다. 10월, 많은 기독교 사회의 반대에도 불구하고, 레바논 태생의 사우디아라비아 출신의 사업가 Rafiq Hariri가 레바논의 새 수상으로 당선되었다. 그는 재정부 장관을 역임했으며 피폐한 레바논의 재건을 계획해 왔었다. 그는 선거에서 기독교 사회의 참가거부에 따른 불균형을 교정하고자 하였고 1994년에는 보다 많은 기독교도들을 정부로 영입하였다. 그는 시리아와 Hrawi 대통령에 의해 견제를 받자 사임하였고 시리아의 중재로 재선출되었으나 1995년 9월 국회가

---

28) Francois, Massoulie, *op.cit.*, p.149.

Hrawi 대통령의 임기를 3년 연장시키자 똑같은 상황이 반복되었다.

베이루트와 북부 지역이 재건되는 동안 남부는 헤즈볼라와 이스라엘의 격전지가 되었다. 1995년 3월, 헤즈볼라의 고위관리가 티레 근처에서 암살되자, 헤즈볼라의 보복공격이 뒤따랐다. 이에 이스라엘은 1996년 4월, '분노의 포도' 작전을 감행하였다. 이 작전은 육지-해상-공중에 걸친 입체작전으로, 표면상으로는 헤즈볼라의 거점을 공격하는 것이었지만, 레바논이 공들여 재건한 산업시설과 베이루트의 발전소를 파괴하였으며, 항만 또한 봉쇄하였다. 이러한 공격은 헤즈볼라에 대한 레바논 정부의 입장에 압력을 가하는 것이었다.

한편, 1996년 5월에는 남부레바논 지역 교전 감시 5개국 위원회 구성(이스라엘, 시리아, 레바논, 프랑스, 미국 대표로 구성된 Monitoring Committee)되었고 1998년 10월, 국회는 제11대 대통령으로 Emile Lahoud 군총사령관을 선출하였다. 11월 Emile Lahoud은 대통령으로 취임하였고 12월, Hoss 내각이 출범하였다.

레바논의 정치상황이 안정되려 하는 1999년 이스라엘은 다시금 베이루트의 발전시설을 공격했으며 헤즈볼라는 SLA과 이스라엘 북부국경 지역에 대한 게릴라전을 수행했다. 남부 레바논에서의 많은 피해는 이스라엘의 철군을 이끌게 되어 2000년 5월 24일 이스라엘은 레바논 남부에서 최종 철군을 단행하였다.

헤즈볼라는 이미 열광적인 자살폭탄그룹을 열정적인 정당으로 탈바꿈시켰으며, 잘 짜인 사회복지계획안으로 단숨에 대중의 인기를 끌었다.

한편, 2000년 5월 이스라엘군의 철군 이후 한동안 공세를 중지하였던 헤즈볼라가 11월부터 대 이스라엘 공격을 재개하였다. 이스라엘은 동 지역을 통제하고 있는 UN 평화유지군에게 헤즈볼라의 공격 중지를 요청하였으나 효과적인 억지가 이루어지지 않고 있다.

이스라엘의 철군 이후 레바논 내에서 시리아의 철군을 요구하는 목소리가 커지고 있다. 시리아는 이스라엘군의 주둔을 이유로 자국 군대의 레바논 주둔을 정당화하였으나 이스라엘이 철군한 이후 정당성을 상실하게 되었다. 레바논 내의 거의 모든 계파가 시리아의 철군을 요구하고 있고 무력 사용의 징조도 보이고 있다. 시리아의 철군을 요구하는 세력이 연합하고 시리아가 철군을 계속 거부할 경우, 이들 세력 간의 새로운 무력충돌의 가능성도 있다.

또 다른 가능성은 시리아의 레바논 철수를 조건으로 포함한 이스라엘과 시리아 간의 평화협정이 체결되는 것이었다.

2001년 남부레바논의 헤즈볼라 세력은 이스라엘에 대해 지속적으로 공격을 감행하였다. 특히, 이스라엘이 점령하고 있는 Shebaa 농장 지역을 중심으로 교전이 이루어졌다. 이 지역은 8제곱마일 규모로 UN에 의해 시리아 영토로 지정되어 있으나 이스라엘이 점령하고 있는 상황이었다. 이스라엘은 헤즈볼라의 공격이 시리아의 사주로 이루어진 것으로 간주하고 헤즈볼라의 공세가 심해질 때 레바논 내 시리아 기지를 공격하고 있다.

2001년 7월의 경우 이란의 혁명수비대가 남부 레바논 지역의 약 20개의 초소에 배치된 바 있다. 이들은 한 달전 이란에서 시리아 공항을 통해 입국, 배치된 것으로 시리아 정부가 이들이 배치를 용인한 것으로 추정되고 있다. 이스라엘의 팔레스타인에 대한 공격이 본격화될 경우 이곳에 배치된 이란군이 이스라엘의 도시를 공격할 가능성도 있다. 이란은 이스라엘에 대한 경고로 동 전

력을 배치한 것으로 추정된다.[29]

2001년 9·11사건 이후, 레바논주재 미국대사는 레바논정부에 테러행위자 체포 및 자산동결조치를 요구하였고, 10월 3일, 레바논의 이슬람 성직자대회에서는 미국의 아프간 공격을 테러행위로 규탄하였다. 10월 22일 이후 헤즈볼라는 남부레바논 Shebaa 농장 지역에 대한 제9차 게릴라 공격을 감행하여 레바논 정국은 다시금 경색되었다.

2003년 미국의 부시행정부는 시리아에 대한 경제적 압박을 실시하였다. 이는 레바논의 숨통을 트이게 하는 국제적인 변화였다. 2004년 레바논의회는 Lahoud 대통령의 임기를 연장시켰고 Hariri 총리는 사임하였다. 2005년 Hariri 총리가 암살되었고 배후로 시리아가 지목되었다. 대대적인 반시리아 운동이 전개되었고 결국 시리아군은 2005년 4월 레바논으로부터 철군하게 된다.

4) 내전의 종식과 위기

레바논 내전은 2000년 3월 이스라엘 내각이 레바논에서의 철군을 결정하고 5월 전격 단행함으로서 교전 지역에서 한 당사자가 일방적으로 사라진 양상이 되었다. 많은 레바논인들은 힘의 진공 상태를 어떻게 매울 것인가에 대한 의구심을 갖게 되었다. 레바논 남부 지역을 거점으로 하던 헤즈볼라는 곧 그 빈자리를 채우기 시작하였다. 레바논에서 일정한 세력을 유지하기 원하는 시리아는 이스라엘의 일방적 철군이 가져올 수 있는 권력 공백을 우려

---

29) http://kida.re.kr/woww/update/me-conf-main.htm

하여 이스라엘과의 평화협상 시 일방적 철군을 반대한 바 있다. 시리아의 우려대로 남부 레바논 지역은 이란의 지원을 받는 헤즈볼라 세력으로 대체되기 시작하였고 따라서 시리아는 이란과의 경쟁관계로 인해 헤즈볼라를 대이스라엘 항전의 동지보다는 위협세력으로 인식하게 되었다. 사실 시리아는 레바논을 프랑스 제국주의로 인해 빼앗긴 자국 영토의 일부분으로 간주하고 있다.[30]

또한 철군 수일만의 Hafez al-Assad 시리아 대통령의 급서는 정국을 불투명하게 만드는 요인이 되었다. 레바논과 이스라엘간의 국경이 정해졌다 하더라도 양국의 관계는 시리아와 이스라엘 간의 평화회담에 의존해야하는 운명인 것이다. 게다가 350,000명에 이르는 레바논 내의 팔레스타인들의 존재는 대부분의 레바논 인들의 환영을 받지 못하고 있고 생활을 어렵게 하는 요소가 되고 있다.[31] 그들의 존재는 불안정한 요소로 지속될 것이고, 이스라엘과 팔레스타인 행정부가 이들의 운명에 대한 동의를 도출해 낼 때까지는 해결되지 않을 것이다.

이 분쟁은 전략적 측면에서나 경제적 측면에서 보면 국제사회에 대한 영향이 그렇게 크지는 않으나, 사태가 심각하게 악화될 경우 중동 지역의 정세를 불안정하게 할 뿐만 이스라엘의 안전을 위협하게 됨으로써 강대국의 개입을 초래할 수도 있다. 또한 분쟁의 격화로 대규모 난민이 발생될 경우 유엔의 인도적 지원을 위한 활동이 전개될 수 있다. 한국으로서는 분쟁이 심화될 경우 원유 수송과 중동 지역 경제활동에 제한을 받을 가능성이 있으며, 유엔의 평화유지활동과 인도적 활동에 참여를 요청 받을 수도 있

---

30) Ibid.

31) Beverley Milton-Edwards & Peter Hinchcliffe, *op.cit.*, p.63.

다는 점에 유의하여야 할 것이다.

이스라엘 군이 철수한 후 시리아의 지원을 받는 아말 게릴라와 이란의 지원을 받는 헤즈볼라 간의 충돌이 발생하여 사상자가 생긴 바 있다. 이와 같은 충돌이 심화되어 레바논 남부 지역을 둘러싼 시리아와 이란 간의 대리전 양상으로 전개될 가능성도 있다. 이란의 입장에서는 레바논 남부 지역을 자국의 영향력 하에 둠으로써 이스라엘에 대한 압박을 가할 수 있는 장점이 있다. 반면, 레바논 전반에 대한 영향력 행사를 원하는 시리아는 이러한 이란의 시도를 자국 이익에 대한 도전으로 간주할 수 있는 것이다.

2005년 레바논 총선으로 반시리아 정파 연합이 집권하게 되었다. 레바논의 정당은 레바논 헌법이 다당제를 보장하고 있는 만큼 매우 다양하다. 레바논의 정당은 크게 종교 및 정치지도자의 영향으로 난립하고 있다. 레바논의 의회는 128석으로 구성되어 있고 아랍어로는 مجلس النواب Majlis an-Nuwwab이라고 한다. 의회는 다당제로 4년마다 의원선거가 진행된다. 의석은 99석에서 1989년 Taif 협정 이후 128석으로 늘게 되었다. 2005년 백향목 혁명으로 레바논의 정치상황은 크게 변화하게 되고 레바논의 정계는 개편되었다.

(1) 백향목 혁명

레바논의 상징인 백향목(Cedar)은 레바논의 국기에도 잘 나타나 있다. 백향목 혁명[32]은 2005년 2월 14일 전임 수상이었던 라피크 하리리(Rafik Hariri)의 암살로 촉발되었다. 백향목 혁명(Cedar Revolution

---

32) 미국의 국무부 산하 민주주의와 국제문제 담당 부차관이었던 Paula J. Dobriansky가 기자회견에서 처음으로 사용하였다(http://www.washingtonpost.com/wp-dyn/articles/A1911-2005Mar2.html).

ثورة الأرز—thawrat al-arz)은 레바논 독립 인티파다(Independence Intifada إنتفاضة الإستقلال — intifāḍat al-istiqlāl)라고도 불린다.[33]

백향목 혁명은 베이루트를 중심으로 시위양상으로 전개되었다. 시위대는 하리리 전 총리의 암살배후로 시리아를 지목하고 암살배후에 대한 엄정한 수사촉구, 시리아군의 철군[34] 그리고 궁극적으로 레바논 정치에서의 시리아의 영향력 퇴출을 목표로 하였다. 주요 목표는 다음과 같았다. 첫째, 모든 레바논 국민이, 자유와 독립을 차지하기 위해서 단결하는 것. 둘째, 친시리아파의 카라미(Karami) 정권의 타도. 셋째, 국가 치안 기관에 근무하고 있는 6명의 레바논인 사령관의 해임. 넷째, 레바논에 주둔하는 시리아군 및 정보기관원을 레바논으로부터 철수시키는 것. 다섯째, 하리리를 암살한 범인의 검거. 마지막으로 2005년 춘계 중 시리아의 간섭 없이 자유롭고, 민주적인 의회 선거를 실시하는 것.

시리아의 영향에 반대하는 시위대의 수가 연일 2만 5,000명을 넘어서게 되었다. 시위대는 종파 간의 벽을 넘어 한 목소리를 내게 되었다. 독립 이후 종파 간의 갈등이 끊이지 않았던 레바논 정치사를 통해 볼 때 이는 매우 이례적인 일이었다.

2월 28일, 카라미 정권은 총선거를 실시하는 취지를 선언한 다음 총사퇴했다. "본인은, 정부가, 나라를 잘 하려고 생각하고 있는 사람들의 장해가 되지 않는 것이라고 생각한다."라는 성명을 남

---

33) http://www.allacademic.com//meta/p_mla_apa_research_citation/1/5/1/5/0/pages151501/p151501-1.php)

34) 시리아군은 1976년 이래 레바논에 주둔하기 시작하였으며 1991년 레바논-시리아 조약(Treaty of Brotherhood, Cooperation, and Coordination)으로 합법성을 유지하였다. 동년 9월 양국 간에는 군사, 안보조약이 체결된 바 있다. 2000년 이스라엘의 철군과 시리아 대통령의 서거 이후 시리아의 영향에서 벗어나 레바논의 주권을 찾자는 움직임이 일어났다.

겼다. 베이루트의 Martys 광장에 모인 군중은, 소리 높여, "카라미는 함락했다. Bashar! 다음은 너의 차례다."라고 구호를 외쳤다.[35]

카라미의 사퇴에 만족하지 않고 시리아군의 완전철수를 요구하였다. 2005년 3월 2일, 아사드 시리아 대통령은, "시리아군은 2, 3개월 내로, 레바논으로부터 철수할 것이다."라는 성명을 발표했다. 이 성명에 대해서, 왈리드 줌블라트는, "훌륭한 제스처이다. 그러나 2, 3개월이라고 하는 기간은 지극히, 애매한 것이며, 우리는 정확한 타임 스케줄을 요구한다."는 대응을 보인 바 있다.[36]

결국 14,000명의 병력과 정보기관을 레바논에 주둔시키고 있었던 시리아는 백향목 혁명 이후인 4월 27일 전면 철군시키게 되었다.

시리아의 영향력이 상당부분 감소하였으나 남부의 상황은 악화되고 만다. 2006년 팔레스타인 난민촌의 고위간부 피살을 이유로 이스라엘 병사 2명이 납치되었다. 이 사건을 계기로 헤즈볼라에 대한 이스라엘의 전면전이 감행되었다. 2006년 UN 안보리결의 1701호로 휴전이 되었으나 야당연합(헤즈불라, Amal, Aoun파)은 반정부 장기 시위를 지속하며 산발적인 정부군과의 충돌과 UNIFIL에 대한 공격을 감행하기도 하였다.

2007년 9월 레바논 정부군은 Fatah al Islam을 완전히 제압하였다고 발표했으나 정국은 여전히 혼미하였다. 2008년 5월, 1989년의 Taif 협정과 같은 외교적인 노력이 결실을 보았다. 아랍연맹의 중재로 카타르의 도하에서 레바논 여야지도자가 참석 하에 '국민대화' 개최 및 '도하합의'를 도출한다. 도하합의에 의해 Michel Sleiman 군사령관이 대통령직을 승계하고 거국내각구성, 선거법개

---

35) http://news.bbc.co.uk/2/hi/middle_east/4305927.stm
36) BBC News, March 2, 2005.

정 등이 약속되었다.

이에 Siniora 수상을 수반으로 거국내각이 구성되고 시리아와의 새로운 외교관계가 수립되었다.

레바논은 6월의 총선결과 친서방 집권연합인 'March-14'가 헤즈볼라 등 야권 연합 'March-8'을 71:57로 누르고 집권하게 되었다. 헤즈볼라의 군사력보유 유지 문제가 여야 간의 큰 이슈가 될 것으로 보이지만 불안한 안정을 되찾고 있다. 더욱이 Rafiq Hariri 총리의 아들인 미래운동당 대표 Saad al Hariri는 금번선거는 승자도 패자도 없는 레바논 민주주의의 승리라고 밝히고 총리에 지명되었다. 거국내각 구성에 진통이 있었지만 2009년 11월 헤지볼라 출신을 거국내각에 포함시킴으로써 민주적인 방법으로 레바논을 이끌게 되었다.

5) 레바논 정치발전에서 있어 2009년 총선의 의미

2009년 레바논 총선은 일련의 준비과정과 이후의 정치행보가 비교적 잘 진행된 분수령이라는 의미를 지닌다. 복잡한 인종과 종교 등 정파 간의 대립과 알력으로 15년간의 내전을 경험했으며 팔레스타인 난민의 유입, 이스라엘의 침공, 시리아의 간섭, 중동 정치와 국제정치의 변화 등은 레바논의 정치발전을 저해하는 내외부적 요소로 작용해 왔다. 2000년 이스라엘의 철군과 2005년 시리아군의 철군으로 레바논 정치발전의 가능성은 시험대에 오르게 되었다. 2005년 선거를 전후하여 레바논의 정체성을 찾기 위한 시도가 이루어졌다. 레바논의 정치적 독립을 위한 시도로 크게 반시리아계와 친시리아계로 정계개편이 이루어진 것이다.

2006년의 헤즈볼라와 이스라엘간의 분쟁, 2007년의 정치위기로 레바논의 정치발전은 도전을 받았다. 레바논 국민은 내전의 아픈 기억을 기억하며 새로운 레바논 건설이라는 정체성을 찾고자 하였다. 폭력과 무력사용이 아닌 대화와 타협으로서 도하합의를 도출하여 헌정을 유지하려는 발전된 모습을 보인 것이다. 선거결과를 존중하며 내각구성에 이르는 지난 2년간의 성숙된 정치행보는 레바논 정치사에 기록될 정도의 정치발전이라고 할 수 있다.

6) 레바논 분쟁의 역사적 함의와 미래

레바논의 역사와 분쟁상황은 레바논에 관한 수많은 불변성을 드러낸다. 첫째는 이질적인 종교 집단들이 레바논 국가와 정치적 상부 구조의 항구적 구성 요소이며, 타협을 기본으로 한 화해 형성 능력이나 특정한 문제의 일시적 중단은 궁극적으로 레바논 국가의 활력과 운명을 결정한다는 것이다.

둘째로 집단 간의 활동적 관계는 비록 잠정적으로는 실행할 수 있지만, 지역적, 국제적인 힘의 영향을 받는다는 점이다. 또한 레바논에는 외부의 힘이 항상 존재하고 있다. 최근에는 강대국에 의한 직접적 개입이 레바논 정치를 복원하는 데 있어 결정적인 요소였다고 볼 수 있다.

병합된 사회로서, 레바논은 다양한 종교사회 내에서 변환된 광범위한 개념들을 나타내고 있다. 반면에 주변 다른 국가들은 자국에 유리한 면을 부각시켜 레바논의 앞날을 강요하고 있는 것이다.

다양한 "레바논 발전 프로세스들"과 미래 레바논의 희망은 이슬람 국가와 기독교 국가라는 매우 극단적인 연속선상에 놓여 있다. 레바논은 영원한 미완성의 국가로 머무르지 않았다. 이질적인 요소로 결합된, 외부 힘에 의해 조장되긴 했지만 규정된 외부의 구성 요소들과 더불어 모자이크식의 응결이 합의와 양보를 통해 합리적인 국가 조직으로 변하는 듯하였다. 이러한 이질성은 다양한 표제 아래 나타나는 레바논 정치의 모순을 보여 준다. 연합과 분리, 이슬람과 기독교, 종파와 비종교, 아랍과 레바논인, 도시와 산, 반국가와 공동 집단, 중심과 외부, 타협과 마찰 등의 레바논 정치의 독특한 특징은 기독교와 이슬람으로 대분되는 극단주의적 사고를 적용하기 어렵게 하는 요소가 되고 있다. 특유의 분열된 사회인 레바논임에도 불구하고 공존하는 평화에 대한 순수 바람이 주기적으로 있어 왔다.

이슬람과 기독교 사이에 평화적인 공존의 레바논은 각 사회를 대표하는 날개(당파)와 함께 "두 날개를 가진 새"로 묘사되어 왔다. 한쪽 날개만으로는 날 수 없기 때문에 그 기능을 다하기 위해서는 양쪽 모두 필요하다는 명백한 의미가 함축되어 있다. 이러한 공존은 자유, 다원론, 개방성, 기본 권리를 위한 상호 존중의 기초에 국가 건설을 위한 체계를 제공하는 동안 각각의 국가 집단하의 본래 모습을 보전하는 창의적인 공동 집단의 상호 작용을 수반한다. 게다가 계속되는 두 집단이 지니는 불균등한 정도 속에서 평화의 공존은 계속되는 재확신과 신뢰를 필요로 하다. 성공스러운 공존의 의무는 만족감을 지속시키기 위해 전도력이 있어야 하고 따라서 안정된 사회에 놓여야 한다.[37] 레바논의 현실은 그렇지

---

37) Habib G., Malik, *op.cit.*, p.23.

못하다. 영토의 약 10%가 이스라엘과 헤즈볼라 간의 격전지가 되고 있고, 나머지 90%는 시리아 군대의 주둔과 간접적인 시리아의 정치적 통제에 위협받고 있었기 때문이다.

레바논은 수십 년간의 내전을 종식시키려는 의지와 경제개발에 박차를 가하려 하고 있다. 그러나 레바논을 둘러싼 주변국 간의 경합과 내부의, 언제 터질지 모르는 종파 간의 내재된 갈등요소는 발전하는 레바논의 발목을 붙잡는 요소가 되고 있다. 레바논이 진정한 국가로 발전하려면 과거의 구원을 해소하고 레바논 국민을 공동된 목표로 단결시킬 수 있는 새로운 정체성이 필요하다고 할 수 있다. 일련의 선거와 선거결과를 인정하는 레바논 국민의 성숙함은 새로운 정체성을 이미 구축하고 있다고 보인다.

다만 레바논에 대한 주변국들의 이해관계와 레바논 내부의 종파 간의 문제, 팔레스타인 난민들의 문제 등은 레바논이 해결해야 할 난제로 아직도 남아 있다.

5. 레바논 분쟁을 통해 본 중동·이슬람사회의 분쟁

중동 지역은 아시아, 유럽과 아프리카를 잇는 중간지대에 위치하기에 역사적으로 동서교류의 교량 역할을 해 왔다. 이 지역이 갖는 지리적이고 전략적인 중요성과 또 20세기 들어서 석유자원을 둘러싼 강대국들의 이해관계가 대립하면서 이 지역을 둘러싼 갈등은 첨예하게 드러나고 있다. 이 지역은 강대국들의 세력 경쟁뿐만 아니라 지역 내의 종교문제, 민족문제 등 다양한 갈등요인으로 인해 세력다툼이 치열하게 전개되는 곳이다. 따라서 이 지역에서의 질서는 일차적으로 강대국들이 개입된 세계적 수준과 이에 종속하는 지역 국가들 간의 지역적 수준에 의해 영향을 받아 왔다.

국제정치의 주도권이 유럽과 북미로 넘어간 현대의 중동은 시련의 역사를 겪게 된다. 냉전체제 하에서 이념의 각축장이 되기도 하였고, 냉전체제가 종식된 직후, 걸프전을 통해 미국을 중심으로 하는 신국제질서 체제를 시험하는 무대가 되기도 하였다. 오늘날, 중동 지역의 이슬람 문명은 특유의 응집력과 단결력으로 국제질서를 주도하려는 국가에게 위협적인 존재로 비춰질 수 있으며, 소련의 해체 이후 새로운 Counterpart로 부상하고 있다.

이렇듯 역사적으로 중동 지역은 지역 국가들 간의 이해관계뿐 아니라, 강대국들 간의 이해관계가 복잡하게 얽혀 있어 지역체제에 기인한 위기와 세계체제에 연유된 위기가 끊이지 않는 위기 지역으로 꼽힌다.

이슬람은 중동·이슬람 지역의 주요 지배 이데올로기 중 하나이다. 이슬람에 대한 이해 없이는 이들의 사고방식과 행동양상을 이해하기 곤란하다. 중동·이슬람사회에서 일어난 모든 분쟁의 기저에는 이슬람이라는 요소가 반드시 개입되어 있다.

분석의 틀을 구성할 때 이슬람이 가진 독특한 특징을 배제한다면 기존의 서구의 시각으로 중동·이슬람사회의 분쟁을 분석할 수밖에 없는 것이다.

근대 이후 많은 서구열강들의 이익추구가 중동·이슬람 분쟁의 원인이 되어 왔다. 또한 근대국가정립과정에서 수반된 권력투쟁과정에서도 분쟁이 비롯되었고, 중동 국가 간의 이익충돌 역시 원인이 되어 왔다.

레바논 분쟁의 경우, 자원분쟁, 국경분쟁, 종교분쟁, 민족분쟁 등 분쟁의 주요 범주에 모두 해당하는 양상을 보였다.

기존의 분쟁에 대한 이론들을 바탕으로 중동 지역에서 발생했던 모든 분쟁을 완벽하게 설명하기는 어렵다. 서구식 분쟁이론은 중동·이슬람 지역에 지대한 영향을 미치는 이슬람이라는 주요 변수를 단순한 종파문제로 보고 있다. 이슬람은 종교이자 무슬림들의 생활, 정치, 경제, 문화의 총체이기 때문에 종교문제로만 규정하기는 어렵다.

중동·이슬람사회의 분쟁을 설명하기 위한 새로운 이론의 필요성이 대두되었고 새로운 이론의 구축이 불가능하다면 기존의 이론들을 사안별로 종합해야 한다는 방법론적인 결론을 도출하였다. 또한 중동·이슬람 지역에서 발생한 주요 분쟁들을 추출하여 이들 분쟁의 공통점과 차이점을 비교, 분석하는 것도 앞으로 발생가능성이 있는 분쟁을 예측하는 데 유용할 수 있다는 결론을 얻었다.

현재 중동·이슬람 지역 내에서 발생되는 분쟁의 범주 크게 자원분쟁(물분쟁, 석유분쟁), 국경분쟁, 종교분쟁, 민족분쟁으로 나타나고 있다. 또한 대부분의 분쟁의 주체 및 행위자가 국가임을 감안할 때 국제분쟁과 중동 지역 내 분쟁으로 구분할 수 있었고 소수민족, 소수 종교 분쟁 등의 국가 내 분쟁으로 구분할 수 있다. 아울러 분쟁에 따른 난민 문제와 이의 해결문제가 대두되어 이에 대한 연구가 뒤이어야 할 필요성이 제기되었다.

냉전체제의 종식과 이에 따른 국제질서의 변화에 있어 중동·이슬람 지역의 중요성이 더욱 부각되었다. 이에 국제적 수준의 중동·이슬람 지역의 갈등양상이 점차 심화되고 다양한 국가수준의 지역 내 갈등 역시 표출될 것으로 예상된다.

참고문헌

Arthur Goldschmidt, *A Concised History of Middle East,* Cairo, AUC Press, 1997.

Beverley Milton－Edwards & Peter Hinchcliffe, *Conflicts in the Middle East*, New York, Routledge Press, 2001.

Francois, Massoulie, *Middle East conflicts,* NY, Interlinks Books, 1999.

Habib C. Malik, *Between Damascus and Jerusalem*, Washington:The Washington Institute for Near East Policy, 2000.

Mahmud A. Fraksh, *Withered Arab Nationalism* obis, 1993

Y.M. Choueiri, *Islamic Fundamentalism*, London, 1990.

http://kida.re.kr/woww/update/me－conf－main.htm

김정위, "이슬람원리주의", 「한국 이슬람 학회논총」, 제3집, v1993.

______, "이슬람원리주의 사상과 이론", 김정위 外, 「국제 정치와 이슬람 원리주의 운동」(서울: 민맥), 1994.

손주영, "이집트 이슬람 원리주의 운동",『중동연구』제16권 제2호, 1997.

외교통상부, http://www.mofat.or.kr.

유정렬, "紛爭의 起源研究; 걸프戰爭의 경우",『한국중동학회논총』제12호, 1991.

최재훈, "이슬람원리주의 운동의 정치세력화 과정연구", 한국외국어대학교 대학원 석사학위논문(1998).

리비아 내전: 아랍의 봄과
리비아 내전을 중심으로

최재훈

1. 들어가며

북아프리카발 중동 지역의 정치변동이 2010년부터 튀니지를 시작으로 전개되었다. 정치변동의 양상은 시위, 항거와 같은 혁명의 파도가 중동 북아프리카 지역을 휩쓸었고, 휩쓸고 있다.

중동발 정치변동 초기현상을 국내 언론에서는 '중동의 민주화'로 성급하게 규정한 바 있다. 그러나 중동·북아프리카에서 발생한 이른바 "People Power" 현상을 모두 "민주화 물결"로 규정해서는 곤란하다. 민주화운동, 민주화운동이라면 목표도 민주화여야 하지만 수단도 민주적이어야 한다. 폭력이 수반된 반정부, 반체제 운동이 민주주의를 위한 운동으로 보아서는 아니 되며, 민주화 운동과 민주주의 운동을 구별해야 온당할 것이다.

본 연구에서는 중동 시위의 유형을 다음과 같이 구별하여 사용하기로 한다: 시민혁명, 정권교체, 반정부 무장봉기, 내전, 대규모 시위, 소규모 시위.

즉 2010년 말부터 시작된 중동의 시위현상은 모두 같은 유형이 아니라 일련의 스펙트럼을 이룬다는 가정에서 출발하여야 할 것이다. 일련의 중동소요 사태는 장기 독재정권에 대한 염증이 주원인이지만 그 이면에는 고물가와 실업난, 기회박탈 등의 민심이반과 부족 간의 갈등, 외세의 개입 등이 자리 잡고 있는 것이다. 특히 리비아의 상황과 기타 국가들의 상황을 비교하여 각국의 상황의 차이, 해당국과 관련된 국제관계에 따라 봉기의 본질이 변화하고 글로벌화될 수 있음을 파악하고자 한다. 향후 중동의 정치변혁이 중앙아시아국가로 파급된다면 그 영향은 북한에까지 파급될 가능성이 매우 높다. 김정일 사후 북한의 정치체제와 상황은 불안정한 상태로 판단된다. 북한에서의 소요사태가 발생한다면 그 양상은 중동의 국가에서 나타난 다양한 형태 중의 하나가 될 것이다. 대규모 난민이 발생하여 중국과 러시아 국경으로 유입될 경우 국제사회는 리비아의 경우를 들며 개입할 가능성이 높다. 한편 난민문제의 당사국이 되는 중국과 러시아는 리비아의 경우와는 다른 해법을 제시할 것이다.

2. 중동 · 북아프리카 국가들의 시위 현황

국 가	발생일	시위양상	결 과	사망자
튀니지	2010.12.18.	Mohamed Bouazizi의 분신 전국적인 시위, 공공시설점유	벤알리 대통령축출 Ghannouchi 총리 사임 정치범 석방 정치경찰 해체 및 집권당 해체	233+[38]

---

38) "Tunisia protests against Ben Ali left 300 dead, says UN", BBC News, 1 February

국 가	발생일	시위양상	결 과	사망자
알제리	2010.12.28.	지해, 전국적 시위, 폭동, 가두충돌	19년간 비상사태의 철회[39)	8
레바논	2011.01.12.	시위; Saad Hariri 지지자와 진압 경찰 간 충돌.		17[40)
요르단	2011.01.14.	소규모 시위, 데모	압둘라 국왕, 리파이 총리와 내각 해산[41)	1[42)
모리타니아	2011.01.17.	지해, 시위[43)		1
수단	2011.01.17.	소규모 시위	바시르 대통령, 2015년 새 임기 출마 철회[44)	1
오만	2011.01.17.	대규모 시위	술탄 카부스 국왕의 경제적 타협[45)46) 일부장관교체[47)	2 - 6[48)
예멘	2011.01.18.	대규모시위; 폭동[49)	Saleh 대통령 2013년 새임기 출마 철회[50) 집권당 수상 퇴임[51) Saleh 대통령, 의회와 지방에 권력을 양도하는 헌법개정 약속	1,784 - 1,870[52)

2011. http://www.bbc.co.uk/news/world-africa-12335692.2

39) Al Jazeera English. http://english.aljazeera.net/news/middleeast/2011/02/2011223686267301.html. Retrieved 2011-02-23

40) "Arrest warrants issued over Tripoli clashes", dailystar.com.lb. 22 June 2011. http://www.dailystar.com.lb/News/Politics/2011/Jun-22/Arrest-warrants-issued-over-Tripoli-clashes.ashx#axzz1Q6NT1BXT. Retrieved 23 June 2011.

41) The Telegraph. 1 February 2011. http://www.telegraph.co.uk/news/worldnews/middleeast/jordan/8296589/King-Abdullah-II-of-Jordan-sacks-government-amid-street-protests.html.

42) "Jordan protest turns violent - Middle East", Al Jazeera English. http://english.aljazeera.net/news/middleeast/2011/02/201121821116689870.html. Retrieved 28 October 2011

43) Cnn.com. http://www.cnn.com/2011/WORLD/africa/02/26/mauritania.protest/index.html?hpt=T2. Retrieved 2011-02-27.

44) gulfnews. http://gulfnews.com/news/gulf/oman/sit-in-in-sohar-town-forces-hypermarkets-to-close-down-1.768284. Retrieved 2011-02-27.

45) Khaleejtimes.com. 2011-02-27. http://www.khaleejtimes.com/DisplayArticle08.asp?xfile=data/middleeast/2011/February/middleeast_February780.xml§ion=middleea

국 가	발생일	시위양상	결 과	사망자
사우디 아라 비아	2011.01.21.	지해, 소규모 시위; 중규모 시위(100 - 1000 추정), 동부 지역의 시위[53]	압둘라 국왕의 경제적 지원 약속[54]	2
이집트	2011.01.25.	지해; 전국적 규모의 시위, 공공시설 점유, 공공기관 건물에 대한 공격	무바라크 대통령 퇴진 군부에 의한 권력유지[55] 헌정 중지, 의회해산[56] Ahmed Shafik 수상 사임[57] 보안군 해산[58]	875[59]

st. Retrieved 2011 − 03 − 06.

46) En.news.maktoob.com. http://en.news.maktoob.com/20090000585688/Oman_ups_ minimum_monthly_wages_to_520_for_nationals/Article.htm. Retrieved 2011 − 02 − 27

47) Al Jazeera English. http://english.aljazeera.net/news/middleeast/2011/02/2011226 20711831600.html. Retrieved 2011 − 02 − 27.

48) Oman clashes: Two killed during protests in Gulf state, BBC News. 8 February 2011. http://www.bbc.co.uk/news/world − middle − east − 12590588. Retrieved 27 February 2011

49) The New York Times, http://www.nytimes.com/2011/01/28/world/middleeast/ 28yemen.html

50) BBC News. 2011 − 02 − 02. http://www.bbc.co.uk/news/world − middle − east − 12343166. Retrieved 2011 − 02 − 02.

51) Al Jazeera, 23 February 2011.

52) 1,480 civilians and soldiers killed (3 February − 25 September), [1] 300 − 386 militants killed in the Battle of Zinjibar and 4 militants killed in Lahj (16 − 17 June), [2] total of 1,784 − 1,870 reported killed

53) Arab Times. 2011 − 03 − 18. Archived from the original on 2011 − 03 − 19. http://www.webcitation.org/5xlz3sxxL. Retrieved 2011 − 03 − 19.

54) Arab News. 28 February 2011. http://arabnews.com/saudiarabia/article289334.ece. Retrieved 28 February 2011.

55) The Wall Street Journal, 11 February 2011.

56) Haaretz. http://www.haaretz.com/news/international/egypt−s−military−moves−to− dissolve−parliament−suspend−constitution−1.343140. Retrieved 2011 − 02 − 24.

57) Forexyard.com. http://www.forexyard.com/en/news/Egypts−prime−minsiter−quits− new−govt−soon−army−2011−03−03T093300Z. Retrieved 2011 − 03 − 05.

58) Al Jazeera, 15 Mar 2011. http://english.aljazeera.net/news/middleeast/2011/03/

국 가	발생일	시위양상	결 과	사망자
시리아	2011.01.26.	지해, 대규모 시위 진행 중	Assad 대통령 개혁에 대한 담화60) 정치범에 대한 사면 발의61)	3,045 - 4,30062)
지부티	2011.01.28.	대규모 시위; 공공 시설물 점거	3월 4일 시위 무산 이후 대안 무	2
모로코	2011.01.30.	지해; 소규모 시위63), 정부 재산에 대한 공격64)	무함마드 6세 국왕의 정치적 지원65) ; 개헌에 대한 국민투표	6
이라크	2011.02.10.	지해; 대규모 시위, 폭동, 공공건물에 대한 공격66)	말리키 수상, 제 3기 임기 불출마67) 지역 주지사와 지방정부 사퇴68)	35

20113151885983516.html. Retrieved 15 March 2011.

59) "846 killed in Egypt uprising", 20 April 2011.
http://www.haaretz.com/news/international/government-fact-finding-mission-shows-846-killed-in-egypt-uprising-1.356885. Retrieved 20 April 2011.l

60) washingtontimes.com, 15 February 2011. wsj.com, 15 February 2011.

61) All4Syria. http://all4syria.info/content/view/40436/96/. Retrieved 2011 - 03 - 10.

62) http://articles.cnn.com/2011-10-04/middleeast/world_meast_syria-unrest_1_bashar-ja-afari-president-bashar-security-council?_s=PM:MIDDLEEAST

63) TIME. http://www.time.com/time/world/article/0,8599,2052901,00.html?xid=fbshare. Retrieved 2011 - 02 - 23.

64) The Wall Street Journal, 20 February 2011.

65) Middle East Online, 22 February 2011.

66) Reuters, 19 February 2011.

67) msnbc.com, 5 February 2001.

68) The Gulf Today, 27 February 2011.

국 가	발생일	시위양상	결 과	사망자
바레인	2011.02.14. / 2011.03.14.	대규모 시위; 공공 지역 점거 주변국의 간섭	Hamad 국왕의 경제적 지원[69] 정치범 석방[70] 장관 해임 바레인 정부의 요청에 의거 GCC의 간섭	51[71]
이란	2011.02.14.	Major protests	반대파 지도자 검거	3
리비아	2011.02.17. / 2011.03.19. 2011.10.20.	전국적 규모의 시위; 무장봉기; 일부 도시점 거, 내란 국제적 개입 20110 10. 정부승계 카타피사망	반정부군 다수의 도시 점거[72] 뱅가지를 중심으로 한 National Transitional Council 구성[73] UN 결의 1973호에 따른 프랑스, 영국, 미국과 기타국가의 군사적 개입[74] 무아마르 카타피 사망	2,500 – 30,000+
쿠웨이트	2011.02.18.	시위; 베두원과 진압 경찰 간 충돌		0
서부 사하라	2011.02.20.	소규모 시위[75]		1
팔레스타인	2011.05.11.	2011.06.05. 종료		30 – 40[76]
총 사상자:				30,634 – 37,228+

---

69) Reuters, 11 February 2011

70) Monsters and Critics, 22 February 2011. http://www.monstersandcritics.com/news/middleeast/news/article_1621209.php/Bahrain-s-king-to-free-political-prisoners-as-protests-continue

71) http://bahrainrights.org/en/node/3864

72) Los Angeles Times, 23 February 2011. http://www.latimes.com/news/politics/la-fg-0224-libya-mideast-protests-20110224,0,2154651,full.story.

73) World Bulletin, 27 February 2011. http://www.worldbulletin.net/?aType=haber&ArticleID=70409.

74) BBC News. http://www.bbc.co.uk/news/world-africa-12796972. Retrieved 19 March 2011.

75) Afrol News, 5 March 2011.

76) "UN's Pillay condemns Israeli 'Naksa' killings", Al Jazeera English, 8 June 2011.

2010년 12월 18일 튀니지에서의 봉기를 필두로 중동·북아프리카의 국가들은 정부 정책과 정권에 불만을 표출하는 시위를 경험하게 되었다. 이러한 시위는 튀니지와 이집트의 국민 혁명을 통한 지도자의 퇴진을 이끌었고, 알제리, 바레인, 지부티, 이란, 이라크, 요르단, 오만, 시리아와 예멘에서는 대규모시위를 이끌었다. 쿠웨이트, 레바논, 모리타니아, 모로코와 사우디아라비아, 수단 등지에서는 비교적 소규모의 시위가 잇따랐다. 한편, 리비아의 경우 시위 초기의 과잉진압, 부족 간의 갈등에 따른 반카다피 세력의 결집과 무력행위로 내전으로 발전하였고 외부세력의 개입으로 국제이슈화되었다.

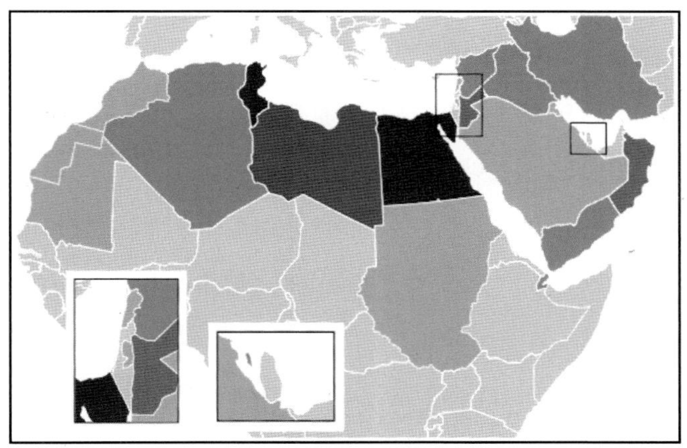

http://english.aljazeera.net/news/middleeast/2011/06/201167143318466482.html.
Retrieved 12 June 2011.

3. 시위의 배경

국민적 저항을 이끌었던 수많은 요인들은 대부분 장기집권과 독재, 인권침해, 정부의 부패, 경제적 침체, 부의 재분배 문제, 빈곤, 실업과 젊은 층의 기회박탈 등으로 요약될 수 있다.

수십 년간 진행된 권력의 독점[77]과 석유자원을 이용하여 이룩한 부의 편중현상은 소외된 대부분의 집단에 상대적인 빈곤감을 주었다. 교육확대, 미디어의 발전과 인터넷과 휴대전화의 보급으로 성장한 국민의식에 비해 정부의 대국민 소통방식은 뒤져 있다는 것이 중동·북아프리카 국가의 현실이다.

이러한 소통의 부재 속에서 직접적인 시위의 원인이 된 것은 경제적인 요인이 강하다. 국제적인 식량가격이 상승하자 이집트 등의 국가들은 빵에 대한 국가의 보조금을 삭감하였고 이는 국민의 불만을 가중시켰다.

사회경제적인 불안과 이에 대한 정부의 미온적인 대책이 그간 지속된 장기집권 및 억압과 기본권 제한 등의 불만표출로 에스컬레이터된 것으로 분석된다. 튀니지 발 시민혁명으로 벤 알리 대통령이 하야하자 이집트국민들은 30여 년간 지속된 무기력하고 부패한 무바라크 정권의 퇴진을 요구하기에 이르렀다. 튀니지와 이집트에서의 시민봉기는 인접국으로 급속하게 번졌고 전제군주국인 걸프 지역에 까지 이르렀다.

중동·북아프리카의 정치, 경제 상황에 따라 대정부 또는 반정부 시위는 각각 소규모 시위, 적극적인 시위와 무력을 수반한 반

---

77) 튀니지와, 이집트, 리비아, 걸프 산유국 등.

정부 활동, 무장 봉기 등의 양상으로 표출되고 있다. 이러한 반정부 시위양상은 현재 상황에 대한 단순한 불만표출이 아니라 수십 년간 억눌렸던 국민의식의 적극적인 표현으로 인식할 수 있다. 특이할 만할 것은 시위의 전이속도가 매우 빨랐다는 점이다. 2010년 12월에 튀니지에서부터 시작된 이른바 '국민혁명'은 일주일 간격으로 주변국으로 전이되었고, 각국의 정치상황에 따라 반발의 강도에서 차이를 보이며 진행되고 있다. 해당국 정부는 경제적 지원, 정치적 개혁 약속, 시위대에 대한 탄압 등의 다양하고 상이한 해법을 보이고 있다.

리비아의 경우, 부족 간의 정치적 갈등으로 시위의 양상이 내전의 양상으로 비화되었다. 카다피 정권의 강경진압으로 시위세력의 대량피해가 예상되자 3월 UN은 안보리 결의안 1973호를 채택하였고 이에 따른 국제적 무력개입이 3월 19일 개시되었다. 해당국에 대한 국제적 개입은 중동·북아프리카 지역의 또 다른 복잡한 정치변동을 예고하고 있다. 국내문제가 국제문제로 비화되고 각국의 이익에 따라 복잡한 양상이 전개될 것으로 예상된다.

4. 주요 국가의 정치 혁명

주요 중동국가의 혁명으로는 이집트, 시리아, 예멘, 리비아 등을 들 수 있다. 이 중 리비아는 내전의 양상을 보였고 카다피의 사망과 신정부가 수립되었다. 이 과정 중 국제사회의 개입과 NATO의 군사 행동이 있었다.

1) 이집트

상황	진행 중
원인	경찰의 강경진압, 불법선거, 비상계엄, 정치 탄압, 광범위한 부패, 높은 실업, 식품 가격 인플레이션, 최저 임금, 인구 구조 요인
특성	시민 불복종, 시민봉기, 시위, 파업, 지해, 온라인 조직 및 저항
결과	대통령 무바라크와 총리 Nazif, Shafik의 축출, 군의 권력 장악, 의회 해산, 헌법의 정지, NDP의 해산, 무바라크와 그의 가족과 총리 기소.
시위규모	카이로 2백 만, 알렉산드리아 75만, 만수르 백만 명
사상자	사망: 848 부상: 6,467 구금: 12,000

2) 시리아

상황	진행 중
원인	독재, 실질적인 의회부재, 부패, 실업, 동시다발적인 시위에 고무
특성	시민 불복종, 시민봉기, 시위, 파업, 지해, 탈옥자의 반란, 폭동, Homes
목표	바샤르 알-아사드의 사임, 민주개혁, 정권의 변화, 국민권의 확대, 쿠르드 권리의 인정, 최고 국가 보안 법원의 폐지, 계엄해제
반정부단체	National Council of Syria(المجلس الوطني السوري) Syrian Revolution General Commission (SRGC)(الهيئة العامة للثورة السورية) The Free Syrian Army(الجيش السوري الحر) 지방위원회
사상자	사망: +5,000[78] 부상: 수천 구금: + 20,000

---

78) Syria faces suspension from Arab League,
http://news.priyo.com/international/2011/11/12/syria-faces-suspension-arab-le-42288.html

3) 리비아

상황	2011. 2. 15. ~ 10. 23. 진행 중	
원인	독재, 부패, 실업, 부족 간의 갈등	
특성	시민봉기, 폭동, 내전, 외세의 개입(군사행동)	
결과	카다피정권 붕괴, 카다피 반군 전 도시 장악, 카다피 사망, 국민과도정부 수립, UN, EU, AU 등 100여국 국민과도정부를 유일한 정부로 인정 소규모 분쟁 진행 중	
교전집단	Libyan Arab Jamahiriya Paramilitary forces Pro-Gaddafi tribes Foreign mercenaries	National Transitional Council National Liberation Army Free Libyan Air Force Anti-Gaddafi tribes NATO, Albania, Bulgaria, Belgium, Canada, Denmark, France, Greece, Italy, Netherlands, Norway, Romania, Spain, Turkey, United Kingdom, United States, Jordan,Qatar, Sweden, UAE
사상자	사망: 25,000 - 30,000+ 실종: 4,000+	

4) 예멘

상황	진행 중	
원인	실업, 경제상황, 부패, 정부의 수정헌법안	
특성	시위, 파업, 비폭력 저항, 군파업, 부족·군벌 간 대립	
목표	살레대통령 하야, 의회해산, 헌법안 재작성, 경제발전, 언론의 자유	
반정부단체	Joint Meeting Parties South Yemen Movement, Houthis, Students, Defected soldiers, National Dialogue Committee, Civil Bloc, Hashid, Alliance of Yemeni Tribes	Government of Yemen Pro-Governme
사상자	사망: 1,784 - 1,870 부상: +1,000 구금: +1,000	

5) 바레인

상황	진행 중	
원인	부패, 쉬아 무슬림에 대한 차별, 실업, 민주화의 더딘 속도	
특성	시위, 시민 저항, 비폭력 저항	
목표	하마드 국왕의 사임, 입헌 군주제, 외국 용병의 추방, 헌법 재제정, 경제 및 인권 침해 종료, 쉬아무슬림에 대한 차별 철폐, 공정 선거, 자유	
반정부 단체	Free Bahrain Coalition People Liberation Forces February 14 Youth Coalition Al Wefaq National Islamic Society Islamic Action Society National Democratic Action Society Nationalist Democratic Rally Society Progressive Democratic Tribune Al-Ekha National Society Haq Movement Al Wafa Islamic Party Bahrain Freedom Movement Khalas Movement	King Hamad ibn Isa Al Khalifa] PM Khalifa ibn Salman Al Khalifa CP Salman bin Hamad Al Khalifa Special Security Force Command National Security Agency Bahrain Defence Force Al Fateh national union gathering Gulf Cooperation Council Peninsula Shield Force
사상자	사망: 43 부상: +1,000 구금: 3,000	

5. 리비아 사태의 국제사회의 개입과 북한상황의 적용 가능성

리비아 사태의 가장 큰 특징은 국제사회의 개입이었다. 국가가 자국민의 보호 의무를 다하지 못할 때 국제사회는 개입할 수 있다는 논리였다. 국제사회의 군사적 개입은 리비아사태의 판도를 결정적으로 바꾼 계기가 된 것으로 분석된다. 북한에서 리비아 사태와 같은 상황이 벌어진다면 국제사회가 개입할 개연성은 매우 크다. 그렇지만 개입의 수위는 예측하기 힘들다. 한반도는 주변강 대국의 이해가 얽힌 지역이며 대한민국의 정치적 입장이라는 가장 큰 변수가 리비아 사태의 경우 존재하지 않았다는 점이다. 국제사회 개입의 북한상황 적용가능성은 6장에서 논의하기로 한다.

1) 리비아 사태의 국제사회 개입

미국의 버락 오바마 대통령은 2011년 2월 23일 백악관에서 리비아 사태에 대한 연설을 통해, 리비아의 시위대 폭력진압이 국제규범을 위배했다고 비판하였다. 또한 리비아 사태에 대응하기 위해 모든 수단을 검토할 것이라고 밝혔다. 이어 26일 자국대사관을 폐쇄하였고, 리비아 자산 동결을 위한 전 단계 조치로 리비아 정부 고위층의 자산 유출이나 은닉 등의 조사에 착수하였다. 같은 날, 유엔 안보리도 긴급회의를 열어 카다피 정권의 대량 학살과 고문, 구금이 심각한 수준이라며 대응 방안을 논의하여, 시위대에 대한 공격을 '반(反)인도적 범죄'로 간주, 국제형사재판소(ICC)가 즉각 조사토록 요구하는 내용의 결의 1970호를 만장일치로 채택하였다.

미국과 영국의 자국 내 리비아 자산동결에 이어 3월 1일 유엔 총회는 카다피 정권이 조직적이고 광범위하게 인권을 위반했다며 유엔 인권이사회 회원국 자격을 정지시켰다. 3월 2일, 조제 마누엘 바호주 유럽연합(EU) 집행위원장은 리비아 사태를 "용인할 수 없는 상황"이라고 규정하고 무아마르 카다피의 퇴진을 촉구하는 성명을 발표하였다. 같은 날 네덜란드 헤이그 소재 국제형사재판소(ICC)는 리비아 유혈사태가 반인류범죄를 구성하며 이 범죄에 대해 관할권을 갖는다고 판단, 공식조사에 착수키로 했다고 밝혔다.

카다피정권의 시위대에 대한 유혈진압 사태를 피해 리비아를 탈출, 이집트와 튀니지 쪽으로 국경을 넘은 난민이 14만 명을 돌파하게 되자 사태는 국제적 수준으로 발전하게 된다.

국제 인권 단체는 카다피정권의 심각한 인권 침해를 문서화했으며 국제 형사 재판소는 카다피와 리비아 정부를 반인륜 범죄를 지적하며 카다피를 압박한 바 있다.

2) 국민보호의 의무(Responsibility to protect)와
   내정간섭의 논리

유엔 안전보장이사회의 대(對)리비아 결의 1973호에 따라 미국과 유럽의 다국적군이 군사공격을 개시한 것은 '국민보호의 의무(Responsibility to protect)'라는 명분에 입각한 것으로 국제정치적으로 큰 의미를 갖는다.

'RtoP', 'R2P'로 불리는 이 논리는 자국 국민을 집단학살, 전쟁범죄, 인종청소, 반인륜적 범죄로부터 보호하지 못하는 나라들에 국제사회가 유엔을 통해 집단행동을 취할 수 있도록 허용해야 한다는 논리다. 프랑스, 영국 등 유럽국들이 주로 주장해온 이 원칙은 2005년 유엔 세계정상회의에서 참가국들이 만장일치로 채택한 것이다.[79)]

R2P의 시각에서 이 같은 정권의 범죄행위에 대해 국제사회가 무력사용을 동원해 대응하는 것은 주권과 내정에 대한 간섭이 아니라 인도주의적 원칙에 입각한 국제사회의 책임이다. 흔히 국가를 구성하는 요소로 주권·국민·영토를 말하지만 '자국민을 보호하지 않는 실패한 나라'는 국가로서의 권리를 존중받을 수 없다는 것이다.

R2P 개념은 1994년 르완다 사태 당시 국제사회가 이 문제에 적절히 개입하지 못함으로써 투치족 80만 명에 대한 학살을 막지 못한 것을 반성하는 과정에서 비롯됐다.

반기문 유엔 사무총장은 2011년 3월 19일 유엔이 리비아에 대한 비행금지구역을 설정하고 다국적군이 군사행동을 개시한 것

---

79) 138. Each individual State has the responsibility to protect its populations from genocide, war crimes, ethnic cleansing and crimes against humanity. This responsibility entails the prevention of such crimes, including their incitement, through appropriate and necessary means. We accept that responsibility and will act in accordance with it. The international community should, as appropriate, encourage and help States to exercise this responsibility and support the United Nations in establishing an early warning capability.

139. The international community, through the United Nations, also has the responsibility to use appropriate diplomatic, humanitarian and other peaceful means, in accordance with Chapters VI and VIII of the Charter, to help protect populations from genocide, war crimes, ethnic cleansing and crimes against humanity. In this context, we are prepared to take collective action, in a timely and decisive manner, through the Security Council, in accordance with the Charter, including Chapter VII, on a case-by-case basis and in cooperation with relevant regional organizations as appropriate, should peaceful means be inadequate and national authorities manifestly fail to protect their populations from genocide, war crimes, ethnic cleansing and crimes against humanity. We stress the need for the General Assembly to continue consideration of the responsibility to protect populations from genocide, war crimes, ethnic cleansing and crimes against humanity and its implications, bearing in mind the principles of the Charter and international law. We also intend to commit ourselves, as necessary and appropriate, to helping States build capacity to protect their populations from genocide, war crimes, ethnic cleansing and crimes against humanity and to assisting those which are under stress before crises and conflicts break out.—2005 World Summit Outcome Document.

과 관련, "국제사회가 국민보호 의지가 없는 정권에 대해 신속하게 대응한 좋은 사례"라고 밝혔다.

이번 리비아 사태처럼 특정 국가의 정부가 자국민을 보호하지 못하는 것을 이유로 유엔이 내전 상황에 군사적 개입을 승인한 것은 처음이다.

반면 자국의 특별한 사항, 즉 정권에 도전하는 반정부세력과의 교전 과정에서 '국민보호의무'를 강조하여 국제사회의 간섭이 있을 경우, 이는 반군 측에 유리하게 작용할 수 있고 해당국에게는 내정간섭에 될 수 있는 논란이 있다.

3) 안보리결의 1973호[80]

The resolution, adopted under Chapter VII of the United Nations Charter:
- demands the immediate establishment of a ceasefire and a complete end to violence and all attacks against, and abuses of, civilians;
- imposes a no-fly zone over Libya;
- authorises all necessary means to protect civilians and civilian-populated areas, except for a "foreign occupation force";
- strengthens the arms embargo and particularly action against mercenaries, by allowing for forcible inspections of ships and planes;
- imposes a ban on all Libyan-designated flights;

---

80) 즉각적인 무력행위의 성립요구, 민간인에 대한 폭력, 공격, 인권 침해의 완전 중지 요구 리비아 상공에 대한 비행 금지 구역 설정
시민과 시민이 많은 지역을 보호하기 위하여 "외국 세력의 점령"을 제외한 모든 수단을 허용하고 선박과 항공기를 강제로 검사하여 무기 수출 금지와 용병에 대한 조치를 강화하고, 지정된 모든 리비아 항공기에 대한 비행 금지 조치를 취하고, <u>리비아 정부 당국에 의해 소유되고 있는 자산을 동결하고 그것은 리비아 국가 이익을 위해 사용되어야 한다는 것을 재확인</u>하고, 국제 연합 안전 보장 이사회 결의 1970호에 명시된 여행 금지와 자산 동결 조치에 더해 더 많은 수준의 개인에 추가하여 부과 제재의 실시를 감시하고 추진하기위한 전문위원회를 설치한다.

리비아에 대한 비행금지조치, 자산의 동결 등을 결의한 1973호는 영국과 프랑스, 레바논의 발의로 결의안이 상정되어 2011년 3월 17일, 찬성 10, 기권 5, 반대 0으로 결의되었다. 브라질, 중국, 러시아, 인도, 독일이 기권하였다.

찬성(10)	기권(5)	반대(0)
Bosnia and Herzegovina	Brazil	
Colombia	China	
France	Gemany	
Gabon	India	
Lebnon	Russia	
Nigeria		
Portugal		
South Africa		
United Kingdom		
United America		

4) 리비아 내전 개입과 NTS에 대한 지원

2011년 3월 17일, UN 안보리는 리비아 내전에 대한 군사적 개입을 승인하는 결의안을 채택하였고 이에 따라 리비아 상공에 비행금지구역이 설정되었다. 3월 19일에는 프랑스, 영국 등을 중심으로 NATO군의 리비아 공습이 개시되어 정부군의 반격으로 어려움을 겪던 반군에 새로운 전기를 제공하였다. 한편, 반정부 세력은 2011년 3월 5일 벵가지에 국가과도위원회(NTC)를 설립하였고, NTC가 리비아를 대표하는 유일한 기구임을 선언하였다. 이에 국제사회는 3월 10일 프랑스를 최초로 NTC를 리비아 내 유일한 합법기구로 인정하기 시작하였다. NTC 인정을 보류해 왔던 러시아와 중국은 내전이 사실상 반군의 승리로 끝나자 2011년 9월 1일과 12일에, 아프리카연합(AU)과 남아프리카 공화국은 9월 20일에 NTC를 인정하였다.

NATO군은 지중해의 제해권과 리비아의 제공권을 확보하였고 이를 바탕으로 3월 19일부터 21일에 카다피 군의 거점에 대한 폭격에 나섰다. 카다피 정부군에 비해 상대적으로 열세인 NTC 측의 군사력을 감안한 공중, 해상 화력 지원 작전이었다. 국제사회의 NTC에 대한 지원과 NATO군의 공습과 정보제공은 NTC 측의 군사능력을 강화시켰으며 카다피 세력의 이탈을 이끌어 내었다.

리비아 내전 중 전비추정		
국가	전비(백만 미국달러)	기간(종료)
영국	$336~$1500	2011.09.[81]
미국	$896	2011.07.[82]
프랑스	$450	2011.09.[83]
터키	$300	2011.07.[84]
덴마크	$120	2011.11.[85]
벨기에	$58	2011.10.[86]
스페인	$50	2011.09.[87]
스웨덴	$50	2011.10.[88]
캐나다	$26	2011.06.[89]

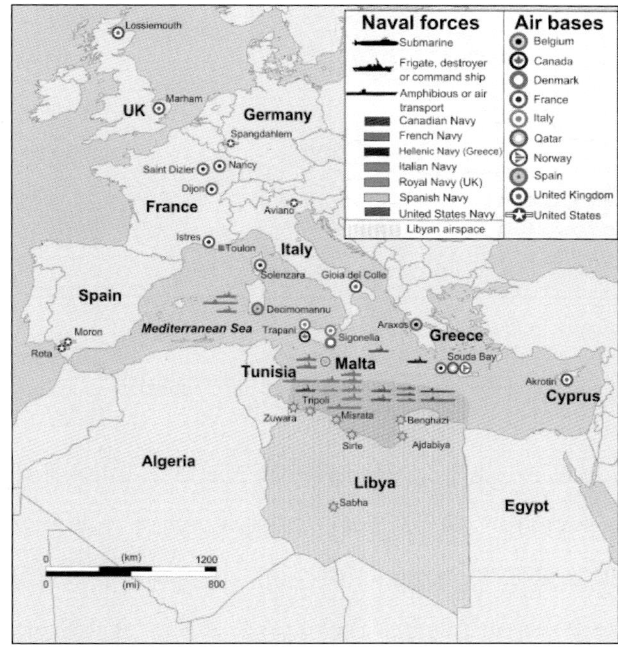

http://commons.wikimedia.org/wiki/File:Coalition_action_against_Libya-ItalianNavyAdded.svg

〈그림 1〉 NATO 및 연합군의 해상·공중지원 배치도

---

81) http://www.mod.uk/DefenceInternet/DefenceNews/DefencePolicyAndBusiness/CostOfLibyaOperations.htm

82) http://www.foxnews.com/politics/2011/06/10/gates-blasts-nato-questions-future-alliance/

83) http://www.nytimes.com/2011/08/27/world/africa/27military.html?_r=1

84) http://www.bloomberg.com/news/2011-07-03/turkey-recognizes-libyan-rebels-gives-300-million-ap-reports.html

85) http://politiken.dk/indland/ECE1497472/dansk-pris-for-gadaffi-exit-620-millioner/

86) http://www.demorgen.be/dm/nl/989/Binnenland/article/detail/1388659/2012/02/01/Deelname-aan-NAVO-operatie-in-Libie-kost-32-miljoen-euro.dhtml

87) http://www.libertaddigital.com/economia/la-guerra-de-libia-duplicara-el-coste-inicial-previsto-por-el-gobierno-1276418225/

88) http://sverigesradio.se/sida/artikel.aspx?programid=2054&artikel=4754046

89) http://www.huffingtonpost.ca/2011/06/09/canada-libya-mission-to-b_n_873776.html

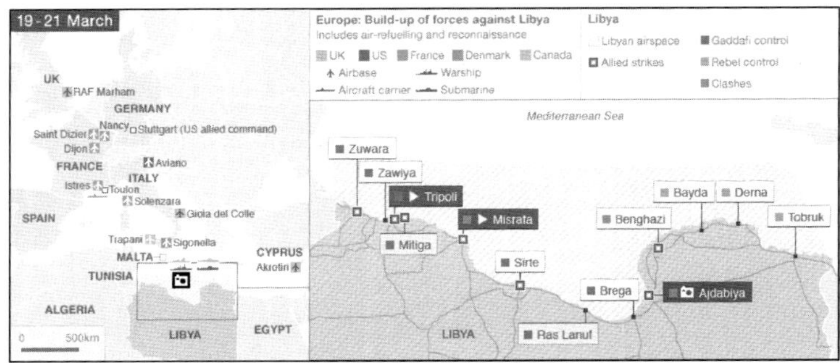

http://www.bbc.co.uk/news/world-africa-12800377

〈그림 2〉 연합군 공중전력의 리비아 공습지점

UN 결의 1973호에 의거한 연합군과 NATO의 리비아에 대한 군사작전은 2011년 3월 19일부터 시작되어 2011년 10월 31일 종료되었다. 초기의 공습작전과 10월 20일 시르테에서 카다피의 움직임을 포착하고 차량행렬에 대한 공습을 실시한 작전은 외부세력의 결정적인 군사작전으로 평가할 수 있다.

5) 리비아 내전 당시 각 기구의 의견조합 및 행위자 분석

리비아		국제기구		
카다피	반군(NTC)	NATO	Arab League	UN
정국수습	정국수습	정국수습	정국수습	정국수습
혁명세력에 대한 처벌	카다피 정권의 퇴진	카다피 정권의 퇴진	카다피 정권의 퇴진	카다피 정권의 퇴진
외세개입 반대	외세개입 환영	무력사용가능	유럽의 무력개입반대	무력사용가능
임시정부 불인정	임시정부수립	군사작전	리비아 국민보호	리비아 국민보호

6. 리비아의 내전이 갖는 함의

 '악의 축', '불량국가'로 지목받던 국가 중 하나였던 리비아는 2010년 12월 튀니지로부터 불어온 이른바 'Arab Spring'의 와중에 내전 상황으로 확대되었고 카다피의 사망과 더불어 종말을 맞이했다. 2011년 2월에 발생한 리비아의 반정부 시위는 정부의 강경진압으로 인해 정부군과 반군의 내전으로 변모하였고 이후 NATO의 군사적 개입으로 확전되면서 많은 인명피해와 극심한 사회 혼란을 초래하였다.

 리비아 사태의 원인은 급속하게 불어닥친 '아랍의 봄' 신드롬이 근인이었다. 튀니지의 벤 알리와 이집트의 무바라크가 물러나자 리비아의 시위대는 카다피의 퇴진을 요구하게 되었다. 장기집권과 이에 따른 부정부패, 리비아 국민들의 피폐한 경제상황은 시위를 격화시켰다. 한편 리비아 내의 부족 간 갈등과 지역감정은 리비아의 상황을 더욱 악화시키는 요소가 되었다. 리비아 사태가 여타 다른 국가들의 상황과 다른 점은 국제사회의 적극적인 개입이었다.

 카다피 정권의 시위대에 대한 유혈진압을 피해 리비아를 탈출, 이집트와 튀니지 국경을 넘은 난민이 14만 명을 돌파하게 되자 사태는 국제 사회는 리비아사태의 심각성을 인지하였다. 이번 리비아 사태처럼 특정 국가의 정부가 자국민을 보호하지 못하는 것을 이유로 유엔이 내전 상황에 군사적 개입을 승인한 것은 이례적인 일이었다. 반면 자국의 특별한 사항, 즉 정권에 도전하는 반정부세력과의 교전 과정에서 '국민보호의무'를 강조하여 국제사회의 간섭이 있을 경우, 이는 반군 측에 유리하게 작용할 수 있고 해당국에게는 내정간섭에 될 수 있는 논란이 제기되었다.

리비아 사태 초기에 아랍연맹은 유럽세력의 리비아 사태 개입에 회의적인 입장을 표명했었다. 또한 러시아, 중국, 독일, 인도, 브라질 등 5개국은 UN 결의안 1973호에 대하여 기권 표를 던진 바 있다.

NATO 연합군의 군사작전은 종료되었고 현재 리비아는 NTC를 중심으로 새로운 리비아 건설을 위한 정치행보를 걷고 있다. 그러나 정상적인 정권교체가 아닌 내전의 결과로 정권을 장악한 NTC와 리비아 국민들은 많은 어려움을 겪고 있다. 장기 독재통치로 인한 NTC 수권능력의 부족, 신 리비아 발전 주도권을 둘러싼 부족 간의 권력투쟁, NTC 계열에 섰었던 군소 무장 세력들에 대한 통제력 부족, 카다피 추종세력의 잔존 가능성, 국가 기간 시설의 파괴와 물자 부족, 실종자 문제 등은 리비아 재건 노정의 험난함을 보여주는 단편적인 예가 될 것이다.

막대한 비용을 리비아 군사작전에 투입한 국제사회는 리비아에서의 이익을 적극적으로 추구하고 있다. 국제정치는 지극히 현실적인 것이다.

참고문헌

Abraham, A. J., *The Lebanon War*(West Port: Praeger Publisher, 1996).

Abu-Izzeddin, Nejla M., *The Druze*(Leiden: E. J. Brill, 1993).

Beverley Milton-Edwards & Peter Hinchcliffe, *Conflicts in the Middle East*(New York: Routledge Press, 2001).

Brynen, Rex, *Sanctuary and Survival*(Boulder: Westview Press, 1990).

Choueiri, Youssef M., *State and Society in Syria and Lebanon*(New York: St. Martin Press, 1993).

Fouad Ajami, The Vanished Imam: Musa al-Sadr and the Shia of Lebanon(New York: Cornell University Press, 1986).

Francois, Massoulie, *Middle East conflicts*(NY: Interlinks Books, 1999).

Goldschmidt, Arthur, *A Consised History of Middle East,* (Cairo: AUC Press, 1997).

Gordon, Dabid C. *The Republic of Lebanon*(Boulder: Westview Press, 1983).

Hourani, Albert, *Emergence of the Modern Middle East*, (Ca., Berkeley: University of California Press, 1981).

Khalid, Rashid, *Under Siege*, (New York: Columbia University Press, 1986).

Malik, Habib G., *Between Damascus and Jerusalem*, (Washington: The Washington Institute for Near East Policy, 2000).

Meir Zamir, *The Formation of Modern Lebanon*, (New York: Cornell University Press, 1985).

Parker, Richard B., *Politics of Miscalculation in the Middle East*(Bloominton, Indianapolis: Indiana University Press, 1993).

Sahliyeh, Emile F., *The PLO after Lebanon War*, (Boulder: Westview Press, 1986).

저자 소개
최춘식 부산외국어대학교 지중해지역원 원장·불어과 교수(프랑스문학)
류정아 한국문화관광연구원 연구위원(문화인류학)
최자영 부산외국어대학교 지중해지역원 HK교수(그리스학)
장니나 부산외국어대학교 지중해지역원 HK연구교수(프랑스사회언어학 및 F.L.E.)
최재훈 단국대학교 중동학과 전임강사(국제관계학·중동정치)

지중해의 전쟁과 갈등

초 판 인 쇄 | 2012년 6월 25일
초 판 발 행 | 2012년 6월 25일

지 은 이 | 최춘식·류정아·최자영·장니나·최재훈
펴 낸 이 | 채종준
펴 낸 곳 | 한국학술정보㈜
주   소 | 경기도 파주시 문발동 파주출판문화정보산업단지 513-5
전   화 | 031) 908-3181(대표)
팩   스 | 031) 908-3189
홈 페 이 지 | http://ebook.kstudy.com
E-mail | 출판사업부 publish@kstudy.com
등   록 | 제일산-115호(2000. 6. 19)

ISBN   978-89-268-3577-7 93340 (Paper Book)
          978-89-268-3578-4 95340 (e-Book)

이담
Books 는 한국학술정보 (주)의 지식실용서 브랜드입니다.